Joachim Rotberg

Zwischen Linkskatholizismus und bürgerlicher Sammlung

Joachim Rotberg

Zwischen Linkskatholizismus und bürgerlicher Sammlung

Die Anfänge der CDU in Frankfurt am Main 1945–1946

Verlag Josef Knecht · Frankfurt am Main

Umschlaggestaltung: Kiesewetter & Partner, Freiburg i. Br.
Satzbearbeitung: Fotosetzerei G. Scheydecker, Freiburg i. Br.
Herstellung: Freiburger Graphische Betriebe 1999

Gedruckt auf umweltfreundlichem,
chlor- und säurefrei gebleichtem Papier

ISBN 3-7820-0824-3

Inhalt

Das Christentum ist nicht ohne weiteres ein politisches Prinzip. Eine wahrhaft christliche Partei müßte eine revolutionäre christliche Bewegung sein, eine sehr unbequeme Bewegung, denn die Forderungen des Christentums sind unbequem, und sie richten sich nicht an die anderen, nicht an den Staat (...), sondern an die Christen selbst. Das Opfer ist eine politische Zumutung, und die Verwirklichung der Gerechtigkeit ist ein revolutionäres Ziel. Eine christliche Partei wird den Menschen nicht sichern, sondern beanspruchen; sie wird die Partei nicht irgendwelcher Interessen, sondern gegen alle einzelnen Interessen sein.

Walter Dirks

Geleitwort von Udo Corts

Uns, die wir der Nachkriegsgeneration angehören, zeigt sich die CDU schon immer und damit geradezu selbstverständlich als eine in Regierung und Opposition bewährte Partei der Mitte, als eine soziale, liberale und konservative Volkspartei, die sich einer Politik aus christlicher Verantwortung verschrieben hat.

So hat auch die Frankfurter CDU dieser Stadt über Jahrzehnte wichtige Impulse gegeben. Sie war entscheidend beteiligt an der wachsenden Bedeutung Frankfurts, national und international. Heute ist sie die stärkste politische Kraft dieser Stadt. Daß Frankfurt a.M. zur europäischsten unter den deutschen Großstädten wurde, kann sich die CDU ebenfalls zurechnen. Um so interessanter muß es sein, nach den Wurzeln unserer Partei zu suchen, die Entstehung der Frankfurter CDU aufzuspüren und nachzuzeichnen.

Es ist eine recht spannende Geschichte, die sich nach dem 8. Mai 1945, dem Tag der deutschen Kapitulation, ereignet hat, auch in Frankfurt a.M. Der Krieg war zu Ende, Deutschland besiegt, vernichtet und aufgelöst. Viele glaubten für immer. Menschliches Elend herrschte überall – eine traurige Bilanz zwölfjähriger nationalsozialistischer Herrschaft, die das Recht außer Kraft gesetzt und die Würde des Menschen mit Füßen getreten hatte. Kaum einer glaubte an einen baldigen Neubeginn. Und doch: Bald fanden sich überall Männer und Frauen, aus allen gesellschaftlichen Schichten und auch aus dem Widerstand kommend, die sich damit nicht abfinden wollten. Ihr Ziel war eine freiheitlich-demokratische Staatsordnung in einem neuen Deutschland.

Dank sei gesagt den damaligen Akteuren, die mit großem Einsatz, mit ehrlichem Willen und politischem Wagemut die Fundamente der Frankfurter CDU gelegt haben. Es waren wichtige Bausteine für die Entwicklung der CDU Deutschlands, unserer heutigen Partei im inzwischen wiedervereinten Vaterland.

Dank sei auch gesagt dem Autor dieser Untersuchung, die ursprünglich nur als Examensarbeit gedacht war, in ihrer Qualität aber weit darüber hinaus geht. Dank nicht zuletzt dem Verlag Josef Knecht für seine spontane Bereitschaft, dieses Buch zu verlegen.

Gewiß, die Zeiten haben sich gewandelt, der Blick muß in die Zukunft gerichtet sein. Aber gerade deshalb ist es vonnöten, sich der

Grundlagen zu erinnern, die für verantwortungsvolle Persönlichkeiten in schwierigster Zeit Motivation waren, eine Politik zu begründen, die schließlich zu einer der erfolgreichsten Epochen deutscher Geschichte geführt hat.

Frankfurt am Main, im Juli 1999

Udo Corts
Kreisvorsitzender der Frankfurter CDU

Vorwort des Verfassers

Die vorliegende Arbeit ist im Sommersemester 1997 am Historischen Seminar des Fachbereichs Geschichtswissenschaften der Johann Wolfgang Goethe-Universität Frankfurt am Main als Zulassungsarbeit für das 1. Staatsexamen eingereicht worden. Zum Zwecke der Veröffentlichung habe ich an manchen Stellen Kürzungen vorgenommen und die Darstellung gestrafft. Die Einleitung wurde zur Einführung in die ideengeschichtlichen Aspekte der Parteigründung etwas erweitert. Eine ereignisgeschichtliche Vertiefung fand mit Blick auf den kommunalen und staatlichen Neubeginn im Jahr 1946 statt. Aus dokumentarischen Gründen hat es sich ferner angeboten, die „Frankfurter Leitsätze" vom September 1945 in einem Anhang noch einmal abzudrucken. Zudem sind die Biographien der Gründerpersönlichkeiten jetzt über ein Personenregister erschlossen.

Zu danken habe ich Frau Prof. Dr. Marie-Luise Recker vom Historischen Seminar der Johann Wolfgang Goethe-Universität für die Betreuung der Arbeit während der Examensphase, Frau Dr. Angela Keller-Kühne und Frau Jutta Biendara vom Archiv für Christlich-Demokratische Politik der Konrad-Adenauer-Stiftung, St. Augustin, für die geduldige und stets zuvorkommende Unterstützung bei der Quellensuche, Herrn Dr. Karl Maly vom Institut für Stadtgeschichte Frankfurt am Main, Herrn Dr. David Seeber vom Verlag Josef Knecht in Frankfurt am Main sowie Herrn Stadtrat a.D. Heinz Daum und Herrn Helmut Lenz für manchen guten Hinweis und die kritische Durchsicht der Arbeit. Für die nötige Ruhe, die bei der Abfassung hilfreich gewesen ist, bin ich der Gastfreundschaft der Abtei Marienstatt im Westerwald verbunden. Mein Dank gilt ferner dem CDU-Kreisverband Frankfurt am Main, der die Drucklegung erst ermöglicht hat. Die Mühe des Korrekturlesens teilten mit mir Frau stud. phil. Marie-Luise Engelhardt und Herr Stefan Enzinger M.A. Ich widme diese Arbeit meinen Eltern.

Frankfurt am Main, im Juni 1999

Joachim Rotberg

I. Zur Einführung: Linkskatholiken als CDU-Gründer

„Für uns gilt allein das Versuchen ..." (T. S. Eliot)

Einer „Nova" gleich sei die CDU/CSU am deutschen Parteienhimmel erschienen, stellte der Münchener Politologe und langjährige Präsident des Zentralkomitees der Deutschen Katholiken, Hans Maier, in seiner Laudatio anläßlich des 50jährigen Bestehens der Unionsparteien 1995 fest, und dies nicht ohne das zu solchen Anlässen übliche Quentchen Pathos[1]. Sicher, stellare Phänomene am noch immer kriegsrot gefärbten Firmament des Sommers 1945, so könnte man dem Laudator entgegnen, waren die beiden christlichen Parteien nicht; dennoch ist nicht zu bestreiten, daß die Gründung von CDU und CSU einen Schnitt in der deutschen Parteiengeschichte markiert. Weder im Kaiserreich noch in der Weimarer Republik hat es einen vergleichbaren politischen Zusammenschluß gegeben, und der relative Erfolg der Unionsparteien in den letzten 50 Jahren war dabei keineswegs eine ausgemachte Sache. Auch wenn sich schon lange vor 1933 einzelne Stimmen – freilich erfolglos – für eine große, integrationsfähige christliche Volkspartei erhoben hatten, wie ein Automatismus vollzog sich die Gründung von CDU und CSU nach dem Ende des „Dritten Reiches" durchaus nicht. Im Gegenteil.

Die „C-Parteien" sind weder nach einem einheitlichen Plan entstanden, noch ging ihre Gründung von einer zentralen Stelle aus. Es waren zahlreiche lokale und regionale Initiativen, durch die weitgehend unabhängig voneinander bereits in den ersten Monaten nach dem Zweiten Weltkrieg parteiförmige Gruppierungen entstanden, die als gemeinsame Zielvorstellung die Bildung einer konfessionell und sozial weit gespannten demokratischen Sammlungspartei unter christlichem Vorzeichen anstrebten. Nach zirkelartigen Anfängen im besatzungsrechtlichen „Untergrund" lizenzierte die sowjetische, britische, amerikanische und schließlich auch die französische Militäradministration im Sommer und Herbst 1945 eine Vielzahl christlich-demokratischer Parteien mit unterschiedlichen Namen. Auf ihrem Godesberger Reichstreffen im Dezember 1945 einigten sich die Delegierten dieser Parteien mit Ausnahme der bayeri-

[1] Maier, Volkspartei, S. 17. Die in den Fußnoten angegebene Literatur ist nur in Kurztiteln zitiert. Auf das ausführliche Quellen- und Literaturverzeichnis am Ende wird verwiesen. Beiträge und Artikel aus Zeitungen und Lexika kommen in den Anmerkungen – und nur dort – vollständig zur Darstellung.

schen CSU auf die in Berlin geprägte Bezeichnung „Christlich-Demokratische Union". Doch lediglich in der britischen Zone gelang alsbald die überregionale Zusammenfassung der Unionsparteien. In der amerikanischen Zone verhinderten Meinungsgegensätze zwischen CSU und CDU die Bildung eines Zonenverbandes, in der französischen Zone verbot dies die Besatzungsmacht und in der Sowjetischen Zone waren die Betätigungsmöglichkeiten der CDU bereits 1946 stark eingeschränkt. Als Notlösung kam es im Februar 1947 zur zonenübergreifenden Koordinierung in der Königsteiner Arbeitsgemeinschaft der CDU/CSU Deutschlands. Auf Bundesebene formierte sich die Partei erst 1950, als der Vorsitzende der CDU in der britischen Zone, Konrad Adenauer, mittlerweile die beherrschende Figur der Partei, bereits in Bonn die Regierung gebildet hatte[2].

Hinter der Gründung der Union stand der erklärte Wille, nach den negativen Erfahrungen der Weimarer Republik die Zersplitterung der bürgerlichen Parteien zu überwinden und die politische Engführung der Katholiken in der prononciert katholischen Zentrumspartei zu beenden. Hinzu kam der Impuls eines lebendiger gewordenen gesamtchristlichen Bewußtseins, das durch ökumenische Bestrebungen bei Theologen und Laien der unterschiedlichen Bekenntnisse und das Erlebnis christlicher Solidarität zwischen sehr vielen Katholiken und Protestanten im Widerstand gegen das NS-Regime geweckt worden war[3]. Der menschenverachtenden Weltanschauung des Nationalsozialismus sollte als richtungsweisendes Positivum die integrierende Kraft einer im Christentum verwurzelten politischen Ethik entgegengesetzt werden. Insofern war der Beginn der örtlichen CDU-Gruppen durchaus einheitlich, ihr zufälliges und ungeordnetes Nebeneinander nur scheinbar. Die Idee der Union lag geradezu „in der Luft" (Kleinmann).

Weniger gleichförmig waren die programmatischen Richtungsbestrebungen der von unterschiedlichen politischen, konfessionellen und regionalen Traditionen geprägten Gründerkreise. In Berlin fanden sich aus ganz Deutschland ehemalige Angehörige des Zentrums, der Deutschen Demokratischen Partei (DDP), der Deutschen Volkspartei (DVP) und National-Konservative unter starkem Einfluß christlich-sozialer und liberaler

---

[2] Die Literatur zur Unionsgeschichte hat mittlerweile unüberschaubare Ausmaße angenommen. Zur Einführung vgl. die systematische Gesamtdarstellung von KLEINMANN, Geschichte. Zur Frühgeschichte der Union vgl. GURLAND, CDU/CSU; BECKER, CDU. Weiterführende Literatur und Quellensammlungen zur Unionsgeschichte in: HAHN, Bibliographie; KRAHE/SEIBEL, Bibliographie; KRENGEL/SCHAARSCHMIDT, Bibliographie; KRENGEL, Festschriften. Als neueste wissenschaftliche Arbeit über die frühe CDU bzw. die „Badisch-Christlich-Soziale Volkspartei" vgl. FÄSSLER, Geschichte.

[3] Vgl. hierzu den Aufsatz von BECKER, Neuordnung.

gewerkschaftlicher Gruppierungen zur „CDU Deutschlands" zusammen. Die Berliner Gründung entsprach den allgemeinen Grundideen am umfassendsten. Bereits am 26. Juni 1945 ging der dortige Gründerkreis um Andreas Hermes, Ernst Lemmer und Jakob Kaiser mit dem Aufruf „Deutsches Volk!" an die Öffentlichkeit und demonstrierte mit einer „Reichsgeschäftsstelle" in der Berliner Jägerstraße gleichsam einen Führungsanspruch für alle Besatzungszonen. Die christlichen Werte als Grundlage geistiger Erneuerung, der Antifaschismus als Bindemittel der ehemaligen Hitlergegner, die – wie Kaiser und Hermes – als Verfolgte des Regimes nur knapp dem Tod entronnen waren, bei gleichzeitiger Ablehnung des Marxismus und schließlich der Gedanke der „Union" als Bewegung des Ausgleichs zwischen den Konfessionen, sozialen Schichten und parteipolitischen Richtungen von einst standen im Vordergrund der Überlegungen in der Reichshauptstadt. Die Gründer der „Christlich-Sozialen Volkspartei" in Stuttgart übernahmen weitgehend den Berliner Gründungsaufruf, allerdings unter Abschwächung der darin enthaltenen Verstaatlichungsforderungen. Die „CDP" in Köln entstand unter der Ägide des traditionsreichen und vielfach verzweigten sozialen rheinischen Katholizismus, aber auch unter Beteiligung evangelischer Kreise, die ganz bewußt ein „politisches Christentum" forderten. Der demokratische Flügel der Zentrumspartei, der „Volksverein für das katholische Deutschland" und die Katholische Arbeitnehmerbewegung (KAB) Westdeutschlands spielten hier und im ganzen Rheinland eine herausragende Rolle bei der Gründung der CDU. Dazu war der theoretische Einfluß der im Dominikanerkloster St. Albert in Walberberg bei Bonn vertretenen katholischen Sozialphilosophie spürbar. Mit den „Kölner Leitsätzen" vom Juli 1945 kam es zur zunächst richtungweisenden Formulierung eines „Christlichen Sozialismus". In Norddeutschland wiederum rangen Christlich-Konservative und ehemalige Mitglieder von DDP und DVP um die Etablierung einer klar konturierten bürgerlichen Sammlungspartei rechts von der Sozialdemokratie. Zu den Gründungsvätern der Union in Bayern gehörte Adam Stegerwald, der ehemalige preußische Ministerpräsident, Reichsminister und Führer der Christlichen Gewerkschaften in der Weimarer Zeit. Wie schon 1920, bei seiner berühmt gewordenen „Essener Erklärung", forderte er eine große christliche Volkspartei rechts der Mitte, vom Gewerkschaftsflügel des Zentrums bis zu konservativen Gruppen. Es entstand die von der CDU organisatorisch unabhängige Christlich-Soziale Union (CSU), die sich aber programmatisch – neben spezifisch bayerisch-landespolitischen Bezugspunkten – mehr kirchlich-konservativ und am bäuerlichen und gewerblichen Mittelstand orientierte. Eine französische Zeitung beschrieb die regionalen Mosaiksteine der entstehenden

---

[4] „L'Ordre" vom 21. 9. 1946. Zit. bei KLESSMANN, Staatsgründung, S. 143.

CDU pointiert, aber tendenziell richtig: „Diese Partei ist sozialistisch und radikal in Berlin, klerikal und konservativ in Köln, kapitalistisch und reaktionär in Hamburg und gegenrevolutionär und partikularisch in München."[4] In Frankfurt am Main – um diesen verkürzten Überblick abzuschließen – bildete sich ein sozialreformerisch gesinnter Kreis, der mit den „Frankfurter Leitsätzen" und der Proklamation eines „Sozialismus aus christlicher Verantwortung" den wohl erstaunlichsten Programmentwurf im Spektrum der christlichen Parteigründungen vorlegte.

Der heute weitgehend in Vergessenheit geratene „Christliche Sozialismus" der frühen CDU ist neben der Zielsetzung der Interkonfessionalität das bestimmende politische Element der Anfangsphase zwischen 1945 und 1948, vor allem im main-rheinisch-westfälischen Westen Deutschlands und in der Sowjetischen Besatzungszone (SBZ). Wenn ausgerechnet die mehrheitlich katholischen Unionspioniere in Köln, Frankfurt am Main und Berlin als repräsentativ für diese Richtung innerhalb der im Entstehen begriffenen Partei gelten, so ist dies kaum ein Zufall[5]. Die von großem Selbstbewußtsein zeugenden ersten Programme der dortigen Unionsparteien gehen zu dieser Zeit einher mit einem gesteigerten Selbstwertgefühl im deutschen Katholizismus. Es ist nicht von der Hand zu weisen, daß dieser sich 1945 in all seinen gesellschaftlichen Ausformungen, angefangen beim Episkopat, kraftvoll präsentierte und bereit war, nach dem verheerenden Krieg und dem fundamentalen Zusammenbruch deutscher Staatlichkeit moralisch und politisch einen Neuanfang zu vertreten. „Die Gründe dafür sind häufig beschrieben worden: Kirche und Katholiken hätten einen vom Nationalsozialismus hinterlassenen geistigen Leerraum ausgefüllt, sie hätten als letztliche Sieger im Kirchen- und Geisteskampf Autorität in die Waagschale werfen können, und sie hätten in der Kontinuität der Institution und in der Konsistenz ihres sozialen und geistig-moralischen Milieus eine besondere Ausgangsposition besessen."[6] Das Wort von der „Stunde des Christentums"[7] machte 1945 die Runde, und dies nicht nur in Deutschland. Hinwendung und Heimkehr (oder Hinkehr!) zu Gott schien das Gebot einer angebrochenen neuen Zeit zu sein. Ein hohes Maß an Identifikationsbereitschaft der Nachkriegsgesellschaft mit Normen und Werten der christlichen Überlieferung wurde kirchlicherseits unterstellt[8].

---

[5] „In den [CDU-]Programmdiskussionen des Jahres 1945 war der christlich-sozialistische Impuls dominierend, soweit die Gründungszirkel von Katholiken geprägt wurden". DOERING-MANTEUFFEL, Wiederherstellung, S. 91 f.

[6] GOTTO, Selbstverständnis, S. 465. Siehe auch den Aufsatz von SCHROEDER, Chance. Neuestens zur Rolle der katholischen Kirche in der deutschen Nachkriegszeit den kritischen Sammelband von KÖHLER/VAN MELIS, Siegerin.

[7] DIRKS, Aufgabe (1946), S. 38.

[8] Der Freiburger Erzbischof Conrad Gröber (1932–1948) etwa ließ in seinem ersten

Die Losung „Rechristianisierung!" ist 1945 aber keineswegs neu gewesen[9]. Mit dem Durchbruch moderner Ideen, wie sie von der Französischen Revolution und ihren politischen Nachwirkungen ausgegangen waren, sahen einflußreiche Kräfte in der katholischen Kirche die Welt an einem Abgrund. Im berühmten „Syllabus" von 1864 hatte Papst Pius IX. (1846–1878) Meinungs-, Presse-, Gewissens- und Religionsfreiheit, Demokratie, liberalen Staats- und Wirtschaftsgeist, schließlich Sozialismus und Kommunismus verworfen[10]. Vor dem Auditorium der weitgehend abgeschotteten katholischen Milieus blickte mancher Kirchenfürst in Deutschland zurück zur mittelalterlichen Einheit von Reich und Kirche und – ultra montes – zum Papst nach Rom, der als wirklicher „Fels" in der Brandung einer modernen Gottlosigkeit gesehen wurde. Die Säkularisation der Kirchengüter in Frankreich und weiten Teilen Deutschlands zu Beginn des 19. Jahrhunderts, die staatskirchlichen Ambitionen vor allem protestantischer Landesherren und schließlich die staatlichen Repressionen während des preußischen Kulturkampfes lieferten zusätzlichen Zündstoff in dieses Konfliktfeld „Katholizismus und Moderne". Im Nationalsozialismus wollte die Kirche nun den Tiefpunkt in einer von Gott abgewandten gesellschaftlichen Entwicklung erblicken, die seit dem Ende der „Christianitas" über Humanismus, Reformation, Aufklärung und bürgerlich-liberale Emanzipation in gerader Linie zu einer Gesellschaft ohne Gott und ohne Religion geführt habe[11]. Mit dem Zusammenbruch des „Dritten Reiches" schien dieser als unheilvoll angesehene „Fortschritt" am Ende angelangt, so daß viele namhafte Vertreter im deutschen Katholizismus glaubten, es komme zur geistigen Wende, zur Rückkehr ins „Gottesreich"[12]. Auch auf protestantischer Seite kam es durch die zeug-

---

Hirtenschreiben „Rückblick und Ausschau" vom 8.5.1945 verlauten: „Jetzt, wo wir geschlagen sind wie kaum je ein Volk, kann uns nur die Rückkehr zu Gott und zur christlichen Gedankenwelt retten. (...) Das ist die allererste Pflicht in der jetzigen dunklen Stunde; Umkehr und Verchristlichung." Zit. bei GOTTO, Selbstverständnis, S.467.

9 Zum folgenden vgl. GRESCHAT, Rechristianisierung; LÖHR, Rechristianisierungsvorstellungen.

10 Hierzu WOLF, Syllabus.

11 Exemplarisch der Bischof von Mainz, Albert Stohr (1935–1961), der eine Überbetonung der „freie(n), bindungslose(n) Persönlichkeit" und den für ihn gottlosen „Geist des Individualismus und des Liberalismus" ebenso ablehnt, wie die „uferlose Vergesellschaftung des Menschen" im Kommunismus und Nationalsozialismus. Hirtenbrief vom 29.6.1945. Abdruck in: HÜRTEN, Katholizismus (1991), S.19–24, hier S.22f.

12 Nur zwei Beispiele: Der ehemalige sächsische Zentrumsführer Werner Hilpert – auf ihn wird noch zurückzukommen sein – sah den Grundgehalt einer zukünftigen deutschen Verfassung darin, „das Reich Gottes auf Erden zu verwirklichen". HILPERT, Religion, S.6. Der Mainzer Bischof Stohr wiederum traute dem christlichen Reichsgedanken des Mittelalters Wirkkraft für Gegenwart und Zukunft zu.

nishafte Erfahrung der Bekennenden Kirche und das – wenn auch zaghafte – Schuldbekenntnis des neuen Rates der Evangelischen Kirche in Deutschland (EKD) vom Oktober 1945 zu einer Besinnung auf die tieferen Werte des Christentums, weg von staatskirchlichen Verschränkungen, hin zu mehr gelebter Christlichkeit[13]. Für die meisten politischen Vordenker der einen wie der anderen Konfession sollte nun die „Union" an der Seite der Kirchen zur politischen Wegbereiterin umfassender Wiederverchristlichung einer weitgehend säkularen deutschen Gesellschaft werden.

In engem Zusammenhang mit der christlichen Akzentuierung der CDU steht die 1945 noch völlig ungelöste „Soziale Frage". Viele CDU-Gründer waren überzeugt, die grundlegende Verbesserung der Lebensverhältnisse der Arbeiter in den großen Industriegebieten müsse beim Wiederaufbau der Wirtschaft zum Arbeitsschwerpunkt ihrer Politik werden, wenn eine „Verchristlichung" der Gesellschaft über kurz oder lang erreicht werden sollte. Die sozialpolitischen Offensiven und Leistungen der christlich-sozialen Politiker und Gewerkschafter der Weimarer Zeit, etwa die fortschrittliche Sozialgesetzgebung unter Reichsarbeitsminister Heinrich Brauns (Zentrum, 1920–1928), hatten angesichts des zahlenmäßigen Übergewichts der von SPD und KPD dominierten Arbeiterbewegung im Endeffekt wenig bewegen können. Zudem hatte die Kirche selbst erst sehr spät die Notlage der Industriearbeiterschaft erkannt. Die großen Sozialenzykliken der Päpste, „Rerum novarum" (1891) und „Quadragesimo anno" (1931) lehnten jedoch die politischen Ziele der sozialistisch organisierten Arbeiterbewegung grundsätzlich ab. Dies war aus kirchlicher Sicht auch kaum verwunderlich, hatte doch die deutsche Sozialdemokratie mit ihrem Satz aus dem Erfurter Parteiprogramm von 1891, Religion sei „Privatsache", die weltanschaulichen Fronten auf Dauer verhärtet und immer wieder offen zum Kirchenaustritt aufgefordert. Solange

---

Nach demokratischen Grundsätzen „wollen wir als Christen antreten mit dem festen Willen, das deutsche Haus zu bauen nach christlichen Ideen. Dann soll unsere Heimat wieder in den segensvollen Bereich des Reiches Christi treten, dieses ‚Reiches der Wahrheit und des Lebens, der Heiligkeit und Gnade, der Gerechtigkeit, der Liebe und des Friedens' (Präfation des Christkönigsfestes). (...) Deutsches Volksleben wird christlich sein oder es wird nicht mehr sein!". Hirtenbrief vom 29.6.1945 (wie Anm. 11), S. 22.

[13] Hierzu SCHOLDER, Kirchenkampf. Der Rat der EKD erklärte auf seiner Tagung am 18./19.10.1945 gegenüber internationalen Vertretern des Ökumenischen Rates der Kirchen: „Wir klagen uns an, daß wir nicht mutiger bekannt, nicht treuer gebetet, nicht fröhlicher geglaubt und nicht brennender geliebt haben." Zit. ebd., S. 156. „Rettung und Aufstieg", schreibt der aus der Bekennenden Kirche kommende Protestant Otto Schmidt in der Präambel der CDP-Leitsätze für das Rheinland und Westfalen vom September 1945, „hängen ab von der Wirksamkeit der christlichen Lebenskräfte im Volk." Abdruck in: PÜTZ, Adenauer, S. 109–113, hier S. 109.

der Sozialismus sich in seiner weltanschaulichen Grundlage, in seinem Menschen-, Gesellschafts- und Geschichtsbild als antichristlich und gegenkirchlich verstand, mußte er katholischerseits als Gefahr erscheinen[14]. Von einer umfassenden Wiederverchristlichung des Lebens versprach sich die katholische Kirche nach 1945 auch die Lösung der „Sozialen Frage", die sich durch die Nachkriegsnot noch einmal gravierend verschärft hatte. Insbesondere diejenigen Arbeiter und ihre Familien, die man für das Christentum nicht endgültig verloren sah, sollten durch christliche (Neu-)Prägung dem Einfluß ideologischer Massenbewegungen, vor allem der KPD-Propaganda, nachhaltig entzogen werden. In die Betriebe zu gehen, war somit auch eine der wichtigsten Zielsetzungen der neuen CDU. Als Topos für ihr politisches Programm wählten die Kölner CDU-Gründer in Anlehnung an Elemente der kirchlichen Soziallehre hierzu die plakative Formel „Christlicher Sozialismus", unter dem sie eine gerechte Verteilung der lebensnotwendigen Güter unter der zu großen Teilen entwurzelten deutschen Bevölkerung und eine glückliche Synthese aus wirtschaftspolitischem Realismus und sozialem Idealismus verstanden. Es mag heute merkwürdig erscheinen, aber der Begriff „Sozialismus" wurde 1945 in den Zentren der Unionsgründung für zukunftsträchtig gehalten, wenn er nur mit christlichem Inhalt gefüllt war. In Berlin vertrat Jakob Kaiser einen „Sozialismus aus christlicher Verantwortung", der von einer Freiheit und Würde der Persönlichkeit ausgeht, die dem Gemeinwohl verpflichtet ist. Das Privateigentum bejaht er, soweit es vor allem den Lebensbereich des Einzelnen sichert und nicht zur Erlangung wirtschaftlicher Monopolstellungen mit großem politischem Einfluß mißbraucht wird. Kaiser, der als letzter frei gewählter Vorsitzender der Ost-CDU den Marshall-Plan befürwortete und die CDU als „Wellenbrecher des Marxismus" (6. September 1947) herausstellte, wollte den „Sozialismus" nicht der KPD und der SPD allein überlassen und glaubte anfänglich an eine Zukunft christdemokratischer Grundprinzipien auch in der sowjetisch besetzten Zone. Ende 1947 setzte ihn die Sowjetische Militäradministration (SMAD) ab. Die Frankfurter Unionsgründer wählten denselben Begriff wie Kaiser für ihr politisches Programm, und meinten dennoch etwas grundlegend anderes. „Sozialismus aus christlicher Verantwortung" bedeutete für sie die politisch konstruktive Versöhnung zwischen Arbeiterbewegung, Kirche und Bürgertum.

In der durch den Krieg gebrochenen Main-Metropole, deren mittelalterliche Altstadt infolge der Luftangriffe nahezu vollständig in Trümmern lag, war es ein Kreis katholischer Laien, der aus christlicher Motivation eine Neuordnung Deutschlands und Europas unter sozialistischen Vorzeichen anstrebte. Zu ihm gehörten an erster Stelle die Publizisten

---

[14] Vgl. die Einleitung bei Ockenfels, Katholizismus, S. 9–18.

Walter Dirks und Eugen Kogon, die der deutschen Nachkriegsgesellschaft und der späteren Bundesrepublik mit den „Frankfurter Heften" über Jahrzehnte kulturpolitische Denkanstöße lieferten. Mit ihren Namen ist der Versuch verbunden, nach dem als unumkehrbar empfundenen strukturellen Zusammenbruch 1945 eine völlig neue, eine „Zweite Republik"[15] mit einer gerechten, demokratischen und sozialen Ordnung aufzubauen, mithin Deutschland zu einer „Region des neuen Weltgeistes" (Kogon) umzuformen. „Wir sprachen geradezu von der ‚Gnade' der Stunde Null"[16], erinnert sich Walter Dirks. Die Partei eines „Sozialismus aus christlicher Verantwortung" sollte gegründet werden, eine politische Formation, die sowohl die Arbeiter auf kommunistischer, sozialdemokratischer und kirchlicher Seite wie schließlich auch die bürgerlichen Kräfte im Geiste der Bergpredigt zusammenführen wollte. Marxisten und Christen konnten für den Frankfurter Kreis an einem Strang ziehen, wenn es um die wahre sozialistische Ordnung zugunsten der Schwächeren ging, um einen „dritten Weg" zwischen ausuferndem Kapitalismus und verbrecherischem Stalinismus[17]. Dies war zugleich das Credo des deutschen „Linkskatholizismus" nach 1945, als dessen exponierte Sprecher Kogon und Dirks anzusehen sind. Der Begriff ist heute außerhalb der kirchen- und zeitgeschichtlichen Forschung nicht weniger vergessen, als der des „Christlichen Sozialismus". Deshalb mag er hier eine kurze Erläuterung erfahren.

Obwohl die Begriffe „Rechts" und „Links" bekanntlich von der wenig spektakulären Sitzverteilung von Konservativen und Fortschrittlichen im französischen Parlament stammen, sind sie doch zum Ausweis von politischen, gesellschaftlichen und geistigen Grundverhaltensweisen geworden. Die „rechte" Haltung erscheint grundsätzlich am Bestehenden orientiert und schöpft Wertmaßstäbe durch Rückblick auf Vergangenes. Die „linke" Haltung ist mit dem Bestehenden konstant unzufrieden, sieht die Weltgeschichte als dynamischen Entwicklungsprozeß und entwirft Zukunftsbilder einer „besseren Welt". Diese Scheidung in konservative und progressive geistige Strömungen ist vorbehaltlos auch auf den Katholizismus anwendbar. Der zunächst etwas anrüchig klingende Begriff „Linkskatholizismus" wurde erstmals in der ersten Hälfte des 19. Jahrhunderts in Frankreich auf die reformkatholische, demokratisch-soziale Bewegung um Lamenais, Lacordaire und Montalembert, soweit diese für Demokratie, Liberalismus und die Trennung von Kirche und Staat eintraten, angewandt, und zwar als Kampfbegriff der kirchlichen „Traditionalisten", die

---

15 Vgl. den programmatischen Aufsatz von DIRKS, Republik (1946).

16 So Walter Dirks in der Reihe „Deutschland nach 45" des Südwestfunks, Schulfunk, 20.5.1969. Zit. bei STANKOWSKI, Linkskatholizismus, S. 73.

17 Hierzu der Aufsatz von BRÖCKLING, Weg.

ihrerseits wiederum die Restauration des Anciën régime vor 1789 forderten. In den vierziger und fünfziger Jahren des 20. Jahrhunderts tauchte der Begriff wieder in Deutschland auf, zunächst als „Schreckwort" (Hirschauer) zur Kennzeichnung einer sozusagen „vom rechten Weg" des Katholizismus abweichenden Position, später als positive Selbstbezeichnung von „linken" intellektuellen Katholiken in ihrer Auseinandersetzung mit der vorherrschenden und ihrer Meinung nach verfehlten Erscheinungsform des Katholizismus, den sie – wie etwa die Redaktion der Zeitschrift „Ende und Anfang" (1946–1948) – von politisch stockkonservativ geprägten Kräftegruppen wie der bayerischen Hierarchie um Kardinal Faulhaber oder dem rechten Flügel des rheinischen Katholizismus im Wirkkreis der Abtei Maria Laach als moralisch korrumpiert sahen. Verkürzt läßt sich ein linkskatholisches Weltbild wie folgt zusammenfassen: 1. Die Menschheit befindet sich in einer Krise und zugleich in einem Wachstumsprozeß, umfassende Erneuerung ist auf allen Gebieten menschlichen Lebens erforderlich. 2. Die Erneuerung muß im Geist von Freiheit und Demokratie geschehen. 3. Der Marxismus in seiner orthodoxen Variante wird kritisch gesehen, dennoch muß versucht werden, positive Entwicklungsmomente im demokratischen Sozialismus anzuerkennen. Die Welt darf nicht in Christen und Anti-Christen zerteilt werden. 4. Krieg wird als Mittel der Verteidigung und Selbstbehauptung abgelehnt. Christen müssen einen eigenständigen Pazifismus entwickeln. 5. Die Massengesellschaft wird als saturiert, aber nicht als eine Gesellschaft freier Menschen gesehen, was Ziel sein muß. 6. Es wird die Gefahr gesehen, daß sich einflußreiche Kräfte im Weltkatholizismus lieber mit autoritären Regimen verbünden, die ihnen die Rechte der Kirche gewährleisten, als das Engagement von Katholiken um Freiheit und Menschenwürde zu fördern. 7. Ziel ist eine offene „evangelische katholische Kirche" (Dirks), in der sich Christen mit sich selbst und mit Andersdenkenden kritisch und selbstkritisch auseinandersetzen. 8. Linkskatholiken wissen, daß sie nur eine kleine Minderheit sind. Sie setzen weniger auf Taktik und kurzfristige Erfolge, sondern verstehen sich als „Wirkstoff" an der Gesellschaft. Zu den bekanntesten Vertretern dieses „alternativen" Katholizismus in Deutschland gehörten neben Dirks und Kogon auch Gerd Hirschauer, Heinrich Böll und Carl Amery (alias Christian Anton Mayer)[18].

Einen „dritten Weg", wie von den „Linkskatholiken" angepeilt, hat es nicht gegeben. Schon die deutschen Kommunisten und die Sozialdemokraten durchkreuzten mit der raschen Wiedergründung ihrer Parteien

---

[18] Zur vorstehenden Definition des „Linkskatholizismus" vgl. HEER, Linkskatholizismus, S. 155–159; SCHMIDT, Positionen, S. 132f. Zur Haltung einiger „Linkskatholiken" vgl. HIRSCHAUER, Position; AMERY, Kapitulation; DIRKS, Katholizismus (1966).

und ihrem weitgehenden Desinteresse an christlichen Zukunftsentwürfen die Pläne der Linkskatholiken. Mit dem Marshall-Plan und der Währungsreform 1948, mit dem parlamentarischen System westlichen Zuschnitts und mit der ideologischen Verhärtung durch den spätestens 1947 evidenten Ost-West-Konflikt sahen die Gründer der „Frankfurter Hefte" – und nicht nur diese – die Realitäten und Mechanismen der sogenannten bürgerlichen Gesellschaft zurückgekehrt. Zunächst aber blieb ihnen die Hoffnung auf die „Christlich-Demokratische Partei", die Dirks, Kogon und andere „linke" und dieser Richtung zugeneigte Katholiken wie etwa Werner Hilpert im Spätsommer 1945 in ihrer Wahlheimat Frankfurt am Main mitgründeten.

Schon bald nach der eigentlichen Parteigründung im Oktober 1945 sammelten sich Christen in der Frankfurter CDU, die nicht so weit zu gehen bereit waren wie etwa der von einer anhaltenden Wirtschaftskrise in Deutschland ausgehende Walter Dirks. Die nun auf die CDU zuströmenden Gruppen lehnten „Sozialismus" gleich in welchem Gewand ab und betonten den Stellenwert der Freiheit des Einzelnen als Kern einer christlichen Ethik. Ihnen war im Verbund mit den Zielsetzungen der Besatzungsmächte weniger an Planwirtschaft und Verstaatlichung von Industriebetrieben und Banken gelegen, wie es die Linkskatholiken forderten, denn an einem raschen Wiederaufbau der deutschen Trümmerlandschaft, auch unter Inkaufnahme zukünftiger sozialer Ungleichheiten[19]. Evangelische wie katholische Frankfurter Christen, die sich nicht als „Christliche Sozialisten" sahen, wie die später auch über Hessen hinaus für Schlagzeilen sorgenden CDU-Politiker Hans Wilhelmi, Peter Horn, Franz Böhm oder Wilhelm Fay, waren insofern disponiert für eine Hinwendung zu einer liberal-marktwirtschaftlichen Programmatik mit sozialstaatlichen Elementen. Dirks und seine Mitstreiter sahen dieser Entwicklung nüchtern entgegen: „Ach, es ist eine Hoffnung wider die Hoffnung, die hinter der Proklamation der Zweiten Republik steht. Wir haben allen Anlaß, das deutsche Volk für recht schwer belehrbar zu halten, und auch seine Umwelt besteht nicht nur aus Philosophen und Idealisten."[20] So theoretisch und teilweise wirklich abgehoben von den konkreten materiellen Nöten der Nachkriegszeit diese Frankfurter Intellektuellen geradezu „Wolkenseglern" gleich dachten, so pragmatisch war dennoch die Einsicht bei ihnen, das ihrer Feder entstammende Programm eines „Sozialismus aus christlicher Verantwortung" könne nur ein Vorschlag sein, dem entweder gefolgt wird oder nicht. Dirks erkannte früh, daß er die Verwirklichung seines Konzepts selbst nicht in der Hand haben würde und

---

[19] Zum Grundsätzlichen dieser Entwicklung vgl. DOERING-MANTEUFFEL, Wiederherstellung.

[20] DIRKS, Republik (1946), S. 24.

seine Gedanken womöglich kaum auf Breitenwirkung stoßen würden. Ein paar Verse des anglo-amerikanischen Dichters T.S. Eliot (1888–1965), der in seinen auch in Deutschland vielbeachteten Dramen und Essays das Christentum als ausgleichende und versöhnende Kraft darstellt, machten 1946 durch einige kulturpolitische Zeitschriften die Runde. Sie sind charakteristisch für dieses, von einer fermentativen Selbsteinschätzung genährte politische Hoffen von Linkskatholiken auf geistige Umkehr in der „Stunde Null". Dirks hat diese Verse ans Ende seiner Staatskonstruktion in der ersten Ausgabe der „Frankfurter Hefte" gestellt: „Für uns gilt allein das Versuchen. Der Rest ist nicht unser Geschäft."[21] – Das Ringen der Frankfurter Parteigründer um eine Positionierung der neuen CDP/CDU in diesem Kraft- und Spannungsfeld politischer (Neu-)Ordnungsvorstellungen zwischen Linkskatholizismus und bürgerlicher Sammlung, soll Thema dieser Arbeit sein[22].

---

[21] Das Zitat ist dreimal belegt, allerdings ohne Hinweis auf die Fundstelle bei T.S. Eliot: Heini LUTZ, Zwischen Vorgestern und Übermorgen, in: Ende und Anfang 1 (1946), o.S.; DIRKS, Republik (1946), S.24; schließlich der Artikel „Für uns gilt allein das Versuchen", in: Die Freiheit 1 (1946), Heft 8, S.10–15 (o.A.).

[22] Zur Forschungslage ist anzumerken, daß sich die bisherigen Überblicks- und Spezialdarstellungen zur Geschichte der Christlichen Demokratie in Deutschland mit dem vergleichsweise ungewöhnlichen Beginn der Union in der Mainmetropole nur sehr zurückhaltend auseinandergesetzt haben, wenngleich die ideengeschichtlichen Aspekte der Frankfurter Parteigründung in den Arbeiten über den „Christlichen Sozialismus" in der frühen CDU die notwendige, wenn auch nicht in allen Fällen hinreichende Würdigung erfahren haben. Hierzu vgl. GURLAND, CDU/CSU, S.40f ; KLEINMANN, Geschichte, S.39f. Ausführlicher bei BECKER, CDU, S.88–90. Zur theoretischen Grundlegung der Frankfurter CDU vgl. NARR, CDU-SPD, S.81f; Einblick in die Gedankenwelt der „katholischen Sozialisten" Walter Dirks und Eugen Kogon geben: UHL, Idee, S.93–126; STANKOWSKI, Linkskatholizismus, S.72–78; FOCKE, Sozialismus, S.198–209. Die Darstellung von UERTZ, Christentum, verzichtet hingegen völlig darauf, die frühe Frankfurter CDU und die „Frankfurter Leitsätze" zu behandeln. Er erwähnt sie mit nur einem Satz und einer Fußnote im Zusammenhang mit dem Reichstreffen der Christlichen Demokraten in Bad Godesberg im Dezember 1945, a.a.O., S.63 mit Anm. 153. Der Schwerpunkt von Uertz liegt, was im Titel seiner Arbeit („Christentum und Sozialismus in der frühen CDU") nicht enthalten ist, auf der CDU in der britischen Zone und der Walberberger Richtung des „Christlichen Sozialismus". Einen dezidierten Vergleich mit der hessischen Richtung sucht man in seiner Arbeit vergebens.

Erstmals haben Hans-Georg Wieck und Heinrich Rüschenschmidt in ihren Arbeiten über die Frühgeschichte der südwestdeutschen und hessischen CDU den Versuch unternommen, die Anfänge der Frankfurter CDU auch ereignisgeschichtlich darzustellen und die programmatischen Ideen der „Parteipioniere" in der Kontinuität des eigenwilligen Frankfurter katholischen Kontextes zu sehen. Vgl. WIECK, Demokraten, S.37–57; RÜSCHENSCHMIDT, Gründung (1981), S.39–74. Wieck hat allerdings – durch eine zu einseitige Quellengrundlage, teilweise fehlende Sachkenntnis und eine Überbewertung des kleineren Gründerkreises um Bruno Dörpinghaus – den anfänglich großen Einfluß der entschieden „linken"

Strömung unterschätzt und mit ihm alle, die sich in ihrer Darstellung der CDU-Gründung in Frankfurt allein auf ihn berufen, wie z.B. UERTZ, Christentum, S. 63 mit Anm. 153. Während WIECK, Demokraten, S. 52, das politische Programm der „Frankfurter Leitsätze" ganz als „Werk des Augenblicks" wertet, stellt RÜSCHENSCHMIDT, Gründung (1981), S. 506, die Dauerhaftigkeit der Frankfurter Variante des „Christlichen Sozialismus" heraus. Diese habe „in ganz entscheidender Weise den Prozeß der innerparteilichen Willensbildung in der hessischen CDU" über 1945 hinaus beeinflußt. Auf Rüschenschmidt beziehen sich wiederum die Arbeiten von MÜHLHAUSEN, Hessen, S. 107–111, und BECKER, CDU, S. 88–90. Insgesamt ist in den bisherigen Untersuchungen die Frankfurter Gründung nur ein Teilaspekt. Die Sicht auf viele Ereignisse, Hintergründe und Personen ist weitgehend verstellt. Dabei eignet sich die Frankfurter CDU in besonderem Maße als Fallbeispiel einer großstädtischen Partei im Kräftespiel nationaler, regionaler und kommunaler Politik, was sich allein aus der Rolle der Stadt Frankfurt am Main als Drehscheibe wirtschaftlicher und politischer Beziehungen in Europa ergibt. Mit Blick auf die spannungsvolle Gründungsphase der CDU in Frankfurt 1945–1946 will die vorliegende Arbeit einen Beitrag zur deutschen Parteiengeschichte leisten.

Die Quellenlage ist gemessen an den widrigen Bedingungen des Jahres 1945 verhältnismäßig günstig und im Ergebnis als tragfähig einzustufen. Zusätzlich zu den von Wieck und Rüschenschmidt ins Spiel gebrachten Beständen, konnten für diese Arbeit auch neue Quellen eingesehen und ausgewertet werden. Im Archiv für Christlich-Demokratische Politik (ACDP) der Konrad-Adenauer-Stiftung ist der organisatorische und programmatische Aufbau der „CDP" in den Akten des Frankfurter Kreisverbandes relativ zuverlässig überliefert. In ihnen befinden sich Protokolle, Aufnahmenanträge, Vermerke und Schriftverkehr der Partei-Geschäftsführung, Flugschriften und die leider nicht vollständige Korrespondenz des ersten Kreisvorsitzenden, Jakob Husch, dessen Nachlaß nicht erhalten ist. Dazu wurden aus den Deposita des ACDP vor allem die Nachlässe von Bruno Dörpinghaus, Werner Hilpert und Wilhelm Fay herangezogen, zudem der delikaterweise im Archiv der sozialen Demokratie (AdsD) der Friedrich-Ebert-Stiftung befindliche Nachlaß von Walter Dirks, der zur Parteigründung an sich allerdings nur vereinzelte Anhaltspunkte birgt. Walter Dirks selbst bemerkte zur Quellenlage in seinem damaligen Privatarchiv, daß es sein Versäumnis gewesen sei, „in der Situation der Frankfurter CDU-Gründung selbst keine Papiere für die Nachwelt aufgehoben oder gar Tagebücher oder Chroniken geführt zu haben. Es ist das Versäumnis eines Beteiligten, der die Phantasie nicht hatte, sich vorzustellen, daß man sich 25 Jahre später für seine Handlungen, Unterlassungen und Motive interessieren würde", DIRKS, Sozialismus (1971), S. 10. Im Institut für Stadtgeschichte Frankfurt am Main befinden sich die schriftlichen Hinterlassenschaften des damaligen Frankfurter Oberbürgermeisters und CDU-Mitglieds Kurt Blaum und der Religionspädagogin Carola Barth, deren Tagebuch mit Blick auf die ersten Frauen in der Frankfurter CDU ein durchaus glücklicher Fund ist. Als von großem Nutzen für das Verständnis der Zusammenhänge in der Frühphase der Parteigründung haben sich schließlich die maschinenschriftlich verfaßten Erinnerungen von Bruno Dörpinghaus aus dem Jahr 1985 herausgestellt. Zum weiteren Überblick über die Quellenlage sei auf das Verzeichnis am Ende der Arbeit verwiesen.

II. Vorgeschichte: Liberal, republikanisch, sozialistisch – Facetten des politischen Katholizismus in Frankfurt am Main vor 1945[23]

Die preußische Okkupation im Jahre 1866 brachte der ehemals Freien Reichsstadt Frankfurt am Main das Ende der traditionellen Selbständigkeit, aber auch neue wirtschaftliche Impulse. Mit der zunehmenden Industrialisierung des Rhein-Main-Gebietes kam die Handelsmetropole durch Eingemeindungen, Geburtenüberschüsse und Zuwanderungen im Gefolge des preußischen Freizügigkeitsgesetzes vom 1. November 1867 zu einem erheblichen Bevölkerungswachstum, das sich insbesondere für die seit der Reformation in der Minderheit befindlichen Katholiken Frankfurts günstig auswirkte. Die Katholiken in Deutschland schienen nach der Zerschlagung der Reichskirche (1803/06), der Niederlage Österreichs gegen Preußen (1866) und der Gründung des preußisch-protestantisch dominierten Kaiserreichs von 1871 auf eine unbehagliche Minoritätsrolle festgelegt, insbesondere in den Gebieten, wo sie sich in der Diaspora befanden. Gerade noch 10% der Frankfurter waren zu Beginn des 19. Jahrhunderts katholischer Konfession. Die alten Ratsherren hatten sich der Reformation angeschlossen. Den Dom aber hatten sie als katholische Pfarr- und Stiftskirche aufgrund der lukrativen wirtschaftlichen Vorteile, die das kaiserliche Messeprivileg sowie die Feierlichkeiten anläßlich von Kaiserwahl und -krönung für die Stadt insgesamt mit sich brachten, bestehen lassen und somit das „Überleben" einer katholischen Gemeinde im „geschichtsschweren Strahlungsfeld des alten Kaiser-

---

[23] Eine geeignete Definition des Begriffs „Katholizismus" bei DIRKS, Katholizismus (1966), S. 292: „Das Wort ‚Katholizismus' ist mehrdeutig. Wo man unter ‚der Kirche' vor allem ihr Amt versteht, bedeutet Katholizismus geradezu mehr als ‚die katholische Kirche', nämlich ein aus dem Amt und nur zum Teil unter ihrer Führung stehendes Gefüge ideologischer, kultureller, sozialer, politischer Phänomene. ‚Der deutsche Katholizismus' kann dann schließlich als der gesamte Zusammenhang des Lebens, Denkens und Handelns aller Katholiken in Deutschland verstanden werden, vom Tischgebet in der Bauernstube bis zu Rahners Theologie und Adenauers oder Barzels Politik." Vgl. RAUSCHER (Hg.), Katholizismus; HÜRTEN, Geschichte; LÖNNE, Katholizismus; SCHATZ, Säkularisation; HÜRTEN, Katholizismus (1993); Hans MAIER, Art. „Katholizismus", in: LThK³ 5, 1996, Sp. 1368–1370. Der politische Katholizismus in Frankfurt am Main während der Weimarer Republik eingehend bei BLANKENBERG, Katholizismus. Eine systematische Untersuchung des Frankfurter Katholizismus im Kaiserreich steht noch aus. Aufschlußreich ist der Aufsatz von ROTH, Bürgertum.

doms"[24] ermöglicht. Mit dem industriellen Aufschwung in der Gründerzeit kam es nun zu einer deutlich spürbaren Bevölkerungswanderung, die zu einer konfessionellen Mischung in den ehemals nach dem Grundsatz „cuius regio, eius religio" wohlgeordneten deutschen Staaten führte. In Frankfurt siedelten sich viele Zuwanderer aus den ehemals geistlichen und mehrheitlich katholischen Herrschaftsgebieten Fulda, Mainz und Würzburg an, die mit der Hoffnung auf einen Arbeitsplatz in die aufstrebende große Stadt am Main und ihre Umlandgemeinden wie z. B. Höchst einströmten. Zwischen 1871 und 1910 erhöhte sich somit der Anteil der Katholiken an der Frankfurter Gesamtbevölkerung von 1/4 auf gut 1/3[25].

Die katholischen Frankfurter, in erster Linie Arbeiter und Kleinbürger sowie die in der Mitte des 17. Jahrhunderts zugewanderten Handelsbürgerfamilien, sahen sich in der Zeit des Kaiserreiches und vor allem des Kulturkampfes in den siebziger Jahren des vorigen Jahrhunderts weitaus weniger den Widrigkeiten einer feindseligen preußischen Staatsmacht und einer liberal-freisinnigen und/oder kulturprotestantischen, in jedem Fall aber antikirchlichen Propaganda ausgesetzt, als dies aufgrund der gemeinhin als einheitlich und flächendeckend eingeschätzten Dynamik damaliger staatlicher Repression gegen die katholische Kirche in Preußen zu vermuten wäre. Das weltoffene, von der Paulskirchentradition und vom süddeutschen Liberalismus geprägte geistige Klima der Stadt, die Integrationsbereitschaft der anderen konfessionellen Gemeinden und der durch die gewaltsame Okkupation hervorgerufene antipreußische Vorbehalt garantierten ein weitgehend konfliktfreies Verhältnis von Stadt und Kirche. Das katholische Bürgertum war Bestandteil der modernen Frankfurter Bürgergesellschaft und ihrer Organisationsformen, vor allem der liberalen Parteien[26]. Dieser Umstand verhinderte eine frühzeitige politische Absonderung der Frankfurter Katholiken im Zentrum, denn die ärmeren Frankfurter Katholiken, in erster Linie Arbeiter und Dienstpersonal, konnten

[24] ECKERT, Stadtseelsorge, S. 30.

[25] Zur Geschichte der Kirchen in Frankfurt am Main seit der Reformation vgl. DECHENT, Kirchengeschichte; aus katholischer Sicht HERR, Bilder, S. 189–346; SCHARP, Dom; NEUNDÖRFER, Frankfurt; GREEF, Frankfurt, S. 35–74. Zur politischen, wirtschaftlichen, kulturellen und demographischen Entwicklung Frankfurts nach 1866 vgl. FORSTMANN, Frankfurt. Als Beispiel für die konfessionelle Vermischung im Rhein-Main-Gebiet während der „Industriellen Revolution" die Untersuchung von WOLF, Fabriksirene. Nach BLANKENBERG, Katholizismus, S. 3f, FORSTMANN, Frankfurt, S. 389, und ROTH, Bürgertum, S. 212, veränderte sich der Anteil der Katholiken an der Frankfurter Bevölkerung wie folgt: Kurz nach der Reformation war nur noch ein kleiner Rest Katholiken, vermutlich kaum mehr als 100 Personen, in der Stadt geblieben. 1823 lebten wieder 6.000 Katholiken in der Stadt (13%), 1858 waren es 14.000 (21%), 1871 23.500 (25,8%), 1890 53.000 (30%), 1907 sogar 36,5%, was dem Reichsdurchschnitt entsprochen hatte. 1910 ging der Anteil infolge zahlreicher Eingemeindungen auf 31,3% (130.000) zurück.

[26] Näheres bei ROTH, Bürgertum, S. 230–241.

ein politisches Bewußtsein und die entsprechenden Führungskräfte nicht ohne weiteres hervorbringen. Mit der Herausgabe des seit 1871 wöchentlich, seit 1895 täglich erscheinenden „Frankfurter Volksblattes", der Gründung der lokalen Zentrumspartei im Jahre 1878 und des ersten katholischen Frankfurter Arbeitervereins im Herbst 1896 gelang es erst verhältnismäßig spät, für die Mehrzahl der sozial schlechter gestellten Frankfurter Katholiken dauerhafte politische und vorpolitische Interessenvertretungen zu etablieren – eine Ausnahme bildete der bereits 1862 gegründete Gesellenverein –, die freilich in der Stadt eine kaum wahrnehmbare Rolle spielten, auch gegenüber den anwachsenden Kräften des Sozialismus. Die Gründe für die am Bevölkerungsanteil gemessene politische Inferiorität katholischer Interessengruppen sind, wie Heinz Blankenberg feststellt, im Minderheitenstatus des katholischen Bevölkerungsteiles, seiner äußerst schwachen Sozialstruktur, dem entsprechend niedrigen Bildungsniveau, dem Fehlen qualifizierter Führungskräfte, der permanenten Finanznot der Zentrumspartei und dem preußischen Zensuswahlrecht zu suchen[27].

Nicht nur die Fortschritte in der Großstadtseelsorge – zu verzeichnen sind eine Vielzahl von Pfarreineugründungen, moderne Kirchenbauten, Ordensniederlassungen, eine ausgebaute kirchliche Presse, neue, aufgeschlossene Wege und Methoden der sozial-karitativen Arbeit, Anstöße zur inneren Erneuerung aus der Liturgischen Bewegung und der Jugendbewegung, philosophische, theologische und sozialwissenschaftliche Anregungen durch die neu gegründete Bistumshochschule Sankt Georgen (1926) – sorgten in den 1920er Jahren für ein gesteigertes Selbstbewußtsein unter den Frankfurter Katholiken. Auch hier fand der politische Katholizismus mit dem Untergang des preußisch dominierten Kaiserreichs und der Ausrufung der Republik 1918 zu einem von konfessioneller „Notwehr" (Scharp) und Kulturkampf-Erfahrung gelösten Rollenverständnis, für das die Ausrichtung des betont prorepublikanischen ersten Deutschen Katholikentages nach dem Weltkrieg (1921) stellvertretend angeführt sein mag. Durch die aktive Beteiligung der Zentrumspartei am Verfassungsausschuß der Weimarer Nationalversammlung hatte der deutsche Katholizismus keine geringe Mitverantwortung beim Aufbau der Republik übernommen, und Zentrumspolitiker wurden in der Folgezeit Reichskanzler und Minister. Durchaus prägend für das Selbstverständnis des Frankfurter politischen Katholizismus in der Weimarer Republik waren die aus katholisch-amtskirchlicher Sicht progressiven Theorien des an der Frankfurter Universität lehrenden Sozialethikers Theodor Stein-

[27] Vgl. BLANKENBERG, Katholizismus, S. 6–12. In den ärmeren Stadtbezirken wie etwa der Altstadt oder dem inneren Sachsenhausen wohnten überdurchschnittlich viele Katholiken.

büchel über das Verhältnis von Kirche, Arbeiterschaft und Sozialismus und die von der römischen Kurie gar als „modernistisch" verurteilten Thesen des katholischen Laientheologen und Sozialtheoretikers an der Frankfurter Akademie der Arbeit, Ernst Michel, über den politischen Auftrag des christlichen Laien. Weiterhin die von beiden Wissenschaftlern mitbeeinflußte Redaktion der aus dem „Frankfurter Volksblatt" (ab 1913 „Frankfurter Volkszeitung") hervorgegangenen „Rhein-Mainischen Volkszeitung" (RMV), die unter der verlegerischen Verantwortung Friedrich Dessauers zum kritischen und reichsweit beachteten Sprachrohr junger katholischer Intellektueller und des linken Zentrumsflügels avancierte.

Die Initiative zur Gründung einer Christlich-Demokratischen Partei in Frankfurt am Main im Sommer des Jahres 1945 ist maßgeblich in der Kontinuität des dortigen politischen Katholizismus zu sehen, personifiziert durch die CDU-Gründer Walter Dirks, Karl-Heinrich Knappstein und Pfarrer Alois Eckert, die zum Kreis um die RMV zu rechnen sind, Jakob Husch, der als letzter Vorsitzender des Frankfurter Zentrums vor der Auflösung der Partei amtierte und 1945 zum ersten Vorsitzenden der „CDP" gewählt wurde sowie – mittelbar, aber nicht ohne Einfluß – den Dompfarrer Jakob Herr. Die folgenden Aspekte dieses Kapitels haben im Hinblick auf die historischen Wurzeln der Frankfurter CDU-Gründung keinen Anspruch auf Vollständigkeit, benennen jedoch die meiner Meinung nach wichtigsten Traditionsströme Zentrum, Zentrumspresse und die theoretische Grundlegung durch katholische Gelehrte.

1. Die Deutsche Zentrumspartei Frankfurt am Main (1878/92–1933)

> „Das Fundament des Zentrums ist der Glaube an eine religiöse Mission im öffentlichen Leben: der Einzug der ewigen göttlichen Schöpfergedanken von der Gerechtigkeit, Wahrheit, Aufrichtigkeit, vom Opfergeist, von den natürlichen Anlagen und Gegebenheiten in die Gesellschaft der Menschen."[28] (Friedrich Dessauer)

Die ersten Ansätze zu einer parteiförmigen katholischen Interessenvertretung in Deutschland – der „Katholische Klub" in der Frankfurter Nationalversammlung (1848) und die „Katholische Fraktion" im Preußischen Abgeordnetenhaus (seit 1852; ab 1858: „Fraktion des Zentrums / Katholische Fraktion)" – waren katholisch-konfessionelle Zweckverbände und

[28] DESSAUER, Zentrum, S. 46.

Honoratiorengruppen, die sich in ihren Zielsetzungen auf die Wahrnehmung und Absicherung kulturpolitischer Interessen der Kirche in Staat und Verfassung beschränkten[29]. Erst mit der konfessionellen Majorisierung der Katholiken nach der Gründung des Norddeutschen Bundes, 1867, und des Kaiserreiches, 1870/71, erschien eine dauerhafte katholische Partei als kirchenpolitisches Gegengewicht zu verstärkten staatskirchlichen Bestrebungen auf Seiten Preußens und anderer Teilstaaten des Reichs notwendig. Im Sommer 1870, noch vor dem Deutsch-Französischen Krieg und der Reichsgründung, revitalisierten einige katholische Abgeordnete, Verwaltungsbeamte, Geistliche und Gutsbesitzer aus Westfalen die Zentrumsfraktion des Preußischen Abgeordnetenhauses. Das Programm von Münster (Juni 1870) desselben Jahres geht erstmals über rein kirchenpolitische Themen wie Freiheit und Selbständigkeit der Kirche, Ablehnung der Zivilehe und Verteidigung der Konfessionsschule hinaus: Dezentralisierung der Verwaltung, bundesstaatlicher Föderalismus und Stärkung des Mittelstandes als adäquater Ausgleich zwischen Grundbesitz, Kapital und Arbeit sowie gesetzlicher Arbeitsschutz lauteten die politischen Zielsetzungen[30]. Durch die näheren Umstände der Parteigründung, die auch eine „ultramontane" Reaktion auf den Verlust des Kirchenstaates in Mittelitalien darstellte, ergab sich eine besondere Nähe der Partei zur katholischen Kirche geradezu zwangsläufig. Seine größten Wahlerfolge feierte das Zentrum „im Zeichen katholischer Notwehr"[31], als Advokat kirchlicher Rechte und Freiheiten während der rigorosen Ausnahmegesetzgebung im „Kulturkampf" (1871–1890)[32]. Die Katholiken galten im „kulturprotestantischen" Nationalstaat als Anhänger eines national wenig zuverlässigen „römischen Zentralismus", wenn nicht gar als „Reichsfeinde". Die Formulierung des universalkirchlichen Jurisdiktionsprimates des Bischofs von Rom durch das I. Vatikanische Konzil (1869/70) wurde in Berlin als unzulässige Einmischung in staatliche Angelegenheiten verstanden und leitete die Eskalation eines seit dem Untergang der Reichskirche schwelenden Konflikts zwischen Staatsherrschaft und katholischer Kirche ein. Die Erinnerung an die aufgezwungene Defensive prägte auf Jahrzehnte das politische Verhalten und

---

29 Vgl. SCHMIDT, Zentrum, S. 60–62. Zur Geschichte des Zentrums vor 1918 unentbehrlich, jedoch in der Zielsetzung veraltet, das neunbändige Werk von BACHEM, Vorgeschichte; vgl. weiterhin BECKER, Minderheit; VON HEHL, Zentrumspartei.

30 Das Programm abgedruckt bei MORSEY, Katholizismus, S. 56f.

31 SCHARP, Dom, S. 12.

32 Zum Kulturkampf vgl. SCHMIDT-VOLKMAR, Kulturkampf; HÜRTEN, Geschichte, S. 136–159: „Zentrum und Kulturkampf"; schließlich STADLER, Kulturkampf (Lit.). Zu den Hintergründen bei Bismarck vgl. GALL, Bismarck S. 469–493; zum Kulturkampf in der Diözese Limburg: vgl. SCHATZ, Geschichte, S. 173–198. Einen Überblick über die Kulturkampf-Gesetzgebung bieten HUBER/HUBER, Staat, hier 2, S. 522–690.

Denken einer ganzen Generation katholischer Politiker. Der Kulturkampf wurde zwar von Bismarck ab 1878 systematisch wieder aufgegeben, da sich das insbesondere von den Nationalliberalen angestrebte Ziel einer katholischen deutschen Nationalkirche als nicht realisierbar erwiesen hatte, das Resistenzpotential der katholischen Kirche unterschätzt worden war und die Regierung in Preußen und im Reich sich mit dringenderen innenpolitischen Problemen (Sozialistengesetz) auseinander zu setzen hatte, schließlich durch die Wahl Leos XIII. (1878–1903) zum Papst auch kirchlicherseits eine „Friedenspolitik" eingeleitet worden war.

Jetzt wuchsen die Katholiken, vor allem nach Bismarcks Sturz, 1890, immer mehr in die „Reichsnation" hinein, zumal sich das Zentrum unter Führung seines von Kleinbürgern, Akademikern und Adeligen dominierten preußischen Landesverbandes eine Schlüsselstellung im Reichstag erobert hatte, in der Außen- und Militärpolitik zunehmend einen nationalen Kurs mitsteuerte, an der Festigung des Reiches im Innern mitarbeitete und sich somit nicht in eine Verweigerungshaltung drängen ließ. Der Katholizismus im süd- und westdeutschen Raum und die katholische Arbeiterschaft verblieben dennoch im gesellschaftlichen Abseits, die Kirche erfuhr weiterhin rechtliche Benachteiligungen, und es blieb trotz deutlicher Loyalitätsbekundungen bei einer unterdurchschnittlichen Repräsentanz von Katholiken in der Bürokratie, in der Wissenschaft oder im Heer[33]. Katholiken waren bis 1918 de facto, in mancherlei Hinsicht auch de jure Staatsbürger „zweiter Klasse". Der Konflikt mit dem Staat förderte somit ein gewisses Zusammengehörigkeitsgefühl des katholischen Bevölkerungsteils – vom westfälischen Gutsbesitzer bis zum Industriearbeiter –, verhinderte dessen rechtzeitige Integration in das Wilhelminische Deutschland und brachte im Ergebnis eine konfessionell zu einseitig fixierte, zudem in den ländlichen und mehrheitlich katholischen Gebieten Westfalens, Bayerns und Schlesiens konservativ-ständisch ausgerichtete Zentrumspartei als politischen Ausschuß des deutschen Katholizismus.

Die in der Geschichtsschreibung mehrheitlich vertretene These, die Katholiken seien dem liberalen Fortschritt abgeneigt, sie verträten einen an der antiliberalen Lehre vom „christlichen Staat" angelehnten, nach Rom hin orientierten Konservativismus, hat bei nationaler Betrachtung ihre Berechtigung, muß am Beispiel von Frankfurt am Main allerdings

---

[33] Die Diffamierung von Katholiken nahm teilweise groteske Züge an. „Kürschners Gelehrtenlexikon" etwa unterstellte eine Kongruenz von wissenschaftlicher Bildung und Protestantismus dadurch, daß hinter jedem katholischen Dozenten und Autor ein kleines „k" gesetzt wurde. Vgl. BLASCHKE, Kolonialisierung, S. 118. Zur Situation des deutschen Katholizismus nach 1878/90 vgl. VON HEHL, Zentrumspartei; RUPPERT, Katholizismus, S. 198f.

relativiert werden[34]. Die katholische Gemeinde ist in Frankfurt in ihrem Innern durch eine sehr hohe soziale Spannung gekennzeichnet. Auf der einen Seite das auf die Zuwanderungen italienischer Kaufleute im 17. Jahrhundert zurückgehende selbstbewußte katholische Bürgertum – Familien wie Brentano, Bolongaro, Guaita, Allesina oder Jordis –, das sich im ausgehenden 18. Jahrhundert in der lutherisch dominierten Stadt emanzipierte – wie Juden und Reformierte übrigens auch –, die Ideale von 1848 rezipierte, dem päpstlich verurteilten Freimaurertum und dessen Grundsätzen – Menschenrechte, Toleranz, Gewissensfreiheit – nahestand und politisch bei den Freisinnigen, den Nationalliberalen und dem in Frankfurt bedeutenden, kompromißlos linksliberalen und zudem großdeutsch-föderalistisch orientierten „Demokratischen Verein" die modernen Grundausrichtungen der liberalen Gesellschaft mittrug[35]. Andererseits überwog in der Bevölkerungsstatistik der Anteil der ärmeren Katholiken. 1858 waren 55% der Frankfurter Bevölkerung lutherisch, 2% protestantisch, 8% reformiert und 9% jüdisch. Von den rund 14.000 Katholiken (22%) waren allerdings etwa 10.000 Fremde im Sinne des damaligen Bürgerrechts[36]. Sie stammten nicht aus der näheren Umgebung Frankfurts, sondern aus dem Raum Fulda, Rheinhessen, Main-Taunus, Franken, Baden und Württemberg, und dort aus verarmten Mittelgebirgslandstrichen mit katholischen Bevölkerungsmehrheiten wie etwa dem Spessart, dem Odenwald oder der Rhön. Diese Wahlfrankfurter fanden meist eine Anstellung in den aufstrebenden Industriebetrieben im Rhein-Main-Gebiet oder als Hauspersonal wohlhabender Frankfurter Bürger. Die Frankfurter katholische Gemeinde teilte sich somit in einen – insbesondere im Vorstand der Pfarrgemeinde – einflußreichen „Kaufmannskatholizismus" und einen gesellschaftlich randständigen „Dienstbotenkatholizismus"[37].

---

[34] Die These der Fortschrittsfeindlichkeit bei WEHLER, Kaiserreich, S. 83–85 u. S. 120–122. Gegen die vereinheitlichende Tendenz der Betrachtung und für eine lokale und regionale Differenzierung katholischer Milieus plädiert LOTH, Bewegungen, S. 282.

[35] Vgl. ROTH, Bürgertum. Zum „Demokratischen Verein" vgl. FORSTMANN, Frankfurt, S. 362–364.

[36] Die Zahlen bei ROTH, Bürgertum, S. 213.

[37] Zur Struktur der katholischen Gemeinde Frankfurts vgl. ebd., S. 212–214 u. S. 224–230. Vor 1803 oblag dem Propst des St. Bartholomäus-Stiftes, in dessen Auftrag seinem Vikar, dem „Plebanus", d.h. dem Volks- oder Stadtpfarrer, die Seelsorge. Nach der Säkularisation blieb die Dom-Pfarrei die einzige Gemeinde, deren Pfarrer zugleich als Stadtpfarrer und Bischöflicher Kommissar des neuen Limburger Oberhirten amtierte. Erst 1922 kam es zu einer Aufteilung der schließlich überdimensionierten Gemeinde in sechs selbständige Pfarreien. Gleichzeitig wurde der „Gesamtverband der katholischen Pfarrgemeinden" auf dem Gebiet der vormals Freien Reichsstadt gegründet. Hierzu HERR, Bilder, S. 343f; ECKERT, Stadtseelsorge, S. 28; GREEF, Frankfurt, S. 52f.

Die Freimaurerlogen, insbesondere die Loge „Zur Einigkeit", spielten in diesem Zusammenhang eine wirkmächtige, wenn auch geheimnisvolle Rolle. Ihre Mitglieder gehörten verschiedenen Sozialgruppen an; Ärzte, Handwerker und Kaufleute hatten im katholischen Gemeindevorstand zeitweise großen Einfluß und standen der kirchlichen Hierarchie reserviert gegenüber, was auf Gegenseitigkeit beruhte. So klagte der ultramontane Stadtpfarrer Beda Weber OSB (1848–1858): „Ueberall und nirgends hocken sie bald als Holzwürmer in den Fugen des Staatsgebäudes, bald als Blattläuse um jeden Duft des Rosenkelches im Salon, bald als Motten in den Filzschuhen der Geheimräthe. Man kann ihrer eben so wenig loswerden, als des umkreisenden Lufthauches, und wo man sie am allerwenigsten braucht, bieten sie ihre brüderliche Hülfe am höflichsten an. (...) Der katholischen Hierarchie machen sie nöthigenfalls sogar ihre Reverenz, um sie in selige Ruhe einzuwiegen; aber unter der Hand gehen sie stets mit eben so viel Berechnung als Consequenz gegen die bischöfliche und päpstliche Ohnmacht vor und bieten ihre besten Künste auf, dieselbe den weltlichen Einflüssen zu unterwerfen. Sogar die eifrig katholischen Maurer haben ihre Augen im Schlafe offen, damit der Bischof sich nicht anmaße, allzuscharf in den Haushalt der Gemeinden hineinzusehen, oder der Papst ein Breve erlasse über strengere Kirchenzucht."[38] Dieses Einhergehen von Freimaurertum und politischem wie kulturellem Liberalismus bei den bürgerlichen Repräsentanten des Frankfurter Katholizismus separierte die katholische Gemeinde Frankfurts somit keineswegs von der protestantischen Bildungs- und Besitzbürgergesellschaft des frühen Wilhelminischen Deutschland. Sie blieb „aufs engste mit der allgemeinen Organisationsstruktur des städtischen Bürgertums verflochten und damit in die allgemeinen Entwicklungstendenzen der bürgerlichen Gesellschaft integriert"[39], was die Ausprägung eines typischen katholischen Milieus und eines entsprechenden politischen Katholizismus als „kulturkämpferische" Minderheitenvertretung zumindest hemmte.

So verwundert es nicht, wenn Ralf Roth zu dem Ergebnis kommt, in Frankfurt am Main habe überhaupt kein Kulturkampf stattgefunden[40].

---

[38] Aus den „Cartons aus dem deutschen Kirchenleben" von Beda Weber (Mainz 1858). Zit. bei ROTH, Bürgertum, S. 229.

[39] Ebd., S. 230. Dagegen BLANKENBERG, Katholizismus, S. 13: „All diese Umstände und negativen Erfahrungen [des Kulturkampfes] hatten den Frankfurter Katholizismus stark geprägt und ein ausgesprochenes Inferioritätsbewußtsein erzeugt. Als Minderheit in einer traditionell vom protestantisch-liberalen Bürgertum bestimmten, in zunehmendem Maße jedoch auch von sozialistischen Vorstellungen beeinflußten Stadt, waren die Katholiken von Anfang an in die Defensive gedrängt, sahen sie sich zur Verteidigung ihrer religiösen Überzeugung herausgefordert."

[40] ROTH, Bürgertum, S. 236–245. Dennoch begann in der Kulturkampfzeit die Simultanisierung des Frankfurter Schulwesens. „Ein stiller, kalter Kulturkampf", wie sich Franz Schramm, nach 1945 für kurze Zeit hessischer Kultusminister, ausdrückte.

Die konfessionellen Beziehungen innerhalb der Frankfurter Bürgergesellschaft seien durch die ungeliebte neue Obergewalt der Preußen seit 1866 und den Verlust städtischer Freiheit zusätzlich stabilisiert worden, was sich etwa darin ausgedrückt habe, daß nach dem verheerenden Dombrand von 1867 ein Dombauverein ins Leben gerufen wurde, dem wie selbstverständlich Lutheraner, Reformierte und Juden als Initiatoren angehörten. Der Dom als Symbol der katholischen (ultramontanen?) Gemeinde repräsentierte somit geradezu paradoxerweise nicht nur die freistädtischen, sondern auch die liberalen Traditionen der Frankfurter Bürgerschaft, wie sie sich gegen Ende des 18. Jahrhunderts auszuprägen begannen. „Die freiheitlichen Traditionen, die gemeinsamen Erfahrungen in jahrzehntelanger Reformpolitik, der überkonfessionelle Zusammenhalt und die ablehnende Haltung gegenüber Preußen überwogen dann auch in den folgenden Jahren die fundamentalistischen Abgrenzungs- und Ausgrenzungsversuche infolge der konfessionellen Auseinandersetzung auf nationaler Ebene. Aus diesen Gründen bildete Frankfurt im Kulturkampf eine ‚Oase in der Wüste'."[41]

So kam es in Frankfurt am Main erst nach den Höhepunkten des preußischen Kulturkampfes am 22. Juli 1878 zur Gründung des „Frankfurter Vereins der Zentrumspartei". Möglicherweise muß sogar von einem späteren Gründungsdatum erst zu Beginn der neunziger Jahre ausgegangen werden[42]. Da sich das katholische Bürgertum noch nicht im Zentrum organisiert hatte, konnte die neue Partei erst nach 1900 in Frankfurt einigermaßen Fuß fassen[43]. Das anfängliche Fehlen des katho-

---

SCHRAMM, Bildungsarbeit, S. 45. Durch die guten Kontakte des Stadtpfarrers Münzenberger (1871–1890) zum preußischen Kultusminister blieb das katholische Schulwesen aber weitgehend unangetastet und konnte sogar aufgrund des Anwachsens der katholischen Bevölkerung mit städtischer Unterstützung ausgebaut werden. Trotzdem bestanden 1908 bereits neben 29 Simultanschulen nur je 9 katholische und evangelische Konfessionsschulen. Vgl. SCHRAMM, Bildungsarbeit, S. 45f; HERR, Bilder, S. 321f; SCHATZ, Geschichte, S. 204f.

41 ROTH, Bürgertum, S. 241.

42 Zum Frankfurter Zentrum vor 1914 vgl. HUSCH, Zentrumspartei; BLANKENBERG, Katholizismus, S. 3–14. Die Geschichte des Frankfurter Zentrums wird in der monumentalen Parteigeschichte von Karl BACHEM nicht behandelt. HUSCH zufolge stehe die Gründung des Frankfurter Zentrumsvereins im direkten Zusammenhang mit dem „Abwehrkampf gegen die kirchenpolitischen Bedrängnisse", was so nicht stimmen kann, denn das Jahr 1878 gilt gerade als Wendepunkt im Kulturkampf. Die Beschränkung des Zentrumsvereins auf die Unterstützung von demokratischen und freisinnigen Kandidaten bei Landtags- und Reichstagswahlen Mitte der 80er Jahre weist auf die politische Bedeutungslosigkeit der Frankfurter Zentrumspartei zu diesem Zeitpunkt hin. Noch dominiert das katholische Bürgertum die politische Artikulation der katholischen Gemeinde.

43 1900 wurden erstmals Listen für die Stadtverordnetenwahl eingereicht und zwei Kandidaten durchgebracht. 1903 betrug die Mitgliederzahl HUSCH, Zentrumspartei, zufolge 550. Im Dezember 1918 hatte das Zentrum bereits ca. 4.000 Mitglieder. Vgl. BLANKENBERG, Katholizismus, S. 37.

lischen Bürgertums im Zentrum hatte aber noch eine weitere Konsequenz: Das Frankfurter Zentrum als Vertretung der ärmeren katholischen Schichten schrieb sich von Anfang an die Soziale Frage auf die Fahnen, was bei den Schwesterparteien im Reich[44], etwa bei der größtenteils durch mittelständisch-agrarische und konservative Kreise dominierten politischen Richtung des preußischen Zentrums, noch nicht der Fall war. Die Ursachen für diesen frühen Versuch, zu den Sozialdemokraten eine politische Alternative aufzubauen, sind auch in der Mitgliederstruktur des Zentrums in Frankfurt zu suchen. Zwar ist eine stichhaltige Rekonstruktion der Parteisoziologie und des innerparteilichen Meinungsbildungsprozesses nicht mehr möglich, da die Akten und die Mitgliederkartei des Frankfurter Zentrums nach 1933 verloren gingen[45], dennoch ist nicht zu bestreiten, daß die Frankfurter Ortspartei eine „Partei der kleinen Leute" war, die sich allerdings zu Beginn der 20er Jahre stärker auszudifferenzieren begann[46]. Stadtverordnetenlisten aus dieser Zeit weisen vor allem Beamte des einfachen und mittleren Dienstes, einige Kaufleute, Mittelschullehrer, vermehrt Arbeiter und kleine Angestellte sowie selbständige Handwerker auf, Akademiker wie den Zahnarzt und langjährigen Fraktionsvorsitzenden in der Stadtverordnetenversammlung der Weimarer Zeit, August Kercher (* 1873), hingegen nur im Ausnahmefall. Diese soziologische Struktur des Frankfurter Katholizismus bot dem Zentrum relativ günstige Voraussetzungen, die vor allem in der Sozialenzyklika „Rerum novarum"[47] (1891) Papst Leos XIII. lehramtlich geäußerten naturrechtlichen Gedanken über den hohen ethischen Stellenwert des einzelnen Menschen in der modernen Arbeitswelt in eine konkrete sozialpolitische Offerte zu transformieren.

Diese Reformbestrebungen im Frankfurter Zentrum gingen maßgeblich auf die Initiativen des überaus aktiven Vorstandsmitglieds Gerhard Heil (1869–1943)[48] zurück, der die Partei von 1910 bis 1930 als Vorsitzender führte. Unter ihm gewann das Frankfurter Zentrum zunehmend an Bedeutung, flankiert von einem nach dem Ende des Kulturkampfes

---

44 Erst 1911 organisierte sich die „Deutsche Zentrumspartei" auch auf Reichsebene.

45 Vgl. Blankenberg, Katholizismus, S. 15.

46 Vgl. Scharp, Dom, S. 14.

47 Enzyklika „Rerum novarum" vom 15. 5. 1891. Teilabdruck lat./dt. bei Denzinger/Hünermann, Kompendium, Nr. 3265–3271. Vgl. den Kommentar von Furger, Sozialethik, S. 31–34.

48 Buchdruckereibesitzer. 1904–1912 Stadtverordneter. 1919–1930 ehrenamtlicher Stadtrat in Frankfurt. Als solcher Dezernent für die städtischen Vermietungen und die städtische Darlehensanstalt. Zeitweise Mitglied im Reichsausschuß des Zentrums. Langjähriger Senior der katholischen Gesellenvereine in Frankfurt am Main. Über ihn der Artikel „Stadtrat Gerhard Heil. Zu seinem sechzigsten Geburtstag" in der RMV vom 29. 3. 1929; StAF, PA Heil 16. 779; Blankenberg, Katholizismus, S. 8 f; Lengemann, MdL, S. 171.

forcierten Ausbau des katholischen Pressewesens, vornehmlich des von Heils Vater Anton gegründeten „Frankfurter Volksblattes", sowie des Vereinswesens. Neben dem „Volksverein für das katholische Deutschland" war dies vor allem der 1896 ebenfalls von Gerhard Heil gegründete „Verein der in Frankfurt beschäftigten Arbeiter", der zum Grundstein für die katholische Arbeiterbewegung in der Diözese Limburg wurde, weiterhin die ebenfalls von Heil 1898 initiierten Christlichen Gewerkschaften, die in Frankfurt am Main in ihrem Mitgliederbestand zwar katholisch dominiert, jedoch im Vorstand konfessionell paritätisch besetzt waren[49].

Bis zum Ersten Weltkrieg konnte sich das Zentrum in Frankfurt zwar unter anderem durch den Aufbau einer Jugendgruppe, den Beschluß, auch Frauen als Mitglieder aufzunehmen, und die Anstellung eines Parteisekretärs für den Bezirk Nassau organisatorisch festigen und seine Wählerbasis, vorwiegend aus dem katholischen Vereins- und Pfarrmilieu rekrutiert, wenn auch bescheiden, ausbauen; über den Status einer Splittergruppe kam es aufgrund des preußischen Zensuswahlrechtes, das die sozial und finanziell schwachen Bevölkerungsteile Frankfurts benachteiligte, jedoch nicht hinaus. Der ab 1910 71köpfigen Frankfurter Stadtverordnetenversammlung gehörten in der Regel nur ein oder zwei Zentrumsstadtverordnete an; erst 1917 gelang es mit einem Stimmenanteil von 4,2% drei Mandate im Frankfurter Römer zu gewinnen, was immer noch – gemessen am Bevölkerungsanteil – hoffnungslose Unterrepräsentation der Frankfurter Katholiken und kommunalpolitische Bedeutungslosigkeit hieß[50]. Dies änderte sich erst mit der Weimarer Republik.

Die tragende Rolle des Zentrums bei der Ausarbeitung der Weimarer Reichsverfassung von 1919, die religiöse und mit dem parlamentarischen Repräsentativsystem auch volle politische Gleichberechtigung brachte, scheint vor dem Hintergrund allgemeiner katholischer Inferiorität im Kaiserreich konsequent, auch wenn das Zentrum von kirchenamtlicher Seite für seinen „Pakt" mit der aus der Revolution geborenen Republik mehr getadelt als gelobt wurde, was zu einer innerparteilichen Zer-

[49] Vgl. KLUG, Arbeiterschaft, S. 6; SCHATZ, Geschichte, S. 219f.

[50] Die SPD hingegen konnte 1909 bereits 15, 1913 schon 23 Stadtverordnete stellen. Auch bei den Gewerkschaften war die sozialistische Richtung in Frankfurt tonangebend. Die freien Gewerkschaften zählten 1913 42.105 Mitglieder, die noch im Aufbau befindlichen christlichen Gewerkschaften nur 2.081. Vgl. BLANKENBERG, Katholizismus, S. 12f. Zur Frankfurter SPD in der Kaiserzeit vgl. STÜBLING, Sozialdemokratie; SPD-UNTERBEZIRK, Römer, S. 34–53. Eine differenzierte Auseinandersetzung mit der Geschichte der SPD in Frankfurt am Main fehlt. Grundsätzliches zum Verhältnis Zentrum/SPD bei MITTMANN, Fraktion. Zum Ausbau der Frankfurter Zentrumspartei bis 1914 vgl. HUSCH, Zentrumspartei. Verzeichnis aller Frankfurter Stadtverordneten von 1907–1918 bei MALY, Regiment, S. 659–668.

reißprobe führen sollte[51]. Schon im Kaiserreich waren einflußreiche Kreise sogenannter Staats- oder Nationalkatholiken auf eindeutige Distanz zum Zentrum gegangen. Das Anwachsen der politischen Gegensätze nach verlorenem Krieg und Revolution 1918 führte viele rechtsgerichtete Katholiken direkt in die DNVP, während auf der Linken die Christlich-Soziale Reichspartei zum Sammelbecken katholischer Sozialisten wurde und auch die übrigen Parteien dem Zentrum immer mehr katholische Anhänger abwarben. Die Abspaltung des starken bayerischen Zentrumsflügels und die Gründung der Bayerischen Volkspartei (BVP, 1918/20) schwächte die Position des politischen Katholizismus in Deutschland nachhaltig. Ebenso erwiesen sich alle Versuche, nach dem Kulturkampf endlich die konfessionellen Gräben zuzuschütten und das Zentrum in eine christliche Volkspartei umzuwandeln als vergeblich. Weder die Parole des Kölner Verlegers Julius Bachem „Wir müssen aus dem Turm heraus!"[52], noch die Versuche Adam Stegerwalds[53] oder Konrad Adenauers[54] zu Beginn der zwanziger Jahre führten zum Erfolg, denn das ererbte Mißtrauen zwischen den Konfessionen und die kirchenpolitischen Risiken, die durch eine Abkehr von der Zentrumstradition hätten in Kauf genommen werden müssen, wogen schwerer. Noch die Reichspräsidentenwahl 1925, bei der Wilhelm Marx (1863–1946)[55] als Zentrumsvorsitzender und Kandidat des demokratisch-republikanischen „Volksblocks" dem von den Rechtsparteien nominierten greisen Generalfeldmarschall a.D. Paul von Hindenburg unterlegen war, stand unter einem entschieden antikatholischen Stern[56]. Auch in Frankfurt zeigten die führenden Parteimitglieder keinerlei Neigung, das Zentrum zugunsten einer überkonfessionellen Partei aufzugeben. Statt dessen verbreitete die „Frankfurter Volkszeitung" die Meinung, „Schulter an Schulter!"

---

[51] Zur Zentrumspolitik in der Weimarer Republik vgl. die Beiträge von LUTZ, Demokratie; MORSEY, Zentrumspartei (1966); HÖMIG, Zentrum; RUPPERT, Katholizismus; VON HEHL, Staatsverständnis. Zur BVP siehe SCHÖNHOVEN, Volkspartei; MILATZ, Ende.

[52] Der gleichnamige Artikel in: Historisch-Politische Blätter für das katholische Deutschland 137/I (1906), S. 376–386.

[53] Stegerwald forderte auf dem Essener Gewerkschaftskongreß am 21.11.1920 die Überwindung der politischen Spaltung rechts von der Sozialdemokratie in einer großen, gemäßigten und christlichen Partei, die ihren Mitgliederbogen von der gewerkschaftlich organisierten christlichen Arbeiterschaft bis zu den Deutschnationalen spannen sollte. Zum „Mahnruf von Essen" vgl. SCHMIDT, Zentrum, S. 85–97. Zu Stegerwald vgl. SCHORR, Stegerwald.

[54] Als Präsident des Deutschen Katholikentages in München 1922 plädierte der damalige Oberbürgermeister von Köln und spätere Bundeskanzler für ein politisches Bündnis mit „gleichgesinnten" Protestanten. Vgl. ADENAUER, Erinnerungen, S. 50.

[55] Über ihn: STEHKÄMPER, Marx.

[56] Hierzu HOLL, Konfessionalität.

zwar, aber auf der Basis der Zentrumspartei, müßten evangelische und katholische Christen politisch zusammenarbeiten[57].

In der Weimarer Republik galt das Zentrum mit dem berühmten Wort von Wilhelm Marx als „Verfassungspartei". Dem Buchstaben, wenn auch nicht immer der republikanischen Substanz der Verfassung ergeben, immer auf Ausgleich der Interessen bedacht und koalitionsfähig sowohl mit der Sozialdemokartie als auch mit den (rechts-)bürgerlichen Parteien, war es an allen Reichsregierungen von 1919 bis 1932 beteiligt und spielte auch in den Ländern, vor allem in Preußen, Baden und Württemberg eine herausragende Rolle. Der Parteiname hatte Symbolkraft. Das Zentrum war nicht nur der parlamentarischen Sitzordnung nach politische Mitte und wies zusammen mit der BVP ein sehr viel höheres Maß an Kontinuität in den Wahlergebnissen zwischen 1919 und 1933 als die anderen Parteien auf[58]. Das war in Frankfurt am Main nicht anders[59]. Dieser relative Erfolg wurzelte nicht zuletzt in der soziologisch heterogenen Zusammensetzung der Mitglied- und Anhängerschaft. Der schlesische Großgrundbesitzer wie der „einfache" Bergarbeiter fand sich durch das Zentrum gut vertreten. Abgesehen von konfessionalistischer Verengung in den Grundsätzen seiner Politik, kann das Zentrum zumindest in soziologischer Hinsicht als eine für seine Zeit moderne Integrations- oder Volkspartei beschrieben werden[60].

---

[57] Frankfurter Volkszeitung vom 29.12.1918; vgl. BLANKENBERG, Katholizismus, S. 57.

[58] Dennoch ging der prozentuale Stimmenanteil von Zentrum und BVP zwischen den Wahlen zur Deutschen Nationalversammlung 1919 und den Reichstags-Märzwahlen 1933 von 19,7% auf 13,9% zurück. Vgl. VON HEHL, Staatsverständnis, S. 241.

[59] In Frankfurt am Main schnitt das Zentrum meist unter dem Reichsdurchschnitt ab (zwischen 11,7% 1919 und 10,8% 1930). Bei der Juli-Wahl 1932 lag es mit 13,8% über dem Reichsergebnis von 12,4%, ebenso bei den März-Wahlen 1933, als in Frankfurt noch einmal beachtliche 12,4% gegenüber 11,2% im Reich erzielt werden konnten. Tabellarische Übersicht über die Wahlen zur Nationalversammlung und zum Deutschen Reichstag in Frankfurt am Main bei LORANG, Kirche, S. 2. Bei den Stadtverordnetenwahlen sah es ähnlich aus. Hatte das alte Zensus-Wahlrecht des Gemeindeverfassungsgesetzes von 1867 noch eine adäquate Repräsentation der Frankfurter Katholiken verhindert, so konnten 1919 13 von 96 Mandaten im Frankfurter Römer errungen werden, 1924 acht von 71, 1928 neun von 85, bei den Neuwahlen 1929 elf von 85 und 1933 noch einmal stabile zehn von 85. Vgl. MALY, Regiment, S. 680f.

[60] Die konstanten Wahlergebnisse dürfen aber nicht darüber hinwegtäuschen, daß es das Zentrum immer weniger verstand, die katholischen Christen politisch an sich zu binden. Wählten 1874, auf dem Höhepunkt des Kulturkampfes, noch immerhin 83% aller wahlberechtigten Katholiken die Zentrumspartei, waren es in einem stetigen Abwärtstrend bis 1933 noch etwa 43%, was zwar immer noch die „Erfassung" von etwa 2/3 der damals praktizierenden Katholiken bedeutete, jedoch nicht zu Unrecht als Schlußpunkt einer „Schicksalskurve" (Schauff) gesehen werden kann. Vgl. VON HEHL, Staatsverständnis, S. 241f. Zur Bedeutung des Zentrums als Volkspartei vgl. MINTZEL, Volkspartei, S. 23f.

Teilweise antiquiert waren dagegen die Meinungen weiter Kreise im Zentrum, was die Republik und das parlamentarische System an sich betraf. Die Gründe hierfür sind in den religiösen Rückbindungen einer Mehrheit unter den Zentrumsführern und -mitgliedern an die damalige katholische Staats- und Gesellschaftslehre zu suchen, einem naturrechtlich fundierten konservativen Sozialideal, das keine Option für eine konkrete Staatsform, etwa die Monarchie oder die Republik, enthielt, den Staat an sich aber, unabhängig davon, in welchem Gewand er sich zeigte, als legitime Obrigkeit anerkannte, denn dieser hatte seinen Ursprung immer aus göttlichem Recht. Begrenzt wurde die Macht des Staates allerdings durch die Rechte des Einzelnen und der Familie, die jeder Form von Staatlichkeit vorgelagert und vom Staat zu respektieren waren, ein Ordnungssystem lehramtlich-autoritativ vertreten durch den deutschen Episkopat einerseits, den Papst in Rom andererseits. Für eine dogmatische Festlegung auf eine bestimmte Staatsform war in diesem Denken kein Platz. Der Zusammenbruch der Monarchie und die Demokratisierung in Deutschland stellten die katholische und im besonderen auch die evangelische Kirche vor schwerwiegende Probleme hinsichtlich ihres jeweiligen Staatsverständnisses. Das Ende der Monarchie beendete auch die enge Verflechtung von „Thron und Altar" und weckte eine tiefe Verunsicherung im evangelischen Deutschland. Die Zentrumsanhänger sahen einer Neuordnung auf republikanischer Grundlage sehr viel nüchterner entgegen, da sich für sie das Kaiserhaus durch sein klägliches Versagen gegen Ende des Krieges ohnehin diskreditiert hatte und die Katholiken endlich ihr ghettoartiges Dasein verlassen konnten[61]. Nach der unter Federführung von SPD, DDP und Zentrum erarbeiteten Reichsverfassung genossen beide Großkirchen fortan den Status staatlich geschützter Körperschaften des öffentlichen Rechts. Die Bestimmungen über die Religionsfreiheit brachte den Katholiken volle (staatsbürgerliche) Gleichberechtigung. Der Staat garantierte bekenntnisgebundenen Religionsunterricht an der staatlichen Schule und beließ eine Elternoption für die Konfessionsschule. Die Verfassungsväter, und dies wurde zum eigentlichen Problem für das Zentrum, verankerten den Staat von Weimar aber nicht als Ausfluß göttlicher Souveränität, sondern die Republik und ihre parlamentarischen Instanzen bezogen ihre Legitimation allein aus der Volkssouveränität (Artikel 1 WRV)[62]. Für das Frankfurter Zentrum stand außer Frage, „daß der christliche Staatsgedanke (...) sich auch in einer Republik wirksam zur Geltung

[61] Vgl. HÜRTEN, Kirchen.

[62] Vgl. ANSCHÜTZ, Verfassung, S. 35. Das kirchliche Staatsverständnis fußt unter anderem auf einer Passage im Römerbrief: „Jeder leiste den Trägern der staatlichen Gewalt den schuldigen Gehorsam. Denn es gibt keine staatliche Gewalt, die nicht von Gott stammt; jede ist von Gott eingesetzt" (Röm 13,1).

bringen"[63] lassen könne. Auf Seiten der katholischen Hierarchie teilte man diese Meinung nicht unbedingt; für viele Bischöfe „roch es vielmehr nach Schwefel", daß eine deklariert katholische Partei wie das Zentrum einer Verfassung zugestimmt hatte, in der alle Staatsgewalt vom Volk ausging und Gott nicht einmal in der Präambel Erwähnung fand. Sie sahen darin einen weiteren Ausweis für eine voranschreitende Entchristlichung in Deutschland, an der Katholiken auch noch mitwirkten.

Die Bischöfe versuchten deshalb der zunehmenden politischen Verselbständigung der Zentrumspartei und der ihr nahestehenden Verbände zu begegnen, indem sie auf dem Magdeburger Katholikentag 1928 zur „Katholischen Aktion" aufriefen. Eng an die Pfarrei und den Pfarrer angelehnt, sollte sich das katholische Volk hinter der Hierarchie sammeln und so einen neuen einheitlichen Mittelpunkt apostolischer Arbeit bilden[64]. Die Reserviertheit des kirchlichen Lehramtes gegenüber der Republik führte im Zentrum zu einer unheilvollen Flügelbildung. Im Gefolge einer allmählichen Stabilisierung der Republik versuchte der linke Parteiflügel das Zentrum auch programmatisch auf die Republik und eine politische Bindung an die Mitte-Links-Parteien festzulegen. Wortführer war hier der badische Zentrumspolitiker Joseph Wirth (1879–1956)[65]. Der gemäßigt konservative Flügel um den Parteivorsitzenden Wilhelm Marx verhielt sich gegenüber der neuen Staatsform und ihren Organen zwar loyal und anerkannte die Weimarer Verfassung als legal zustande gekommenes Recht, bejahte Republik und Demokratie aber nicht um jeden Preis. Eine theoretische Begründung für diese Haltung lieferte etwa der umstrittene katholische Staatsrechtler Carl Schmitt (1888–1985)[66],

---

63 Frankfurter Volkszeitung vom 13.11.1918; vgl. BLANKENBERG, Katholizismus, S. 32.

64 Die „actio catholica" geht programmatisch auf die Antrittsenzyklika Papst Pius' XI. „Ubi arcano Dei" vom 23.12.1922 zurück, in der die katholischen Laien unter Hinweis auf das „allgemeine Priestertum" aller Gläubigen zur Erneuerung des Reiches Christi aufgerufen wurden. Vgl. KÖHLER, Aktion (Lit.). Zuletzt: DAMBERG, Laien.

65 1921/22 Reichskanzler einer Zentrum-SPD-DDP Minderheitsregierung. Wirth wurde wegen seiner einlenkenden Reparationspolitik von der politischen Rechten als „Erfüllungspolitiker" diffamiert. Unter seiner Kanzlerschaft Erlaß des „Republikschutzgesetzes" und Abschluß des Rapallovertrages. 1929/30 Reichsminister für die besetzten Gebiete. 1930/31 Reichsinnenminister. Wirth galt als „Herzensrepublikaner". Sein politisches Ziel sah er in der Errichtung eines christlich-sozialen Volksstaates. Das Zentrum war für ihn Träger einer christlich-republikanischen Bewegung. Als politisch Heimatloser trat er nach 1945 für die Neutralität Deutschlands und eine Verständigung mit der UdSSR ein. Über ihn zuletzt die beiden Studien von KÜPPERS, Wirth und HÖRSTER-PHILIPPS, Wirth. Vgl. DIRKS, Wirth.

66 1922–1928 Professor für Staatsrecht an der Universität Bonn, danach bis 1945 in Berlin. Zu ihm vgl. KODALLE, Politik; Winfried GEBHARDT, Art. Carl Schmitt, in: BAUTZ 9, 1995, S. 486–496 (Lit.).

der die Demokratie als einen „gegen Wert und Wahrheit neutralen Mehrheitsfunktionalismus"[67] bezeichnete. Um die Koalitionsfähigkeit nach Links und Rechts nicht zu gefährden, bemühte sich der Parteivorstand, die Gegensätzlichkeiten durch eine neuerliche Fixierung des Zentrums als einer weder monarchischen noch republikanischen, sondern grundsätzlich verfassungstreuen Partei zu überbrücken. Dieses einigende Band der Zentrumspartei wurde gegen Ende der Weimarer Republik immer mehr zum Bindfaden, da bei den entschiedenen Republikanern ein latentes Mißtrauen sowohl gegenüber der Parteiführung der mittleren Linie um Marx und Stegerwald, als auch gegenüber dem konservativ-klerikalen Flügel um den seit 1928 amtierenden Parteivorsitzenden Prälaten Ludwig Kaas (1881–1952)[68] vorhanden war. Die 1927 erfolgte Regierungsbildung von Marx unter Einschluß der DNVP und die Koalitionsverhandlungen des Zentrums mit der NSDAP nach der Juli-Wahl 1932 atmeten für Wirth und andere kaum den Geist von Weimar. Umgekehrt war der linke Flügel unter Verdacht, sich mit seiner sozialstaatlichen Politik mehr um die Belange einer ohnehin für die Wahlurnen verlorenen Klientel, denn um die kulturpolitische Verteidigung der „bona particularia" der Kirche, vor allem im Erziehungsbereich, zu sorgen. Die Wahl eines Geistlichen zum Parteivorsitzenden spiegelte die ganze Schwäche des Zentrums wieder, denn die Besinnung auf die gemeinsamen kirchlichen Grundlagen blieb der einzige „Bindekitt" (von Hehl) einer von innerparteilichen Auseinandersetzungen und persönlichen Machtkämpfen erschütterten Partei[69].

Der geistige Kern des Frankfurter Zentrums[70], der Kreis um die „Rhein-Mainische Volkszeitung", gehörte zum eher linken, republikanischen und christlich-sozialen Flügel im deutschen Zentrum. Dies äußerte sich besonders sichtbar in der nahezu vorbehaltlosen Unterstützung für die Leitfigur des christlich-sozialen Zentrumsflügels, Joseph Wirth, in der Reichspartei heftig umstritten, der auf seine Frankfurter Parteifreunde zählen und sich der Unterstützung seiner Mitte-Links-Politik in der dortigen Zentrumspresse und bei Parteikundgebungen stets gewiß sein konnte. Sein Eintreten für die Republik und seine Bemühungen um eine Verbesserung des Verhältnisses zu den Siegermächten fanden am Main breite und freundschaftliche Unterstützung. Wirth war häufig in Frankfurt zu Gast, und seine Auftritte bei Großkundgebungen, etwa bei Parteifeiern in der Festhalle oder beim Katholikentag 1921 erzeugten stürmi-

---

[67] Schmitt, Legalität, S. 9.

[68] 1928–1933 Vorsitzender der Deutschen Zentrumspartei. Ab 1933 in Rom. Über ihn: Morsey, Kaas; May, Kaas.

[69] Vgl. von Hehl, Staatsverständnis, S. 250–253.

[70] Zur Frankfurter Ortspartei des Zentrums in der Weimarer Republik vgl. Blankenberg, Katholizismus; Rebentisch, Frankfurt, S. 436f.

schen Beifall[71]. Um einen wirksamen rechten Parteiflügel etablieren zu können, fehlte in Frankfurt am Main grundbesitzender katholischer Adel und wirklich starkes Kapital in katholischer Hand[72]. Zudem war die Zentrumsanhängerschaft in der Mainmetropole jener strukturschwache Katholizismus der „kleinen Leute", dessen politische Repräsentanz in den Parteiannalen der Weimarer Republik heute wahrscheinlich gar nicht weiter auffallen würde, wenn sich nicht der katholische Naturwissenschaftler und Unternehmer Friedrich Dessauer (1881–1963)[73] in den Dienst des Frankfurter Zentrums gestellt hätte, und dies in den Wogen der Revolution von 1918/19.

FRIEDRICH DESSAUER

Dessauer, als Sohn einer alten Aschaffenburger Industriellenfamilie geboren, hatte sich schon früh als Techniker und Ingenieur auf dem Gebiet der Tiefentherapie mit Röntgenstrahlen einen Namen gemacht. Um die Existenz der Familie nach dem frühen Tod des Vaters finanzieren zu

71 Das Verhältnis des Frankfurter Zentrums zu Wirth bei BLANKENBERG, Katholizismus, S. 87 f.

72 Vgl. ebd., S. 76.

73 1922 Professor für physikalische Grundlagen der Medizin an der Frankfurter Universität. Begründer der Quantenbiologie. 1919–1924 Stadtverordneter in Frankfurt, dann MdR bis 1933. Eine eigenständige politische Biographie über Dessauer steht noch aus, wenngleich Heinrich Blankenberg das Wirken Dessauers für das Zentrum eingehend analysiert hat. Zur vorläufigen Lebensübersicht vgl. KNECHT, Dessauer; LOWITSCH, Rhein-Mainische-Volkszeitung, S. 20–23 u. passim; BLANKENBERG, Katholizismus, S. 37–46 u. passim; DERS., Dessauer; HOFFMANN, Demokrat; POHLIT, Dessauer; GOES, Dessauer; Art. Friedrich Dessauer, in: KLÖTZER, Frankfurter Biographie, hier 1, S. 152 f. Schriftenauswahl (außer Facharbeiten) im Literaturverzeichnis.

können, unterbrach er sein in München begonnenes Physikstudium und gründete zwanzigjährig in Aschaffenburg ein Elektrotechnisches Laboratorium, in dem nach seinen Vorstellungen Röntgenapparate für medizinische Anwendungen gebaut wurden. 1907 richtete er in Frankfurt am Main einen weiteren Betrieb ein, der mit dem Aschaffenburger Werk zu den „Vereinigten Elektroinstituten Frankfurt-Aschaffenburg (VEIFA)" fusionierte. 1914 hatte der emsige Dessauer bereits 500 Mitarbeiter und galt als ein angesehener Fabrikdirektor und Wissenschaftler. Von 1914 bis 1917 setzte er sein Studium an der Frankfurter Universität fort und beendete es mit einer Dissertation über die Eigenschaften und die Konstruktion eines speziellen Hochspannungstransformators. Unermüdlich hielt er Vorträge, leitete sein Unternehmen und mußte darüber hinaus noch die gesundheitlichen Folgen seiner Strahlenforschung kurieren, eine Belastung, die sich nur aus seinem sehr preußischen Verständnis von persönlichem Opfer und Dienst verstehen läßt.

Schon früh aber beschäftigte den gläubigen Katholiken Dessauer das Verhältnis von Mensch und Technik, von Arbeiter und Unternehmer. Im Gegensatz zu vielen machtbewußten Industriellen seiner Zeit, hatte Dessauer immer ein offenes Ohr für die sozialen Probleme seiner Mitarbeiter, wozu er sich aus christlicher Nächstenliebe verpflichtet sah. Was er später in seinem Buch „Kooperative Wirtschaft"[74] zur Theorie formte, war längst Dessauers Erkenntnis. Sein Ziel war, am Aufbau einer Wirtschaftsordnung mitzuarbeiten, in der Klassengegensätze aufgehoben sind und „das Gesellschaftsziel der Wirtschaft hoher sittlicher Dienst an Volk und Menschheit" ist. Diesem Ziel müßten sich alle „Wirtschaftsstände in disziplinierter, klarer Kooperation" unterordnen[75]. Wenn man auch Dessauer keineswegs als „Sozialisten" bezeichnen kann, so war sein Eintreten für mindestens wirtschaftsdemokratische Reformen und einen konsequenten Parlamentarismus für einen Industriellen dieser Zeit sehr fortschrittlich. In den Turbulenzen der Revolution von 1918/19 schien der Röntgenpionier aus Mainfranken deshalb geradezu prädestiniert, als Vermittler zwischen den Arbeiterräten und der Frankfurter Bürgerschaft zu fungieren, zumal ihn die „Wende" nicht unerwartet getroffen hatte.

Mit der Ablösung der Monarchie schien, so Dessauers Überzeugung, die Gelegenheit gekommen, in der das Bürgertum nicht nur als machtpolitisches Gegengewicht zu den Arbeitern aktiviert, sondern in die Pflicht zur Mitarbeit an gesellschaftlichen Reformen genommen werden

---

[74] Vgl. DESSAUER, Wirtschaft. Das Fundament dieser Wirtschafts- und Gesellschaftsordnung sind die fünf menschlichen Faktoren Unternehmer, Mitunternehmer (Kapital), Mitarbeiter (Arbeitnehmer), Konsument und formierte Gesellschaft (Staat, Kirchen usf.), zusätzlich die Faktoren Natur und Technik. Der spätere Gedanke einer sozialen Marktwirtschaft schwingt hier bereits lebhaft mit.

[75] DESSAUER, Zentrum, S. 33.

mußte. Im Dezember 1918 hielt Dessauer auf Veranlassung eines Kreises der Frankfurter Volksbildungsfreunde eine Ansprache in der überfüllten Universitätsaula, bei der er die revolutionäre Veränderung konsequent begrüßte, jedoch auch die „Größe und Schönheit" des untergegangenen Kaiserreiches, welches „endlich das deutsche Volk geeint und in seiner Weise emporgeführt"[76] habe, in Erinnerung rief. Der Wissenschaftler sah den „Umsturz als Durchbruch überreif gewordener Ideen", die nicht „Finsternis und Grauen, sondern Licht und Freude" schaffen wollten[77]. Arbeiter und Unternehmer, die sich durch die deutliche Radikalisierung des linken Flügels der Arbeiterbewegung noch mehr voneinander zu entfernen drohten, versuchte Dessauer mit seiner Ansprache zur Mäßigung zu rufen und auf gemeinschaftlichen Kurs zu bringen, um die katastrophale Wirtschafts- und Ernährungslage nach dem Krieg zu überwinden. Der Redner wandte sich gegen jede Form von Klassenkampf als Selbstzweck: „Nicht auf Erleichterung unserer Arbeit, nicht auf Verbesserung unseres persönlichen Loses oder des Loses unserer Klasse darf jetzt unser Sinn gerichtet sein. Wer daran denkt, begeht einen Frevel gegen das Vaterland. Nur daran darf jeder für sich in seinem Kreise denken und dafür darf er wirken, daß er opferbereit sein muß zur schwersten, auch ungewohnten Arbeit, zur längsten Arbeitszeit und zur äußersten Bescheidung seiner Bedürfnisse. So verlangt es die Pflicht des Menschen, des Christen, die Pflicht gegenüber Volk und Vaterland."[78].

Dessauers Besonnenheit und seine appellativen Zwischentöne fanden große Aufmerksamkeit, und der für Frankfurt am Main traditionsreiche Strom sozialreformerischer Liberaler und Demokraten sah in ihm den geeigneten Brückenbauer zu den Arbeiterräten. Tatsächlich übernahm der Naturwissenschaftler die Führung der Frankfurter Bürgerratsbewegung, die sich zunächst als Gegenpol zu den Arbeiterräten formiert hatte; zusätzlich fungierte er noch als Sprecher der Vereinigung der Frankfurter Industriellen. Noch im selben Monat wurde Dessauer, der vor 1918 politisch nicht in Erscheinung getreten war, Mitglied der Zentrumspartei. Zwar trat auch die in Frankfurt am Main traditionell starke und einflußreiche linksliberale Demokratische Partei an ihn heran, doch sah sich Dessauer als praktizierender Katholik am besten im Zentrum aufgehoben, das er „für die am wenigsten schlechte Partei"[79] hielt. Überhaupt war Dessauer kein klassischer Parteipolitiker mit einer festen Doktrin. Sein politisches Handeln ergab sich stets aus seinem wissenschaftlich geschulten Nachdenken über die Gründe vorhandener Situationen und

---

[76] DESSAUER, Zeit, S. 5 u. S. 11.
[77] Ebd., S. 6 u. S. 10.
[78] Ebd., S. 14 u. S. 17–19.
[79] So sein Sohn Ottmar Dessauer. Vgl. BLANKENBERG, Katholizismus, S. 44f.

über erfolgversprechende Lösungswege. Den Rahmenbedingungen der neuen Zeit nach 1918 und – maßgeblich – Dessauers Persönlichkeit, seiner geistigen Ausstrahlung sowie seinem persönlichen und finanziellen Einsatz, ist es zu verdanken, daß sich das Frankfurter Zentrum endlich von der Splittergruppe zur mitverantwortlichen und geachteten Partei mausern konnte. Als Wissenschaftler, Publizist, Parteivorstandsmitglied, Stadtverordneter und schließlich, ab 1924, direkt gewählter Reichstagsabgeordneter für den Wahlkreis Hessen-Nassau genoß der für die Sozialstruktur der Zentrums-Ortsgruppe völlig untypische Dessauer hohes Ansehen bis in die Reihen des politischen Gegners, was sich für das Zentrum wie für die Stadt Frankfurt am Main insgesamt auszahlte. Im Stadtparlament hatte er mitverantwortlich die Geleise gelegt für eine bis zum Ende der Weimarer Republik andauernde Kooperation von SPD, linksliberaler DDP und Zentrum nach dem Muster der „Weimarer Koalition". Damit stützte das Frankfurter Zentrum auch die visionäre Stadtpolitik der „Neuen Ära" des von Oberbürgermeister Ludwig Landmann (1924–1933, DDP) geführten Magistrates nachhaltig[80].

Auch in der Personalpolitik zeigte sich der Wille zur Zusammenarbeit der drei Parteien. So kamen sie 1919 überein, den Fraktionen erstmals proportional zu ihrem Wahlergebnis ein Vorschlagsrecht für die Besetzung der nichttechnischen frei werdenden Stadtratsposten im Magistrat unter der Voraussetzung der persönlichen und fachlichen Eignung der Bewerber einzuräumen. Bei der Wahl Landmanns 1924 sowie des Bürgermeisters Eduard Gräf (SPD) vier Jahre zuvor machte Dessauer seinen Einfluß geltend, ebenso bei der umstrittenen Kür des Zentrumsstadtverordneten Wilhelm Lutsch (1879–1942)[81] zum Stadtrat und Dezernenten für die Gas-, Wasser- und Elektrizitätswerke. Lutsch war der erste hauptamtliche Stadtrat, den die Frankfurter Zentrumspartei in ihrer Geschichte im Magistrat zu plazieren vermochte[82]. Der anfangs von den bürgerlichen Parteien als inkompetent befehdete Jurist erwies sich als sachkundiger Walter seines Amtes. Er war nicht nur für die Energieversorgung zuständig, sondern fungierte auch als stellvertretender Stadtkämmerer und, im politischen Programm Landmanns ein Schlüsselressort, Dezernent für Eingemeindungsangelegenheiten. 1927 wählte ihn der Kommunallandtag zum Landeshauptmann für den Bezirk Nassau. Oberbürgermeister Landmann bedauerte das Ausscheiden Lutschs, da er „jetzt während des

---

80 Vgl. ebd., S. 78 f; REBENTISCH, Frankfurt, S. 442–454.

81 1918–1921 Stadtverordneter. Zeitweise Fraktionsvorsitzender des Zentrums. 1921–1927 hauptamtlicher Stadtrat in Frankfurt. 1921 Mitglied des Kommunallandtages. 1927–1933 Landeshauptmann von Nassau. Zu ihm vgl. RENKHOFF, Nassauische Biographie, S. 485; MALY, Regiment, S. 446 u. passim; LENGEMANN, MdL, S. 250.

82 Zu den Umständen seiner Wahl vgl. BLANKENBERG, Katholizismus, S. 80–83.

Schwebens der Eingemeindungsverhandlungen [mit den Gemeinden Höchst und Nied] eigentlich unersetzlich" sei[83]. Spätestens mit der Wahl Lutschs trat das Zentrum aus dem Schatten des Römers in die volle Mitverantwortung für die Stadt, und die Zeit, da ein Katholik in großer Stellung in Frankfurt einem „seltenen Vogel" (Scharp) gleichkam, schien der Vergangenheit anzugehören.

Das freundschaftliche Verhältnis Landmanns zu Friedrich Dessauer beförderte die Interessenlage der Mainmetropole nicht selten auf unbürokratische Weise an die Spree. Seine umfangreichen Kontakte zum Reichsparteivorstand, zu den Ministerien und zu Unternehmerkreisen konnte Dessauer für seinen Wahlkreis und insbesondere für Frankfurt am Main oftmals nutzbar machen. Seine Arbeiten am Universitätsinstitut und seine Vorlesungspflichten erledigte er samstags und montags, von Dienstag bis Freitag weilte er in Berlin, ein ständiges Pendlerdasein, das sich nur durch sein scheinbar unermüdliches Pflichtgefühl und seinen Forscherdrang erklären läßt.

Aber nicht nur Frankfurt am Main und der dortige politische Katholizismus profitierten von der Persönlichkeit Dessauers. Als Vorsitzender des wirtschaftspolitischen Ausschusses der Reichspartei des Zentrums, später in seiner Funktion als wirtschaftpolitischer Berater des Reichskanzlers Heinrich Brüning, bemühte sich Dessauer, in seiner Partei das Verständis für eine mehr von ökonomischen denn von kulturpolitischen Überlegungen geleitete Politik zu wecken. Dieses vordenkerische Anliegen verband ihn mit dem jungen Kreis „seiner" RMV, auf den noch einzugehen sein wird. Im Gegensatz zu diesem Kreis plädierte Dessauer, ein entschiedener Anhänger der katholischen Soziallehre, allerdings nicht für eine vollständige Umformung der Gesellschaft mit kollektivistischer Tendenz, sondern für eine sittlich gebundene „Gesellschafts-Wirtschaft", die ausufernde privatwirtschaftliche Vorteilnahme durch Mitbestimmungsmodelle relativieren möchte und in letzter Konsequenz der menschlichen Kultur dient. Eine derartige Wirtschaftsform „geht nicht etwa so weit, daß sie erlauben könnte, mit zerstörenden Gegenständen, mit schlechter Literatur und dergleichen ‚gute' Geschäfte zu machen oder die Mitmenschen zu unterdrücken und zu mißbrauchen. Die Gesellschafts-Wirtschaft bezieht aus dem gesellschaftlichen Nutzen ihren Wertmaßstab."[84] Für die praktische Politik des Frankfurter Zentrums etwa bedeutete dieser begrenzte Primat der Gesellschaft über die wirtschaftliche Freiheit des Einzelnen, vor allem die Unabhängigkeit der kleinen und mittleren Unternehmen zu erhalten und sie gegen die ungleiche Konkurrenz durch städtische Betriebe zu schützen. Im Stadtparlament legte die Partei zudem

[83] StAF, PA Lutsch 17.813, Landmann an Lutsch, 21.1.1927.
[84] Dessauer, Zentrum, S.30f.

äußersten Wert darauf, daß auch im Bereich der öffentlichen Wirtschaft grundlegende ökonomische Prinzipien wie Rentabilität und Kostendeckung aus eigenen Einnahmen gelten. Freilich lehnte sie damit keineswegs die Kommunalisierung privater Betriebe prinzipiell ab[85]. Deren Notwendigkeit im Einzelfall hatte sie etwa durch ihren Stadtverordneten Dessauer immer wieder zum Ausdruck gebracht, was ihr den Vorwurf einbrachte, eine „Linkspolitik" zu vertreten, obwohl sich die Frankfurter Zentrumsführung selbst in der Sozialisierungsfrage auf der gemäßigten Linie der Reichstagsfraktion sah. Die Zentrumsfraktion in der Stadtverordnetenversammlung unterstützte dann auch einzelne Verstadtlichungsmaßnahmen des Magistrates in der Nachkriegszeit, etwa den Aufkauf der Frankfurter Automobildroschkengesellschaft und die Kommunalisierung verschiedener gemeinnütziger Vereine.

„Sozialisierung" bedeutete für Dessauer als wirtschaftspolitischem Sprecher des Zentrums weitaus mehr als eine schematisierte Überführung von Privat- in Gemeineigentum. Im Zusammenhang des 1920 eingeführten Betriebsrätegesetzes führte er aus, das Schicksal der Produktions- und Handelsstätten solle „künftig nicht mehr so überwiegend wie bisher nach privatwirtschaftlichen Vorteilen entschieden werden. Auch andere Stimmen sollen gehört werden, zunächst auch die Stimmen der Arbeitnehmer, die an dem Schicksal des Unternehmers gleichfalls, wenn auch mit etwas anderer Einstellung, interessiert sind."[86] Eine vernünftige Sozialisierung bedeutete für Dessauer eine „Verflechtung" des Schicksals der Arbeitenden mit dem Werk. Über die betriebliche Mitbestimmung hinaus war es Dessauers kühnes Anliegen, die Arbeiter am Gewinn des Unternehmens zu beteiligen. Diese partnerschaftliche Sicht von Unternehmer und Arbeiter war ihrer Zeit weit voraus.

Die ausgesprochen fortschrittliche Wirtschafts- und Sozialpolitik des Frankfurter Zentrums wurde zum Markenzeichen des dortigen politischen Katholizismus. In der konfessionell sehr unausgewogenen Metropole mit einem inzwischen erstarkten Minderheitenkatholizismus war eine Kulturpolitik nach traditionellem Zentrumsmuster ohnehin kaum noch erfolgversprechend, denn die katholische Bevölkerung der 1920er Jahre kann hier weder als ausgewiesener Träger einer Stadtkultur wie etwa in Köln noch als ein typisches, relativ geschlossenes katholisches Milieu bezeichnet werden. Traditionelle katholische Politik mit Schwerpunkt in den Bereichen Familie oder Schule war nur noch schwer vermittelbar. Die Scheidungsrate war in Frankfurt auch unter den Katholiken überdurchschnittlich hoch, ebenso die Anzahl der nicht kirchlich getrau-

[85] Zur Sozial- und Wirtschaftspolitik des Frankfurter Zentrums vgl. BLANKENBERG, Katholizismus, S. 63–67.
[86] DESSAUER, Zeit, S. 32f.

ten Mischehen und der Kirchenaustritte[87]. Von den 70 Frankfurter Volksschulen waren nur zehn katholische Bekenntnisschulen, worin der Zentrumsstadtverordnete Gerhard Börner (1878–1967)[88] eine zunehmende „Entchristlichung" des Frankfurter Schulwesens erblickte[89]. Die Funktion Frankfurts als in zunehmenden Maße internationale Handels-, Messe- und Bankenstadt hat seine Bewohner in starkem Maße geprägt. Frankfurt war in den zwanziger Jahren eine überaus weltoffene Stadt geworden, deren freigeistiges, weltbürgerliches Klima nicht ohne Einfluß auf den dortigen Katholizismus blieb. Modernes Denken ging einher mit deutlichen Anzeichen gesellschaftlicher Instabilität und setzte in der einstmals relativ geschlossenen, patrizisch-oligarchisch geführten katholischen Gemeinde der Stadt zentrifugale Kräfte frei, die mit den verbrauchten politischen Rezepten der Reichs-Zentrumspartei nicht mehr zu bändigen waren. Ein Mann wie Dessauer kam da gerade zur rechten Zeit. Mit ihm verstand es die Leitung des örtlichen Zentrums, neuen Ideen im Spannungsfeld Kirche und Arbeiterschaft Raum zu verschaffen und Antworten auf die drängenden sozialen Fragen zu geben, auch wenn sie es dabei in Kauf nehmen mußte, in konservativen Kreisen als „linke" Partei zu gelten. Die Haltung des Frankfurter Zentrums zur Reichspolitik war dementsprechend. Hier äußerte sich die Dominanz des linken Flügels im örtlichen Zentrum u.a. in einem uneingeschränkten Bekenntnis zur Republik, einer im Vergleich zum Reich unproblematischeren Verständigung mit SPD und DDP, einer distanzierten Haltung zu den Rechtskoalitionen des Zentrums mit der DNVP und der DVP in der Reichsregierung, einer in katholischen Kreisen heftig umstrittenen Befürwortung der Fürstenenteignung sowie in einer kritischen Haltung gegenüber den Koalitionsverhandlungen der Reichspartei mit der NSDAP nach der Juli-Wahl 1932.

Die Orientierung der Frankfurter Zentrumsführung an den verhältnismäßig armen und bildungsschwachen katholischen Frankfurter Wählerschichten zeigte sich deutlich, als 1930 ein Nachfolger für den langjähri-

---

[87] Hierzu PIPBERGER, Statistik. Der Prozentsatz der Kirchenaustritte in Frankfurt am Main für das Jahr 1926 lag mit 1,08% um mehr als das doppelte über dem Wert von Städten wie Wiesbaden (0,49%) oder Mannheim (0,48%), im Vergleich zu Freiburg im Breisgau sogar um mehr als das Vierfache (0,26%). Ebd., S. 27. Die Quote der rein katholischen Eheschließungen sank von 1900 bis 1950 von 20,0% auf 15,6%, ein Drittel aller geschlossenen Ehen waren relativ konstant Mischehen, wobei aus ihnen entgegen dem Gebot der Kirche nur ein Drittel zur katholischen Taufe gebracht wurde. Vgl. NEUNDÖRFER, Frankfurt, S. 42.

[88] Börner, der sich für das Elternrecht in Erziehung und Schule einsetzte, galt als fortschrittlicher Pädagoge auf christlicher Grundlage. 1924–1929 Stadtverordneter, 1929–1933 ehrenamtlicher Stadtrat in Frankfurt. 1.8.1933 Eintritt in den NSLB. 1945 lehnte Börner eine Berufung zum Magistratsschulrat ab. Vgl. den Art. Gerhard Börner, in: KLÖTZER, Frankfurter Biographie, hier 1, S. 88.

[89] Vgl. BÖRNER, Schulwesen, S. 38.

gen Parteivorsitzenden Gerhard Heil zu wählen war. Mit dem Postinspektor Jakob Husch (1875–1950)[90] setzte sich auf der Generalversammlung des Frankfurter Zentrums ein Mann, der, wie es damals hieß, dem Volk nahestand, mit deutlicher Mehrheit gegen den Juristen und Stadtverordneten Leo Zugehoer durch. Husch war allerdings kein unbeschriebenes Blatt. Aus der Eifel stammend, war er als junger Postassistent zunächst nach Metz gekommen, wo er Mitbegründer der Windhorstbünde und später Landesvorsitzender des Zentrums in Lothringen wurde. Als solcher setzte er sich gemeinsam mit dem Deputierten Schuman, dem späteren französischen Außenminister, für eine deutsch-französische Verständigung ein. Mit dem Mittelschullehrer Jean-Albert Schwarz (1873–1957)[91] entsandte die Partei zwischen 1919 und 1933 einen ebenso volkstümlichen wie weithin beliebten Mann in den Reichstag. Auch kann nicht davon gesprochen werden, daß das Frankfurter Zentrum in den Jahren nach 1928, als der Trierer Domherr Prälat Kaas zum Reichsvorsitzenden des Zentrums gewählt worden war und sich der konservativ-klerikale Flügel der Partei mehr und mehr durchzusetzen begann, offene politische Richtungsvorgaben von Frankfurter Geistlichen erhalten hätte[92], wenngleich der als streng und weltoffen zugleich geltende Stadtpfarrer, Prälat Jakob Herr (1867–1950)[93], politisch durch-

---

[90] 1913–1918 Mitglied des Gemeinderates der Stadt Metz. 1919 beruflich nach Frankfurt am Main versetzt. Mitglied des Hessischen Provinziallandtages in Kassel. 1930–1933 Vorsitzender des Frankfurter Zentrums, zugleich Zweiter Landesvorsitzender des nassauischen Zentrums. 1933 für kurze Zeit Mitglied des Preußischen Staatsrates. 1945–1947 Kreisvorsitzender der CDU Frankfurt, danach Ehrenvorsitzender. 1946 Mitglied der Verfassungsberatenden Landesversammlung Groß-Hessen. 1946–1950 Mitglied und Alterspräsident des Hessischen Landtages. Zum Lebenslauf vgl. Porträt in der Frankfurter Neuen Presse vom 24. 10. 1950; LENGEMANN, Hessen-Parlament, S. 287; DERS., MdL, S. 196; Mitteilungen von Rudolf HUSCH am 9. 8. 1995. Seine Wahl zum Zentrumsvorsitzenden bei BLANKENBERG, Katholizismus, 244f.

[91] 1919 Mitglied der Deutschen Nationalversammlung, danach bis 1933 MdR. Langjähriges Mitglied des Reichstags-Direktoriums. 1920–1933 Schriftführer und 1920–1926 auch Geschäftsführer der Reichstagsfraktion des Zentrums. Zu ihm vgl. DEGENER 9 (1928), S. 1440; BLANKENBERG, Katholizismus, S. 59f; SCHUMACHER, M. d. R., S. 456; Art. Jean-Albert Schwarz, in: KLÖTZER, Frankfurter Biographie, hier 2, S. 357.

[92] Beim Wiederaufbau des Zentrums nach 1918 spielten einige Geistliche im Gesamtvorstand und in den Bezirksgruppenvorständen eine führende Rolle, die aber nicht durchgehalten wurde. Vgl. BLANKENBERG, Katholizismus, S. 37. Als Vergleich siehe den Aufsatz von MORSEY, Prälaten, der eine hochgradige Einflußnahme von Geistlichen auf die Führungsebenen von Zentrum und BVP nachweist.

[93] 1908–1921 Präses der katholischen Arbeitervereine in der Diözese Limburg. 1919–1950 Stadt- und Dompfarrer in Frankfurt am Main. 1928 Päpstlicher Hausprälat. 1938 Apostolischer Protonotar. Zu ihm vgl. BLANKENBERG, Katholizismus, S. 169f; ZABEL, Herr.

aus gern mitmischte und als Zentrumsredner hin und wieder in Erscheinung trat. Die Richtungsvorgaben bezog der Frankfurter Zentrumsverband im wesentlichen vom säkularen RMV-Kreis um die alles in allem dominierende Figur Dessauers.

Das Frankfurter Zentrum stand dem Nationalsozialismus von Anfang an, zunächst weltanschaulich, dann auch außen- und wirtschaftspolitisch, mit grundsätzlichem Mißtrauen gegenüber[94]. Umgekehrt war der Spitzenkandidat im Wahlkreis Hessen-Nassau, Dessauer, seit 1930 Ziel einer Hetzkampagne der Nationalsozialisten. Er ließ sich davon jedoch nicht beirren und trat weiterhin in Wahlversammlungen für seine Überzeugungen ein, und dies recht unkonventionell. Auf der Bühne auf- und abgehend analysierte er die wirtschaftliche und politische Lage, sprach er zur Versammlung und zeigte Lösungswege auf, für die er sich zusammen mit seiner Partei einsetzen wollte: „Der Wähler muß sich entscheiden, ob er seine Stimme dem Schaffenden oder dem Schreienden, den Aufbäumenden oder den Kritisierenden, den demütig sich Plagenden, Geschmähten, Angefeindeten oder dem Schreienden, Gestikulierenden, der jede zeitliche Not in Haß münzt, geben wolle."[95] Dessauer war zu dieser Zeit wirtschaftpolitischer Berater des Zentrumskanzlers Heinrich Brüning und arbeitete intensiv an den Reformen der Agrargesetzgebung und an geeigneten Maßnahmen zur Überwindung der Wirtschaftskrise. Der Sturz Brünings stellte die Bemühungen des Frankfurter Abgeordneten, als Verhandlungspartner der Franzosen eine Lösung bei der Reparationsfrage zu erzielen und damit auch international eine Abschwächung der Wirtschaftskrise zu erreichen, in Frage. Mit der darauffolgenden Reichstagswahl vom Sommer 1932 schien für Dessauer bereits das Ende der Republik gekommen zu sein. Dennoch beteiligte er sich an den Koalitionsverhandlungen seiner Partei mit der NSDAP, die er nicht ganz so kritisch sah, wie seine Frankfurter Parteifreunde, denn er war überzeugt, in einer Oppositionsrolle würden die Nationalsozialisten nur weitere Vorteile gewinnen. Statt dessen hielt er es für den sichersten Weg, die NSDAP durch ein starkes Zentrum zu kontrollieren. Dessauer mag sich dieser Illusion hingegeben haben, weil der Chefunterhändler der NSDAP, Hermann Göring, der Familie Dessauer persönlich bekannt war, seit er nach dem Ende des Ersten Weltkrieges einen Teil seines Flugzeuggeschwaders in der Fabrik von Dessauers Bruder in Aschaffenburg zwischenstationiert hatte. Durch die bald folgende Auflösung des Reichstages wurde dem Zentrum der Vollzug dieser politisch fragwürdigen Koalitions-Variante allerdings erspart.

---

[94] Zu den Einzelheiten vgl. BLANKENBERG, Katholizismus, S. 270–294 sowie Abschnitt I, Kapitel 3 der vorliegenden Arbeit.

[95] Zit. bei POHLIT, Dessauer, S. 43.

In der Reichstagsfraktion des Zentrums gehörte Dessauer zu einer kleinen Minderheit von etwa zwölf bis vierzehn Abgeordneten (von 73), die bei einer Probeabstimmung gegen das vom Kabinett Hitler vorgelegte „Ermächtigungsgesetz" stimmten. In der Plenarsitzung des Reichstages am 24. März 1933 votierten die anwesenden Zentrumsvertreter, darunter auch Dessauer, allerdings geschlossen dafür[96]. Die Erteilung umfassender Vollmachten an Hitler kam einer Selbstentmachtung der Parlamentsfraktionen gleich. Mit dem Parteienverbot im Juli 1933 kam auch das Ende der „Partei der Mitte". Die Landes- und Kreisparteien im ganzen Reich wurden unter dem 5. Juli 1933 von der Reichsleitung des Zentrums angewiesen, die Abwicklung ihrer Geschäftsstellen umgehend zu veranlassen[97]. Der Literaturkritiker und Jesuit Friedrich Muckermann (1883–1946)[98] schrieb hierüber rückblickend und nicht ohne Achtung für den Abgeordneten aus Frankfurt: „Was die Auflösung der Zentrumspartei angeht, so war im allgemeinen die Stimmung bei den Wählern nicht dafür. (...) Die [Reichstags-]Fraktion selber wäre, soweit ich weiß, und zwar sicherlich ein Teil ihrer Mitglieder, etwa ein Dutzend, ihrem Führer Dr. Brüning in unbedingter Gefolgstreue ergeben geblieben, auch in dem Falle, daß man sie alle in Konzentrationslager abgeführt hätte. Brüning war der letzte, der nachgab, soweit ich weiß auch Dr. Dessauer (...)."[99]

---

[96] Bis heute ist ungeklärt, ob die Zustimmung des Zentrums zum Ermächtigungsgesetz erfolgte, weil das wenige Monate später ausgehandelte Reichskonkordat bereits durch die Regierung Hitler in Aussicht gestellt worden war, das Zentrum mithin „geopfert" wurde. Die sogenannte Junktim-These zum Konkordat vertritt SCHOLDER, Kirchen (1977). Dagegen REPGEN, Strategie. Eine Zusammenfassung der Forschungskontroverse bietet VON ARETIN, Vorbemerkungen. Zum Ende des Zentrums 1933 vgl. BREUNING, Vision; MORSEY, Untergang; DERS., Zentrumspartei (1979).

[97] Abschlußerklärung der Reichsleitung der Deutschen Zentrumspartei vom 5.7.1933. Abdruck in: MORSEY, Katholizismus, S. 200f.

[98] 1920–1934 Herausgeber der katholischen Kultur- und Literaturzeitschrift „Der Gral", die innerkatholisch im Gegensatz zum „Hochland" von Carl Muth die konservative Linie einer „integralistische(n) Betrachtungsweise" (Gruber) vertrat und für die Verbreitung einer „christlichen Literatur" im deutschen Volk plädierte. Über ihn: GRUBER, Muckermann.

[99] MUCKERMANN, Kampf, S. 547.

2. *„Politik aus dem Glauben" und „Sozialismus als sittliche Idee" – Der Beitrag von Ernst Michel und Theodor Steinbüchel zur Grundlegung einer christlich-demokratischen Politik*

In den zwanziger Jahren setzte in der katholischen Kirche ein tiefgreifender Wandel ein. Papst Pius XI. (1922–1939) beendete 1929 mit den Lateranverträgen und der Gründung des Vatikan-Staates die jahrhundertelange Fixierung der Kurie auf territoriale Machtansprüche in Mittelitalien und weitete den Blick des Petrus-Amtes wieder für die seelsorglichen Belange der Gesamtkirche, auch und gerade in Deutschland, wo sich dieser Aufbruch zu neuen Ufern etwa 1928 in der offiziellen Ausrufung der „Katholischen Aktion" als einer neuen, gemeinschaftlichen Form apostolischer Arbeit von Klerikern und Laien äußerte[100]. Dennoch behielten neben solchen zukunftsträchtigen Ansätzen der römischen Zentrale die kurialen Kräfte großen Einfluß, die einen Durchbruch moderner Ideen in Kirche und Gesellschaft zu verhindern suchten. Durch den Ausbau der römischen Zentralgewalt und ihres Einflusses (Nuntiaturen in München und Berlin, Konkordate mit Bayern [1924], Preußen [1929] und Baden [1932]) und Lehrzuchtmaßnahmen gegen liberale Katholiken und „modernistische" Abweichler in Publizistik und Wissenschaft, forderte der Heilige Stuhl ein bedingungsgloses „Sentire cum ecclesia"[101]. Eine katholische Politik mußte demzufolge von „den unveränderlichen Grundsätzen einer religiös-sittlichen Auffassung des Lebens in allen seinen Auswirkungen"[102] getragen sein. Der politisch handelnde Christ hatte sich den unwandelbaren und autoritativ verkündeten Lehren der Kirche unterzuordnen und sich für die Vergrößerung des kirchlichen Einflusses auf das öffentliche Leben, etwa für die Bekenntnisschule, einzusetzen. Eifernder Demokrat oder gar Sozialist zu sein, ziemte sich für einen „rechten" Katholiken keineswegs. Dennoch machten sich damals in Deutschland und gerade im Raum Frankfurt Persönlichkeiten einen Namen, die als Sozialethiker mit unverwechselbar katholischem Profil ihren eigenen Weg gingen. Zu ihnen zählten vor allem Ernst Michel und Theodor Steinbüchel. Beide übten auf den sozialpolitisch wachen Teil der Katholiken einen

---

[100] Vgl. oben S. 39 mit Anm. 64.

[101] Der kirchliche „Antimodernismus", der mit dem II. Vatikanischen Konzil (1962–1965) offiziell verschwand, war seit Papst Pius X. (1903–1914) prägend für das Selbstverständnis des kirchlichen Lehramtes, wie gleichermaßen der „Modernismus" als Irrlehre dem päpstlichen Verdikt verfiel. Hierzu neuestens der Sammelband von WOLF, Antimodernismus.

[102] So 1928 der Zentrumsabgeordnete Joseph Joos (1878–1965) über „das Wesen des Zentrums". Zu ihm vgl. WACHTLING, Joseph Joos. Das Zitat bei MORSEY, Zentrumspartei (1979), S. 283.

beträchtlichen Einfluß aus, der bis in die Gründungsphase der CDU in Frankfurt hineinreichte.

Der Sozialtheoretiker Ernst Michel (1889–1964)[103], wies der Kirche in der modernen Arbeitswelt nur eine unterstützende Rolle zu, was ihm den Vorwurf des „Modernismus" und eine – begründungslose – Indizierung seiner 1926 erschienenen Schrift „Politik aus dem Glauben" durch Dekret des Heiligen Offiziums (1929) einbrachte. Michel war seit 1921 Dozent und turnusmäßiger Direktor der gerade gegründeten Akademie der Arbeit[104] in Frankfurt. Die Gründung dieser Akademie 1921, vor allem verbunden mit Hugo Sinzheimer und Eugen Rosenstock, steht im Kontext der Emanzipationsbestrebungen der nach 1918 erstarkten Arbeiterbewegung von bürgerlicher Bildungsunterstützung. Sie verstand sich als Arbeiterhochschule mit Hausrecht in der Universität Frankfurt am Main und als Beitrag zur freiheitlichen Demokratie gegen den Aktionismus revolutionärer Prägung. Ihr Ziel war die Schulung von Gewerkschaftern, Betriebsräten sowie eine allgemeine Volksbildung. In einem viersemestrigen Studium konnten Kenntnisse in Wirtschafts- und Gesellschaftslehre, Rechts- und Staatslehre, modernen Naturwissenschaften und im Rahmen von Philosophie und Pädagogik auch in christlicher Soziallehre erworben werden. Letztere lehrte Michel, obwohl seine Vorlesungen „von den Gewerkschaftern des Normaltyps wohl gern geschwänzt" wurden, wie Paul Kluke in seiner Frankfurter Universitätsgeschichte berichtet[105].

„Michel geht es nicht um ein überzeitliches An-sich-Sein der Kirche, sondern um das Einstehen der Kirche für das Reich Gottes in der jetzigen Wirklichkeit und für die derzeitige Welt."[106] Dabei will der Laientheologe die Verwobenheit von Staat und Kirche gelöst sehen. Kirche wie auch der Staat sind für ihn keine ewigen Instanzen, sondern von Menschen getragene Institutionen, die in die Heilsgeschichte seit der Schöpfung eingeordnet und von zeitlicher Begrenztheit sind. Christlich werde ein Staat erst, führt er 1926 aus, „wenn er sich unter den Gehorsam vor seiner ihm

---

[103] 1931 Honorarprofessor für Arbeitswissenschaft und soziale Betriebspolitik an der Frankfurter Universität. Bis 1933 wirkungsvolle Mitarbeit bei der RMV und der reformkatholischen Zeitschrift „Hochland". 1946–1957 Honorarprofessor für Betriebspsychologie und Betriebssoziologie an der Universität Frankfurt. Über ihn: NIELEN, Begegnungen, S. 65–75; LOWITSCH, Michel; HAUNHORST, Politik; REIFENBERG, Situationsethik; Art. Ernst Michel, in: KLÖTZER, Frankfurter Biographie, hier 2, S. 53; schließlich den Sammelband von GROSS, Weltverantwortung (Lit.). Zu seinen auch vom Vatikan teilweise indizierten Schriften vgl. BLANKENBERG, Katholizismus, S. 90–93; SCHATZ, Geschichte, S. 407–411.

[104] Zur Akademie der Arbeit vgl. KLUKE, Stiftungsuniversität, S. 391–412; ANTRICK, Akademie; HAMMERSTEIN, Goethe-Universität, S. 50–56; HEUSER, Michel.

[105] KLUKE, Stiftungsuniversität, S. 407.

[106] HAUNHORST, Politik, S. 104.

gestellten begrenzten geschichtlichen Aufgabe in der Schöpfung begebe, wenn er von seinem Volk und seinen Trägern begriffen und gestaltet werde als bloß zeitlicher, aber zeitlich *berufener* (Hervorhebung im Originaltext, Anm. d. Verf.) Diener der Volks-, Völker- und Menscheitsordnung, der jeweils in seiner besonderen Aufgabe, Gestalt und Struktur eine begrenzte Lebensdauer habe. Das christliche Geheimnis des ‚Stirb und werde' müsse auf den Staat übergegriffen haben, in ihm muß er begriffen werden. Erst in dieser Hingabe an seine berufene und begrenzte Stunde lebe der Staat aus einer lebendigen universalen Gesamtordnung der Heilsgeschichte." Diese erst sei „die echte ‚katholische' Konzeption des Staates"[107]. Für Michel reicht damit die sozusagen politische Vollstreckung des katholischen Sittengesetzes, etwa des christlichen Naturrechts, nicht mehr aus, um als Christ auf die drängenden Probleme der Zeit – etwa die Arbeiterfrage – ausreichend zu antworten: „Wir wissen die Krise unseres öffentlichen Lebens viel zu weit fortgeschritten, als daß wir noch glauben könnten, Prinzipien und Lehrsätze, die theologisch oder sozialethisch aus dem Lehrgut der Kirche herausgearbeitet werden, hätten heute lebensgestaltende Kraft für uns; auch wenn sie ‚an sich' wahr sind. Wir glauben vielmehr, daß ursprünglichere und unmittelbarere Kräfte in der gegenwärtigen Kirche und im Glaubensleben des Christen sich bereiten, um auf die politischen Zeitnöte die rettende Antwort zu geben: *zeitberufene* (Hervorhebung im Originaltext, Anm. d. Verf.) Ewigkeitskräfte, Wahrheit für diese Weltstunde des Heils."[108]

Der einzelne Christ ist für ihn nicht bloß als Gehorsam übendes Glied der Kirche gefragt, sondern zu Selbst- und Mitverantwortung in der konkreten (heils-)geschichtlichen Situation aufgerufen, und zwar aus der Motivation der ursprünglichsten Kraft des Christentums, der Nächstenliebe als der „Energie des Glaubens"[109]. Insofern sei christliche Politik nicht so sehr Umsetzung einer kirchlichen Doktrin, sondern Bewährung des Einzelnen im Glauben. Durch sie könne das politische Leben wieder „mit der christlichen Lebensmacht"[110] verbunden werden. In der damaligen politischen Situation Deutschlands hieß das für Michel, daß der Christ Anschluß an die sozialistische Arbeiterbewegung finden müsse. Er bekannte sich offen zu einem „katholischen Sozialismus"[111]. Die Kirche müsse sich mit der Arbeiterbewegung solidarisch erklären, um die richtungsweisenden Ordnungen der pluralistischen modernen Gesellschaft missionarisch erreichen zu können. Traditionelle Missionsansätze in Familie, Hausgemeinschaft und katholischem Milieu reichten hier nicht

---

[107] MICHEL, Politik, S. 12.
[108] Ebd., S. 7.
[109] Vgl. BLANKENBERG, Katholizismus, S. 92.
[110] MICHEL, Politik, S. 7.
[111] Vgl. MICHEL, Position; FOCKE, Sozialismus, S. 165–168.

mehr aus. Gleichwohl lehnte Michel einen Sozialismus doktrinär-marxistischer Prägung ab, da es ihm letztlich um die religiöse Dimension sozialistischen Denkens ging. Er hielt sich deshalb aus dem politischen Geschäft heraus und trat weder dem Zentrum, noch einer der ausgesprochen linken Parteien bei.

Da Michel den Auftrag der Kirche und die Aufgaben der Christen in der Gesellschaft scharf auseinanderhielt, warf ihm seine Kirchenleitung, die eine gefährliche Auseinanderdividierung von Kirche und Religion, von Hirtenamt und Gottesvolk witterte, vor, ein „Modernist" zu sein[112]. Michel verwahrte sich aber nachdrücklich gegen den Vorwurf, er rede einem privatistischen religiösen Leben ohne Kirche das Wort. Ebenso sprach er der bischöflich-apostolischen Gewalt keineswegs die Autorität ab, sondern sah diese wohl als verantwortliches Glied der sozialen und politischen Welt. Dennoch galt für ihn: „Heilt die Kirche die Seele durch den Glauben, so der Gläubige die ‚Welt', deren Glied er ist, durch die Liebe."[113] Der Kirchenbegriff wurde von Michel somit – in selbstbezeugter Anlehnung an den russischen mystischen Philosophen Nikolaij Berdjajew – heilsgeschichtlich und spirituell definiert. Gestärkt aus der Gebets-, Opfer- und Liebesgemeinschaft handelt der mündige Christ nach den Geboten der Vernunft und der natürlichen Sittlichkeit. Damit war der Laie als eigenständiges, gläubiges und handelndes Ich in der katholischen Kirche (wieder-)entdeckt, was durchaus mit Vorstellungen der Katholischen Aktion korrespondierte, die freilich das eigenverantwortliche Apostolat des Laien nicht ohne Rückbindung an die Hierarchie definierte. Mit seinem Plädoyer für eine Erneuerung des kirchlichen Gemeindelebens fand Michel zudem Berührungspunkte mit der Liturgischen Bewegung. Seine grundsätzlichen Gedanken zur kirchlichen Pastoral und zur weltlichen Sendung des christlichen Laien wiesen weit über die 1920er Jahre hinaus und wurden in vielerlei Hinsicht durch das II. Vatikanische Konzil bestätigt[114].

Nicht unerwähnt bleiben darf hier auch das Denken des Theologen Theodor Steinbüchel (1888–1949)[115]. Dessen von der Bonner katholisch-theologischen Fakultät mutig angenommene Dissertation „Der Sozialis-

---

[112] Vgl. SCHATZ, Geschichte, S. 409.

[113] MICHEL, Position, S. 3.

[114] Vgl. SCHATZ, Geschichte, S. 247.

[115] 1926–1935 Professor für Philosophie („auf katholischer Grundlage") in Gießen. Danach bis zur Auflösung der kath.-theol. Fakultät 1941 Professor für Moraltheologie in München. Während des Krieges Vertretungen. 1945–1948 Ordinarius für Moraltheologie in Tübingen. Kurz vor seinem Tode 1949 Ruf zurück nach Frankfurt am Main. Über ihn: NIELEN, Begegnungen, S. 33–39; BLANKENBERG, Katholizismus, S. 98–100; MEINHARDT, Steinbüchel; HUNOLD, Steinbüchel; SCHEUCHENEGGER, Steinbüchel; HAUNHORST, Sozialismus. Zuletzt den Aufsatz von LIENKAMP, Brückenschlag.

mus als sittliche Idee. Ein Beitrag zur christlichen Sozialethik"[116] sorgte auch in Frankfurt am Main für Gesprächsstoff, denn er hatte von 1924 bis 1926 an der Philosophischen Fakultät der gerade zehn Jahre alten Stiftungsuniversität eine Dozentur für „katholische Weltanschauung" inne. Neben seinen Vorlesungen stand Steinbüchel in Kontakt mit der „Frankfurter Schule" und dem Institut für Sozialforschung, schrieb regelmäßig für die „Rhein-Mainische Volkszeitung", wurde dann aber als Professor nach Gießen berufen[117]. Ähnlich wie Ernst Michel hatte Steinbüchels differenzierte Haltung zur Zeiterscheinung „Sozialismus" großen Einfluß auf den politischen Katholizismus in Frankfurt am Main.

Steinbüchel, ein gebürtiger Rheinländer, unterschied zwischen Sozialismus als politischer, klassenkämpferischer Bewegung, als Weltanschauung und als Idee, schließlich noch einmal zwischen einem marxistischen und nicht-marxistischen Sozialismus. Ein Politiker, der eine sozialistische Weltanschauung vertritt, die seine Politik inspiriert, sei weniger Klassenkämpfer, Ideologe, denn Parteipolitiker und Vertreter einer sittlichen Idee. Zeit seines Lebens hat Steinbüchel diesen Ansatz vertreten. Ein Fazit seiner Sichtweise des Sozialismus zog er präzise 1947 in dem Aufsatz „Karl Marx. Gestalt – Werk – Ethos". Der Sozialismus sei „das Mittel zur Befreiung des Menschen, der Ziel und Sinn der Geschichte ist. Im Sozialismus werde der Mensch den Menschen im Menschen achten"; Besitz und Macht sei dann „nicht mehr wertvoller als der Mensch, der durch Besitz und Macht versklavt" werde. „Diesen ethischen Gehalt des Sozialismus" gelte es „als sittliche, das ethische Bewußtsein und Gewissen des Menschen bindende Idee, als ein Seinsollendes anzuerkennen"[118].

Für Steinbüchel war somit die Verwirklichung eines befreiungstheologisch fundierten christlichen Sozialismus eine „weltgeschichtliche Aufgabe", weil sich allein durch ihn der Gegensatz zwischen individualistischem Kapitalismus und kommunistischem Zwangssozialismus zu einer höheren, eben sittlich fundierten Wirtschaftsgestaltung weiterentwickeln ließ. Steinbüchel durchbrach mit dieser sozialethischen Theorie das kirchlich-theologische Denken seiner Zeit, das den Nachweis der Unvereinbarkeit von Christentum und Sozialismus durch Gegenüberstellung der gottgegebenen naturrechtlichen Ordnung – Ehe, Eigentum, Staat, Religion – mit einem als materialistisch, atheistisch und unsittlich gesehenen Sozialismus erbringen wollte[119]. „Steinbüchel will in einen Dialog eintreten, nicht über die soziale Aufgabenstellung, die hält er im Sinne der Verwandtschaft von Christentum und Sozialismus für erwiesen, sondern

[116] Druck: Düsseldorf 1921.
[117] Vgl. SCHATZ, Geschichte, S. 252.
[118] STEINBÜCHEL, Marx, S. 24.
[119] Als Standardwerk dieser Sichtweise vgl. das in 11 Sprachen übersetzte Werk des Jesuiten CATHREIN, Sozialismus.

darüber, ob diese Verwandtschaft noch tiefer reicht, ‚ob Christentum und Sozialismus in ihrer ethischen Bewertung der Persönlichkeit und des Gemeinschaftslebens Berührungspunkte haben oder ob beide Systeme konträre Gegensätze bilden'."[120]

Der Theologe und Priester Steinbüchel wie der Sozialtheoretiker und katholische Laie Michel zielten im Kern ihrer Lehrmeinung darauf ab, den Sozialismus und die Arbeiterbewegung als Herausforderung an eine christliche Sozialethik ernst zu nehmen. Sie vertraten eine Theologie, die ein synergetisches Aufeinanderzugehen von Kirche und Arbeiterschaft für nicht nur möglich, sondern sittlich geboten hielt. Damit können sie gewissermaßen als „Vorboten" des politischen „Sozialismus aus christlicher Verantwortung" bezeichnet werden. Einige der anfänglich tonangebenden Gründer der Frankfurter CDU wie Knappstein oder Pfarrer Eckert hatten die Ideen der beiden Gelehrten sehr früh rezipiert. Insbesondere der junge RMV-Redakteur Walter Dirks hatte in ihnen geistige Mentoren gefunden, die seine journalistische und schließlich politische Tätigkeit bis 1933 und weit über diesen Zeitpunkt hinaus nachhaltig beeinflußten.

3. *„Katholisch", „unabhängig" und „reichlich selbstbewußt" – Die „Rhein-Mainische Volkszeitung"*

Die „Rhein-Mainische Volkszeitung" (RMV) stellt im Spektrum der katholischen Publizistik der 1920er und 30er Jahre einen besonderen Ansatz dar[121]. Mit ihrer überregionalen Verbreitung, insbesondere in der katholischen Jugend, gelang die Überwindung einer verhängnisvollen Spaltung der damals zukunftsträchtigen Strömungen im deutschen Katholizismus. Die eher unpolitischen und dem scheinbar so wenig begeisternden Parteienstaat skeptisch gegenüberstehenden katholischen Jugendbünde (z.B. Quickborn, Neudeutschland, Kreuzfahrer, Jungborn, Normannsteiner) verbanden sich mit den politischen, sozialen und republikfreundlichen

---

120 HAUNHORST, Sozialismus, S. 80.

121 Zur RMV vgl. LOWITSCH, Rhein-Mainische-Volkszeitung; DERS, Katholizismus; BLANKENBERG, Katholizismus, S. 100–124 u. passim; SCHATZ, Geschichte, S. 244–256 u. S. 407–413; PRÜMM, Dirks, S. 25–31; SEITERICH-KREUZKAMP, Dirks, S. 46–104 u. passim; LORANG, Kirche, S. 12–20; REBENTISCH, Frankfurt, S. 466f. Zur Geschichte des katholischen Pressewesens in Frankfurt vgl. HEIL, Entwicklung; ESTERMANN, Zeitungsstadt, S. 260–289. BECK, Bistumspresse, S. 17–25 bietet einen allgemeinen Überblick über die katholische Publizistik im Deutschen Reich. Vorläufer der RMV war die „Frankfurter Volkszeitung", die ihrerseits in der Tradition des auf die Buchdruckerei Heil und Stadtpfarrer Münzenberger zurückgehenden „Frankfurter Volksblattes" von 1871 steht.

Kräften im deutschen Katholizismus. Die Zeitung galt geradezu als „Herold der jungen Generation". Nicht ohne Grund hieß es damals, der Pfarrer lese die eher konservativen Zentrumszeitungen wie die „Germania" oder die „Kölnische Volkszeitung", der Kaplan aber, in der Regel für die Jugendseelsorge zuständig, die liberalere RMV. Die wachsame Aufgeschlossenheit der RMV-Redaktion für die geistigen Strömungen der „goldenen Zwanziger" sollte „nicht zuletzt mit dazu beitragen, speziell den Frankfurter Katholizismus 1933 immun gegenüber der Faszination des Nationalsozialismus zu machen, der damals auch viele, und zwar gerade theologisch ‚progressive' Katholiken erlagen"[122], so etwa die Dogmatik-Professoren Karl Adam in Tübingen und Michael Schmaus in Münster. In der liberalen Atmosphäre der „Zeitungsstadt" Frankfurt am Main und der spezifischen, bereits dargestellten Situation des örtlichen Katholizismus liegen die Wurzeln des Erfolgs dieser betont sozialen, weltoffenen, den „katholischen Ghetto-Geist"[123] überwindenden Zeitung.

Die zwölfjährige Geschichte des Blattes (1923–1935) ist aufs engste mit seinem Gründer Friedrich Dessauer verbunden. Als erfolgreicher Unternehmer war er überaus vermögend und sanierte 1922 die vor dem Bankrott stehende „Frankfurter Volkszeitung", erreichte über den Frankfurter Stadtpfarrer Herr eine Fusion dieser Zeitung mit der „Offenbacher Volkszeitung" und schuf aus beiden mit der RMV ein vorwiegend für die katholische Leserschaft gedachtes, schwerpunktmäßig kulturpolitisches Zentrumsblatt für die ganze Rhein-Main-Region mit dem programmatischen Untertitel: „Unabhängige katholische Tageszeitung". Wie die Studie von Lowitsch zeigt, vertrat die RMV zwar eine ausgeprägt ökumenische Haltung, die sich von den Zeitungen, die das Milieu prägten, abzuheben suchte und den Diskurs mit einer pluralen Öffentlichkeit der gesamten Gesellschaft suchte, mit allen Gruppen, mit Parteien und Wissenschaftlern. Tatsächlich erreichte sie aber nahezu ausschließlich katholische Leser. Die Leserschichtung reduzierte die Kölnische Volkszeitung polemisch und verkürzend auf „die Frankfurter Intellektualisten" (RMV vom 10.7.1928), womit sozialpolitisch aufgeschlossene Geistliche und Lehrer gemeint waren, die in der Tat einen Großteil der Abonnenten ausmachten. 1925 konnte die RMV mit einer Reichsausgabe aufwarten und 1933 hatte die Tageszeitung etwa 25.000 Bezieher, 15.000 in der Rhein-Main-Region und 10.000 reichsweit[124].

Dessauer selbst zeichnete einen großen Teil der notwendigen Kapitalerhöhung. Träger der Zeitung war die Carolus-Druckerei GmbH auf

---

[122] SCHATZ, Geschichte, S. 245. Zur katholischen Jugendbewegung vgl. RAABE, Bündische Jugend (Lit.); HENRICH, Bünde katholischer Jugendbewegung; HÜRTEN, Geschichte, S. 190–194.

[123] SCHATZ, Geschichte, S. 245; BLANKENBERG, Katholizismus, S. 124.

[124] Vgl. LOWITSCH, Rhein-Mainische Volkszeitung, S. 40f.

dem Frankfurter Liebfrauenberg, der eine eigene katholische Buchhandlung angeschlossen war. Der Frankfurter Stadtpfarrer hatte Sitz und Stimme im Aufsichtsrat der Gesellschaft. Die kaufmännische Leitung oblag Josef Knecht (1897–1980)[125], der Dessauer bereits als Privatsekretär an der Universität zur Seite stand und nunmehr auch die Geschäftsführung des Verlags der Carolus-Druckerei innehatte. Erzielte Gewinne flossen über Anteilsveräußerungen dem Volksverein für das katholische Deutschland in Mönchen-Gladbach zu karitativen Zwecken zu. Wenngleich das „Blatt der entschiedenen Haltung", wie es damals weitläufig und mit spürbarem Respekt genannt wurde[126], einen beachtlichen Stab freier Mitarbeiter vorweisen konnte, die aus allen Teilen des Landes Artikel beisteuerten, erwarb die RMV ihr kämpferisches, pro-republikanisches Charisma doch durch die jungen, etwa 20–30 Jahre alten Redakteure, die man im Volksmund – eher scherzhaft als despektierlich – die „roten Buben vom Liebfrauenberg"[127] nannte. Es waren dies Chefredakteur Heinrich Scharp (1899–1977)[128], durch Begegnung mit Dessauer zum politischen Engagement motiviert, Werner Thormann (1894–1947)[129], ein Freund des Zentrumskanzlers Joseph Wirth, zuständig für die Auslandsberichterstattung, und schließlich Walter Dirks (1901–1991)[130], der

---

[125] Knecht kam nach der endgültigen Schließung des „Carolus"-Unternehmens 1934 zu Herder nach Freiburg, wo er Verlagsdirektor wurde. 1945 Neugründung des „Verlags Josef Knecht – Carolus-Druckerei GmbH" mit Beteiligung des Verlags Herder. Verleger der „Frankfurter Hefte" sowie der regionalen Kirchenzeitungen „Der Sonntag" und „Bonifatiusbote". Zugleich Aufbau und Geschäftsleitung des „Badischen Verlags" und Verleger der „Badischen Zeitung". Mitbegründer und Vorsitzender (1951–1953) des Börsenvereins Deutscher Buchhändler- und Verlegerverbände. Zu ihm vgl. SCHATZ, Geschichte, S. 246; Art. Josef Knecht, in: KLÖTZER, Frankfurter Biographie, hier 1, S. 404; Art. Josef Knecht, in: Deutsche Biographische Enzyklopädie (im folgenden DBE) 5, 1997, S. 617.

[126] DIRKS, Stotterer, S. 18.

[127] Vgl. SCHATZ, Geschichte, S. 245. Zu den RMV-Autoren vgl. LOWITSCH, Rhein-Mainische-Volkszeitung, S. 20–39; BLANKENBERG, Katholizismus, S. 113 f.

[128] 1921–1923 hauptamtlicher Parteisekretär des Frankfurter Zentrums. 1929–1933 Stadtverordneter in Frankfurt, zuletzt als Fraktionsvorsitzender. 1945–1950 in der SBZ Haft in den Lagern Waldheim und Buchenwald. 1950 in der DDR zu 18 Jahren Gefängnis verurteilt. 1952 durch Vermittlung des ehemaligen Reichskanzlers Wirth freigelassen. Schließlich Cheflektor beim Knecht-Verlag und Kommentator beim Südwestfunk. Zu ihm vgl. LOWITSCH, Katholizismus, S. 52 f; Art. Heinrich Scharp, in: KLÖTZER, Frankfurter Biographie, hier 2, S. 262 f.

[129] 1920–1923 in der Frankfurter Theaterarbeit beschäftigt. 1929 Chefredakteur der Wochenschrift „Deutsche Republik", die Joseph Wirth zusammen mit Paul Löbe (SPD) und Ludwig Haas (DDP) als Organ zur Sammlung republikanischer Kräfte seit 1926 ebenfalls im Verlag der Carolus-Druckerei herausgab. Thormann galt als Kenner der faschistischen Bewegungen in Europa. Über ihn: DIRKS, Kampf; BLANKENBERG, Katholizismus, S. 109 f; LOWITSCH, Katholizismus, S. 56–58.

[130] 1920–1923 Studium der Theologie in Paderborn und Münster. 1923 für kurze Zeit Sekretär bei Romano Guardini in Potsdam. 1928–1933 verantwortlicher

Walter Dirks

trotz Bedenken Dessauers auf Fürsprache von Ernst Michel und Romano Guardini 22jährig zur RMV stieß und dort Leiter des Feuilletons wurde.

Der gebürtige Dortmunder Dirks lernte durch die Tätigkeit der Mutter als Fürsorgerin früh die Not der Arbeiterschaft kennen. Er erfuhr seine geistige Formung durch eine betont katholische Erziehung zu Hause und in der Schule, den betont antipreußisch, antimilitaristisch und antimonarchistisch eingestellten Großvater, die Sozialisation im religiösen, damals schon koedukativen Jugendbund „Quickborn" und die Begegnungen mit Ernst Michel und Romano Guardini (1885–1968)[131]. Beide standen für die „Fronten", zwischen denen Dirks in der zeitkritischen und intellektuellen Phase der Jugendbewegung stand, denn Michel sah für Dirks „in Guardini den bloßen Sinndeuter, den Mann, der durch zweifel-

---

Redakteur des „Friedenskämpfers", der Zeitschrift des „Friedensbundes der Deutschen Katholiken", 1931 Mitarbeit bei der „Zeitschrift für Religion und Sozialismus", 1928–1933 Studium der Soziologie und Philosophie in Frankfurt und Gießen. Nach dem Zweiten Weltkrieg dann zusammen mit Eugen Kogon Herausgabe der „Frankfurter Hefte" (1946–1984). 1948–1957 innenpolitischer Kommentator des Südwestfunks. 1953–1956 Mitarbeit im Institut für Sozialforschung in Frankfurt und mit Theodor W. Adorno Herausgabe der „Frankfurter Beiträge zur Soziologie". 1956–1967 Leiter der Hauptabteilung Kultur beim Westdeutschen Rundfunk. 1966 Ehrendoktorwürde der kath.-theol. Fakultät der Universität Münster. 1971 Verleihung des Professorentitels durch die Landesregierung NRW. Eine kritische Gesamtwürdigung seines Lebenswerkes fehlt. Über seine Weimarer Zeit eingehend Seiterich-Kreuzkamp, Dirks; Prümm, Dirks. Kurze Lebensskizzen bei Stankowski, Linkskatholizismus, S. 68–70; Blankenberg, Katholizismus, S. 111f; Ewald, Republik, S. 19–22; Lowitsch, Katholizismus, S. 53–56. Autobiographischer Teil bei Dirks, Stotterer, S. 11–36. Umfangreiche Bibliographie von Bröckling, Dirks.

131 Über ihn: Ferber, Guardini.

los feinsinnige, geistvolle und seelenvolle Interpretationen einen Katholizismus plausibel machte und konservieren half, gegen den er (Michel), obwohl selbst Katholik, tiefere, radikalere Einwände hatte"[132]. Eine weitere prägende Figur für den jungen Dirks war der „Hochland"-Herausgeber Carl Muth (1867–1944)[133], dessen Versuch es war, die katholische Literatur und Dichtung, die von der Enge des Kulturkampfes geprägt war, geistig und seelisch aus ihrem weltanschaulichen Ghetto herauszuführen, „das Tor aufzustoßen" und eine „Wiederbegegnung von Kirche und Kultur in Deutschland"[134] zu ermöglichen. Dirks verdankte dem 1944 verstorbenen Carl Muth, wie er in den „Frankfurter Heften" später schrieb, „durch alle Stufen der geistigen Entwicklung hindurch immer wieder Klärung, Nahrung und Führung, auch und gerade in den Jahren, da uns die Jugendbewegung selbstbewußt machte und den Männern der Vorkriegszeit entfremdete"[135]. Zu letzteren zählte Ernst Michel sicher nicht. Dieser war dem jungen RMV-Redakteur, wie er 1931 schrieb, „für seine Grundposition zwischen Kirche und Welt vorbildlich"[136]. Dirks stand schon früh mit Michel in brieflichem Kontakt, und auch mit Theodor Steinbüchel verband ihn ein intensiver Meinungsaustausch. Zentrum der Begegnung war der Gesprächskreis im Frankfurter Café Laumer, der sich seit 1924 in der Regel wöchentlich traf. Dort diskutierten Michel und Steinbüchel ihre Ideen mit Freunden und Gleichgesinnten, darunter der Studentenseelsorger Josef Maria Nielen (1889–1967)[137], der Pfarrer der Frankfurter Nordendgemeinde St. Bernhard und spätere Stadtpfarrer Alois Eckert (1890–1969)[138], der Mainzer Stadtpfarrer und Quickborn-Jugendführer Karl Neundörfer (1885–1926)[139], ein Freund Guardinis, so-

---

132 DIRKS, Stotterer, S. 16–18. Vgl. SCHROEDER, Gewerkschaftspolitik, S. 351.

133 Pseudonym „Veremundus". Gründer und Herausgeber der Zeitschrift „Hochland" (1903–41). Als Lehrer der Geschwister Hans und Sophie Scholl in Verbindung zur „Weißen Rose". Über ihn: WEIß, Modernismus, S. 457–473.

134 DIRKS, Wahrheit, S. 9.

135 Ebd., S. 10.

136 DIRKS, Erbe, S. 8. Vgl. DIRKS, Michel.

137 Seit 1925 Studentenseelsorger an der Frankfurter Goethe-Universität. 1946 daselbst Dozent für „Katholische Weltanschauung". 1949 Professor an der Philosophisch-Theologischen Hochschule in Königstein. 1964 Päpstlicher Hausprälat. DAL, Priesterkartei; SCHATZ, Geschichte, S. 252. Vgl. NIELEN, Begegnungen.

138 1926–50 Pfarrer von St. Bernardus Frankfurt-Nordend. 1950–69 Stadtpfarrer am Dom daselbst. Über ihn: ADLHOCH, Zwischen Dom und Rathaus, S. 151–156; SCHATZ, Geschichte, S. 259; RENKHOFF, Nassauische Biographie, S. 161f; Art. Alois Eckert, in: KLÖTZER, Frankfurter Biographie, hier 1, S. 170; VON HEHL, Priester, S. 822. Memoiren für die Zeit des Dritten Reichs: ECKERT, 1932–1942.

139 Seit 1918 Pfarrer von St. Quintin-Mainz. 1922 Leiter der Mainzer Caritas-Fürsorge. Beim Bergwandern tödlich verunglückt. Angesichts des Trends zur parteilichen Aufsplitterung im politischen Katholizismus trat Neundörfer für die Preisgabe der konfessionalistischen Zentrumstradition zugunsten einer offenen christlich-

wie die RMV-Redakteure Werner Thormann, Heinrich Scharp und schließlich Walter Dirks selbst[140]. Diese Kontakte hatten nachhaltigen Einfluß auf die Geisteshaltung des jungen Feuilletonisten.

War die Neigung zum „Sozialismus" die eine Seite seines Denkens, so wandte er sich nach der Erschießung seines Bruders während des Ruhrkampfes noch stärker dem Pazifismus zu. Ein Theologiestudium hatte er nach sieben Semestern abgebrochen, nach eigener Aussage „aus inneren Gründen", die vermutlich in seiner Aversion gegen die von ihm diagnostizierte geistige Enge der Neuscholastik im Umgang mit „Modernisten" und Reformkatholiken zu suchen sind. Eine später bei Steinbüchel in Gießen angestrebte Promotion scheiterte unter unglücklichen Umständen. Dirks' spitze Feder sorgte nicht selten für scharfe Gratwanderungen der RMV am Rande der Katholizität, die des öfteren vom zuständigen Limburger Ordinariat in Frage gestellt wurde. Der sonst nicht unversöhnliche Bischof Augustinus Kilian (1913–1930) war aus Sorge um den Glaubensschatz der Kirche dennoch der Überzeugung, dies sei eine Redaktion, „die grundsätzlich modernistische Ideen in ihre Arbeiten" hineinwebe[141]. Und der in vielerlei Hinsicht fortschrittliche Frankfurter Stadtpfarrer Herr, der in der RMV mit der Erklärung der Sonntagslesungen eine ständige Rubrik innehatte, meinte gegenüber Bischof Kilian, „daß ein so unreifer Kopf wie Walter Dirks nicht berufen ist, in einem so verbreiteten und beachteten Organ seine unklaren Ideen zu verbreiten"[142]. Er stellte Antrag auf Dirks' Entlassung. Welche „unklaren" Ideen meinte der Stadtpfarrer?

Für Dirks bedeutete der von Michel formulierte politische Auftrag des christlichen Laien den Auszug des Katholiken aus der Abgeschlossenheit des Milieus, das aber viele Katholiken, „die offiziöse Kirche, die faktischen, kirchlichen, geistigen Machtkomplexe in Stadt und Land, Klerus, Lehrerschaft, die politischen Unterführer"[143], nicht verlassen wollten, da sie eine rückhaltlose Auseinandersetzung mit dem von einem angeblich agnostizistischen „Neuheidentum" infiltrierten Zeitgeist, etwa mit Liberalismus, Demokratie und Sozialismus, scheuten. Wie Steinbüchel und

---

katholischen Zentrumspartei ein, deren Mitgliedern kirchlicherseits Meinungsfreiheit zugebilligt werden sollte. Kleriker sollten sich darüber hinaus parteipolitisch neutral zu dieser Sammelpartei verhalten. Neundörfer plädierte weiterhin für eine philosophisch-soziologische Erfassung von Kirche und Kirchenrecht sowie bereits 1913 für eine mögliche Trennung von Kirche und Staat. Zu ihm vgl. BLANKENBERG, Katholizismus, S. 94–98; Art. Karl Neundörfer, in: DBE 7, 1998, S. 391.

140 Zu diesem Gesprächskreis vgl. BLANKENBERG, Katholizismus, 100f.

141 So Kilian an Dessauer, 26.1.1926. Zit. bei SCHATZ, Geschichte, S. 251.

142 Herr an Kilian, 24.1.1926. Zit. bei BLANKENBERG, Katholizismus, S. 154 mit Anm. 180.

143 DIRKS, Erbe, S. 77.

Michel sah Dirks die Lösung der wirtschaftspolitischen Herausforderungen auch als Auftrag an die Katholiken und plädierte in der RMV dafür, „in die ehrlichste Auseinandersetzung mit denen einzutreten, die Zielsetzungen anbieten, vor allem mit dem Sozialismus, der bisher das größtangelegte Zielsystem vorgelegt hat"[144]. Sozialisten und Christen Hand in Hand? Dies war eine zweifellos unpopuläre Haltung im deutschen Katholizismus. Die radikalen Positionen von Dirks forderten bisweilen ein Höchstmaß an Spannkraft bei der RMV. Was war die allgemeine kirchenpolitische Zielsetzung des Blattes?

Gegen Ende seines Lebens resümierte Heinrich Scharp das Programm der RMV anläßlich des 150-Jahr-Feier des Bistums Limburg 1977: Es ging dem Kreis um Dessauer „um ein neues, von der Jugendbewegung angeregtes katholisches Selbstverständnis, um einen Ausbruch aus der Isolierung, die der Kulturkampf dem deutschen Katholizismus aufgezwungen hatte, um eine kritische Überprüfung verhärteter Positionen und Haltungen, um eine Annäherung der christlichen Konfessionen, um Öffnung zu einer verwandelten Welt". Das war für Scharp auch als politisches Programm zu nehmen, denn „es verlangte, sich den neuen Verhältnissen nicht opportunistisch und distanziert anzupassen, sondern sie als geschichtlichen Auftrag der Zeit ernst zu nehmen und zu verantworten". Von daher, so Scharp weiter, „wurde gefordert, die Katastrophe des Ersten Weltkrieges nicht als einen zufälligen und mit Blick nach rückwärts reparierbaren Betriebsunfall der Geschichte, sondern als eine nach vorwärts weisende Aufgabe zu begreifen; die Staatsbürger aller sozialen und politischen Schichten in die Anstrengungen der Demokratie einzuüben; aus der Zusammenarbeit des Bürgertums mit der Arbeiterschaft die Grundrisse eines gesellschaftlichen Neubaus zu entwickeln; aus der Überwindung des Nationalismus eine föderative europäische Friedensordnung aufzubauen". Diese Zielsetzungen wären im deutschen Katholizismus der Weimarer Zeit „freilich nur das Programm einer nach vorwärts drängenden Minderheit" gewesen, jedoch gleichsam „auch für die Mehrheit ein zu Auseinandersetzung herausfordernder Stachel"[145].

Die kompromißlose Bejahung der Republik durch die RMV-Redaktion wirkte profilbildend auf das Frankfurter Zentrum und führte dessen Sonderstellung in der Reichspartei der Öffentlichkeit vor Augen[146]. Innenpolitisch ging es der RMV um die Eingliederung der Arbeiterschaft in die Gesellschaft, außenpolitisch strebten die jungen Redakteure nach einer Überwindung der nationalstaatlichen Machtpolitik zugunsten einer europäischen Völkerverständigung, insbesondere einer deutsch-französischen

144 Ebd., S. 122.

145 Abdruck in: UNSER GEMEINSAMER WEG, S. 22.

146 Vgl. BLANKENBERG, Katholizismus, S. 114–124.

Aussöhnung. Die pazifistische Haltung der Redakteure verstärkte ihre Mitgliedschaft im 1923 gegründeten „Friedensbund der Deutschen Katholiken" (FDK)[147], der seine Zentrale ebenfalls auf dem Frankfurter Liebfrauenberg hatte. Diese progressive politische Grundhaltung, insbesondere die Aufgeschlossenheit gegenüber der sozialistischen Arbeiterbewegung, führte zu zahlreichen Konflikten mit der kirchlichen Hierarchie, aber auch mit der orthodoxen Zentrumslinie. Anlässe waren da, wenn die RMV etwa den erzieherischen Wert der Bekenntnisschule relativierte, sie immer wieder dem unter Häresieverdacht stehenden Ernst Michel ein Forum gab, bedingt eine Enteignung der Fürsten befürwortete oder den Bau des Panzerkreuzers A kritisierte, den das Kabinett der Großen Koalition aus SPD, DDP, Zentrum, BVP und DVP 1928 mit Zustimmung der Zentrumsminister trotz gegenteiliger Wahlkampfversprechen beschlossen hatte. Für konservative Katholiken war die RMV oftmals ein Stein des Anstoßes. Der schon erwähnte Jesuit und Literaturkritiker Friedrich Muckermann sah die Zeitung in seinen „Lebenserinnerungen" mit kritischen Augen: „Eine revolutionäre Haltung gegenüber der landläufigen Parteipresse nahm auch die ‚Rhein-Mainische-Volkszeitung' ein, ein Instrument in der Hand Dessauers, politisch auf der äußersten Linken der Zentrumspartei, sehr befreundet mit Wirth, im Weltanschauungsteil alles andere als volkstümlich, immer kokettierend zwischen sozialistischen und gar kommunistischen Strömungen, alles in allem ein fortschrittliches Blatt, reichlich selbstbewußt und eingebildet, aber in der letzten Auswirkung am Ende mehr zersetzend als aufbauend."[148] Dennoch bemühten sich der Limburger Bischof Kilian und Stadtpfarrer Herr, den katholischen Charakter der Zeitung zu wahren und einem etwaigen Verbot vorsorglich zu begegnen. Durch Vermittlung Dessauers, dessen kirchlichreligiöse Haltung zu keiner Zeit angezweifelt wurde, konnte 1926 mit der dauerhaften Anstellung eines von der Diözesanleitung anerkannten Theologen, des bereits erwähnten Studentenpfarrers und Exegeten Nielen, ein modus vivendi gefunden werden, der die Wogen allmählich glättete. Darüber hinaus dienten die von Thormann geleiteten Zeitschriften „Deutsche Republik" und „Friedenskämpfer" als Ventil für die politischeren und expressis verbis sozialistischen Gedanken von Dirks, in denen Dirks seine Artikel mit dem Pseudonym „Georg Risse" zeichnete. Später hat er diese Vorgehensweise als ein „Spiel in zwei Rollen" beschrieben, einmal in der Rolle des „katholisch gebändigten" sozialen Pazifisten in der RMV und im „Friedenskämpfer", ein anderes mal in der des radikalen Sozialisten in der „Republik"[149].

---

147 Zum FDK vgl. HÖFLING, Friedensbewegung.
148 MUCKERMANN, Kampf, S. 264.
149 DIRKS, Stotterer, S. 21f.

Schon verhältnismäßig früh hatte sich die RMV-Redaktion mit dem Aufkommen des Nationalsozialismus und den gesellschaftspolitischen und „sozialistischen" Konzeptionen der sprungartig erfolgreichen Bewegung auseinandergesetzt. Für die Redakteure genügte es nicht, den NS bloß in seiner kulturpolitischen Stoßrichtung zu verurteilen, wie es die kirchliche Hierarchie und Teile des Zentrums taten. Walter Dirks erinnerte sich später: „Das entscheidende Datum war für mich der 14. September 1930. An diesem Tag hatte die NSDAP die Zahl ihrer Reichstagssitze von 12 auf 107 erhöht. In der Rhein-Mainischen Volkszeitung, deren Stoßrichtung bis dahin gegen die schwarz-weiß-rote, bürgerliche Reaktion ging, versuchten wir von diesem Zeitpunkt an, eine fundierte Faschismusanalyse zu entwickeln. Wichtige Anstöße erhielten wir durch die Beobachtung des italienischen Faschismus. Von daher war uns bewußt, daß Hitlers Chancen nicht alleine in einer Volksbewegung zu realisieren waren, sondern daß er dafür ein Bündnis mit der Industrie, den Großagrariern und der Reichswehr brauchte. Die Machtergreifung wäre ohne die Unterstützung dieser Kräfte (und das Stillhalten der Kirche) nicht möglich gewesen. Von daher verstanden wir den Faschismus als eine Struktur, die zwei Subjekte hat. Deshalb forderten wir – leider ohne Erfolg – eine antifaschistische Einheitsfront, als deren stärkste Kraft wir die Arbeiterbewegung sahen."[150]

Die journalistische Gegenoffensive der RMV setzte vor allem bei dem zu Beginn der dreißiger Jahre feststellbaren wirtschaftspolitischen Kurswechsel der NSDAP an, der ein Arrangement mit den führenden Gruppen der Industrie und der Finanzwirtschaft anstrebte und damit die „sozialistischen" Elemente des Parteiprogramms von 1920 faktisch preisgab[151]. Der Nationalsozialismus konnte von der RMV als „Agentur des Großkapitals"[152] dargestellt werden; seine Politik führe „geradeaus in das Paradies für Ausbeuter und in die Hölle für alle Werkätigen", schrieb Thormann in der Ausgabe vom 9. März 1932. Für Dirks war 1931 das tatsächliche Fernziel eine Überwindung des in der Luft liegenden Faschismus durch Herbeiführung einer breit gespannten sozialistischen Konstellation, auch unter Einbeziehung der sozialistisch-produktiven Kräfte der NS-Bewegung – gedacht war an Bauern, Angestellte, Kleinbürger –, die „aus ihrer sozialen Situation heraus über ihre utopistische Revolution

---

[150] Abdruck eines Zeitzeugen-Gesprächs mit Walter Dirks bei SCHROEDER, Gewerkschaftspolitik, S. 352.

[151] Im NSDAP-Programm vom 24. 2. 1920 wurde u. a. eine auf Enteignung basierende Bodenreform, staatliche Protektion der Erwerbs- und Lebensmöglichkeiten der Bürger, Verstaatlichung von Betrieben, Gewinnbeteiligung der Arbeiter in Großbetrieben und die Kommunalisierung von Großwarenhäusern gefordert. Das Programm abgedruckt in: MOMMSEN/FRANZ, Parteiprogramme, S. 21–24.

[152] RMV vom 26. 6. 1932.

hinweg in die reale sozialistische Revolution"[153] weitergeführt werden sollten. In diesem Zusammenhang stehen auch die von Dirks zusammen mit dem Volkswirt Karl-Heinrich Knappstein (1906–1989)[154] von 1931 bis 1933 herausgegebenen „Werkhefte junger Katholiken", die angesichts der drohenden faschistischen Gefahr versuchten, die linken Gruppen der katholischen Jugend zu sammeln[155].

Nach der Machtergreifung der Nationalsozialisten versuchte Dirks Ende Juni 1933 – die Auflösung des Zentrums stand kurz bevor – durch ein Plädoyer für einen „deutschen Sozialismus" in einem sozialistischen „Dritten Reich" den Anschluß des Frankfurter politischen Katholizismus an die euphorische nationale Bewegung des Frühsommers 1933 herzustellen. Dirks, der zu einer mehr politisch-thelogischen Bewertung von Staats- und Gesellschaftsformen neigte und zur Parteiorganisation des Zentrums – obgleich er Mitglied war – sowie zum parlamentarischen System der Weimarer Zeit keinen rechten Bezug fand, dürfte in der Situation des Sommers 1933 den Abschied von der Republik und ihren Parteien aus wirtschaftspolitischen Erwägungen heraus als geringeres Übel gegenüber einer möglichen Verwirklichung des „wahren" Sozialismus, den er in der RMV vom 28. Juni 1933 als „gebundene Wirtschaftsordnung statt der ungebundenen Wirtschaftsgesellschaft", als „eine Volksordnung jenseits der liberalistischen Atomisierung und der kapitalistischen Ausbeutung" verstanden wissen wollte, angesehen haben. Durch das vorübergehende Erstarken des linken NSDAP-Flügels und den Ruf der SA nach einer „zweiten Revolution" schien sich diese Vision einer nationalen Einheitsfront der Arbeiter und „Kleinen Leute" vorübergehend abzuzeichnen. Es sollte aber ganz anders kommen.

---

153 Vgl. BLANKENBERG, Katholizismus, S. 278.

154 Vor 1933 Mitglied im Zentrum. Dozent an der Volkshochschule in Offenbach. 1936–1943 Redakteur bei der „Frankfurter Zeitung". 1945–1949 Staatssekretär im hessischen Ministerium für Wiederaufbau und Politische Befreiung. 1951–1956 Generalkonsul der Bundesrepublik Deutschland in Chicago. 1956–1958 Botschafter in Madrid. 1958–1960 Staatssekretär im Auswärtigen Amt. Ab 1960 Botschafter bei den Vereinten Nationen und in Washington. Zu ihm vgl. KOSCH, Staatshandbuch, S. 673; DEGENER 12 (1955)-28 (1989/90); PARISISUS/SCHOLL-SEIBERT, Demokratie, S. 414 mit Anm. 304.

155 Vgl. STANKOWSKI, Linkskatholizismus, S. 304.

4. Im „Dritten Reich“: Zwischen Anpassung, „Innerer Emigration“ und Widerstand

Es waren keineswegs geschlossene Reihen, die in Frankfurt die „Kapitulation" des politischen Katholizismus vor den Nationalsozialisten hinnahmen. Schon bald nach der Machtübernahme Hitlers wurde auch im Frankfurter Zentrum erkannt, welche Stunde geschlagen hatte. In der letzten Sitzung der frei gewählten Stadtverordnetenversammlung am 7. Februar 1933 widersetzten sich die Fraktionen von KPD, SPD und Zentrum gegen die Stimmen der Deutschnationalen und der Deutschen Volkspartei vergeblich der Auflösungsverordnung des kommissarischen preußischen Innenministers, Hermann Göring, mit der Neuwahlen der Kommunalparlamente durchgesetzt werden sollten[156]. Die NSDAP hatte an dieser Sitzung schon nicht mehr teilgenommen. Kurz nach den Kommunalwahlen des 12. März 1933, die dem Zentrum noch einmal 11,4% der Frankfurter Wählerstimmen einbrachten – das NSDAP-Ergebnis lag bei 47,9%! –, mußten mißliebige Zentrums-Stadträte, die gleichzeitig besoldete Beamte oder Angestellte der Gemeinde waren, wie der Mittelschullehrer Gerhard Börner, ihren Magistratsposten räumen, da sie damit gegen die „Preußische Verordnung zur Behebung von Mißständen in der gemeindlichen Verwaltung" vom 22. März 1933 verstießen[157]. Der Fraktionsführer des Zentrums, Chefredakteur Scharp, hatte bereits in der RMV vom 26. Februar 1933 unter der Überschrift „Untergang des Rechtsstaates?" schonungslos die neue politische Lage analysiert. Ein „revolutionärer Prozeß" sei in Gang, der eine Partei an die Stelle des Staates setzen wolle. Diese maße sich an, „allein den Staat darzustellen und zu beherrschen"[158].

Dennoch gab es im Sommer 1933 auch im Frankfurter Zentrum einen Trend, sich dem verführerischen Schimmer des neuen nationalen Aufbruchs hinzugeben und das Ende der ohnehin heillos zerstrittenen Traditionspartei zu akzeptierten[159]. Noch vor der Bekanntmachung des „Ge-

---

[156] Hierzu REBENTISCH, Frankfurt, S. 481f.; MALY, Regiment, S. 539–548; Gunter STEMMLER, Frankfurter Zentrumspolitiker 1933. Eine Prosopographie (unveröffentlichtes Manuskript), S. 3f.

[157] Im Amt blieb dagegen Stadtrat August Lingnau (1890–1960). Er war 1928 als Nachfolger Lutschs für das Zentrum zum hauptamtlichen Magistratsmitglied gewählt worden und amtierte – ohne Mitglied der NSDAP zu werden – bis zu seiner Versetzung in den Ruhestand 1946. Als er vor dem Einmarsch der Amerikaner dem Befehl des Gauleiters entgegentrat, alle noch intakten Stadtwerke zu zerstören, entging er der Erschießung durch einen SS-Standartenführer nur knapp. Vgl. BALSER, Aus Trümmern, S. 13; MALY, Regiment, S. 447 u. passim; STEMMLER, Zentrumspolitiker (wie Anm. 156), S. 2.

[158] Zit. bei REBENTISCH, Frankfurt, S. 484f.

[159] Zum Ende der Deutschen Zentrumspartei 1933 vgl. MORSEY, Untergang; DERS., Zentrumspartei (1979).

setzes gegen die Neubildung von Parteien" vom 14. Juli 1933 und der Selbstauflösung des Zentrums am 5. Juli trat ein Großteil der Mitglieder der zehnköpfigen Stadtverordnetenfraktion des Zentrums als Hospitanten zur NSDAP-Fraktion über. Lediglich die Stadtverordneten Scharp, Lill und Schneider hatten zuvor bereits ihr Mandat niedergelegt[160]. Auf der geistigen „Führungsebene" der Frankfurter Katholiken, im RMV-Kreis und im Klerus, dachte und handelte man anders. Es muß hier genügen, einige Streiflichter zu werfen auf die Reste des politischen Katholizismus vor den Herausforderungen des Führerstaates. Sie mögen auch andeuten, auf welchen Pfaden die Akteure von einst 1945 schließlich zum Gründerkreis der CDU stießen und weshalb andere, wie z.B. Dessauer, nach 1945 politisch keine Rolle mehr spielten und auch nicht mehr spielen konnten, weil sie geflohen, emigriert oder umgekommen waren.

Die RMV starb einen langsamen Tod. Sie konnte mit Unterbrechungen, etwa zu den „März-Wahlen", noch bis in den Sommer 1933 relativ frei arbeiten. Am 4. April 1933, wenige Tage nach dem reichsweiten „Boykott-Tag" gegen jüdische Geschäfte, erschien ein mutiger Leitartikel von Pfarrer Alois Eckert in der RMV unter der Überschrift „2 Mos. 21,24 u. Matth. 5,38ff", in dem der Geistliche die christliche Maxime der Feindesliebe aus der Bergpredigt über den alttestamentlichen Rachekodex im Buch Exodus, dessen Praktizierung an den Juden er indirekt den Nazis unterstellt, erhebt[161]. Er konstatiert zwar, daß es einen großen, vielleicht zu großen Einfluß von Juden in Wirtschaft und Kultur gebe –, diesem Umstand aber durch rassistische Diskriminierung begegnen zu wollen, sei mit der Lehre des Christentums völlig unvereinbar: „Kein Mensch darf einfach wegen seiner Rasse minderen Rechts sein und wegen seiner Zugehörigkeit zu einer Rasse diffamiert werden. Nach der Lehre des Christentums ist diese Zugehörigkeit zu einer Rasse eine göttliche Gegebenheit, die (...) der Mensch der anderen Rasse gehorsam zu respektieren hat." Es geschehe, so Eckert weiter, „deutsches Unrecht", das auf Dauer immer den schwerer träfe, „der es tut, als den der es leidet". Das waren starke, geradezu drohende Worte. Doch das Ende solcher Meinungsfreiheit war eine Frage der Zeit.

Einer der führenden Köpfe der RMV, Thormann, emigrierte bereits im April 1933 nach Paris. Hinzu kam jetzt die „Schutzhaft" von Dessauer, Knecht, Dirks und Scharp im Zusammenhang mit der Aktion gegen die katholischen Verbände am 1. Juli 1933, die auch und gerade gegen die

160 Vgl. Frankfurter Zeitung vom 1.7.1933; MORSEY, Untergang, S.194; STEMMLER, Zentrumspolitiker (wie Anm. 156), S.5f. Dabei ist bemerkenswert, daß der Auflösungsbeschluß der Reichsleitung des Zentrums den Fraktionsmitgliedern der Partei anheimgab, zunächst fraktionslos zu bleiben. Vgl. MORSEY, Zentrumspartei (1979), S.440.

161 Vgl. LOWITSCH, Rhein-Mainische-Volkszeitung, S.125–128.

Verbandsfunktionäre des „Friedensbundes" und des „Volksvereins" in Frankfurt gerichtet war und deutlich werden ließ, inwieweit der Nationalsozialismus gewillt war, die organisierten Formen des deutschen Katholizismus zu liquidieren. Die RMV war damit führungslos. Wieder erschien Eckert auf dem Plan. Im August 1933 reiste er nach Rom und verschaffte sich über den Prälaten Kaas Zugang zu Kardinalstaatssekretär Pacelli. In einem 25 Minuten-Gespräch teilte Eckert dem späteren Papst Pius XII. (1939–1958) zunächst seine persönliche Auffassung „über die beginnende inhaltliche Entleerung des noch nicht paraphierten [am 20. Juli 1933 im Vatikan unterzeichneten Reichs-]Konkordates" mit, die er auch schriftlich in Form einer mehrseitigen Eingabe überbrachte. Schließlich rief Eckert die Verdienste Dessauers und Dirks' um das katholische Geistesleben in Deutschland in Erinnerung und bat Pacelli um Vermittlung. Dieser erwirkte schließlich über den Berliner Nuntius Orsenigo die Freilassung von Scharp und Dirks[162]. Am 4. Oktober 1933 wurde das sogenannte Schriftleitergesetz erlassen. Es erschwerte die Arbeit der RMV und des gesamten katholischen Pressewesens erheblich, da persönlich gekennzeichnete Artikel den Nachweis der Gemeinnützigkeit im Sinne des neuen Staates erbringen mußten[163]. Gegen Knecht und Dessauer wurde jetzt ein Prozeß angestrengt, der sogenannte „Volksvereinsprozeß". Bereits 1930 hatte die NSDAP-Zeitung „Frankfurter Beobachter" die finanziellen Transaktionen Dessauers im Zusammenhang mit der Konsolidierung der Carolus-Druckerei und der Weiterleitung von ihm erworbener Anteile an den Volksverein für das katholische Deutschland propagandistisch hinterfragt: „Wie der Jude Dessauer Eigentümer der Rhein-Mainischen-Volkszeitung wurde"[164]. Der Prozeß endete zwar im Dezember 1933 mit Freispruch, die Carolus-Druckerei wurde aber unter Berufung auf die „Vorschriften des Gesetzes über die Einziehung kommunistischen Vermögens" vom 14. Juli 1933 von den Nationalsozialisten beschlagnahmt und die RMV von einem NS-treuen Redakteur übernommen, der die letzte Nummer der Zeitung am 1. März 1935 herausgab[165]. Der Versuch der RMV, „überholte Vorstellungen, Begriffe und Haltungen kritisch zu überprüfen, veraltete Grenzen abzubauen, die in der demokratischen

---

[162] Zu den genauen Umständen der Initiative des Pfarrers vgl. DAL 561/3 A, Eingabe Eckerts an Pacelli vom 20.8.1933; Katholisches Pfarramt St. Bernhard, Pfarrchronik, S. 40f; ECKERT, 1932–1942, S. 36 u. S. 41; SCHATZ, Geschichte, S. 261–263.

[163] Vgl. § 14 des „Schriftleitergesetzes" vom 4.10.1933. Inkraftgetreten am 1.1.1934 (RGBl. I, S. 713).

[164] Nr. 35 vom 29.8.1930. Vgl. BLANKENBERG, Katholizismus, S. 247. Dessauer entstammte einer katholischen Familie jüdischen Ursprungs.

[165] Der Untertitel der RMV, „Unabhängige katholische Tageszeitung", entfiel. Der Leitartikel des neuen Chefredakteurs Georg Schmidt endete mit dem Ausruf: „Es lebe Deutschland. Es lebe der Führer". Zum Ende der RMV vgl. LOWITSCH, Rhein-Mainische Volkszeitung, S. 16–20; LORANG, Kirche, S. 13.

Neuordnung freigewordenen christlichen Kräfte in öffentlicher Verantwortung zu bewähren, aus einer Zusammenarbeit des Bürgertums mit der Arbeiterschaft die Grundrisse eines gesellschaftlichen Neubaus zu entwickeln, aus der Überwindung des Nationalismus eine europäische Friedensordnung aufzubauen, kurzum: die katholischen Christen nicht nur opportunistisch mit den neuen Verhältnissen auszusöhnen, sondern die geschichtlich geforderten Aufgaben eines neuen Zeitalters vor ihr politisches Gewissen zu rücken"[166], war gescheitert. „Er versank", wie Heinrich Scharp es ausdrückte, „zuletzt wie der Dom, wie die Stadt, wie der ganze Zeitabschnitt in den Trümmern."[167]

In der Zwischenzeit hatte der psychologische und physische Druck auf Dessauer zugenommen: Die Universität entzog ihm im Januar 1934 die Lehrbefugnis, „braune" Studenten überfielen sein Privathaus und nach kurzer neuerlicher Inhaftnahme wurde er „wegen nichtarischer Abstammung" in den vorzeitigen Ruhestand versetzt. Dessauer emigrierte daraufhin in die Türkei und übersiedelte später in die Schweiz[168]. Der RMV-Kreis zerstreute sich nun regelrecht in alle Winde. Scharp, den die Gestapo als Sympathisanten und „Geldgeber der KPD" einschätzte[169], ging zunächst als Journalist nach Rom. Dirks, der seine Dissertation bei Steinbüchel nicht hatte beenden können, da das Manuskript im Zusammenhang seiner Verhaftung im Juli 1933 verlorengegangen war, fand eine Stelle als Mitarbeiter beim Sozialfunk des Reichssenders in Frankfurt. 1936 trafen sich Dirks, Scharp und Knappstein bei der „Frankfurter Zeitung" wieder, Dirks als Leiter des Feuilletons, Knappstein als Redakteur und Scharp als Korrespondent in Prag und Berlin. Auf der Autorenliste der „FZ" war auch Ernst Michel verzeichnet. Dieser hatte 1933 zwangsweise seine Lehrtätigkeit in Frankfurt beenden und 1937 sogar das Verbot seiner Schriften jetzt auch durch den Nationalsozialismus hinnehmen müssen. Nach einem Psychologie- und Medizinstudium eröffnete er 1940 eine psychotherapeutische Praxis.

Das Propagandaministerium in Berlin benutzte die „Frankfurter Zeitung" gegenüber dem Ausland als pressefreiheitliches Vorzeigeblatt, so daß eine relativ unzensierte Berichterstattung möglich war, was jedoch Dirks selbst als eine ständige Gratwanderung am Rande der Kollaboration empfand[170]. Dirks und sein Frankfurter Freundeskreis blieben in der Folgezeit

---

[166] SCHARP, Dom und Stadt, S. 15.

[167] Ebd.

[168] Zu den Maßnahmen gegen Dessauer vgl. SCHUMACHER, M.d.R., S. 88f; GOES, Dessauer. 1941 sogar noch nachträglich ausgebürgert, kehrte Dessauer erst 1953 nach Deutschland zurück. 1961 wurde er zum Ehrenbürger der Stadt Frankfurt ernannt.

[169] Vgl. SEITERICH-KREUZKAMP, Dirks, S. 75.

[170] Vgl. Dirks im Zeitzeugengespräch bei SCHROEDER, Gewerkschaftspolitik, S. 352f.

relativ unbehelligt. Mit dem Verbot der „FZ" 1943 erhielt er allerdings Schreibverbot. In den letzten beiden Kriegsjahren arbeitete er an der Vorbereitung eines Nachkriegsprogramms für den Verlag Herder in Freiburg und lebte im Wesentlichen von einer Aushilfstätigkeit in der Werbeabteilung der Reichspost. Später ging Dirks kritisch mit seinem als zu passiv empfundenen Verhalten im „Dritten Reich" ins Gericht: „Die Sünde der Unterlassung wiegt schwer. (...) Ich habe einen schlechten Geschmack im Mund, wenn ich das Wort ‚innere Emigration' höre. Von der Emigration hielten mich Familienpflichten ab, vom aktiven Widerstand die Angst. Ich war kein Held. Ich habe in der Frankfurter Zeitung mitgeholfen, ich bin der Kirche treu geblieben – mehr habe ich nicht vorzubringen."[171]

Größeren Widrigkeiten waren führende Frankfurter Zentrumspolitiker ausgesetzt. Vor allem berufliche Benachteiligungen gegenüber den ehemaligen Funktionären der „Systemzeit" waren im „Dritten Reich" an der Tagesordnung. Jakob Husch etwa mußte im Postdienst Nachstellungen seines Berufskollegen, des selbstherrlichen NS-Gauleiters Jakob Sprenger, hinnehmen[172]. Die Stadtverordnete Christine Lill (1887–1945)[173] wurde als Rektorin zur Volkschullehrerin zurückversetzt und mußte 1933 ihr Mandat niederlegen, weil sie städtische Bedienstete war. Im August 1944 wurde sie von der Gestapo verhaftet und nur aufgrund ihrer schlechten gesundheitlichen Verfassung vor einem Abtransport ins KZ Buchenwald bewahrt. Jean-Albert Schwarz weigerte sich 1935 in den NS-Lehrerbund einzutreten und wurde 1936 aus dem Schuldienst entlassen, da er Mitglied im „Reichsbanner" gewesen war. Im Zuge der letzten großen Verhaftungswelle der „Aktion Gewitter" im August 1944, die sich auf alle noch lebenden ehemaligen Reichstags- und Landtagsabgeordneten von KPD, SPD und schließlich auch Zentrum erstreckte, mußte Schwarz in den Hintertaunus fliehen[174]. Das NS-Regime nicht überlebt hat die ehemalige Zentrums-Stadträtin Else Alken (1877–1943)[175], eine zum Katholizismus konvertierte Jüdin. Sie wurde 1942 mit einem Viehwagen in das KZ Theresienstadt verbracht, nachdem sie zuvor bei der Verhaftung die Treppe hinuntergestoßen worden war. Sie verstarb Weihnachten 1943.

---

171 Dirks, Stotterer, S. 25.

172 Vgl. das Porträt von Jakob Husch in der Frankfurter Neuen Presse vom 24. 10. 1950. Zu Sprenger siehe Rebentisch, Frankfurt, S. 472f.

173 Zu ihr vgl. StAF, S2/14. 247; Maly, Regiment, S. 547f; Stemmler, Zentrumspolitiker (wie Anm. 156), S. 6f.

174 Vgl. den Art. Jean-Albert Schwarz, in: Klötzer, Frankfurter Biographie, hier 2, S. 357. Zur „Aktion Gewitter" vgl. Schumacher, M.d.R., S. 38*f. Schwarz kehrte erst 1946 nach Frankfurt zurück und trat 1947 der CDU bei.

175 Vorsitzende der Frankfurter Frauenvereinigung. Als ehrenamtliche Stadträtin von 1924–1928 und von 1929–1933 vor allem im sozialen Bereich tätig. Zu ihr vgl. den Art. Else Alken, in: Klötzer, Frankfurter Biographie, hier 1, S. 21; Balser, Aus Trümmern, S. 158; Stemmler, Zentrumspolitiker (wie Anm. 156), S. 2f.

Auch die katholischen Geistlichen wurden von den NS-Instanzen mit Argusaugen beobachtet[176]. Stadtpfarrer Jakob Herr etwa hatte zwar zunächst einen gewissen Spielraum gegenüber den Partei- und Staatsinstanzen, da er bei den Frankfurter Katholiken in hohem Ansehen stand. Seine nicht aufhörenden Proteste gegen die NS-Schulpolitik brachten ihm dennoch Unterrichts- und Schulvisitationsverbot ein. Trotz seines hohen Alters wurde er des öfteren von der Gestapo verhört und in Haft genommen, vom Reichsinnenministerium schließlich mit Schreibverbot belegt. Am 30. März 1941, vier Monate vor den berühmten Galen-Predigten, forderte Herr seinen Bischof in einem internen Schreiben auf, gegen die Vergasung Behinderter und Geisteskranker in Hadamar bei Limburg das Wort zu erheben, was zunächst aber unterblieb[177]. Sein Nachfolger Eckert, damals noch Pfarrer im Frankfurter Nordend, ist bis heute einer breiteren Öffentlichkeit in Frankfurt als weitgehend unerschrockener Seelsorger bekannt. Eckert schildert in den „Erinnerungen" seine Enttäuschung über das „Schweigen der Bischöfe" zu den Devisen- und Sittlichkeitsprozessen gegen Geistliche in den Jahren 1934/35. In diesem Zusammenhang steht seine Initiative zu einer bisher nicht weiter nachgewiesenen „main-rheinischen Klerusfront" niederer Kleriker der Diözesen Trier, Mainz, Köln und Limburg. 1936 und 1937 kam Eckert in politische Haft wegen „Flaggenvergehens". Eckert hatte es entgegen der Anordnung des Kölner Ordinariates unterlassen, am zwölften Jahrestag des Münchener Hitlerputsches, dem 9. November 1935, seine Kirche mit der Hakenkreuzfahne zu beflaggen, was die Gestapo auf den Plan rief, die ihm Konspiration vorwarf. Hausdurchsuchungen, Verhöre, eine längere Haft- sowie eine gehörige Geldstrafe folgten. Am 18. August 1944 trug die NSDAP-Ortsgruppe Nordend auf der Karteikarte Eckerts ein: „Eckert wird überwacht, da Verbindung zum Attentäterkreis vermutet wird."[178] Pfarrer Josef Nielen, ebenfalls dem RMV-Kreis zugehörig, wurde mehrmals wegen unerlaubter Studentenseelsorge von der Gestapo verhört und mit Schreibverbot belegt. Außerdem stand er wie Eckert unter Verdacht, in Kontakt zu den Männern des „20. Juli 1944" zu stehen. Eine Warnung aus Kreisen Wehrmachtsangehöriger bewahrte ihn vor der Verhaftung[179].

Die CDU-Gründer in Frankfurt aus dem Umfeld der Führungsebene des dortigen politischen Katholizismus sind mit der Ausnahme Eckerts nicht durch spektakuläre Formen des Widerstands aufgefallen. Waren in Berlin etwa Andreas Hermes und Jakob Kaiser nur knapp dem Henker

---

[176] Zu den bedeutenden Pfarrern für den katholischen Widerstand in Frankfurt vgl. SCHATZ, Geschichte, S. 290f.

[177] Vgl. VON HEHL, Priester, S. 600; ZABEL, Herr, S. 381–389.

[178] Zu Eckert in der NS-Zeit siehe ECKERT, 1932–1942. Das Zitat ebd., S. 41. Vgl. SCHATZ, Geschichte, S. 272; VON HEHL, Priester, S. 822.

[179] Vgl. VON HEHL, Priester, S. 843.

entgangen, ist der Personenkreis aus dem Zentrum, der in Frankfurt verblieben war und sich sehr früh nach dem Eintreffen der Amerikaner dort wieder zusammenfand (Husch, Dirks, Knappstein), von längeren und lebensbedrohlichen Haftstrafen verschont geblieben. Aber auch bei ihnen hatten die NS-Machthaber ihr Ziel zunächst erreicht: das Brechen von Menschen und ihren Gedanken. Als Fluchtpunkt blieb manchen nur die von Dirks beschriebene „Innere Emigration", ein verzweifeltes Sich-Einrichten in den Gegebenheiten des totalitären Staates. Die Begehrlichkeiten des NS-Staates verzehrten auch in Frankfurt – nicht ohne Widerstand und menschliche Opfer – die katholischen Caritas-, Standes- und Jugendverbände, das katholische Schulwesen und die Öffentlichkeitsarbeit der Kirche. Inhaftierungen bis zur KZ-Haft, Unterrichtsverbote, Rufmord, Zensur und eine Politik der „Nadelstiche" gegen die Pfarrgemeinden als dem letzten verbliebenen Freiraum des katholischen Lebens waren Bestandteil des zermürbenden Angriffs auf diesen weltanschaulichen Gegner der Nationalsozialisten[180]. „Überwintern" und abwarten war eine Möglichkeit, mit dieser Situation umzugehen. Im Falle des Kreises um Dirks konnten auf diese Weise Ideen für eine bessere Politik nach dem Zusammenbruch der Gewaltherrschaft heranreifen. Für die programmatischen Überlegungen im Vorfeld der CDU-Gründung in der Main-Metropole war es nicht unerheblich, daß Eugen Kogon und Werner Hilpert in der Schreibstube des Konzentrationslagers Buchenwald „beeindruckt", wie sich Dirks erinnert, die „Frankfurter Zeitung" gelesen hatten[181].

---

[180] Zur katholischen Kirche in Frankfurt zur NS-Zeit vgl. zunächst SCHATZ, Geschichte, S. 256–292; WIPPERMANN, Leben, hier 4, S. 66–73;

[181] Vgl. SCHROEDER, Gewerkschaftspolitik, S. 353.

III. „Die Gegenwart trägt die Zukunft in ihrem Schoß" – Die „Stunde Null" 1945 und der Aufbruch Christlicher Demokraten in Frankfurt am Main

> „Ich weiß nicht mehr genau, wann wir an dieser neuen Partei zu zweifeln begannen. Weihnachten 1945 war es gewiß noch nicht soweit."[182]
> (Walter Dirks)

Am 23. März 1945 überquerten amerikanische Truppen bei Oppenheim den Rhein, besetzten zwei Tage später Darmstadt, nahmen am 28. März Wiesbaden und erreichten schließlich am 29. März Frankfurt am Main. Das „Tausendjährige Reich" war damit auch hier am Ende[183]. Die in den Tagen zuvor näher kommenden „Kanonendonner der amerikanischen Artillerie" waren für Pfarrer Alois Eckert „Böllerschüsse der Befreiung"[184]. In den Tagen zuvor hatten fanatische NS-Funktionäre und SS-Einheiten die letzten intakten Main-Brücken sowie die Kommunikations- und Versorgungseinrichtungen zerstört. Damit war auch die Verwaltung der Stadt gänzlich zusammengebrochen. Es folgte, wie Walter Dirks sich erinnert, zunächst „ein wunderbarer Palmsonntag [25. März 1945]. Die Besatzungsmächte waren noch nicht da und die Nazis waren schon weg, und es war ein besonders schöner Frühlingstag, den ich immer in Erinnerung behalten werde"[185]. Die Altstadt war nun ein einziges Ruinenfeld, die Festhalle und die größeren Saalbauten, Theater und Kinos waren zerstört. Eisen- und Straßenbahnen fuhren nicht mehr, kein Briefkasten wurde geleert, die Telefone blieben stumm – gespenstisch war die Atmosphäre in der Stadt, die, so schrieben die Journalisten Lorei und Kirn, „wie erstorben in ihren Trümmern lag. (...) Die Stadt atmete noch, aber sie atmete wie ein Herzkranker, dem man gesagt hat: ‚Atmen Sie nur flach'."[186] In der Bevölkerung gab es in fast allen Familien Tote zu beklagen, Wohnungen waren ausgebrannt, Häuser zerstört; die wenigen Nahrungsmittel und Brennstoffe mußten zudem noch mit vielen Flüchtlingen und Vertriebenen aus den östlichen Gebieten geteilt werden, was die Tagesnot zusätzlich erhöhte. Die persönlichen Verhältnisse der Familie

---

182 DIRKS, Erfahrungen, S. 88.

183 Zur deutschen Geschichte in der Nachkriegszeit vgl. grundlegend ESCHENBURG, Jahre. Zuletzt: VON PLATO/LEH, Frühling.

184 Katholisches Pfarramt St. Bernhard, Pfarrchronik, S. 50.

185 Zitiert aus der Fernsehsendung des Hessischen Rundfunks „So alt wie das Jahrhundert. Walter Dirks – ein Journalist in drei Epochen" (1991).

186 LOREI/KIRN, Frankfurt, S. 17 f.

Dirks waren da schon in glücklicheren Umständen, was Zeit für politisches Denken ließ: „Wir – meine Freunde, meine Familie – (sind) damals in vieler Hinsicht privilegiert gewesen. Wir waren nicht vertrieben worden; unser geflicktes Haus war funktionstüchtig; wir lebten in einer gewissen Kontinuität. Vor allem hatten wir das unwahrscheinliche Glück, in der vom Nazismus befreiten Welt sofort aktiv und produktiv wirken zu können. (...) ‚Wir': das waren in Frankfurt meine Familie und meine alten Freunde, die im Frühjahr aus der Betäubung erwacht waren und die Ärmel aufkrempelten, und die neugewonnenen, die bei den ersten Aktionen des Neubeginns mitmachten."[187]

In dieser Situation – noch vor dem Aufbau einer wirksamen amerikanischen Besatzungsverwaltung – bildeten sich aus einer antifaschistischen Intention heraus in den Stadtteilen spontan Ausschüsse aus ehemaligen Mitgliedern der Weimarer Parteien, die drängendste polizeiliche und infrastrukturelle Aufgaben selbst in die Hand nahmen[188]. Doch dieser Interimszustand zwischen NS-Verwaltung und Besatzungsherrschaft wurde vom zuständigen Militärbefehlshaber, Oberstleutnant Sheehan, durch die am 30. März erfolgte Einsetzung eines „Amtierenden Bürgermeisters", des politisch unbelasteten Journalisten und Katholiken Wilhelm Hollbach (1893–1962)[189], eines langjährigen Kollegen von Walter Dirks bei der „Frankfurter Zeitung", beendet. Hollbachs Aufgabe bestand darin, in engster Kooperation mit dem amerikanischen Stadtkommandanten zusammen mit einem „Advisory Council" aus vertrauenswürdigen Leuten der früheren demokratischen Parteien unter Einschluß der KPD, Vertretern der Kirchen, der Synagoge sowie der Industrie, der Wirtschaft, der Presse und der Schulen die Verwaltung zu reorganisieren und das Leben in den Trümmern der Stadt wieder in Gang zu bringen[190].

Schon kurz nach dem Einmarsch der Amerikaner hatten im April und Mai 1945 erste Treffen demokratisch gesonnener Politiker stattgefun-

---

[187] Dirks, Erfahrungen, S. 85. Die Familie Dirks lebte zu dieser Zeit im Hasselhorstweg in Frankfurt-Sachsenhausen. Später siedelte Dirks nach Wittnau im Raum Freiburg um.

[188] Der überparteiliche „Antifaschistische Ausschuß" in Höchst z.B. nahm Verhaftungen von ehemaligen NS-Funktionären vor, setzte eine „Sicherheitswehr" gegen Plünderungen ein und organisierte Nahrungsmittel- und Textiltransporte. Vgl. Kropat, Hessen, S. 44–46.

[189] Vor 1933 DDP-Stadtverordneter in Köln. 1930–43 Leiter des Nachrichtendienstes der „Frankfurter Zeitung". März-Juli 1945 Bürgermeister in Frankfurt am Main. Zu ihm vgl. den Art. Wilhelm Hollbach, in: Klötzer, Frankfurter Biographie, hier 1, S. 347. Zur Amtseinsetzung Hollbachs vgl. Lorei/Kirn, Frankfurt, S. 20f; Balser, Aus Trümmern, S. 12.

[190] Vgl. Lorei/Kirn, Frankfurt, S. 11–55; Balser, Aus Trümmern, S. 49–62. Der Hollbach-Beirat existierte vom 31. 3.–7. 5. 1945. Siehe hierzu Lorei/Kirn, Frankfurt, S. 21–23; Boehling, Monatsberichte, S. 487.

den[191]. Gesprächsgruppen dieser Art mußten wegen des von der Besatzungsmacht verhängten Parteien- und Politikverbotes noch im Geheimen stattfinden und waren zudem durch strenge Sperrzeiten sowie das Fehlen von Verkehrsmitteln und Kommunikationsmöglichkeiten erschwert. Der Straßenbahn- und Busverkehr war komplett zum Erliegen gekommen, das Fernsprechnetz unterbrochen, Kraftfahrzeug- und Fahrradbenutzung nur mit Genehmigung der Militärregierung oder der deutschen Stadtverwaltung möglich. Nachdem aber die sowjetische Militäradministration schon am 10. Juni 1945 die Bildung von Parteien zugelassen hatte, waren die Amerikaner in gewisser Weise unter Zugzwang gesetzt und gestatteten – in Übereinstimmung mit den Beschlüssen der Potsdamer Konferenz – am 27. August 1945 die Gründung „von demokratischen politischen Parteien" mit der Erlaubnis „zu Versammlungen und öffentlicher Aussprache"[192], zunächst aber nur auf Orts- und Kreisebene, ab 23. November schließlich auch auf der Ebene des neugegründeten Landes Groß-Hessen. Wie nutzten die Demokraten in Frankfurt am Main diese Chance?

Gemeinsame Erfahrungen von Sozialdemokraten, Kommunisten, Zentrumspolitikern, Liberalen und Nationalkonservativen in den Zuchthäusern und Konzentrationslagern des NS-Systems, in der Emigration oder im Untergrund, hatte die so heillos zerstrittenen Parteipolitiker der Weimarer Republik einander näher gebracht. „Vor dem Galgen", schreibt Walter Dirks 1946 zugespitzt, „waren alle gleich, die Adligen, die Christen und die Kommunisten."[193] Dies erleichterte eine konzentrierte Neubildung von wenigen politischen Parteien, was auch durch die Lizenzierungspraxis der Militärregierung unterstützt wurde. Den demokratischen Neubeginn in Frankfurt förderte auch die seit dem 1. August 1945 für die amerikanische Zone zugelassene, regelmäßig erscheinende „Frankfurter Rundschau", die allerdings bis Mitte April 1946 die einzige Tageszeitung für die Mainmetropole sein sollte und von politisch einseitigen Wertungen nicht ganz frei war, so beurteilte es jedenfalls Hollbachs Nachfolger im Bürgermeister-Amt, Kurt Blaum: „The ‚Frankfurter Rundschau' which chiefly pursues a Communistic policy is the only daily newspaper in Frankfort."[194] Das war aus der Sicht des konservativen OB nicht ganz falsch, denn die Lizenträger der „FR" waren zunächst die Sozialdemokraten Arno Rudert und Wilhelm Knothe, der Jungkommunist Emil Carlebach und der radikale Linkskatholik Wilhelm Gerst.

Ein Neubeginn von SPD und KPD in Frankfurt am Main stand wie anderswo auch, per viam facti, bereits im Sommer 1945 fest, obwohl Partei-

191 Vgl. KROPAT, Hessen, S. 58.
192 Text der Bekanntmachung der Militärregierung ebd., S. 59.
193 DIRKS, Rechts, S. 70.
194 STAF, NL Blaum S1/38, Nr. 2, Bl. 23, Bericht Blaum an Militärregierung, 28. 1. 1946.

gründungen durch die Besatzungsmacht noch nicht erlaubt waren[195]. Als ausgewiesene Gegner des Nationalsozialismus, von diesem verfolgt und entrechtet, konnten sich die Überlebenden der organisierten Arbeiterbewegung durchaus als moralische Sieger verstehen und selbstbewußt vor die Deutschen treten. Schon im Mai 1945 betrieb der ehemalige nassauische SAJ-Vorsitzende Wilhelm Knothe (1881–1952)[196] durch Vereinigung der alten SPD-Bezirke Hessen-Frankfurt und Hessen-Darmstadt die Gründung eines SPD-Bezirkes „Hessen-Süd". Die „Frankfurter Rundschau" berichtete in der Ausgabe vom 19. September 1945 von den ersten gemeinsamen Parteiversammlungen der in der Weimarer Republik bitter verfeindeten Arbeiterparteien. „Was uns eint, ist stärker, als was uns trennt!", rief SPD-Sprecher Knothe der versammelten Sozialdemokratie und dem kommunistischen Gastredner im Frankfurter Börsensaal zu. Oskar Müller (1896–1970)[197] hielt in großangelegter Rede bei der KPD-Versammlung in den Schauburg-Lichtspielen eine Abrechnung mit dem „blutbefleckten System Hitlers und seiner Kumpane", beklagte, daß die wiedererlangte Legalität seiner Partei nicht der „Arbeit der deutschen Werktätigen", sondern „dem militärischen Sieg der Vereinten Nationen" zu verdanken sei, und rief deshalb zur Gemeinschaft aller antifaschistischen Kräfte beim Wiederaufbau eines „fortschrittlichen, besseren, demokratischen Deutschland". Das gegenseitige Entsenden von Grußrednern zu den Versammlungen, das gemeinsame Singen des alten Kampfliedes „Brüder zur Sonne, zur Freiheit!" und beschwörende Reden, insbesondere von sozialdemokratischer Seite, die Spaltung der Arbeiterbewegung zu überwinden und den unglückseligen Bruderzwist zwischen SPD und KPD zu beenden, deuteten früh mögliche politische Bündnisse in Frankfurt am Main und Hessen an. Tatsächlich war es am 3. September 1945 zu einem Abkommen der in Gründung befindlichen Parteiorganisationen über einen paritätisch besetzten Aktionsausschuß von SPD und KPD als

---

195 Zur Wiedergründung von SPD und KPD vgl. MÜLLER, KPD, S. 22–126 u. passim; KADEN, Einheit; KLOTZBACH, Weg. Zum Neubeginn der hessischen Arbeiterparteien vgl. KROPAT, Hessen, S. 58–63; MÜHLHAUSEN, Hessen, S. 65–106. Speziell zu Frankfurt am Main vgl. SPD-UNTERBEZIRK, Römer, S. 125–132; MÜLLER, KPD, S. 73–94; BEIER, Chronik, S. 14f; BALSER, Aus Trümmern, S. 32–49. Die Gründungssitzung der Frankfurter SPD fand am 12. 8. 1945 noch in der Illegalität statt. Vor ca. 50–60 Anwesenden erklärte Parteisprecher Knothe in einer privaten Versammlung, die Kollektivschuldthese solle abgelehnt werden. Er sprach stattdessen von einer historischen „Weltschuld". Wegen der „imperialistischen" Politik der Sowjetunion riet er zur Reserviertheit gegenüber der KPD, mit der aber dennoch eine Zusammenarbeit angestrebt werden solle. Er legte ein Bekenntnis für einen „demokratischen Sozialismus" ab.

196 Zu ihm vgl. LENGEMANN, Hessen-Parlament, S. 302f; PARISIUS/SCHOLL-SEIBERT, Demokratie, S. 38.

197 Zu ihm vgl. LENGEMANN, Hessen-Parlament, S. 339f; RENKHOFF, Nassauische Biographie, S. 533.

„gemeinsame Vertretung der Interessen des schaffenden Volkes"[198] gekommen. Bis 1946 stand eine Vereinigung der Frankfurter SPD mit der KPD im Raum. Beim Aufmarsch zum 1. Mai 1946, der ersten Maikundgebung nach dem Krieg, soll die zur KPD neigende Minderheit der SPD am Bornheimer Uhrtürmchen vom Hauptzug abgezweigt und ins Abseits geführt, somit symbolisch ausgeschaltet worden sein[199].

Weitaus komplizierter war es für die bürgerlich-liberalen Gruppen, eine Parteiorganisation mit Profil zu bilden. Ihre freiheitlichen und national-liberalen Vorläuferparteien, die großbürgerlich-industrielle, nur halbdemokratische Deutsche Volkspartei (DVP), die gegen Ende der Republik schwache linksliberale Deutsche Demokratische Partei (DDP) und die monarchisch-großagrarisch, stark vom bürgerlichen Protestantismus geprägte Deutsch-Nationale Volkspartei (DNVP), die den offenen Schulterschluß mit Hitler nicht gescheut hatte, waren angesichts ihres Scheiterns in der Weimarer Republik kaum als Leitbilder einer zukunftsträchtigen liberalen Partei geeignet. Eine neue liberale Partei konnte somit nicht auf eine ungebrochene Tradition zurückblicken, wie etwa die beiden Arbeiterparteien oder in gewisser Weise auch die CDU, die zwar eine Neu-

---

198 Teilabdruck des Abkommens vom 3.9.1945 in: SPD-UNTERBEZIRK, Römer, S.129f, hier S.130. Große Teile der KPD und der linke Flügel der SPD in Frankfurt am Main arbeiteten anfangs auf eine Fusion der beiden traditionellen Arbeiterparteien hin. Als Ergebnis seiner Untersuchung über die Anfänge der Frankfurter KPD 1945 stellte Werner Müller fest, daß es die „Tendenz, nach dem Ende des Zweiten Weltkrieges in der Arbeiterbewegung nur noch eine einheitliche Partei neu zu bilden, auch in Frankfurt in größerem Maße gegeben" hat. „Diese soll jedoch, wie an anderen Orten auch, von den Kommunisten aufgrund des Beispiels des ZK in Berlin zugunsten des Wiederaufbaus der KPD aufgegeben und die vorhandenen Ansätze zerstört worden sein." MÜLLER, KPD, S.73. Den Bestrebungen, analog zu den absehbaren Entwicklungen in Berlin auch in den westlichen Besatzungszonen eine Einheitspartei aus KPD und SPD zu gründen, wie beispielsweise in Hamburg oder Frankfurt, erteilte die straffe, selbsternannte und nach Linienführung strebende SPD-Parteileitung im „Büro Schumacher" in Hannover eine frühzeitige Absage aus mehreren Gründen: 1. Die KPD habe sich einseitig an die Siegermacht UdSSR gebunden. 2. Die demokratischen Formeln der KPD seien bloß taktische Lippenbekenntnisse. 3. Eine Vereinheitlichung mit den Kommunisten hätte die sofortige Schaffung eines „Bürgerblocks" zur Folge und eröffne alte Fronten. Dennoch müsse es angesichts der sozialen Lage und im Interesse einer antifaschistischen Grundhaltung in Deutschland zu praktischer Zusammenarbeit zwischen KPD und SPD kommen. Vgl. die „Politischen Richtlinien" Schumachers, die in der zweiten Augusthälfte und in den ersten Septemberwochen 1945 an die in Gründung befindlichen Parteibezirke versandt wurden. Hierzu KADEN, Einheit, S.51–86 u. S.155–180. Die Möglichkeit eines Zusammenschlusses von KPD und SPD in Frankfurt bestimmte später auch die Überlegungen der CDP-Parteileitung, ein politisches Bündnis mit der Sozialdemokratie anzustreben, um vor allem die christlichen Arbeiter nicht nach „links" zu verlieren. Vgl. unten S. 156f.

199 Vgl. BALSER, Aus Trümmern, S.42.

gründung darstellte, jedoch aus dem Wählerreservoir der Zentrumspartei schöpfen und der Unterstützung der Kirchen sicher sein konnte. In Hessen herrschten zudem noch unterschiedliche regionale Traditionen liberaler Parteien vor, die eine geschlossene und zielstrebige Parteigründung, wie etwa im deutschen Südwesten, nicht gerade begünstigten: War der Liberalismus Mittel- und Nordhessens von einer politisch-sozialen Basis des eher agrarisch-konservativen Milieus geprägt, müssen die Wähler „gelber" Parteien in Großstädten wie Darmstadt, Wiesbaden oder Marburg traditionell mehr dem öffentlichen Dienst zugerechnet werden. Gemeinsam war ihnen jedoch der Trend zu den eher nationalliberalen Parteien, zuletzt zur DVP. Nur bedingt vergleichbar ist das Wählerreservoir des politischen Liberalismus in Hessen wiederum mit dem in Frankfurt am Main als Handelsmetropole und ehemaliger freier Reichsstadt. Sowohl die Deutsche Volkspartei wie die Demokraten hatten hier ihre markanten Traditionen als „Bürgerrechtsparteien" und waren in der Stadtverordnetenversammlung der Weimarer Zeit mitgestaltende Kräfte.

Nach dem Krieg kam es rasch zu einer Zusammenführung dieser beiden liberalen Richtungen in der „Liberal-Demokratischen Partei" (LDP), die Ende September 1945 als vierte Parteigründung in Frankfurt von der Militärregierung lizenziert wurde[200]. Um den Fabrikdirektor und ehemaligen DVP-Stadtrat Georg Ludwig Fertsch (1890–1948)[201], der im „Dritten Reich" mehrmals von der Gestapo verhaftet worden war, gruppierte sich ein Gründungszirkel aus Führungsspitzen beider liberaler Parteien, darunter als Exponent der ehemaligen DDP ihr langjähriger Fraktionsvorsitzender in der Frankfurter Stadtverordnetenversammlung und Parteivorsitzender in Hessen-Nassau, Max Korff, ein Freund Ernst Lemmers. Korffs damaliger Amtskollege im Fraktionsvorsitz, Ernst Landgrebe (1878–1946)[202], repräsentierte die Traditionen der Frankfurter DVP. Die LDP sah sich als völlige Neugründung und als einzige Partei ohne sozialistische Zielvorstellung. Auf der ersten großen Kundgebung der Liberal-Demokratischen Partei im Saal des Schneiderinnungsheimes betonten die Redner Ludwig Fertsch und der frühere Frankfurter DVP-Stadtschul-

---

[200] Die Neuformierung des politischen Liberalismus in Deutschland eingehend bei RÜTTEN, Liberalismus; HEIN, Milieupartei; DERS., Weg. Zur Gründung der LDP in Hessen vgl. KROPAT, Hessen, S. 64–67; LUCKEMEYER, Liberale, S. 115ff; HEIN, Milieupartei, S. 55–66; MÜHLHAUSEN, Hessen, S. 125–141. Die LDP-Gründung in Frankfurt am Main bei LUCKEMEYER, Liberale, S. 124f; HEIN, Milieupartei, S. 56–58.

[201] Zu ihm LUCKEMEYER, Liberale, S. 124f; Art. Georg Ludwig Fertsch, in: KLÖTZER, Frankfurter Biographie, hier 1, S. 199; PARISIUS/SCHOLL-SEIBERT, Demokratie, S. 34f.

[202] Zu ihm vgl. LUCKEMEYER, Liberale, S. 125; LENGEMANN, Hessen-Parlament, S. 316f.

rat Wilhelm Schwarzhaupt (1871–1971)[203] das Recht der freien Persönlichkeit sowie die Notwendigkeit eines demokratischen Liberalismus und des Privateigentums, dem auch eine soziale Verpflichtung auferlegt sei. Weiter appellierten sie an die der Demokratie abgeneigten bürgerlichen Kräfte, daß das parlamentarische System weitaus besser sei, als sein Ruf[204]. „Offensichtlich war es nicht nur nötig, eine neue demokratische Bürgerpartei zu schaffen, sondern auch ihre potentiellen Anhänger zur Demokratie zu erziehen."[205] Der Aufbau der LDP dauerte länger als bei den anderen Parteien, zumal in Nordhessen, wo erst 1946 Verbände entstanden. Somit war der vergleichsweise linksliberale Gründungsimpuls des Rhein-Main-Gebietes zunächst bestimmend für die LDP in Hessen. Nachdem sich die konservativen nordhessischen Ortsgruppen etabliert hatten, kam es im Sommer 1946 mit dem Sturz von Fertsch als Landesvorsitzendem zur Machtverschiebung. Die LDP in Hessen gab sich in der Folgezeit gegenüber der SPD als bürgerlich und gewerkschaftsunabhängig, gegenüber der CDU zusätzlich als antiklerikal und antiföderalistisch. Sie lehnte später die Hessische Verfassung wegen der in ihren Augen darin enthaltenen „sozialistischen Experimente" ab und schlug unter dem Vorsitz des Hersfelder Landrates August Euler (1908–1966)[206] bald einen national-konservativen Kurs ein[207].

In dieser Phase der politischen Entwicklung in Frankfurt am Main, der Rekonstituierung der sozialistischen Parteien einerseits und der Entstehung einer liberalen Partei bürgerlich-konservativer Tradition andererseits, vollzog sich die Gründung der Frankfurter CDU als einer Gruppierung völlig neuen Zuschnitts.

---

203 Über ihn: LUCKEMEYER, Liberale, S. 125; LENGEMANN, Hessen-Parlament, S. 388.

204 Bericht über die erste Versammlung der Frankfurter LDP in der Frankfurter Rundschau vom 6. 10. 1945. Das Programm des LDP-Ortsvereins Frankfurt am Main vom Oktober 1945 ist abgedruckt bei KROPAT, Hessen, S. 88. Daraus geht deutlich der Wiedererweckungswille traditionell liberaler Programmatik über Persönlichkeitsrechte und freie Wirtschaft hervor, gepaart jedoch mit einem vorsichtig formulierten Nationalismus: „Deutsche Kultur (...) Volksganzes (...) Geiste deutschen Volkstums."

205 KROPAT, Hessen, S. 65.

206 Zu ihm vgl. LENGEMANN, Hessen-Parlament, S. 243f.

207 Zur LDP-Hessen unter Euler vgl. HEIN, Milieupartei, S. 61–66. 1948 schrieb Euler im „LDP-Kurier", die „marxistisch-sozialistische Form" des „Kollektivismus" werde von den „christlichen Sozialisten" oder von „einer halb oder dreiviertel sozialistischen CDU" unterstützt. In diesem Sinne sei die LDP „als entschiedene Gegnerin jeder Art von Kollektivismus und Sozialismus (...) seit zwei Jahren im neuen Parteiensystem die Rechtspartei. Wenn von manchen Seiten heute eine Rechtspartei gefordert wird, so läßt sich dem gegenüber nur sagen: Öffnen Sie die verschlafenen Augen, die Rechtspartei ist schon lange da." Zit. ebd., S. 63f. Hein sieht den Rechtskurs von Teilen der frühen FDP als gescheiterten Versuch, sich jenseits von CDU und Arbeiterparteien als Mehrheitspartei zu etablieren – außer in Hessen.

1. Strömungen und Ereignisse der Gründungsphase

Die Entwicklung, die 1945 zur Gründung einer Christlich-Demokratischen Partei in Frankfurt führte, verlief wie in anderen Orten Deutschlands keineswegs geradlinig. Im katholischen Rheinland und in Westfalen beispielsweise hatten sich die zielstrebigen Unionsgründer um Theodor Scharmitzel (1878–1963)[208] und Leo Schwering (1883–1971)[209] eines drohenden Wiederaufstiegs der Zentrumspartei zu erwehren[210]. Ein Konkurrenzkampf um Mitglieder und Wählerstimmen, der sich bis in die fünfziger Jahre hinziehen sollte. In Norddeutschland war es 1945 zunächst zu einer Sammlung bürgerlich-nationaler, christlicher Gruppen in einer „Demokratischen Union" gekommen, die erst Mitte Februar 1946 die christlich-demokratische Konzeption übernahmen und sich der CDU anschlossen[211]. In Bayern erwuchs der neugegründeten CSU mit der separatistischen „Bayernpartei" für einige Jahre eine starke Rivalin[212].

Da schien das Terrain für eine „CDU" in Frankfurt am Main schon wesentlich besser bereitet. Die Tradition des Zentrums war zwar auch hier noch lebendig und mit dem Namen Dessauers aufs engste verbunden, ein wirklicher Ank41pfungspunkt aber, das sollte sich sehr bald herausstellen, war eine derart verfaßte Partei nicht mehr, und dies nicht nur deshalb, weil die beiden angesehenen Protagonisten der alten Partei, Schwarz und Dessauer, 1945 nicht in Frankfurt waren. Aber wie sollte ein politischer Neuanfang im katholischen und christlich-demokratischen Sinne aussehen? Die politische Fusion der christlich-sozialen Demokraten mit Teilen des bürgerlich-liberalen Lagers, wie sie z.B. in Berlin durch die Zusammenarbeit von Andreas Hermes, Ernst Lemmer und Ferdinand Friedensburg vollzogen wurde[213], blieb nicht nur wegen fehlender Kenntnis der Berliner Verhältnisse in Frankfurt am Main zunächst ein sekundärer Gedanke. Wie ist das zu erklären? Mußte in Frankfurt eine stark sozialpolitisch ausgerichtete „C-Partei" entstehen, da sich hier eine Einheitspartei von KPD und SPD abzuzeichnen schien und potentielle Wählerstimmen der christlichen Arbeiter nicht von vorneherein abgeschrieben sein sollten? War die CDU in Frankfurt vielleicht nur eine Gründung „aus Verzweiflung"[214] über eine nicht zustandegekom-

---

[208] Zu ihm vgl. KAS, 50 Jahre CDU, S.15.

[209] Zu ihm vgl. KOSCH, Staatshandbuch, S.1102f.

[210] Vgl. WIECK, Entstehung, S.40ff; GURLAND, CDU/CSU, S.23–35; KLEINMANN, Geschichte, S.28–30.

[211] Vgl. GURLAND, CDU/CSU, S.68–74.

[212] Vgl. ebd.; ferner die Arbeit von WOLF, CSU.

[213] Hierzu vgl. REICHARDT, Hermes, S.206–230; BUCHSTAB/GOTTO, Gründung, S.208–221.

[214] So Dirks im Zeitzeugen-Gespräch bei SCHROEDER, Gewerkschaftspolitik, S.355.

mene übergreifende Allianz aller demokratischen Kräfte, wie Walter Dirks es später sah?

1.1. Entscheidung gegen das Zentrum – Die Beratungen im politischen Ausschuß der Katholischen Volksarbeit (Der Kreis von St. Bernhard)

Am 29. April 1945 fand im Pfarrsaal der St. Bernhard-Gemeinde im Frankfurter Nordend, der damals größten katholischen Pfarrei der Mainmetropole[215], eine Besprechung von führenden Vertretern des Frankfurter Katholizismus, die das „Dritte Reich" überstanden hatten, statt. Es sollte eine Verständigung über die, wie es im Einladungsschreiben[216] hieß, „aus der Gegenwart und der nächsten Zukunft für die Kirche sich ergebenden Aufgaben und Möglichkeiten für die Mitgestaltung des öffentlichen Lebens", erzielt werden. Unterzeichnet ist das Einladungsschreiben an erster Stelle von Stadtpfarrer Jakob Herr, dann von Walter Dirks, Pfarrer Alois Eckert, Jakob Husch und Karl-Heinrich Knappstein, somit von führenden Repräsentanten des Frankfurter Klerus, der ehemaligen Zentrumspartei und der ehemaligen RMV. Dieser Zusammenkunft waren in den ersten Wochen nach dem Einmarsch der Amerikaner grundlegende Gedanken über die zukünftigen Aufgaben des katholischen Bevölkerungsteils in Frankfurt am Main vorausgegangen – die Anfänge der Katholischen Volksarbeit (KVA)[217]. Welche Aufgaben hat sich die KVA gestellt? Wie kam es zur Gründung des politischen Unterausschusses und welche Ziele vertrat er?

„Das fing bei Suppenkochen an und endete mit der Gründung der örtlichen CDU", wie Walter Dirks es zugespitzt formulierte[218]. In Anknüpfung an den kirchlichen „Organisationsapparat, den die Katholiken vor 1933 in die Welt hinein ausgebaut hatten", verstand sich die Katholische Volksarbeit in einer ersten programmatischen Zusammenfassung an den

---

215 Zur „Bernardus"-Pfarrei vgl. GREEF, Frankfurt, S. 91–93.

216 Ein Exemplar dieser Einladung in der Korrespondenz von Husch. ACDP, KV Frankfurt a.M. II-045-018/1. – Das von WIECK, Demokraten, S. 37, ins Spiel gebrachte Datum des 20.4.1945, dürfte für die erste Zusammenkunft des politischen Ausschusses der KVA zu früh angesetzt sein und ist auch schriftlich nicht belegt. Bei dem fraglichen Termin könnte es sich hingegen um ein Planungs-Treffen der gesamten KVA handeln.

217 Zu den Anfängen der Katholischen Volksarbeit in Frankfurt am Main vgl. SCHATZ, Geschichte, S. 298–302. Suppenküchen, Wärmestuben, Aufräum- und Dachdeckerarbeiten, Flüchtlings- und Kriegsheimkehrerbetreuung durch den „Bahnhofsdienst der katholischen Jugend", schließlich der Wiederbeginn religiöser Erwachsenenbildung standen im Mittelpunkt dieser gesamtstädtisch bis in die kleinste Pfarrei verzweigten Wiederaufbauarbeit der Katholischen Volksarbeit.

218 DIRKS, Erfahrungen, S. 87.

Bischof von Limburg[219] als „Frontabschnitt einer unter den neuen Verhältnissen sinn- und zeitgemäß durchzuführenden ‚actio catholica'[220], der ‚Teilnahme der Laien am hierarchischen Apostolat der Kirche'". Die Zerschlagung des Verbandskatholizismus, die Verdrängung der Katholiken aus ihrer öffentlichen Wirksamkeit durch die NS-Herrschaft in den innersten Bereich der Kirche, „ihren Herzraum", ihre Festlegung „auf Gebet und Opfer", hätte zwar auch „eine Chance" bedeutet, zu den „reinen Quellkräften des kirchlichen Lebens" tiefer vorzudringen, doch sei jetzt Verharrung im inneren Raum der Kirche nicht das Gebot der Stunde. Das „gequälte und zermürbte deutsche Volk brauche die ins Öffentliche, ins Soziale, ins Politische, ins Staatliche und in volkliche Ordnung hinein verwandelte Kraft des Christentums", heißt es weiter. Die „Katholische Volksarbeit" stelle „einen ersten organisatorischen Versuch dar, die religiöse Erneuerung, die sich aus den Krisen der letzten Jahrzehnte herausgeklärt habe, nach dem Ende des nationalsozialistischen Vakuums in das Leben der ‚Welt', der Öffentlichkeit, des Volkes hinein voranzutreiben". Dem Bischof wird weiterhin berichtet, aus Besprechungen über die Möglichkeiten einer zukünftigen katholischen Pressearbeit habe sich ein „Frankfurter Katholikenausschuß" gebildet. Dieser verfüge über das Vertrauen des Frankfurter Klerus. Aufgabe dieses Ausschusses sei vor allem, „Anreger und Gestalter einer gründlichen Klärungs-, Führungs- und Bildungsarbeit unter den katholischen Männern und Frauen zu sein." Weiterhin werde er „die politischen Entscheidungen im kirchlichen Sinne" vorzuklären haben[221].

Die nun folgenden Ausführungen zur Katholischen Volksarbeit weisen bemerkenswert neue Wege für das politische Engagement des katholischen Gläubigen: „Aus dem Glaubens- und Lehrbestand der Kirche ergibt sich nicht ohne weiteres ein eindeutiges politisches Ziel, Bild und Ideal für eine bestimmte Zeit, ein bestimmtes Volk und eine bestimmte Situation. Es ist daher grundsätzlich möglich und auch tatsächlich immer wieder so gewesen, daß Katholiken in politischen Fragen und Entscheidungen mehrerlei Meinung waren und zwar guten Willens und guten Gewissens."[222] Es wird mithin deutlich, daß die Volksarbeit an die selbstbewußten Formen des Frankfurter (politischen) Katholizismus der zwanziger Jahre anzuknüpfen versucht und nicht verlegen ist, die kirchlich

---

219 ACDP, KV Frankfurt a.M. II-045-018/1, Anlage zu einem Schreiben an den Bischof von Limburg mit der Überschrift „Katholische Volksarbeit" o.D. [1945]. Vgl. auch DAL 351 I, Programmschrift „Gottes Reich im armen Volk der Deutschen. Sinn und Aufgabe der ‚Kath. Volksarbeit' Frankfurt/M." o.D. [1945].

220 Zur Wirksamkeit der Katholischen Aktion in Deutschland vor 1933 vgl. oben S. 39 mit Anm. 64.

221 ACDP, KV Frankfurt a.M. II-045-018/1, Katholische Volksarbeit (wie Anm. 219).

222 Ebd.

vorgegebene Linie teilweise zu verlassen, zumindest aber einer Festlegung aus dem Weg zu gehen. Die bischöflich-lehramtlichen Anschauungen von katholischer Politik im Sinne einer an die Hierarchie und den Glaubensschatz gebundenen politischen Laienaktion kommen in dem Papier allerdings auch zur Geltung, wenn hinzugefügt wird: „Wohl aber gibt es eine reiche Fülle von politischen Grundsätzen, Forderungen, Idealen im einzelnen, die ein gemeinsames Anliegen aller Katholiken sind, sei es in einem strengen Sinn als direkte Ableitungen aus Dogma und Sittengesetz oder als direkte lehramtliche Festlegungen und Weisungen, wie sie vor allem in den großen Enzykliken der Päpste seit Leo XIII. festgelegt sind, sei es auch als zuverlässige Bestandteile der christlichen Tradition, insbesondere der katholischen Staats- und Sozialphilosophie."[223]

Im zuständigen Bischöflichen Ordinariat in Limburg wurden diese letztlich sehr freiheitlichen Frankfurter Vorstellungen über das Engagement von Katholiken in Kirche und Politik mit durchaus kritischen Augen beobachtet[224], was die politische Vorarbeit aber keineswegs bremste. Der „Katholikenausschuß" verstand sich zwar nicht als politische Organisation im engeren Sinne, durchaus aber als Forum zur Meinungsbildung unter den Katholiken. Zu diesem Zweck wurde schließlich ein Unterausschuß gebildet, der sich mit der Frage der zukünftigen politischen Vertretung der Frankfurter Katholiken befassen und Verbindung zu den Besatzungsbehörden in dieser Frage halten sollte[225]. Später, nach der Parteigründung, nahm der Ausschuß weiter Einfluß auf die CDU und

---

223 Ebd.

224 In einem internen Memorandum bezog der einflußreiche Limburger Domkapitular Josef Lamay (1892–1961), selbst CDU-Mitgründer in der Bischofsstadt, Stellung zum Selbstverständnis der KVA. Lamays Memorandum zielt vor allem darauf ab, die Katholische Volksarbeit und ihre führenden Repräsentanten, vor allem die katholischen Laien, enger an die kirchliche Hierarchie zu binden. Für den Limburger Domherren sollten die politischen Katholiken sich nicht wieder auf eine Partei nach Zentrumsmuster festlegen oder – umgekehrt – es möglicherweise nach Belieben mit ihrem je eigenen christlichen Gewissen abmachen können, wo sie sich parteipolitisch engagieren bzw. wem sie bei Wahlen ihre Stimme geben wollen, sondern den jeweiligen politischen Empfehlungen der Oberhirten Gehör schenken. Unter die geistige Führung des Bischofs müsse sich auch die Katholische Volksarbeit in Frankfurt begeben, so sie sich als Teil der Katholischen Aktion verstehe. Die bischöfliche Approbation als „Katholische Aktion" und damit offiziellen kirchlichen Status erhielt die Katholische Volksarbeit am 23.11.1946. DAL 351 I, „Gedanken zur Kath. Volksarbeit", o.D. [Herbst 1945]. Zu Josef Lamay vgl. SCHATZ, Geschichte, S.273 mit Anm. 220.

225 Des weiteren wurden Ausschüsse für „Erziehung und Jugendführung", „Caritas und Fürsorge", „Presse", „Wohnen und Wiederaufbau", „Seelsorgehilfe", „Volksbildung", „Recht", „Volksgesundheit" und ein „Wirtschaftspolitischer Studienausschuß" gebildet. Vgl. ACDP, KV Frankfurt a.M. II-045–18/1, Katholische Volksarbeit (wie Anm. 219).

verstand sich als „Ort der Besinnung für die Katholiken (...), welche führend im politischen Treiben stehen"[226].

Im Gegensatz zu Hans-Georg Wieck, der die geistige Urheberschaft allein bei Prälat Herr gesehen haben will[227], dürfte die Initiative zur Gründung eines politischen Ausschusses – wie auch der Tagungsort, die Bernardus-Kirche, nahelegt – von Pfarrer Eckert ausgegangen sein. Als mit 78 Lebensjahren noch immer amtierender Stadtpfarrer hatte Herr drängendere Aufgaben wahrzunehmen, als die politische Vertretung für die Frankfurter Katholiken zu organisieren. Kaiserdom und Dompfarrhaus sowie viele andere Kirchen im Stadtgebiet waren ganz oder teilweise zerstört, eine organisierte Großstadtseelsorge, durch Krieg und Unterdrückung nahezu zum Stillstand gekommen, mußte wiederaufgebaut und koordiniert werden. Herr hieß die Gründung des politischen Unterausschusses sicher gut und delegierte die Federführung an einen Pfarrer seines Vertrauens, und ein solcher war Eckert unbedingt[228]. Das etwas kühle Urteil von Walter Dirks, Herr habe dem Katholikenausschuß in dieser Situation lediglich als „Galionsfigur des Frankfurter Katholizismus" gedient, hat vor dem Hintergrund der vielfältigen Initiativen des lange amtierenden Stadtpfarrers und seines Ansehens, das er bei Priestern wie Laien nicht zuletzt auch aufgrund seiner unerschrockenen Haltung in der NS-Zeit offenbar genoß, sicher keinen Bestand[229]. Aber Eckert war jünger als Herr und ebenfalls ein weithin beliebter und aktiver Pfarrer. Auch er hatte sich dem Nationalsozialismus des öfteren mutig entgegengestellt und dafür Haft- und Geldstrafen hinnehmen müssen. In der „Stunde Null" organisierte er Suppenküchen, half beim Dachdecken der Bernardus-Kirche und bei der Trümmerbeseitigung. Seine geistigen Fähigkeiten hatte er schon zu Zeiten der RMV unter Beweis gestellt. Bis in den Hochsommer 1945 hinein liefen die Vorbereitungen zur CDU über Eckert als Kontaktperson zum politischen Ausschuß der Katholischen Volksarbeit[230].

An den ersten Sitzungen des Ausschusses waren nachweislich Dirks, Knappstein und Husch sowie Marcel Schulte (1910–1965) beteiligt. Der Volkswirt Schulte war mit Knappstein befreundet. Als Journalist beim

---

226 DAL 351 I, „Mitteilungen der Hauptstelle der Kath. Volksarbeit Nr. 5, Arbeitsbericht 1945".

227 WIECK, Demokraten, S. 37.

228 Eckert bezeichnete Herr als seinen „geistlichen Lehrer". Katholisches Pfarramt St. Bernhard, Pfarrchronik, S. 58.

229 Das Zitat bei RÜSCHENSCHMIDT, Gründung (1981), S. 49. Dirks hatte zu Herr möglicherweise ein gespaltenes Verhältnis, da der Stadtpfarrer den jungen RMV-Redakteur 1926 gegenüber dem Bischof von Limburg als „unreifen Kopf" bezeichnet hatte. Vgl. oben S. 61.

230 Mitteilungen von Hans LOSKANT am 24. 10. 1996. Vgl. KLEINMANN, Geschichte, S. 39.

Kölner „Freien Volksfreund" wurde er 1936 aus politischen Gründen von der Berufsliste gestrichen, arbeitete dann als selbständiger Kaufmann und Wirtschaftssachverständiger beim Reichskommissar für die Preisbildung. Nach 1945 zunächst stellvetretender Abteilungsleiter im groß-hessischen Wirtschaftsministerium und in der Presseabteilung des Zweizonen-Verwaltungsrates, dann von 1949 bis zu seinem Tod Chefredakteur der „Frankfurter Neuen Presse"[231]. Diese Persönlichkeiten erarbeiteten eine Denkschrift, in der fünf Varianten zukünftiger christlicher Politik geprüft werden[232]. Nach einer einleitenden Einschätzung, die Amerikaner würden das demokratische System zunächst auf kommunaler Ebene wieder aufbauen – demzufolge in Frankfurt als erstes ein Stadtparlament zu wählen wäre –, wurde erörtert, daß die Wiederherstellung einer katholischen Interessenpartei, wie sie vor 1933 mit dem Zentrum existiert hatte, nicht sinnvoll sei. Wie die KVA als ganzes bereits eine neue Richtung angedeutet hatte, so sah auch der politische Ausschuß einer Restauration des alten Zentrums mit Skepsis entgegen: „Eine Krise des politischen Katholizismus ist wohl unbestritten. Sie ist entstanden, als der katholischen politischen Kampforganisation, die während der Monarchie

---

[231] Zu Schulte vgl. sein Porträt in der Jubiläumsausgabe 40 Jahre Frankfurter Neue Presse vom 15.4.1986; Art. Marcel Schulte, in: KLÖTZER, Frankfurter Biographie, hier 2, S.350. Vor allem WIECK, Demokraten, beruft sich bei seiner Darstellung der Frankfurter CDU-Gründung auf schriftliche Mitteilungen Schultes aus dem Jahr 1953. Wieck mag zwar den Aussagen Schultes zu starkes Gewicht beigemessen haben, doch kann kein Zweifel darüber bestehen, daß Schulte schon im späten Frühjahr 1945 zum Katholikenausschuß gestoßen ist und an der konzeptionellen Arbeit beteiligt war. Über das Maß seines Einflusses auf den Gründerkreis hielt Dirks allerdings später fest: „Marcel Schulte hat seine spätere Position nicht durch seine hervorragende Stellung in der Gruppe der ersten Stunde erhalten, in der er jung, aktiv, eifrig und intelligent mitarbeitete, sondern durch die spätere publizistische Arbeit an der ‚Frankfurter Neuen Presse' unter [Theodor] Steltzer, schließlich als ihr Chefredakteur. Er hat nach seiner Bindung an die noch eine Weile ‚linke', dann (...) immer mehr im Sinn Adenauers etablierte hessische CDU sich von seinen Anfängen entfernt, ohne etwa reaktionär zu werden. Er starb früh. Man wird sein Andenken ehren, aber die geschichtliche Wahrheit zwingt zu dieser Nuancierung, nachdem Wieck ihn als Protagonisten der ersten Stunde geschildert hat." Dirks an Stankowski, 2.2.1974. Teilabdruck in: STANKOWSKI, Linkskatholizismus, S.305 mit Anm. 37. Wenngleich Dirks Schultes politische Qualitäten für fragwürdig erachtet, so ist jedoch dessen führende Stellung im Gründungszirkel unzweifelhaft. Ende 1945 hatte Schulte die Leitung des politischen Unterausschusses der KVA inne. Vgl. DAL 351 I, Mitteilungen der Hauptstelle der Kath.Volksarbeit (wie Anm. 226).

[232] ACDP, KV Frankfurt a.M. II-045-018/1, Denkschrift in den Unterlagen von Husch ohne Überschrift, 29.4.1945. Auszüge bei WIECK, Demokraten, S.39–42. WIECK, a.a.O., S.39, und RÜSCHENSCHMIDT, Gründung (1981), S.44, halten diese Denkschrift irrtümlich für das Einladungs-Begleitschreiben zur Sitzung des Katholikenausschusses am 29.4.1945. Genau genommen kann es sich aber bei der Denkschrift nur um das Arbeitsergebnis vom 29.4. handeln.

aus dem Recht der Notwehr entstanden war, im Weimarer politischen System die eigentliche staatliche Mitverantwortung zufiel. Seit 1918 geht die Rechnung zwischen dem konfessionellen und dem politischen Faktor nicht mehr glatt auf: aus dem Glaubensbestand der Kirche lassen sich wohl manche wichtigen politischen Strukturen und Ideen im einzelnen ableiten, die in einem vorgefundenen historischen System nützlich zur Geltung gebracht werden können, nicht aber ohne weiteres ein konkretes ganzheitliches, geschlossenes Programm und Zielbild für eine bestimmte geschichtliche Situation. Mehrere gute Katholiken können aus verschiedener Einsicht in die politische Welt mit gutem religiösen Gewissen zu verschiedenen politischen Lösungen und Entscheidungen kommen. Das Zentrum stand unter der doppelten Forderung, die Interessen der Katholiken zu vertreten und die Staatsverantwortung mitzutragen, d.h. es erhob den Anspruch, im religiös-kulturellen Bereich für alle Katholiken zu sprechen, im politischen aber nur für die Minderheit, die seinem politischen Programm folgen konnte."[233]

Die Analyse der Zentrumsproblematik der Weimarer Republik ist klar und scharf. Nüchtern wird hinzugefügt, daß es auch einer ökumenisch ausgerichteten Partei wahrscheinlich nicht besser ergehen würde: „Voraussichtlich werden wir in Zukunft wieder vor derselben Schwierigkeit stehen. Alle – oder alle positiven Christen – religions- und kulturpolitisch zu vertreten und zugleich sich für eine bestimmte unter mehreren wirtschafts-, sozial- und staatspolitischen Lösungen, die miteinander ringen, zu entscheiden, wird wieder das Dilemma jeder katholischen oder christlichen parlamentarischen Gruppe sein."[234] Diese eher pessimistischen Zeilen zeigen, daß die Gruppe um Eckert in dieser Phase nicht gerade mit Enthusiasmus auf dem Weg zu einer christlich-demokratischen Partei war. Übereinstimmung bestand aber zweifellos darin, vom Zentrumsgedanken Abschied nehmen zu müssen. Gleich in welcher Konstellation sich katholische Christen zukünftig parteipolitisch einbringen würden, ob in einer Allianz mit der Sozialdemokratie oder mit bürgerlichen Gruppen, maßgeblich war für den Ausschuß zunächst, daß sie bei ihren Entscheidungen auf ihr christliches Gewissen zu hören bereit waren. Für diese Abkehr vom alten Frankfurter Zentrum war es nun entscheidend, den letzten Zentrumsvorsitzenden Jakob Husch für den Versuch eines politischen Neuanfangs gewonnen zu haben. Auch eindringliche Appelle ehemaliger Zentrumsanhänger, die aus kulturpolitischem Antrieb auf eine Wiedergründung ihrer alten Partei drängten, konnten Husch nicht mehr umstimmen, mit dem Katholikenausschuß am Aufbau einer neuen, zumindest interkonfessionellen christlichen

[233] ACDP, KV Frankfurt a.M. II-045-018/1, Denkschrift 29.4.1945 (wie Anm. 232).
[234] Ebd.

Partei zu arbeiten[235]. Das Zentrum erlebte in Hessen erst 1948 eine späte, wenn auch kurzfristige Renaissance ohne besondere politische Breitenwirkung[236].

Die letztlich noch unausgegorenen politischen Optionen der Katholiken, die von der Denkschrift des Frankfurter Katholikenausschusses gesehen werden, erhärten den Verdacht einer anfänglichen Ratlosigkeit über praktisch mögliche christliche Politik. Sie lassen sich wie folgt zusammenfassen:

1. Eine Einheitspartei aller Katholiken wie das Zentrum vor 1914, die sich auf religiös-kulturelle Schwerpunkte beschränkt.

2. Eine christliche Interessenpartei wie das Zentrum nach 1918 mit einem bestimmten politischen Programm auf der Grundlage des christlichen Gewissens, die auf die Gefolgschaft sich anders entscheidender Christen verzichten müßte.

3. Bildung eines Wählerausschusses unter Verzicht auf eine eigentliche Partei. Nur zu Wahlen wird das Gewicht katholischer Wählerkreise in die Waagschale geworfen; mit den Parteien soll inhaltlich verhandelt und Personalvorschläge unterbreitet werden; auf eine Aufstellung eigener Kandidaten wird verzichtet.

4. Eine freie Liste katholischer oder christlicher Einzelpersönlichkeiten wird durch einen Wählerausschuß zu den jeweils anstehenden Wahlen nominiert; nach der Wahl sind diese frei, sich einer Partei anzuschließen

---

235 ACDP, KV Frankfurt a.M. II-045-018/1, Etz an Husch, 14.5.1945. Nikolaus Etz (*1895), Berufsschullehrer und vor 1933 Mitglied des Frankfurter Zentrums, forderte die Wiederbelebung des Zentrums als streng konfessionalistische, gleichermaßen antikapitalistische wie antisozialistische Partei, wie sie es vor 1918 war. Staatspolitischer Aussagen solle das neue Zentrum sich enthalten. Etz idealisiert und historisiert ähnlich wie die alten Zentrumsführer im Rheinland und in Westfalen zur selben Zeit die katholische Tradition einer „Politik der Mitte" zwischen den (mittlerweile stärker gewordenen) Organisationen der Arbeiterbewegung und den konservativen und nationalen Kräften, wie sie das Zentrum immer vertreten habe. Sein Denken ist von einem milieuverhafteten, in sich kreisenden Geschichtsbild geprägt, das sich aus einer kulturkämpferischen Vorprägung heraus eine christliche Mehrheitsbildung in Form einer erweiterten, überkonfessionellen Sammelpartei unter Hinzuziehung „bürgerlicher" Christen zunächst nicht vorstellen konnte. Etz trat Anfang Dezember 1945 der CDU bei. Auskünfte über ihn laut Schreiben des ACDP vom 13.1.1998.

236 Die Gründung ging von Hünfeld aus. Landesvorsitzender wurde Aloys Nölle. Das Zentrum konnte von Streitigkeiten innerhalb der hessischen CDU, die durch eine Überrepräsentanz von Protestanten in den lokalen Vorständen und in der Landesleitung hervorgerufen wurden, profitieren. Einige Wahlkreis-Erfolge bei der Bundestagswahl 1949 führten zu Absprachen, an deren Ende die Auflösung des organisatorisch schwachen hessischen Zentrums und der Übertritt der Mandatsträger zur CDU stand. Vgl. WIECK, Demokraten, S. 57–60.

oder unabhängig zu bleiben und nur nach Weisung des Gewissens zu entscheiden.

5. Völliger Verzicht auf irgendeine politische Organisation und „Freistellung" des christlichen Wählergewissens.

Punkt Eins fällt zurück in die Zeit des Kulturkampfes, was der zuvor von der Katholischen Volksarbeit beschworenen Führungsrolle des Christentums katholischer und evangelischer Konfession in der neuen Zeit widerspricht. Punkt zwei mit der Konzeption einer um den evangelischen Teil erweiterten Zentrumspartei nach Weimarer Muster weist schon deutlicher in die Zukunft. Die Ziffern drei und vier scheinen auf den ersten Blick die Kirchen zu sehr zu Interessenverbänden zu reduzieren, passen aber in den Frankfurter Kontext, da sie gedanklich zurück zu den theoretischen Überlegungen Ernst Michels über den allein aus Glauben und Gewissen entscheidenden, partei- und kirchenunabhängigen christlichen Politiker führen. Daß Punkt fünf überhaupt in Erwägung gezogen wird, zeugt von einer gewissen Unschlüssigkeit im Kreis von St. Bernhard. Wie sollte es politisch weitergehen, wenn eine Reaktivierung des Zentrums schon nicht aussichtsreich erschien?

Etwa zur selben Zeit, da der Katholikenausschuß in Frankfurt im Begriff war, das alte Zentrum als zukunftsträchtiges Parteienmodell zu verwerfen, sprach der alte rheinische Zentrumsführer Wilhelm Hamacher (1883–1951)[237] in Düsseldorf euphorisch von der glücklichen Stunde, in der dem deutschen Katholizismus und dem Zentrum als der wahren politischen Mitte, dem „Inbegriff der Stetigkeit, ein großes Kraftfeld der Sicherheit und Beruhigung", nunmehr endlich die „gnadenvolle Gelegenheit" zur politischen Führung in Deutschland dargeboten werde, „ohne daß ein protestantisch eingestelltes Staatskirchentum ihm in die Flanke" falle[238]. Hamacher reklamierte zwar einen geistigen Führungsanspruch des (politischen) Katholizismus auf dem Weg zu einer „Wiederverchristlichung" Deutschlands, blieb aber letztlich in seinem Denken in Kategorien der Kulturkampfzeit stehen. Modifikationen der politischen Bewußtseinsinhalte im bürgerlichen Parteienspektrum schien er in seine politischen Überlegungen nicht einzubeziehen, oder aber er nahm sie nicht wahr. Das einzige Plus für eine politische Zusammenarbeit ehemaliger Zentrumspolitiker mit Protestanten sah er darin, die schwachen Stimmenanteile des ehemaligen CSVD gewinnen zu können. Eine christliche

[237] Zu ihm vgl. KOSCH, Staatshandbuch, S. 459; SCHWERING, Frühgeschichte, S. 103f; SCHMIDT, Zentrum, S. 157.

[238] Rede am 20. 8. 1945 im Rheinbahnhaus zu Düsseldorf vor christlichen Demokraten aus über 40 Orten des Niederrheins. Am Ende der Veranstaltung kam es entgegen den Absichten Hamachers zur Gründung der CDU Düsseldorf. Die zitierten Passagen aus der Rede bei SCHWERING, Frühgeschichte, S. 104–106.

Unionspartei könne eine strategische Mehrheit nur durch das Wählerpotential der Parteien der ehemaligen „Harzburger Front" erlangen, was einem Rechtsruck des politischen und sozialen Katholizismus gleichkäme[239]. Den aber hatte das rheinische Zentrum bereits abgelehnt als Adam Stegerwald eine Öffnung nach Rechts noch für zukunftsfähig hielt. Es zeigt sich so, das 1945 einerseits die aus der Zeit vor 1933 überkommenen Richtungsstreitigkeiten innerhalb des Zentrums wieder aufflammten, andererseits eine „Ideologiesierung" traditioneller Zentrumspolitik stattfand, die das Zentrum nicht wirklich aus den Startblöcken der parteipolitischen Neugruppierung des Jahres 1945 heraustreten ließ[240]. Für Hamacher und andere stand zum fraglichen Zeitpunkt eine wirkungsvolle Restauration des Zentrums allerdings noch völlig außer Frage. So weit wie in diesem Fall zwischen Frankfurt und Düsseldorf konnten die Positionen christlicher Politiker in der unmittelbaren Nachkriegszeit auseinander liegen.

Die Vorschläge des Katholikenausschusses wurden in der Folgezeit ausgiebig besprochen. Das Zusammentreffen von Bruno Dörpinghaus mit dem Kreis von St. Bernhard wies neue Wege, brachte aber auch Streit. Bis hierhin bleibt festzuhalten, daß der Katholikenausschuß durch seine personelle Zusammensetzung und seine theoretische Vorarbeit, insbesondere aber durch seine offenkundige Entscheidung gegen das Zentrum, als Wiege der Frankfurter Union gelten kann.

1.2. „Aktion der deutschen Erneuerung" – Bruno Dörpinghaus und die Konzeption einer christlichen deutschen Rechtspartei

Schon früh war der aus dem rheinischen Wipperfürth stammende Bruno Dörpinghaus (1903–1995)[241] zum Kreis um Pfarrer Eckert gestoßen, jedoch nicht bereits, wie Wieck annimmt, am 29. April, sondern erst nach

239 Vgl. SCHMIDT, Zentrum, S. 188.

240 Vgl. das Kapitel „Zentrums-Historismus" ebd., S. 183–193.

241 Auf dem Reichstreffen in Bad Godesberg 1945 beauftragt mit der Bildung und Leitung des interzonalen Verbindungsausschusses der CDU. Gründer und verantwortlicher Herausgeber (bis 1951) des CDU Informationsdienstes „Union in Deutschland" (UiD). 1945–1947 Landesgeschäftsführer der CDU Hessen. 1947–1951 Generalsekretär der Arbeitsgemeinschaft der CDU/CSU Deutschlands. 1951–1968 Referent in der Handelspolitischen Abteilung des Auswärtigen Amtes. 1969–73 Vorsitzender der Deutschland-Stiftung e.V. Angaben zu Dörpinghaus bei: DEGENER 12 (1955), S. 204; KAFF, Unionsparteien, S. 768 und passim. Vgl. DÖRPINGHAUS, Die Genfer Sitzungen; DERS, Arbeitsgemeinschaft. Dörpinghaus schrieb 40 Jahre nach der Parteigründung kurzgefaßte, maschinenschriftliche Erinnerungen nieder. Vgl. Archiv der CDU Frankfurt, Bruno DÖRPINGHAUS, Mein Beitrag zur Gründung der CDU in Hessen, datiert auf den 5.11.1985 (nebst biographischen Angaben zum Lebenslauf).

dem 8. Mai 1945[242]. Dörpinghaus hatte während seiner Mitarbeit im elterlichen Geschäft, dem „Hotel Dörpinghaus", autodidaktische Studien in Physik, Mathematik, Geschichte, Philosophie, Sprachen und Wirtschaftswissenschaften betrieben. 1931 trat der gläubige Katholik in die Zentrumspartei ein. Nach einem Zusammenstoß mit den örtlichen Parteiinstanzen verlor er 1938 seine selbständige Existenz als Hotelpächter in Dillingen/Saar und siedelte mit seiner Familie nach Frankfurt über[243]. Nach Aushilfstätigkeiten leitete er als mittlerweile Technischer Zeichner und Ingenieur von 1942 bis 1945 stellvertretend ein Entwicklungslaboratorium der Luftwaffe. Nach Kriegsende stieß er über einen Kontakt zu P. Karl Klein SJ (1898–1974)[244], damals Pfarrvikar der von der Gesellschaft Jesu betreuten Vikarie St. Ignatius im Frankfurter Westend, zum „Katholikenausschuß". Zu den oben besprochenen Parteikonzeptionen des Kreises von St. Bernhard verfaßte Dörpinghaus sogleich eine Stellungnahme[245]. Bei der Lektüre wird sofort deutlich, daß Dörpinghaus aufgrund anderer politischer Erfahrungen argumentiert als der Frankfurter Kreis und theoretische Überlegungen zu einer zukunftsträchtigen Partei den Erfordernissen der von ihm erwarteten gesellschaftlichen Realität unterordnet.

Dörpinghaus hält es zu Ziffer eins des fraglichen Memorandums für unwahrscheinlich, daß ein dermaßen verfaßtes Zentrum noch einmal eine politische Schlüsselrolle erhalten würde. Eine Selbst-Beschneidung der politischen Aufgaben schränke derzeit notwendige Aktivitäten und Handlungen zu sehr ein, was er zuvor auch schon P. Klein entgegnet hatte: „Wenn wir das Zentrum wieder aufleben lassen, so werden wir zwar eine in sich geschlossene, homogene Partei haben. Wir werden aber nie in der Lage sein, unsere Vorstellungen und Ziele in der Außen- und Innenpolitik durchzusetzen. Sondern wir sind dann gezwungen, immer eine Koalition einzugehen entweder mit den Parteien von rechts oder denen von links. Wollen wir jedoch unsere Aufgaben und Ziele (...) maßgebend zur Geltung bringen, (...) dann gibt es nur einen Weg dazu, nämlich die beiden großen christlichen Konfessionen, die evangelische und katholische, als tragende Grundlage für eine künftige Partei zu gewinnen."[246] Ein erweitertes, volksparteiliches Zentrum nach Weimarer

---

242 WIECK, Demokraten, S. 37 f; DÖRPINGHAUS, Mein Beitrag (wie Anm. 241).

243 Dörpinghaus hatte nach eigenen Angaben bei einer parteioffiziellen Theaterveranstaltung die Verhöhnung der hl. Messe lautstark mißbilligt. Daraufhin wurde ihm die Pacht des Hotels, das der Gemeinde gehört hatte, gekündigt. Vgl. DÖRPINGHAUS, Mein Beitrag (wie Anm. 241).

244 Angaben zu Klein in: VERÁSTEGUI, Catalogus, S. 52; VON HEHL, Priester, S. 745.

245 ACDP, NL Dörpinghaus I-009-003/1, „Eine Stellungnahme zu den Vorschlägen vom 29. 4. 1945" (o. D.). Vgl. oben S. 85 mit Anm. 232.

246 DÖRPINGHAUS, Mein Beitrag (wie Anm. 241).

Bruno Dörpinghaus

Zuschnitt wiederum könne keine geschlossene politische Formation mehr sein, „weil die Interessen der Wähler sich im Sinne von Arbeitgeber und Arbeitnehmer zu weit voneinander entfernt" hätten und die für Dörpinghaus absehbare „soziale Umschichtung des Volkes" vom Standes- zum Gruppendenken bevorstehe – eine erstaunlich klarsichtige Prognose im Hinblick auf das sozialgeschichtlich erst einige Jahre später anzusetzende Auseinanderbrechen der weitgehend geschlossenen „acies bene ordinata", der wohlgeordneten Schlachtreihen der katholischen aber auch der Arbeitermilieus in Deutschland[247]. Zu den Punkten drei, vier und fünf führt er aus: „Punkt 3) Eine Einflußnahme auf das politische Geschehen in Form eines bloßen Wählerausschusses wird sich auch bei berechtigten Entscheidungen nicht immer vom Odium des Kuhhandels freihalten können. (...) Punkt 4) Dies ist ein an und für sich guter Vorschlag, der als wirksames taktisches Mittel von großer Bedeutung sein kann. Es setzt allerdings neue Wahlmethoden voraus (...). Punkt 5) Er bedeutet Abdankung und Resignation."[248]

Dörpinghaus war von Haus aus Pragmatiker. Er erkannte früh, daß die Zeit des Denkens in ständischen Kategorien und Milieus mit der Zäsur von 1945 vorbei sein sollte. Die zukünftige gesellschaftliche Dynamik sollte für ihn von Interessengruppen ausgehen. Eine christliche Partei mußte versuchen, möglichst viele dieser Gruppen an sich zu binden, wollte sie diese gesellschaftliche Entwicklung verantwortlich mitgestalten. Dörpinghaus bat, vor den Mitgliedern des Kreises von St. Bernhard ein Referat über seine Vorstellungen zur Gründung einer neuen Partei

247 Vgl. hierzu den Aufsatz von Gabriel, Erosion.
248 ACDP, NL Dörpinghaus I-009-003/1, Stellungnahme (wie Anm. 245).

abhalten zu dürfen[249]. Seine damaligen Gedanken sind überliefert in zwei unterschiedlichen Memoranden über die „Konstituierung einer Deutschen Rechtspartei" vom 28. Mai (im folgenden: Denkschrift A)[250] und „Über die Grundlagen der Aktion der deutschen Erneuerung" vom 4. Juni 1945 (im folgenden: Denkschrift B)[251]. Bei der folgenden Darlegung gehe ich davon aus, daß Dörpinghaus Denkschrift A dem Katholikenkreis sinngemäß vorgetragen hat.

Dörpinghaus unterzieht in Denkschrift A zunächst die politische Lage 1945 einer aufschlußreichen Analyse. Er sieht drei „Machtgruppierungen am politischen Horizont", die „als Notwendigkeit in Erscheinung treten werden." Der „Kommunismus", der machtpolitisch die Sowjetunion im Rücken habe, werde mit Hilfe seines propagandistisch wirksamen sozialen Programms, hinter dem marxistisch-radikale sozialistische Theorien stehen, die „in der realen Welt scheitern", seine „Schlagkraft" unter Beweis stellen. Dies sei „eine wirkliche Gefahr, die mit den überlieferten Mitteln der Taktik" und „des parlamentarischen Systems im alten Stil" nicht zu bannen sein werde[252]. Als zweite Gruppe bringt Dörpinghaus die Sozialdemokratie ins Spiel. Sie werde sicherlich große Massen der Arbeiter, Kleinhandwerker und Teile der Landbevölkerung hinter sich sammeln. Das „Rückgrat" der Partei würden die Gewerkschaften, ihre Konkurrentin bezüglich des Wählerreservoirs die Kommunistische Partei. Letzteres führe zu einer Umorientierung der SPD alten Stils: „Es ist anzunehmen, daß ihre zukünftigen Führer aus der Vergangenheit gelernt haben im Sinne einer Anpassungsfähigkeit an die Gegebenheiten des öffentlichen Lebens, das Kennenlernen der Grenze für die Durchführbarkeit sozialistischer Theorien, der Notwendigkeiten, die persönlichen Dinge den großen Aufgaben unterzuordnen. Sie wird einen gemäßigten Charakter haben. Ihre Haltung in diesem Sinne und ihre Mäßigung werden ihr selbst unerläßlich sein, wenn sie gegenüber ihrer Rivalin, der kommunistischen Partei bestehen will."[253] Wenn einzelne sozialdemokratische Vordenker dies auch ähnlich wie Dörpinghaus sahen und und für eine Neuorientierung ihrer Partei entsprechend den sich verändern-

---

[249] DÖRPINGHAUS, Mein Beitrag (wie Anm. 241). Das genaue Datum des Vortrages ist nicht mehr zu ermitteln. Er wird Ende Mai 1945 gehalten worden sein.

[250] ACDP, NL Dörpinghaus I-009-001/1, Memorandum über die „Konstituierung einer Deutschen Rechtspartei" (Denkschrift A), 28.5.1945.

[251] ACDP, KV Frankfurt a.M. II-045-018/1, Memorandum „Über die Grundlagen der Aktion der deutschen Erneuerung" (Denkschrift B), 4.6.1945. WIECK, Demokraten, S.43-45, hat offensichtlich Denkschrift B übersehen, RÜSCHENSCHMIDT, Gründung (1981), S.55-58, von Denkschrift A keine Notiz genommen und zusätzlich Denkschrift A bei Wieck für Denkschrift B gehalten.

[252] ACDP, NL Dörpinghaus I-009-001/1, Denkschrift A (wie Anm. 250).

[253] Ebd.

den Gegebenheiten plädierten – im Gegensatz zu Kurt Schumacher, der an die Weimarer Tradition der SPD als einer exklusiven sozialistischen Klassenpartei anzuknüpfen gewillt war und die Konfliktlinie zur KPD wie zum sogenannten bürgerlichen Spektrum aufrechterhielt –, so gingen sie doch einmütig von der Sammlung der politischen Rechten in einer bürgerlich-liberalen Partei aus[254]. Dörpinghaus ist das zu wenig. Für ihn sollte die tragfähige geistige Grundlage einer bürgerlichen Sammlungspartei nicht der Liberalismus, sondern allein das Christentum sein: „Als dritte Gruppe wäre eine Rechte anzusehen, die als tragende Faktoren Handel, Industrie, selbständige Gewerbe, traditionsgebundene Teile der Landwirtschaft und des Bürgertums umschließt. (...) Sie braucht, um ein tragendes Element des neuen Staates zu werden, eine breite Basis. Hierzu ist es erforderlich, daß die beiden großen Bekenntnisse Deutschlands das unverrückbare Fundament abgeben. Die Partei braucht keinen christlichen Namen zu tragen, aber sie muß absolut auf christlichen Grundlagen stehen. Sie muß es strikt ablehnen, irgendwelche Standesinteressen zu vertreten, und jeden Versuch von vornherein unterdrücken, wenn gewisse Kreise der Industrie, des Großhandels, der Finanzwirtschaft oder des Militarismus Anstrengungen machen, Einfluß zu gewinnen."[255]

Dörpinghaus offerierte dem Katholikenausschuß damit ein relativ deutlich umrissenes Konzept einer christlich-liberalen Bürgerpartei auf breiter Grundlage mit über Frankfurt hinausgehendem, reichsweitem Anspruch. Frühere Zentrumsanhänger rechts des gewerkschaftlichen Flügels sollten sich mit den ehemaligen Anhängern der liberalen und konservativen Parteien auf christlicher Grundlage zusammenschließen, jedoch ohne ein „C" im Namen. Eine vergleichbare Konzeption vertrat die in Schleswig-Holstein unter maßgeblicher Führung des Rittergutsbesitzers und ehemaligen Reichsministers Hans Schlange-Schöningen (1886–1960)[256] gegründete „Demokratische Union", die sich Anfang 1946 der CDU anschloß[257]. Entscheidend bei Denkschrift A ist, daß sie die Arbeitnehmer, die vor 1933 etwa den Christlichen Gewerkschaften angehörten oder dem Sozialen Katholizismus nahestanden, nicht als Zielgruppe ansprechen will. Sie könnten entweder in der gemäßigten SPD oder in einer zu gründenden „Sozialen Volkspartei"[258] ihren Platz finden, wobei langfristig eine Fusion der Rechtspartei mit der „Sozialen Volkspartei" für Dörpinghaus nicht außer Frage steht.

Die Thesen von Dörpinghaus ernteten heftigen Widerspruch bei seinem insgesamt christlich-sozial eingestellten Frankfurter Auditorium.

---

254 Vgl. SCHMID, Erinnerungen, S. 245–255; SEVERING, Lebensweg, hier 2, S. 478f.
255 ACDP, NL Dörpinghaus I-009-001/1, Denkschrift A (wie Anm. 250).
256 Über ihn: MUTH, Schlange-Schöningen.
257 Vgl. GURLAND, CDU/CSU, S. 71f; KLEINMANN, Geschichte, S. 34–38.
258 ACDP, NL Dörpinghaus I-009-001/1, Denkschrift A (wie Anm. 250).

Insbesondere der Begriff „Rechtspartei", die durch diesen implizierte Verbindung mit dem national-konservativen Liberalismus und die fehlende Solidarität mit den Arbeitern dürften den Ausschlag gegen Dörpinghaus gegeben haben. Dörpinghaus erinnert sich: „Das Referat forderte jedoch die Kritik von Walter Dirks, einem führenden Mitglied der Gruppe, heraus. Nachdem ich vor meiner Ansprache zum Vorsitzenden des Ausschusses für die Arbeit im vorpolitischen Raume gewählt worden war, beantragte Dirks sofort meine Abwahl. Da sich die übrigen Mitglieder passiv verhielten, verließ ich den Kreis und beschritt einen neuen Weg."[259] Für Walter Dirks, der zum Zeitpunkt des Referates sehr viel weitgehendere politische Überlegungen anstellte, auf die noch zurückzukommen sein wird, verkörperte die Wesens- und Denkart von Dörpinghaus, der sich den Frankfurter Intellektuellen offenbar mit dem Elan eines „drahtigen" Pragmatikers vorstellte, den Mißtrauen weckenden Typus eines konservativen Managers[260]. Zudem war ein politischer Brückenschlag zum bürgerlich-protestantischen Liberalismus für ihn, den katholischen „Sozialisten", nicht ohne weiteres denkbar, hatten seiner Meinung nach doch gerade diese Gruppen vor 1933 versagt und Hitler den Weg geebnet[261].

Offensichtlich blieb aber die Dirk'sche Kritik an den politischen Zielen des Rheinländers nicht ohne Wirkung. Schon eine Woche später datiert die Denkschrift über die „Aktion der deutschen Erneuerung", die ein gemäßigteres und übersichtlicheres Gesamtbild von Dörpinghaus' Parteikonzeption zeichnet. Von einer „Rechtspartei" ist darin nicht mehr die Rede, einer rein bürgerlich-liberal-konservativen Partei – ohne Fundierung im Christlichen – wird noch einmal in aller Deutlichkeit eine Absage erteilt, und hinsichtlich seiner Position zur Arbeiterfrage sah sich Dörpinghaus offensichtlich zu einer erläuternden Stellungnahme verpflichtet. Eine rein „liberalistisch-demokratische Partei" laufe Gefahr, „den Boden zu bereiten für typische deutsche Eigenbrötlereien" und für die „Interessenkämpfe egoistischer Wirtschaftsgruppen". Eine „Aktion der deutschen Erneuerung" müsse Raum gewinnen, „die dem Dasein und Schaffen dieser Volksangehörigen einen neuen Sinn und Inhalt" gebe. Im Kern gehe es natürlich um die Soziale Frage, „die in unserer Epoche zu der wichtigsten Frage in bezug auf das reale Leben überhaupt geworden" sei. Die Trennung geistiger Strömungen in sozialistische und nichtsozialistische ist für Dörpinghaus „gegenstandslos, denn alle Zwangsläufigkeiten unserer Entwicklung sind nach dieser Frage ausgerichtet. Den einzelnen Parteien stehe nur frei einen bestimmten Weg für das Ziel – nämlich

---

259 DÖRPINGHAUS, Mein Beitrag (wie Anm. 241).
260 Vgl. RÜSCHENSCHMIDT, Gründung (1981), S. 55.
261 Vgl. DIRKS, Sozialismus (1971), S. 12.
262 ACDP, KV Frankfurt a.M. II-045-018/1, Denkschrift B (wie Anm. 251).

die Lösung des sozialen Problems – einzuschlagen." Die NSDAP habe den Sozialismus im Namensschild getragen und die Arbeiter dennoch verraten. Dörpinghaus hält den Begriff deshalb in einem Parteinamen für untauglich, da er mehr „eine Sache der Propaganda" sei, „keinesfalls aber eine absolut neue Idee, denn die jetzige Grundhaltung abendländischen Denkens ist in allen Ländern, die dieser Kultur angehören, sozialistisch."[262] Somit entspricht „Christlicher Sozialismus" für ihn der sittlich gebotenen Pflicht zum sozialen Handeln aus den Umständen der Zeit heraus. Dörpinghaus vertritt somit einen „situativen" Sozialismus in der Tradition der katholischen Soziallehre des „Solidarismus"[263], genährt aus einem „frommen" Impuls, jedoch ohne Willen zur radikalen Infragestellung gesellschaftlicher Wirklichkeiten. Für ihn ist die Freiheit des Einzelnen letzlich der Kerngedanke einer christlichen Ethik[264].

Trotz dieser Klarstellung blieb es dabei: Dörpinghaus schreckt offensichtlich vor einer christlichen Volkspartei, in der Arbeitgeber wie Arbeitnehmer beheimatet sein könnten, zurück, da er ihre Gegensätzlichkeit für unüberbrückbar hält und eine einseitige Verengung der neuen Partei auf wirtschaftspolitische Zielsetzungen befürchtet. Die „Aktion der deutschen Erneuerung" solle vielmehr eine ganzheitlichere politische Ausrichtung erhalten, „die einen neuen Menschen formt mit dem Ideal der universalen Anschauung dem Leben und der Welt gegenüber", d.h., der Wert einer politischen Idee wird philosophisch von einem übergeordneten Gesamtweltzusammenhang bemessen. Was Dörpinghaus damit aber meint, bleibt unklar. Denkbar wäre eine Verbindung von christlich-naturrechtlichen mit humanistischen Grundsätzen[265].

In sieben Punkten umreißt Dörpinghaus dann die Ziele der „Aktion"[266]. Ein freies Deutschland in einem vereinten Europa; Wiedergutmachung der nationalsozialistischen Verbrechen – zu diesem frühen Zeitpunkt eine bemerkenswerte Forderung[267]; ein parlamentarisch-demokratischer Verfassungsstaat mit einem übergeordneten „Staatsrat" als Kontrollorgan, wie später von der CDU bei der Diskussion um die hessische Verfassung gefordert; wirtschaftspolitisch strebt sie staatliche Kontrolle der Monopolindustrien an, Kartellisierung und Preisbindung zwecks eines am Bedarf nicht am unternehmerischen Interesse ausgerichteten organischen Güteraustauschs, Begrenzung „der persönlichen Initiative im wirtschaftlichen Handeln durch das Allgemeinwohl", Lenkung und Preiskontrolle durch eine nicht näher beschriebene „übergeordnete Wirt-

263 Siehe auch unten S. 102.

264 ACDP, NL Dörpinghaus I-009–CDU Hessen, Dörpinghaus an Oberbürgermeister Blaum, 6.11.1945. Vgl. DOERING-MANTEUFFEL, Wiederherstellung, S.90–95.

265 ACDP, KV Frankfurt a.M. II-045–018/1, Denkschrift B (wie Anm. 251).

266 Ebd.

267 Hierzu vgl. SCHWARZ, Wiedergutmachung.

schaftsstelle" und Ausrichtung auf die Weltwirtschaft; weltanschaulich will sie auf dem Boden des Christentums stehen; sie fordert eine freiheitliche Erneuerung in Kunst, Literatur und im Journalismus; eine ethische „Charaktererziehung" soll den Menschen neu formen und aus dem „Sklavendasein" vor „einer staatlichen Omnipotenz" befreien; schließlich lehnt die „Aktion" eine Kollektivschuld des deutschen Volkes an den Verbrechen des NS ab.

Dörpinghaus lud nun selbst zu politischer Diskussion in die teilweise unzerstört gebliebenen Räumlichkeiten der Dompfarrei, die ihm Stadtpfarrer Herr zur Verfügung gestellt hatte[268]. Er besprach dort seinen Parteientwurf mit drei Gesinnungsfreunden: Marcel Schulte, dem ehemaligen Zentrumsstadtverordneten und Gewerkschaftssekretär Alois Brisbois (1885–1969)[269] und Josef Arndgen (1894–1966)[270], vor 1933 Vorsitzender des Zentralverbandes christlicher Lederarbeiter. In den kommenden Wochen wiederholten sich die Zusammenkünfte, und die Genannten brachten weitere interessierte Persönlichkeiten mit, „die vor 1933 den verschiedensten Parteien der Weimarer Republik angehört hatten"[271]. Beim vierten Treffen kamen bereits 25 Personen. „Auch Dirks und Knappstein[272],

---

[268] Vgl. DÖRPINGHAUS, Mein Beitrag (wie Anm. 241): „Historisch gesehen ist dieses erste Treffen in der Dompfarrei wirklich die Keimzelle für die Gründung der CDU in Frankfurt/M. gewesen."

[269] 1919–1922 Sekretär der Christlichen Gewerkschaften. 1919–1924 Stadtrat in Höchst. Nach der Eingemeindung Stadtverordneter in Frankfurt. 1933 Verbot jeglicher politischer Betätigung. Mitbegründer der Höchster CDU. 1946–1956 ehrenamtlicher Stadtrat. Zu ihm vgl. STAF, S2/2704; Art. Alois Brisbois, in: KLÖTZER, Frankfurter Biographie, hier 1, S. 106; MALY, Regiment, S. 674 u. passim.

[270] 1933–1945 Lebensmittelkaufmann. Politisch verfolgt, zweimal verhaftet. Nach 1945 Aufbau der hessischen CDA. 1947–1949 Hessischer Minister für Arbeit und Wohlfahrt. 1946–1949 MdL (Hessen). 1949–1965 MdB. Zu ihm vgl. LENGEMANN, Hessen-Parlament, S. 199; BERLINGHOFF, Arndgen. Es ist auffallend, daß es Dörpinghaus mit dem relativ offenen Konzept der „Aktion" von Denkschrift B offenbar gelang, neben Schulte noch zwei Mitstreiter aus dem Umfeld der christlichen Arbeiterbewegung zu gewinnen, eben aus jenen Gruppen, die er Anfang Mai 1945 noch gar nicht in der neuen Partei dabei haben wollte. Generell spielten die christlichen Gewerkschafter zunächst keine bedeutende Rolle bei der Gründung der Frankfurter CDU.

[271] DÖRPINGHAUS, Mein Beitrag (wie Anm. 241).

[272] Zu Knappstein vgl. oben S. 65 mit Anm. 154. Knappstein war wie Dirks davon überzeugt, daß die Stunde des Brückenschlags zwischen Sozialismus und Christentum gekommen sei. Bis das Entnazifizierungsministerium in Hessen seine Arbeitskraft vollends forderte, trat er als CDU-Redner in Erscheinung und wirkte auch bei den „Frankfurter Heften" mit. Darin bekannte er sich zu einem „Sozialismus aus christlicher Verantwortung", dessen Verwirklichung durch „Sozialisierung", „Planwirtschaft" und Teilnahme der Arbeiterschaft an der Leitung der Betriebe erreicht werden könne: „Auf diese Weise – und nur so – kann die soziale Frage wirklich gelöst und der Klassenkampf nicht nur in der Phrase, sondern in der Wirklichkeit überwunden werden. Der Weg zu diesem Ziel heißt: Sozialis-

mit weiteren Mitgliedern des (...) Katholikenausschusses von St. Bernhard waren gekommen", erinnert sich Dörpinghaus zufrieden[273]. Inwieweit Dörpinghaus Zustimmung bei diesen Treffen erfahren hat, geht allerdings aus seinen persönlichen Erinnerungen, die dazu die einzige Quelle abgeben, nicht hervor. Es scheint aber, daß sich die Abende in der Dompfarrei zu gut besuchten, regelmäßigen Ideenbörsen über die zukünftige Gestalt der neuen Partei entwickelt hatten, und dies, da „Politik" zu machen von der Besatzungsmacht noch immer offiziell untersagt war.

1.3. Von Buchenwald nach Frankfurt – Das Zusammentreffen des „Katholikenausschusses" mit Eugen Kogon und Werner Hilpert

Mit dem Katholikenausschuß erschienen in der Dompfarrei auch Eugen Kogon (1903–1987)[274] und Werner Hilpert (1897–1957)[275], die nach ihrer Befreiung aus dem KZ Buchenwald mit den Amerikanern nach Frankfurt gekommen waren und durch einen Kontakt zu Dirks und Husch zum Gründerkreis der CDU stießen[276]. Beide sollten zu den wichtigsten Promotoren der CDU-Gründung in Frankfurt werden. Kogon, Sohn österreichischer Eltern, hatte Nationalökonomie und Soziologie in München, Florenz und Wien studiert. Er war Schüler des rechtskonservativen Soziologen und Staatstheoretikers Othmar Spann, der mit seiner auf einer radikalen und antimodernen Liberalismus- und Kapitalismuskritik aufbauenden romantischen Staatsphilosophie die ständestaatlichen Vorstellungen der austrofaschistischen Heimwehren geprägt hatte. Bei ihm promovierte Kogon 1927 zum Dr. rer. pol. über den „Korporativstaat des Faschismus". 1927 bis 1932 arbeitete er als Redakteur bei der katholischen, konservativ-monarchischen österreichischen Wochenzeitung „Schönere Zukunft".

---

mus. Wenn wir uns zu diesem Weg bekennen, so tun wir es aus christlicher Verantwortung für die Massen unserer – Nächsten." KNAPPSTEIN, Stunde, S. 3.

273 DÖRPINGHAUS, Mein Beitrag (wie Anm. 241).

274 1946–1984 Mitherausgeber der „Frankfurter Hefte". 1949–1953 Präsident der Union Europäischer Föderalisten in Deutschland („Europa Union"). 1951–1968 Professor für wissenschaftliche Politik an der TH Darmstadt. 1963/64 Leiter der „Panorama"-Redaktion. Über ihn vorläufig: KIELMANNSEGG, Kogon; PRÜMM, Dirks, passim; EWALD, Republik, S. 22–25 u. passim; Art. Eugen Kogon, in: DBE 6, 1997, S. 1. Vgl. auch das Vorwort in der Aufsatzsammlung von HABICHT, Kogon, S. 7–13.

275 1945–1946 Hessischer Staatsminister ohne Geschäftsbereich, 1946–1947 für Wirtschaft und Verkehr und 1947–1951 für Finanzen sowie 1945–1951 stellv. Ministerpräsident. 1945–1952 Vorsitzender der CDU Hessen. 1949 MdB. 1951–1952 Vorsitzender der hessischen CDU-Landtagsfraktion. 1953–1957 Präsident der Bundesbahnverwaltung in Frankfurt. Zu ihm vgl. LENGEMANN, Hessen-Parlament, S. 282f; PARISIUS/SCHOLL-SEIBERT, Demokratie, S. 61 mit Anm. 8.

276 Vgl. DÖRPINGHAUS, Mein Beitrag (wie Anm. 241); vgl. auch den bei KROPAT, Hessen, S. 70f, abgedruckten Bericht von Dörpinghaus.

Diese repräsentierte ein Denken der „Konservativen Revolution" und mit ihrem ausgesprochen reaktionären, antirepublikanischen und antiparlamentarischen Kurs nahm sie auf dem Feld der katholischen Publizistik eine etwa zur RMV geradezu gegenläufige Position ein, die auch über die Landesgrenzen auf katholische Kreise der Weimarer Republik Einfluß ausübte. Kogon vertrat als Redakteur der „Neuen Zeitung", dem Organ der Christlichen Gewerkschaften Österreichs (1932–1934), allerdings auch eine pazifistische und sozial aufgeschlossene Grundhaltung. Zur selben Zeit pflegte er Korrespondenz mit Walter Dirks, „von dessen Weg und Ziel auch Kogon zunehmend überzeugt wurde"[277]. Kogon hat sich allerdings noch 1934 in der von ihm herausgegebenen Zeitschrift „Österreichischer Beobachter" und in dem von Alt-Reichskanzler Franz von Papen mitgegründeten Bund „Kreuz und Adler", einem rechtskatholischen Zusammenschluß, für einen Ausgleich von Nationalsozialismus und Katholizismus eingesetzt, sich aber unter dem Eindruck der Gewaltherrschaft und des zunehmenden Antisemitismus sowie strenger dogmatisch-katholischer Vorstellungen deutlich distanziert mit einer völligen Kehrtwendung zu sozial-progressiven Positionen. Als Vermögensverwalter des Hauses Sachsen-Coburg-Gotha (1934–1938) auf europaweiten Reisen organisierte er Zusammenkünfte katholischer Oppositioneller. Bereits 1937 zweimal verhaftet, kam er 1938/39 in Gestapo-Haft und wurde in das Konzentrationslager für politische Häftlinge, nach Buchenwald in Thüringen, verbracht, wo er als Erdarbeiter, Feldschmied, Schneider und Arztschreiber eingesetzt wurde. Mehrmals war Kogon mit Abtransport nach Auschwitz bedroht. Bei der Befreiung des Lagers am 12. April 1945 stand er auf der „White List", einer Empfehlungsliste, die deutsche Emigranten an die amerikanischen Truppen weitergereicht hatten.

Kogon lernte Hilpert im KZ kennen. Dieser war 1933 als Direktionssekretär der Sächsischen Staatsbank entlassen worden. Zudem war er Stadtverordneter in Leipzig (1926–1933) sowie letzter Vorsitzender des sächsischen Zentrums (1932–1933) gewesen. Bis 1939 als Wirtschaftsberater tätig, wurde er kurz nach Beginn des Zweiten Weltkrieges aufgrund seiner Verbindungen zu jüdischen Klienten nach Buchenwald deportiert. Dort hatte er sich bereits im Februar 1944 an der Gründung eines sogenannten Volksfront-Komitees im Untergrund des Lagers, in dem die KPD-nahen politischen Häftlinge dominierend waren, beteiligt. Hilpert hoffte, gemeinsam mit Sozialdemokraten und Kommunisten eine einheitliche sozialistische und demokratische Organisation schaffen zu können, was sich aber schon wenige Tage nach der Befreiung des KZ als Illusion entpuppte, da die Kommunisten sofort mit der Wiederbelebung der KPD

[277] EWALD, Republik, S. 23.

begannen[278]. Während der langen Haft entwickelte Kogon Pläne über einen „Weg zu einem Sozialismus der Freiheit"[279], den die „wachen Christen"[280] gemeinsam mit den antitotalitären Marxisten beschreiten sollten, eine Zielvorstellung durchaus als Alternative zum Rechristianisierungsaxiom, das die Kirchen 1945 vertraten. Kogon forderte eine Demokratie in menschenwürdiger Freiheit, die rein macht- und finanzpolitische Interessengruppen durch „Sozialisierung" und „sozialistische Wirtschaft" ausschaltet[281]. Das waren Grundgedanken, die in hohem Maße, wenn auch nicht in allen Einzelheiten, mit den Ideen von Walter Dirks korrespondierten und später in den „Frankfurter Leitsätzen" ihren gemeinsamen Niederschlag fanden.

Zusammen mit Hilpert stellte sich auch Kogon nach der Befreiung Buchenwalds in den Dienst der Amerikaner. Als ehemalige Lagerinsassen halfen sie bei der Abwicklung des Konzentrationslagers. Der Volkswirt Hilpert wurde von der Militärregierung zunächst als Treuhänder für das blockierte NS-Vermögen Thüringens eingesetzt. Kogon erstellte in ständiger Fühlung mit den Gruppen der vormaligen Gefangenen Buchenwalds einen umfassenden Bericht für die „Psychological Warfare Division" der Amerikaner in Paris, in dem er das Innenleben des Konzentrationslagers systematisch durchleuchtete. Es diente als Grundlage seiner vom Juni bis Dezember 1945 geschriebenen klassischen Analyse des „SS-Staates"[282], in der erstmals offen und schonungslos die Schuldfrage gestellt wurde. Hierzu war er von den Amerikanern im Juni 1945 ins Rhein-Main-Gebiet geflogen worden, wo er zunächst in Bad Homburg, schließlich mit seiner Familie in Oberursel wohnte. In Frankfurt traf er Hilpert wieder, der dort zwischenzeitlich als Hauptgeschäftsführer der Industrie- und Handelskammer eingesetzt worden war. Seine erste Begegnung mit Walter Dirks schildert Kogon in seinen „Marginalien zum Neubeginn":

„Leutnant Rosenberg und einer seiner Begleiter hatten den Zwischenaufenthalt in Frankfurt eingelegt, um dem Provisorischen Magistrat der Stadt, den sie Anfang April eingesetzt hatten (...), am Sitz des improvisierten Amtes in der Siesmayerstraße einen Besuch abzustatten. Die Verwaltung bestand fast ausschließlich aus ehemaligen Redakteuren der ‚Frankfurter Zeitung' (...), an der Spitze als ‚acting burgermaster' der Chef der FZ-Nachrichtendienste von seinerzeit, Wilhelm Hollbach. (...) Ich erkundigte mich, ob man wisse, wo sich Walter Dirks befand, – ich war ihm in der Gesinnung der Jugendbewegung von einst und der ‚Rhein-Mainischen Volkszeitung', die er wesentlich mitbestimmt hatte,

---

278 Hierzu KADEN, Einheit, S. 40–43.
279 KOGON, Weg, S. 877.
280 Ebd., S. 878.
281 Ebd., S. 895 f.
282 KOGON, SS-Staat.

verbunden; in Buchenwald hatte ich der ‚Frankfurter Zeitung', die ein Vorzugshäftling bezog, entnommen, daß ‚WD' in deren Redaktionsstab gelangt war. Natürlich hatten die ehemaligen Kollegen seine Sachsenhäuser Anschrift, und so fuhr ich, im amerikanischen Jeep notgedrungen Aufsehen erregend, bei ihm vor. Ehe wir uns versahen, war beschlossen, eine ‚Zeitschrift für Kultur und Politik' – die ‚Frankfurter Hefte' dann – zu gründen. Übereinstimmende Vorstellungen, während der Jahre der Unterdrückung entwickelt, trafen zueinander."[283]

Aber nicht nur journalistisch wollte Kogon die Zukunft mitgestalten. Durch Vermittlung von Dirks und Husch stieß er zusammen mit Hilpert noch im selben Monat zum Gründerkreis der CDU. Gerade die jüngeren Kriegsheimkehrer, die auch aus dem Osten zurückgekehrt waren, sahen etwas später in Kogon „den Mann", der die CDU führen könnte[284]. Aber auch die Persönlichkeit Hilperts, der ein begabter Redner war und aus seiner Überzeugung keinen Hehl machte, die Zukunft Deutschlands könne nicht ohne eine wirklich christliche Wirtschaftspolitik gestaltet werden, schien die Frankfurter trotz seines ungewohnten sächsischen Dialektes so tief beeindruckt zu haben, daß er sogleich in einer der folgenden Versammlungen, wann genau ist nicht feststellbar, die Führung des Gründerkreises übernahm[285]. Die Zeit war jetzt offenbar reif, über das Programm und den Namen der neuen Partei zu diskutieren, da die beiden Strömungen vom Mai und Juni 1945, Katholikenausschuß und Dörpinghaus-Kreis, scheinbar zusammengefunden hatten.

Hilpert bat um Programmentwürfe. Dörpinghaus überarbeitete seine Parteikonzeption noch einmal, um sie als Parteiprogramm für breite Bevölkerungskreise verständlich zu machen und reichte einen Entwurf ein, der der neuen Partei bereits einen Namen gab: „Universal-Demokratische Sammlung Deutschlands" (UDSD)[286]. Diese bisher – auch von Rüschenschmidt – unbeachtete dritte Programmschrift aus der Feder von Dörpinghaus betont sehr viel stärker die wirtschaftliche Freiheit des Unternehmers und tritt erstmals auch für „starke" Gewerkschaften als „Interessenvertretung der Arbeitnehmer" ein. Die UDSD will „soziale Gerechtigkeit" allenfalls durch einen „wahren Realsozialismus" durchsetzen, dessen Auftrag allein die Bedarfsdeckung der arbeitenden Schichten sein solle[287]. Mit den Vorstellungen der dominierenden Personen aus dem Katholikenausschuß deckten sich diese Ideen nicht. Auch wenn Dörpinghaus einige wichtige Männer wie Arndgen hinter sich bringen konnte,

---

[283] KOGON, Hessen, S. 18 f.
[284] Mitteilungen von Karl HOHMANN am 30. 10. 1996.
[285] DÖRPINGHAUS, Mein Beitrag (wie Anm. 241).
[286] ACDP, NL Dörpinghaus I-009-001/1, Programmentwurf mit der Überschrift „Deutsche Männer und Frauen!", 16. 8. 1945.
[287] Ebd.

sollte die Entwicklung bis zur eigentlichen Parteigründung und -konstituierung an ihm vorbeilaufen[288].

Evangelische Christen gehörten bis hierhin ebenfalls noch nicht zum Gründerkreis. Mit ihnen kamen erst im Spätsommer, kurz vor der eigentlichen Parteigründung, die ersten Kontakte zustande. Tonangebend blieb der „sozialistisch" eingestellte linkskatholische Kreis, der sich um Walter Dirks gruppierte.

1.4. „SED" oder CDU? – Der „umwegige" Sozialismus bei Walter Dirks

Die Frauen und Männer der CDU waren in den Jahren 1945 bis etwa 1947, teilweise auch über diesen Zeitpunkt hinaus, von der politischen Idee eines „Christlichen Sozialismus" ergriffen, im west- und süddeutschen mehr als im norddeutschen Raum[289]. Dieser Sachverhalt ist seit langem weitgehend in Vergessenheit geraten, denn schon vor 35 Jahren konnte der zeitkritische katholische Schriftsteller Carl Amery den Christlichen Sozialismus, wie ihn etwa das Ahlener Programm noch vertrat, als „raunende Sage"[290] aus der frühen Unionsgeschichte bezeichnen. Wer sich als „Christlicher Sozialist" verstand, sah in der erheblichen Verbesserung der Ernährungslage und des Mitbestimmungsrechtes der ärmeren Bevölkerungsschichten, vor allem der Arbeiter, Bauern und Flüchtlinge, die vorrangige Aufgabe für eine zukünftige, von christlicher Überzeugung mitgelenkte deutsche Politik. Die bis zum ERP-Programm 1947 noch virulenten Pläne der Siegermächte, insbesondere der USA, Deutsch-

---

[288] Für WIECK, Demokraten, S. 43, „schälte" sich aus der Denkschrift vom 29. 4. 45 und der Konzeption von Dörpinghaus nach und nach die Programmatik der hessischen CDU heraus. RÜSCHENSCHMIDT, Gründung (1981), S. 58, hingegen stellt die vorläufige Unterlegenheit von Dörpinghaus gegenüber dem Katholikenausschuß fest. Dennoch, folgert Rüschenschmidt, „war seine Analyse der wahrscheinlich auftretenden politischen Strömungen die realistischere. Auch sollte die wenig später gegründete CDP/CDU, ob sie es wollte oder nicht, die von Dörpinghaus skizzierten Bevölkerungskreise ansprechen." Ebd.

[289] Zum „Christlichen Sozialismus" in der CDU vgl. NARR, CDU-SPD, S. 79–88; UHL, Idee, S. 53 ff; FOCKE, Sozialismus, S. 195 ff; UERTZ, Christentum; GURLAND, CDU/CSU, S. 97–112; 50 JAHRE CDA, S. 86–89. Konrad Adenauer war von Anfang an ein Gegner dieser Richtung in der CDU, hat aber aus taktischen Erwägungen am Zustandekommen des wohl berühmtesten „linken" CDU-Programms, des Ahlener-Programms von 1947, das gemeinwirtschaftliche Formen mit liberalen Grundsätzen zu verbinden suchte, mitgearbeitet. Als Adenauer im Juli 1947 vom SPD-Vorsitzenden Kurt Schuhmacher vorgehalten wurde, die CDU habe ihren Sozialismus aufgegeben, antwortete er, die Behauptung sei völlig unlogisch, da die CDU nie einen Sozialismus vertreten habe. Hierzu siehe PÜTZ, Adenauer, S. 40–45; STANKOWSKI, Linkskatholizismus, S. 307 mit Anm. 50; SCHWARZ, Adenauer, hier 1, S. 539 f.

[290] AMERY, Kapitulation, S. 70.

land auf der Grundlage des Morgenthau-Planes zu einem Agrarstaat umzuwandeln, haben diese Denkrichtung genährt, und von einer Desavouierung von „Sozialisten" durch den späteren Riß zwischen Ost und West konnte 1945/46 noch nicht die Rede sein. Echter „Sozialist" zu sein war „en vogue". Auch die christlich-soziale Bewegung glaubte, an diesem Trend zum „Sozialismus" partizipieren zu müssen und füllte den Begriff mit christlichen Wert- und Zielvorstellungen, um die (christlich gebliebenen) arbeitenden Schichten und die Flüchtlinge nicht an radikale Parteien von Rechts oder Links zu verlieren.

Die Wurzeln des „Christlichen Sozialismus", wie er vor allem von der CDU im Rheinland und bei Teilen der Berliner CDU vertreten wurde, sind in der katholischen Soziallehre zu suchen. Er ist als Versuch eines eigenständigen Weges zwischen extremem Kapitalismus und marxistisch-materialistischem Sozialismus definierbar, entscheidend mit angeregt durch das von Heinrich Pesch SJ (1854–1926)[291] entworfene System des „Solidarismus" und gesellschaftlich – zeitweise – vertreten durch Teile des deutschen Verbandskatholizismus. August Pieper, der Generaldirektor des „Volksvereins für das Katholische Deutschland"[292], des damals wichtigsten katholischen Laienverbandes, erhellte 1924 den für Christen wahren und gerechten Ansatz des Sozialismus: „Diese Idee flammte auf in einer großen Liebe, die statt kalter Herrschaft von Menschen über Menschen eine Gemeinschaft der Brüderlichkeit aufbauen will. (...) Dieses Ideal ist ein ganz und gar christliches."[293] Dieses neue Verständnis des Begriffs „Sozialismus" war nicht unbedingt mit einer Anerkennung seiner theoretischen Basis in den Schriften von Marx, Engels oder Lenin und schon gar nicht seiner praktischen Umsetzungsversuche verbunden. Sozialismus sollte als Bewegung Ausdruck christlicher Solidarität werden und als Terminus mit den großen katholisch-sozialen Traditionen erfüllt werden. Im Blick auf die praktischen Konsequenzen des neuen Denkens ist ein breites Spektrum „christlich-sozialistischer" Strömungen zu verzeichnen. Die Bandbreite reicht von der großzügigen Streuung des Eigentums bis zur Forderung nach Gewinnbeteiligung der Arbeiter durch Aktien, nach Siedlung, Bodenreform und Übergang zur Gemeinwirtschaft[294].

---

[291] Zu Pesch vgl. RAUSCHER, Pesch. Das Zitat ebd., S. 143.

[292] Hierzu KLEIN, Volksverein.

[293] Zit. bei 50 JAHRE CDA, S. 86.

[294] Außenseiterrollen im Spektrum der christlichen Sozialisten nahmen die Positionen von Vitus Heller und Othmar Spann ein. Heller war Führer der Christlich-Sozialen Reichspartei in der Weimarer Republik. Er und seine Anhänger fühlten sich als „Revolutionäre des Katholizismus", bekämpften das „offizielle kapitalistische Christentum" und vertraten ein von Karl Marx abgeleitetes Wirtschaftsprogramm. Spann, zu dessen geistigen Schülern zunächst auch Kogon zu rechnen ist, vertrat eine romantisch geprägte Soziallehre unter gleichzeitiger Postulierung eines streng und ständisch geordneten, nach Innen und Außen starken Staates. Seine

Dies zeigt ganz deutlich die Unverbindlichkeit des Begriffs „Sozialismus", der als Worthülse mit verschiedenen Inhalten gefüllt werden konnte[295], wie auch die NSDAP und die KPdSU in extremer Weise ihren Nutzen aus dem Schlagwort zogen. Nicht zuletzt die begrifflichen Mißverständnisse förderten nach 1945 den Eindruck des Etikettenschwindels sehr rasch, so daß der Begriff „Christlicher Sozialismus" sehr bald wieder in der Registratur der Geschichte verschwand.

Der Kreis um die RMV, der, wie bereits in Kapitel II gezeigt wurde, den Ideen der Sozialdemokratie keineswegs verschlossen war, vertrat – abgesehen von Dessauer – einen religiös motivierten Sozialismus mit großer Leidenschaft. Mit der päpstlichen Enzyklika „Quadragesimo anno" von 1931 erhielt diese mögliche Weggemeinschaft zwischen Sozialismus und Katholizismus in Deutschland allerdings einen deutlichen Dämpfer, denn „religiöser Sozialismus, christlicher Sozialismus", ließ Pius XI. verlauten, „sind Widersprüche in sich". Es sei deshalb „unmöglich gleichzeitig ‚guter Katholik' und wirklicher Sozialist zu sein"[296].

Dennoch kam es noch während des Zweiten Weltkrieges zu einer Wiederbelebung der Idee des christlichen Sozialismus, da sich die Vertreter der sozialistischen Arbeiterbewegung und des christlich-sozialen Katholizismus in den Widerstandskreisen gegen den Nationalsozialismus weiter angenähert hatten. Wilhelm Leuschner (1890–1944), Leitfigur des gewerkschaftlichen Widerstandes, und Jakob Kaiser (1888–1961)[297] als führender Repräsentant der ehemaligen christlichen Gewerkschaften, standen in engem Kontakt untereinander, zur militärischen Opposition und zum „Kreisauer Kreis", der Hitler stürzen und vor der Errichtung einer neuen Ordnung Deutschland zum Christentum zurückführen wollte. Zu letzterem gehörte auch P. Alfred Delp SJ (1907–1945)[298], der in Frankfurt-St. Georgen studiert hatte und 1944 kurz vor seiner Verurteilung und Hinrichtung in seinen „Gebetsreflexionen" feststellte: „Die ungelöste Frage des Besitzes, des Einkommens usw. ist eine der Fragen dieses und des letzten Jahrhunderts." Der Weg müsse zu einem aus christ-

---

Nähe zu totalitären Staatsauffassungen und die fehlende Fundierung seiner Lehre im Naturrecht machten Spann für die katholische Soziallehre untragbar. Vgl. ebd., S. 87f; ferner UHL, Idee, S. 28–50; FOCKE, Sozialismus, S. 120–136.

295 Für Marx etwa gibt es neben dem von ihm entwickelten „Wissenschaftlichen Sozialismus" weitere, bereits vorhandene Spielarten des „Sozialismus": 1. einen „reaktionären Sozialismus", 2. den „Bourgeoissozialismus" und 3. den „utopischen Sozialismus und Kommunismus" als Vorform seines Ideals. Vgl. MARX/ENGELS, Manifest, S. 46–55.

296 Die vollständige Enzyklika in deutscher Übersetzung in: BUNDESVERBAND, Texte, S. 61–120, hier S. 104f. Zu „Quadragesimo anno" vgl. VON NELL-BREUNING, Enzyklika, besonders den Abschnitt über „Sozialismus", ebd., S. 190–210.

297 Über ihn KOSTHORST, Kaiser; BUCHSTAB, Kaiser.

298 Zu ihm siehe POPE, Delp.

licher Spiritualität zu beziehenden „theonomen Humanismus" und einem personal bezogenen „Sozialismus des Minimums (...) in gesicherter Ordnung und Nahrung" führen[299].

In Berlin war es der Soziologe und CDU-Mitbegründer Otto Heinrich von der Gablentz (1898–1972)[300] – auch er war Mitglied im „Kreisauer Kreis" –, der einen „Christlichen Sozialismus" aus der Gesellschaftsanalyse des ursprünglichen Marxismus systematisch herleitete[301], und dies in Zusammenarbeit mit weiteren namhaften CDU-Politikern der ersten Stunde, darunter Jakob Kaiser[302], Johann Baptist Gradl, Emil Dofivat und Robert Tillmanns. Für den evangelischen Christen von der Gablentz läßt sich über eine Nachkriegspolitik und -wirtschaftsordnung, die der Würde der menschlichen Person gerecht wird, nicht diskutieren, ohne zuvor nach dem letzten Grund des Menschenbildes zu fragen. Sozialismus habe deshalb zwingend eine religiöse Dimension. Für ihn ist das Recht der freien Persönlichkeit in Politik und Wirtschaft in Einklang zu bringen mit den Bedürfnissen der Allgemeinheit. Radikalen kollektivistischen Modellen von Sozialismus erteilt er eine eindeutige Absage: „Das, was wir wollen, ist nicht der Sozialismus schlechthin, sondern der gerechte Sozialismus. Und den können nur Menschen verwirklichen, die, von ihren engeren Interessen absehend, nach dem Recht in der Wirtschaft streben. Wir glauben, daß diese Menschen heute zu finden sind."[303] Für die CDU-Gründer in der Reichshauptstadt war mit der Verwirklichung der Freiheits- und Selbstbestimmungsrechte des Einzelnen, der Solidarität zwischen den Menschen und einer Gesellschaftsordnung nach dem Subsidiaritätsprinzip eine Aufgabe gestellt, die, so waren sie überzeugt, nur durch „Christlichen Sozialismus" gelöst werden könne: „Erst wo die Elemente des Demokratischen und des Sozialistischen unter der kraftvollen Sicherung christlicher Verantwortung sich vereinigen, gelingt es, das politische Lebensgesetz zu gewinnen, aus dem heraus eine neue deutsche Zukunft Gestalt gewinnen soll."[304]

Richtungweisender für die Anfänge der CDU im Westen Deutschlands und deutlicher an der Lehre der katholischen Kirche orientiert war der „Christliche Sozialismus", der bei den Dominikanern des Klosters St. Albert in Walberberg bei Bonn[305], vor allem durch deren Vordenker

---

299 DELP, Schriften, hier 4, S. 210 u. S. 310. Vgl. FOCKE, Sozialismus, S. 185.

300 Über ihn vgl. den Art. Otto Heinrich von der Gablentz, in: DBE 3, 1996, S. 548.

301 Vgl. VON DER GABLENTZ, Marx.

302 Zu dessen „Sozialismus aus christlicher Verantwortung" vgl. oben S. 19.

303 VON DER GABLENTZ, Marx, S. 33.

304 ACDP, NL von der Gablentz I-155–030/1, Manuskript mit der Überschrift „Das Innere Gesetz der ‚Union' und seine politischen Folgerungen" o. D. [1946].

305 Zum Walberberger Sozialismusbegriff vgl. UHL, Idee, S. 61–92; FOCKE, Sozialismus, S. 181–185; GURLAND, Christentum, S. 101–106; UERTZ, Christentum, S. 23–26.

Pater Eberhard Welty (1902–1965)[306], vertreten wurde. Welty geht 1945 von einer kommenden christlichen Gesamtlebensordnung aus, einem christlichen Staat mit antiliberalem Akzent und hochgradiger Reglementierung bis in den Bereich des eigenen Gewissens hinein. Bei der Eigentumsordnung entwickelt er in konsequenter Fortführung der katholischen Soziallehre und des Naturrechts weitgehende soziale und demokratische Forderungen. Privatbesitz wird dabei grundsätzlich, als jeder Form von Staatlichkeit vorgelagert, bejaht. Privat- wie Gemeineigentum sollen dabei aber stets sozial gebunden sein. Dieser ganzheitlichen Ordnungsvorstellung liegt eine geschichtsphilosophische Sicht zugrunde, nach der die menschliche Hybris und ihre verabsolutierte Rationalität über den Protestantismus, die Aufklärung und den Liberalismus schließlich zum völligen Nihilismus des Nationalsozialismus herabgestiegen sei. Mit der „Stunde Null" schien sich für Welty nun die historische Chance zu bieten, die sozialethischen Lehren der Neuscholastik umzusetzen. Der Sache nach stimmten die praktischen Forderungen der christlichen Ethik mit den Forderungen überein, „die seit langem vom marxistischen Sozialismus eingebracht" würden[307]. Terminologisch wählte Welty dann auch die Bezeichnung „Christlicher Sozialismus" für seine Zukunftsvision, für die sich auch sein Ordensprovinzial Laurentius Siemer (1888–1956)[308] mit Leidenschaft einsetzte. Diese Bezeichnung habe aber nur Sinn, „wenn das Wort ‚Sozialismus' die Soziallehre der christlichen Ethik richtig"[309] wiedergebe. Materialistische Geschichtsauffassung im Sinne von Marx und christliche Sozialethik sind für Welty geradezu wie Feuer und Wasser voneinander getrennt. Mit Blick auch auf die noch näher aufzuzeigende Frankfurter Richtung stellte er fest: „Wie auch immer der einzelne über die Soziallehre des Christentums denken mag, er muß einsehen, daß christliche Ethik und marxistischer Sozialismus sich gegenseitig ausschließen. Die christlichen Kreise, die sich zum ‚Sozialismus aus christlicher

---

306 Seit 1930 Professor für Theologie und Philosophie an der Albertus Magnus-Akademie in Walberberg. Kontakte zum Kölner Widerstandskreis des Ketteler-Hauses der KAB Westdeutschlands. 1946 Herausgeber der Zeitschrift „Die Neue Ordnung", in der sich Welty in mehreren Artikeln für einen christlichen Sozialismus einsetzte. Über ihn Ockenfels, Welty.

307 So Welty 1946 im 1. Jahrgang der „Neuen Ordnung". Zit. bei: Focke, Sozialismus, S. 182.

308 1932–1946 Provinzial der deutschen Ordensprovinz der Dominikaner. Im Zusammenhang mit der Gründung der Kölner CDU brachte Siemer, dem die in der Walberberger Programmkommission ausgearbeiteten Aussagen zur Sozialpolitik noch nicht weit genug gingen, den möglichen Parteinamen „Christlich-Sozialistische Gemeinschaft" ins Spiel. Vgl. Schwering, Frühgeschichte, S. 82f.

309 Eberhard Welty, „Christlicher Sozialismus" als Ausdruck katholischer Soziallehre, in: Die neue Ordnung 1 (1946), Heft 1, 39–57. Abdruck auszugsweise bei Ockenfels, Katholizismus, S. 153–155. Das Zitat ebd., S. 154.

Verantwortung' bekennen, sollten dieser Sachlage genügend Rechnung tragen und nicht den Anschein erwecken, als gäben sie dem überlieferten Sozialismus ein christliches Vorzeichen oder eine christliche Grundlage."[310] Der von Welty vertretene „Sozialismus" mußte sich wiederum vorhalten lassen, gänzlich unpolitisch zu sein, da er nicht als rigoroser Vollzugsversuch der Frohen Botschaft mit Blick auf eine neue, sondern als sozialethisches Programm einer unveränderten, wenn nicht rückwärtsgewandten gesellschaftlichen Wirklichkeit konzipiert erschien und den originären Sozialismus ganz in der Tradition von „Quadragesimo anno" ablehnte. Walter Dirks nannte Weltys Sozialismus-Richtung eine „sozialharmonische sogenannte Soziallehre, die in Wahrheit keine wissenschaftliche Theorie" sei, „sondern eine Ideologie", mit deren Hilfe der Dominikaner „den Begriff ‚Sozialismus' antimarxistisch zu besetzen" versuche[311]. Unter dem weitreichenden Einfluß der Walberberger Dominikaner vollzog sich schließlich die programmatische Ausformung der CDP/CDU in Köln im Sommer 1945, die im Ergebnis die „Kölner Leitsätze" brachte[312].

Es kann davon ausgegangen werden, daß 1945 Kontakte zwischen den Walberberger Dominikanern und den Jesuiten, die an der Philosophisch-Theologischen Hochschule Sankt Georgen in Frankfurt am Main lehrten, bestanden. So bereiste P. Johannes Hirschmann SJ (1908–1981)[313] im Frühsommer 1945 Westfalen und vertrat am 3. Juni auf einer Konferenz katholischer Arbeitervereine und ehemaliger christlicher Gewerkschafter in Essen die Idee einer Arbeiterpartei aus religiösen Sozialisten auf der Grundlage des Naturrechts[314]. Hirschmann stand auch in Verbindung

---

[310] Ebd.

[311] Dirks im Zeitzeugen-Gespräch bei SCHROEDER, Gewerkschaftspolitik, S. 357; siehe auch DIRKS, Stotterer, S. 26.

[312] Zum Verlauf der Walberberger Tagung der „CDP" im Juni 1945 vgl. SCHWERING, Frühgeschichte, S. 71–94.

[313] Nach moral- und pastoraltheologischer Lehrtätigkeit an den Hochschulen in Valkenburg, Frankfurt am Main und Büren 1950–1976 Professor für Moral- und Pastoraltheologie in Frankfurt-Sankt Georgen. Zu ihm siehe BUDDE, Handbuch, S. 130; VERÁSTEGUI, Catalogus, S. 46. Vgl. BEUTLER, Hirschmann. Zu seiner Sichtweise des christlichen Sozialismus vgl. HIRSCHMANN, Christentum.

[314] Vgl. SCHWERING, Frühgeschichte, S. 66. Auch in Sankt Georgen wurden Kongruenzen von Marxismus und Christentum gesehen. Oswald von Nell-Breuning (1890–1991) etwa, der bereits Dessauer beraten hatte, sah die Forderungen christlicher Sozialreform und sozialistischer Arbeiterbewegung als weitgehend gleich an, lehnte jedoch die Verabsolutierung staatlicher Potenz durch den „postmarxistischen" Sozialismus ab und plädierte staatdessen für eine subsidiäre „Vergemeinschaftung im überschaubaren Gemeinschaftskreis". Vgl. VON NELL-BREUNING, Kapitalismus, S. 676ff. Zu Nell-Breuning, 1928–1984 Professor für Moraltheologie, Kirchenrecht und Gesellschaftswissenschaften in Frankfurt-Sankt Georgen vgl. HORNÉ, von Nell-Breuning; RAUSCHER, von Nell-Breunnig; Art. Oswald von Nell-Breuning, in: KLÖTZER, Frankfurter Biographie, hier 2, S. 89–91.

zum politischen Arbeitskreis der Katholischen Volksarbeit um Pfarrer Eckert und Walter Dirks und vermittelte Gespräche zwischen diesem Kreis und der Walberberger Geisteshaltung[315].

Inzwischen waren durch die „Hessische Post" vom 7. Juli 1945 nähere Informationen über die CDU-Gründung in Berlin auch in Frankfurt bekannt geworden[316]. Wie Hans-Georg Wieck unter Bezugnahme auf einen Bericht Marcel Schultes darstellt, plante der Katholikenausschuß nun als Konsequenz seiner politischen Vorüberlegungen, die weiter oben bereits dargelegt wurden, eine um die Wählermassen einer gemäßigt sozialistischen Sozialdemokratie erweiterte Zentrumspartei[317]. Auf diese Weise sollten die Arbeiter der 1933 zerschlagenen Christlichen Gewerkschaften mit ihren Kollegen der SPD-nahen Freien Gewerkschaften zu einer Mitte-Links-Volkspartei nach dem Vorbild der freikirchlich und katholisch mitgeprägten englischen „Labour-Party", die im Gegensatz zu den kontinentalen Arbeiterparteien von marxistischen Einflüssen frei geblieben war, zusammengeschlossen werden. Solche Ziele vertraten 1945 auch der Berliner CDU-Mitbegründer Jakob Kaiser oder der spätere Zentrumsvorsitzende Karl Spiecker (1888–1953)[318]. Spiecker stand sogar in Kontakt mit Kogon und Dirks und erhoffte sich aus dem linken Flügel der gerade entstehenden hessischen CDU, aus noch ungebundenen ehemaligen Zentrumsanhängern und einer moderaten SPD eine „Union der Mitte" zu schaffen. Auch der spätere SPD-Vorsitzende Kurt Schumacher hatte bereits in seiner Haftzeit anläßlich eines Zusammentreffens mit Kogon Gedanken geäußert, gestützt auf sein positives Christentum, die Sozialdemokratie aufzuspalten, den linken Flügel, über dessen Stärke noch Unklarheit bestand, zur KPD absondern zu lassen und seinen eigenen rechten Flügel mit dem linken Spektrum des ehemaligen Zentrums zusammenzuschließen[319]. Die Labour-Idee scheiterte dann aber schnell an der sehr frühzeitigen Restauration der SPD wie auch am vorübergehenden Erstarken des alten Zentrums im westdeutschen Raum.

Dirks hält der Darstellung von Wieck entgegen, daß eine Fusion des ehemaligem Zentrums mit einer gemäßigten Sozialdemokratie im Frankfurter Kreis zunächst nicht erwogen worden sei. Vielmehr hätte der Kreis

---

315 Dirks bestätigte, 1945/46 Kontakte zu Welty gehabt zu haben: „Ja, es gab Gespräche, unter anderem in Frankfurt und Walberberg. Aber die Differenzen kamen dann doch stärker zum Vorschein, und die Diskussion hörte irgendwann auf." Dirks im Zeitzeugen-Interview bei SCHROEDER, Gewerkschaftspolitik, S. 357.

316 Vgl. KLEINMANN, Geschichte, S. 40.

317 WIECK, Demokraten, S. 38. Schultes schriftliche Mitteilungen datieren vom 13. 10. 1953.

318 Zu ihm vgl. RENKHOFF, Nassauische Biographie, S. 768f. Zum „Labour-Party"-Konzept vgl. SCHMIDT, Zentrum, S. 159–175.

319 Bericht Sevenich vom 13. 10. 1953. Teilabdruck bei WIECK, Demokraten, S. 58.

„nicht im geringsten" mehr daran gedacht, „weiterhin marxistische oder sozialistische Arbeiter von christlichen zu unterscheiden"[320] und ein sehr viel weigehenderes „Labour-Modell" erarbeitet. Hier dürfte Dirks allerdings seine eigenen Vorstellungen des Jahres 1945 reflektiert haben. Der Bericht von Schulte überzeugt nicht zuletzt deshalb, weil er zeitlich näher am Geschehen liegt. Zusätzlich weiß Schulte auch von den Dirk'schen Vorstellungen zu berichten[321]. Die Bestrebungen, in Frankfurt eine Einheitspartei aus SPD und KPD zu gründen, die dann aber doch heraufdämmernde Restauration der Arbeiterparteien haben den „Labour"-Ansatz von vorneherein ausgebremst. Auch glaubten die Frankfurter, daß bei den Absichten von Spiecker mehr persönliche als sachliche Motive eine Rolle spielten[322]. Welche Wege in eine bessere politische Zukunft sah nun Walter Dirks?

Die tiefe Enttäuschung über das Versagen der „formalen" Demokratie der Weimarer Republik ging bei Walter Dirks nach dem völligen Zusammenbruch der bestehenden politischen und wirtschaftlichen Ordnung des „Dritten Reiches" und der Kapitulation am 8. Mai 1945 in die freudige Hoffnung über, den von ihm noch 1933 unter dem Schlagwort eines „Deutschen Sozialismus" propagierten Weg einer Einheitsfront der Arbeiterbewegung verwirklichen zu können[323]. Am 29. Mai 1945 schlug Dirks anläßlich einer Zusammenkunft der von der amerikanischen Stadtkommandantur berufenen Persönlichkeiten, die Bürgermeister Hollbach im „Advisory Council" zur Seite zu stehen hatten, die Gründung einer „Sozialistischen Einheitspartei" aus den Resten der KPD, der SPD und des linken Zentrums vor[324]. An der Besprechung nahmen neben Knappstein

---

320 DIRKS, Sozialismus (1971), S. 12.

321 Bericht Schulte vom 13. 10. 1953 bei WIECK, Demokraten, S. 51: „Der Begriff des ‚Christlichen Sozialismus' wurde in Berlin entwickelt, während man in Frankfurt von einem ‚Sozialismus aus christlicher Verantwortung' sprach, d. h., die Frankfurter hatten sich von Anbeginn an auf den Standpunkt gestellt, daß es einen ‚christlichen Sozialismus' nicht geben könne, sondern es könne nur aus christlicher Verantwortung heraus nach bestimmten Theorien des Sozialismus versucht werden, die soziale Frage zu lösen. Obwohl also die Frankfurter Gruppe im Prinzip konsequenter war als die Kölner und die Berliner, vermied sie doch, derart radikale Begriffe zu prägen."

322 Bericht Schulte. Ebd., S. 58.

323 Grundlegend zum Nachkriegs-Gesellschaftsentwurf von Dirks ist das Essay „Die Zweite Republik" in der ersten Ausgabe der Frankfurter Hefte (April 1946) und die gleichnamige, 1947 publizierte Aufsatz-Sammlung, jeweils im Literaturverzeichnis nachgewiesen.

324 Dieser Ansatz ist bei WIECK, Demokraten, offensichtlich unbekannt. Zur Zusammenkunft am 29. 5. 1945 vgl. DIRKS, Sozialismus (1971), S. 12; DERS., Ärmel; DERS., Sozialismus (1987), S. 5–14; STANKOWSKI, Linkskatholizismus, S. 74–76; RÜSCHENSCHMIDT, Gründung (1981), S. 46f.

auch Valentin Siebrecht[325] und die Kommunisten Carlebach[326] und Müller teil. Dirks begründete seine Haltung später: „Was mich betrifft, so hatte ich in den zwanziger Jahren den Versuch unternommen, den Glauben an Jesus Christus mit den Grundstrukturen des ursprünglichen Marxismus zu verbinden. (...) Ich ging in jene Versammlung mit dem Vorschlag, eine Sozialistische Einheitspartei zu gründen – ja, so hieß sie: SED! –, in der Kommunisten, Sozialdemokraten, Christen und andere Leute sich zusammenfinden sollten."[327] Für Dirks war „Sozialismus" das Gebot der Stunde, die Gründung einer „SED", deren Name erst später synomym für ein weiteres Unrechtsregime auf deutschem Boden werden sollte, nur konsequent, denn Deutschland befand sich im Augenblick des Jahres 1945 nicht nur militärisch und politisch am Abgrund. Der anscheinend vollständige Zusammenbruch der „kapitalistischen" Wirtschaftsform erst, so war Dirks überzeugt, hätte den Boden für die „Metanoia" der Deutschen bereitet, denn „die Besitztitel der Aktionäre lagen ja wertlos in den Schränken, die aktivsten Unternehmer, schwer belastet, waren tot, verhaftet oder untergetaucht, die Produktionsstätten wurden teils demontiert, teils durch die Gewerkschaften und die Arbeiter, die Besatzungsbehörden, die Gemeinden und die mittleren Angestellten in Gang gebracht. Wie sollte da ein Kapitalismus neu entstehen: Mangels Kapitalisten schien er erledigt zu sein – der schwerste Irrtum meines Lebens."[328]

Mit 12 Thesen[329], dem „vielleicht erstaunlichsten Dokument aus dem ‚christlichen Lager' zur Parteiengründung nach 1945"[330], untermauerte Dirks seinen Vorschlag. Die zurückgekehrte Demokratie sei Ausgangsbasis, „politischer Werk- und Kampfraum", für den Ausweg aus dem „deutschen und europäischen Chaos" zu einem „deutschen und europäischen Sozialismus" – Völkerverständigung und Sozialismus gehörten für Dirks schon zu RMV-Zeiten verquickt. Die sozialistische Partei müsse sich im zu erwartenden Parteiensystem als „Hauptträger der Verantwortung" betrachten, dürfe nicht in die Opposition gehen, sondern müsse

[325] Valentin Siebrecht (*1907). Volkswirt. 1945 kommissarischer Leiter des Landesarbeitsamtes Hessen, später in der Führung der Bundesanstalt für Arbeit und Mitautor bei den „Frankfurter Heften". Dirks war 1945 Personalreferent bei Siebrecht. Angaben zu ihm laut RÜSCHENSCHMIDT, Gründung (1981), S. 48 mit Anm. 35.

[326] Emil Carlebach (*1914). 1945–1947 Redakteur bei der „Frankfurter Rundschau". 1946–50 MdL (Hessen). Zu ihm vgl. LENGEMANN, Hessen-Parlament, 226f.

[327] DIRKS, Sozialismus (1971), S. 12.

[328] DIRKS, Stotterer, S. 25f.

[329] ADSD, NL Dirks 208, Thesen zu einer „Sozialistischen Einheitspartei", o.D. [Mai 1945]. Die folgenden Zitate ebd. Das Programm ist ferner abgedruckt bei: STANKOWSKI, Linkskatholizismus, S. 74–76; DIRKS, Christen, S. 42–44; DERS., Ärmel, S. 316f; DERS., Sozialismus (1987), S. 33–36.

[330] STANKOWSKI, Linkskatholizismus, S. 76.

„sowohl die Staatspolitik wie die Führung der Massen übernehmen". Alle Schichten in Deutschland seien „durch das Regime und den Krieg" geistig wie materiell zermürbt und müßten zur vollen Demokratie erst wieder „regeneriert" werden. Hierbei habe die Partei eine Führungsrolle inne. Das Ziel des Sozialismus würde über „Gemein-Plan-Wirtschaft" einerseits, somit einen strikten Staatskapitalismus und Staatssozialismus, der die zentralen Produktionsmittel vergesellschaftet, über die Demokratisierung der Wirtschaft (Betriebsmitbestimmung) andererseits zu erreichen sein. Tragfähige Theorie der Partei müsse ein „aus den Erfahrungen der letzten dreißig Jahre" staatspolitisch ergänzter und erneuerter Marxismus sein. Damit würden die beiden historischen Elemente des Sozialismus, die Sozialdemokratie und der Kommunismus, angenommen und ihre je spezifischen Fehler, für Dirks einerseits der Revisionismus, andererseits der Stalinismus, überwunden. Weder „totale Kollektivität, noch Wohlstand, Sicherheit, Glück und Behagen schlechthin" sei das Programm der „SED". Das Ziel des Sozialismus sei vielmehr „eine soziale Verfassung der arbeitsteiligen Großwirtschaft, die dem einzelnen, mag der Anteil am Sozialprodukt groß oder klein sein, ernsthaft zugemutet werden kann und in der er seinen Platz, seine Sittlichkeit, seine Ehre, eine angemessene Sicherheit und freilich auch Aussicht auf einen höheren Lebensstandard hat". Für die ersten Phasen des sozialistischen Aufbaus jedenfalls habe die sachliche und zum Teil auch propagandistische Losung nicht „Glück und Behagen" zu lauten, sondern „Armut, Arbeit und Disziplin."

Hier zeigt sich, wie sehr Dirks seine politischen Ziele aus seinem Glauben, insbesondere dem Grundimpuls christlicher Nächstenliebe, ableitete. Die kollektivistischen Forderungen des doktrinären Marxismus ergänzt Dirks durch die christliche Sichtweise vom hohen ethischen Stellenwert des Einzelnen wie der Gemeinschaft. Zusätzlich solle sich das sozialistisch erneuerte Deutschland/Europa nicht sogleich an der trügerischen Botschaft von „Behagen" und „Glück" orientieren, sondern geduldig und in demütiger Armut den Aufbau der neuen Ordnung betreiben. Die „SED" solle ferner eine absolute, „erneuernde und heilende" Bindung an das Ziel der Verwirklichung des Sozialismus eingehen: „Die beiden für Theorie und Praxis des europäischen Sozialismus wichtigsten Formen der absoluten Bindung sind der (pantheistische) Glaube des absoluten Marxismus und der (theistische) Glaube der christlichen Kirchen." Die sozialistische Einheitspartei müsse auf dieser Grundlage an die Geschichte der deutschen Arbeiterbewegung anknüpfen und zwar nicht nur an den „reformistischen Flügel" der SPD, sondern auch an den des deutschen Kommunismus. Gleichwohl: eine marxistisch-leninistische Kaderpartei, wie die ostdeutsche SED nach 1946, hatte Dirks nicht im Sinn. Im Gegenteil.

Um die Gesellschaft so grundlegend verändern zu können, sollten auch die der Arbeiterbewegung politisch fernstehenden bürgerlichen und agrarischen Kreise für die „SED" gewonnen werden. Im Fortbestand des Klassen- und Ständedenkens sah Dirks ja die schwerste Hypothek, mit der die junge Weimarer Demokratie belastet war. Durch „mühsame" Überzeugungsarbeit glaubte der Journalist im Wartestand, die bürgerlichen und konservativen Schichten, die Hitler so verhängnisvoll den Weg geebnet hatten, durch Appellation an ihr christliches Gewissen (Frohe Botschaft, Bergpredigt) gewinnen und sie zu einem – eben durch mühsame Reflexion und deshalb *umwegigen* „Sozialismus aus christlicher Verantwortung" rufen zu können[331]. In seinem programmatischen Aufsatz „Die Zweite Republik" ist hierüber zu lesen: „Träger, ‚Realisationsfaktoren' dieser Zweiten Republik sind die Arbeiter und die Christen. Daß wir mit dieser lapidaren Feststellung eine ungemein vielfältige gesellschaftliche Struktur sehr gewaltsam vereinfacht haben, wird nicht bestritten. Es fragt sich eben nur, ob diese Vereinfachung auf einen Grund-Dualismus nicht doch die historische Stunde und Aufgabe im Grunde richtig bezeichnet. Wir sind davon überzeugt. Warum aber ‚Christen' und nicht ‚Bürger'? Zunächst weil sowohl der wirtschaftliche Begriff des Bürgers (Existenz durch Arbeit mit eigenen Produktionsmitteln) als auch der allgemeinere (‚Besitz und Bildung') mit jeder Phase der großen sozialen Umwälzung, die wir seit Jahrzehnten erleben, fragwürdiger geworden sind. Sodann, weil die Bürger als solche keine Bürgen des Sozialismus, keine originären Sozialisten sein können, wenn auch durchaus Mitträger, sogar rechte und gute. Dasselbe gilt für die Bauern. Sie haben beide, wenn sie es recht verstehen, ein vitales Interesse am Sozialismus, denn ohne planmäßige und demokratische Organisation der Wirtschaft (und das heißt ja Sozialismus) kommt das Ganze nicht in Ordnung, von dessen Gedeihen das wirtschaftliche Heil des Bauerntums und der bürgerlichen Gruppen durchaus abhängt. Aber dieses ihr vitales und reales Interesse ist nicht unmittelbar, sondern mittelbar, ist umwegig, ist vermittelt durch das reale Ganze, ist erkennbar nur durch eine Besinnung auf dieses Ganze. (...) Die soziale Besinnung auf das Ganze ist ihnen zwar zuzumuten, zumal da sie auf ihr eigenes wohlverstandenes Interesse abzielt, aber schwer vollziehbar, – es sei denn in der christlichen Besinnung. Der soziale Appell des Christentums, der ja im Namen der Gerechtigkeit die Besinnung auf das Ganze jeweils immer wieder fordert, vermag die starren Geister in Bewegung zu bringen, die Härte des Interesse-Denkens zu lockern."[332]

Dieser „Sozialismus aus christlicher Verantwortung" zielt auf grundlegende Veränderungen und ist nicht synonym zu sehen mit dem an vorkapitalistischen Gesellschaftsidealen orientierten (mit einer deutlich anti-

---

331 DIRKS, Sozialismus (1971), S. 12.
332 DIRKS, Republik (1946), S. 18 f.

marxistischen Stoßrichtung versehenen) sozialethischen Ordnungsmodell des „Christlichen Sozialismus" rheinischer Provenienz. Dirks ging es gerade darum, die Denktraditionen der katholischen Romantik zu überwinden.

Dirks und mit ihm Eugen Kogon optierten 1945 und später in den „Frankfurter Heften" für einen kritischen Dialog mit den Marxisten und sahen sich als katholische Journalisten und Publizisten in der Tradition der europäischen Aufklärung, der Französischen Revolution und des Reformkatholizismus. Dirks ging es nicht um die Re-Christianisierung der Gesellschaft oder eine noch so gründliche Sozialpolitik, wie sie eben die Walberberger Richtung und die „Christlichen Sozialisten" anstrebten, sondern um ein gemeinsames, durch christliches Ethos gewecktes Tun von Christen und Nichtchristen am Aufbau einer Gesellschaft, in der das Soziale zu einer konkreten Ordnung erhoben ist und die allen Menschen ein Höchstmaß an menschlicher Freiheit und Würde garantiert. Mit dieser Ordnung breche eine „neue geschichtliche Epoche" der europäischen Völker an, „die des verwirklichten Sozialismus"[333]. Dirks versteht unter Sozialismus eine wirtschaftliche Methode, die letztlich die Entfaltung des einzelnen zum Ziel hat, denn im Wort „Sozialismus" stecke das Wort „Socius", „Genosse", der „nicht ein Massenatom, ein namenloses Steinchen, ein auswechselbares Element, eine geschichtslose Nummer" sei[334]. Dieses Ziel konnten für Dirks Atheisten wie Christen aus gleichermaßen redlichen Motiven anstreben; der Christ tut es, indem er die christliche Botschaft politisch interpretiert und als Handlungsauftrag für die im Jetzt bestehende weltliche Ordnung ernst nimmt – eine klare theologische Gegenposition zu der in „Quadragesimo anno" vertretenen Heilsordnung, die erst mit der endzeitlichen Wiederkunft Christi eintritt.

Letztlich sollten in der von Dirks im Mai 1945 vertretenen Parteienkonzeption alle aufbauwilligen politischen Strömungen integriert und überkommene weltanschauliche Gräben zugeschüttet werden: Die Spaltung der sozialistischen Arbeiterbewegung von 1917 und der weiter zurückreichende Dualismus von Kirche und Arbeiterschaft einerseits, von Bürgertum und Arbeiterschaft andererseits. Ziel war ein durch christliches Ethos zuwege gebrachtes Bündnis der Arbeiterbewegung mit dem Citoyen-Bürgertum, den historischen Trägern der Emanzipationsbewegung des 19. Jahrhunderts, und dies „im Zeichen eines neuartigen, freien Sozialismus, eines europäischen Sozialismus"[335] als drittem Weg zwischen dem entarteten Liberalismus US-amerikanischen Zuschnitts und

---

[333] Ebd., S. 18.
[334] Dirks, Wort (1946), S. 630.
[335] Dirks, Erfahrungen, S. 89. Zum „sozialistischen Europa" bei Dirks siehe den Aufsatz von Bröckling, Weg.

dem stalinistischen Modell der Sowjetunion. Somit ist Dirks ein charakteristischer Vertreter eines politischen „Linkskatholizismus" im Sinne der weiter oben bereits gegebenen Definition[336].

Diese „linke", non-konformistische und äußerst progressive politische Linie in der Tradition der „Rhein-Mainischen Volkszeitung" und des „Friedensbundes Deutscher Katholiken" sollte nicht nur geistig fortgesetzt und ausgeweitet werden, sondern, so glaubte Dirks, mit der „Stunde Null" 1945 eine historische Chance erhalten. Der ehemalige Feuilleton-Chef der RMV sah eine Situation des „tabula rasa" gegeben, die eine Grunderneuerung der Lebenswirklichkeiten zu ermöglichen schien. Der pralle Optimismus des mittlerweile 44jährigen hielt nicht lange vor. Dirks erkannte sehr bald, daß mit der „Stunde Null" zwar die verbrecherischste Variante des Faschismus, aber eben nicht die wesentlichen soziologischen und ökonomischen Grundlagen Deutschlands zusammengebrochen waren[337]. Ob praktizierende Katholiken bzw. Christen mit dem kulturpolitisch gefürchteten Kommunismus eine „Heilige Allianz" für eine von Dirks letztlich nicht näher definierte sozialistische Nachkriegsordnung eingegangen wären, ist doch sehr fraglich. Auch konnte Dirks die Absichten der Besatzungsmächte insbesondere in wirtschaftspolitischer Hinsicht (ERP-Programm) zum Zeitpunkt 1945 noch nicht abschätzen: „Wir existierten", schrieb er später über das Jahr 1945, „in der Vision der Freiheit. Wir sahen nicht voraus, wie vieles der Umkehr vieler und der Entwicklung der neuen demokratischen Struktur und Gesinnung im Wege stehen würde: der Druck amerikanischer Interessen, die verhängnisvolle Entnazifizierung, die verfehlte, weil aufs Finanztechnische reduzierte Währungsreform."[338]

Was schwerer wog und unmittelbarer gegen Dirks' Vorstellungen sprach, zeichnete sich schon nach dem Vortrag von Dirks am 29. Mai 1945 ab[339]. Die Sozialdemokraten und die Vertreter der ehemaligen KPD

---

[336] Vgl. oben S. 20f.

[337] Tatsächlich lag Deutschland zwar in jeder Hinsicht in einem zunächst schwer zu überblickenden Trümmerfeld, nicht aber seine Wirtschaftsordnung und seine Wirtschaftskraft. Der Zerstörungsgrad der wichtigsten Industriezweige lag nur zwischen zehn und 20 %. Das entsprach ungefähr den im Krieg dazugekommenen Anlagen. Radikale Demontage-Pläne wie der „Morgenthau-Plan" (1944) wurden nicht verwirklicht, die Obergrenze der Demontage von Industrieanlagen in den Westzonen bereits 1946 auf 50–55% des Vorkriegsstandes festgesetzt und nach und nach erweitert. Eine bestens qualifizierte Arbeiterschaft, angereichert durch den Flüchtlingstrom aus dem Osten, stand bereit. Um die Industrieanlagen zu reaktivieren, bedurfte es einer kräftigen Kapitalzufuhr, die durch die Mittel aus dem ERP-Programm („Marshall-Plan", ab 1947) und die „kapitalfreundliche" Währungsreform von 1948 weitgehend ermöglicht wurde. Vgl. PLUM, Versuche; KOCKA, Neubeginn, S. 146f.

[338] DIRKS, Erfahrungen, S. 87.

[339] Über den Erfolg seines Thesenvortrags zur „SED" hält Dirks später fest: „Wer dieses Dokument vom 29. Mai 1945 aufmerksam zur Kenntnis nimmt, wird die

waren entschlossen, an ihren je eigenen Traditionen festzuhalten. Beide Parteien hatten nach 1933 hohen „Blutzoll" gezahlt. Die „Christen", die vor allem in ihrer institutionellen, kirchlichen Form wahrgenommen wurden, galten als überwiegend passiv gegenüber dem NS-System, hatten sich in Teilen sogar gut arrangiert (Kirchenbewegung „Deutsche Christen", Bund „Kreuz und Adler") und waren deshalb 1945 zunächst kein wirklicher Partner für die selbstbewußten alten Arbeiterparteien. Die SPD konnte sich im Gegensatz zu den ehemaligen Zentrumsvertretern außerdem auf eine ungebrochene parlamentarische Tradition berufen, denn ihre Abgeordneten hatten 1933 in der denkwürdigen Reichstagsgssitzung in der Kroll-Oper unter Gefahr für Leib und Leben der diabolischen „Magna Charta" des Regimes, dem „Ermächtigungsgesetz", die Zustimmung verweigert. Die zwiespältige Haltung von Dirks zur Weimarer Parteiendemokratie, die er noch nach der „Machtergreifung" der Nationalsozialisten 1933 an den Tag legte, förderte eine problemlose Übereinkunft mit den Sozialdemokraten im Jahre 1945 sicher nicht, auch wenn die „antifaschistische" Haltung des Katholiken nicht angezweifelt wurde.

Als eine Folge der organisatorischen und vermögensrechtlichen „Restauration" der Weimarer Linksparteien sah Dirks letztlich die Gründung der Frankfurter CDU als dritte sozialistische Partei, verbunden mit der Hoffnung auf einen kooperativen „Grundpakt des Geistes" zwischen den demokratischen Parteien „gegen die faschistische Versuchung, gegen alle Gestrigen, gegen braune und schwarz-weiß-rote Reste"[340]. Angesichts des Scheiterns seiner ursprünglichen Idee sei die Union nicht nur eine Gründung „aus Verzweiflung"[341] gewesen, sondern – rückblickend – auch

‚Visison' herauslesen oder herausahnen können, die damals unsere Köpfe und unsere Herzen bewegt hat. Das Programm selbst schlug an jenem Tag keineswegs ein. Zwei seiner Voraussetzungen erwiesen sich schon in dieser Stunde als Irrtümer – als noble Irrtümer wohl, aber eben auch als gefährliche Irrtümer. Weder hatten die beiden Arbeiterparteien in den Lagern und im Untergrund Konsequenzen aus den Versäumnissen der Jahre 1931 und 32 gezogen und die unheilvolle Spaltung von 1917 überwunden, noch hatten die Sozialisten und die Christen entdeckt, daß ihr klassischer Gegensatz in Wahrheit ein Scheingegensatz gewesen war. (...) Die Kommunisten zeigten sich als erste an ihrer speziellen Vergangenheit fixiert. Sie lehnten eine ‚theoretische Diskussion' als verfrüht ab (...) und suchten die Anwesenden für einen ‚antifaschistischen Aktionismus' zu gewinnen, der sich nicht gegen den Faschismus wendete, den wir noch für lebendig in unseren Mitbürgern halten mußten, sondern gegen die in Frankfurt greifbaren PGs. (...) Aber auch die Sozialdemokraten und die Gewerkschafter schienen mehr an der Identität mit den 1933 verbotenen Organisationen und an deren Wiederherstellung interessiert zu sein als an einer Analyse der neuen Lage und der für die Zukunft mobilisierbaren Kräfte." DIRKS, Ärmel, S. 317f.

340 DIRKS, Erfahrungen, S. 87.

341 Dirks im Zeitzeugen-Gespräch bei SCHROEDER, Gewerkschaftspolitik, S. 355.

nichts anderes als eine „vom Katholischen ins Christliche erweiterte Restauration des Zentrums: die Partei der Mitte"[342]. Für die „Frankfurter Hefte" stand später fest, daß der Weg zu einer gänzlich neuen Ordnung vor allem durch die Besatzungspolitik gebremst wurde. Die Union habe 1945 deshalb ein Pathos der Erneuerung und der radikalen sozialen Demokratie vertreten können, weil die Bedingungen deutscher Politik einen irrealen Charakter gehabt hätten. Die Realpolitik hätten die Besatzungsbehörden gemacht. Bis zur Währungsreform sei das wirtschaftliche Leben Dirks zufolge eine „Verlängerung der künstlichen Kriegswirtschaft" gewesen. Demzufolge mußte die Politik mangels Realitäten „völlig ideologisch" sein. Und da „die Alliierten in dem pedantischen Erziehungsexperiment, das sie unternahmen, die Demokratie ‚von unten nach oben' entwickelten, das heißt: zuerst nur in den Gemeinden und dann in den neuen Ländern zuließen", sei „zu dem Ideologischen zunächst nur das Kommunale und Beschränkt-Regionale" hinzugetreten. „Ohne es zu wollen – oder wollten sie es doch?", so kommt Dirks zum Punkt, hätten die Alliierten damals „einer restaurativen Politik die Geleise gelegt", indem sie „den Männern der neuen Ideen keine Chance" gegeben hätten. Als die Besatzungsmächte „endlich volle Freizügigkeit gewährten", sei der politische Kurs „längst festgelegt" gewesen[343].

Die historische Forschung bilanziert die politische Relevanz der Vorschläge des Frankfurter Querdenkers kritisch aber nicht ohne Sympathie: „Dirks' Konzept muß bei aller historisch-analytischen Brillanz als ein typisches Produkt des tabula rasa Syndroms betrachtet werden, von dem 1945 viele politisch planende Deutsche, in besonderem Maße aber die meisten christlichen Sozialisten, befallen waren. Es bedeutete den oft jede historische Perspektive und daraus abzuleitende politische Nüchternheit verdrängenden Glauben an die Möglichkeit, auf den materiellen und vor allem moralischen Trümmern von 1945 einen fast voraussetzungslosen Neubeginn planen zu können. Als es sich sehr schnell zeigte, daß in den Ruinen noch sehr viel traditionelle politische Mentalität und Denkart überlebt hatten, wurden die schönsten Konzepte Makulatur."[344]

Der Journalist wandte sich zusammen mit seinem Gesinnungsfreund Eugen Kogon schon im Frühjahr 1946 wieder intensiver der Publizistik zu

---

342 DIRKS, Ärmel, S. 318. Zur CDU-Gründung in Frankfurt äußerte sich Dirks 1971: „Ich bin gründlich hereingefallen. Ich habe 1945 unter dem Eindruck des Umgangs mit jenen jüdischen Intellektuellen der amerikanischen Besatzungsmacht, angesichts der totalen Abwesenheit der Kapitalinteressen, in Überschätzung auch der reinigenden Wirkung des Zusammenbruchs und eines erneuerten Christentums sowie aus manchen anderen Gründen die Restauration unter Adenauers CDU nicht vorausgesehen." DIRKS, Sozialismus (1971), S. 12. Zum Verhältnis Adenauer-Dirks/Kogon vgl. den Beitrag von HÜRTEN, Frankfurter Hefte.

343 DIRKS, Demokratie, S. 676.

344 FOCKE, Sozialismus, S. 202.

und kehrte der CDU nach und nach den Rücken, da er in den bestimmenden Persönlichkeiten der Union keine Christen nach seinem Verständnis mehr sah, sondern vor allem eine Reihe „christlich sanktionierter Honoratioren"[345], die sich nicht auf das Neue hin orientieren, sondern am Überkommenen festhalten wollten, wie Dirks glaubte[346]. Zu sehr auf seine Konzeption fixiert, erkannte er nicht oder wollte er nicht erkennen, wieviel Innovation gerade im Unionsgedanken steckte. Einerseits war dies die „unio" des Konfessionellen und des Sozialen, andererseits verzichtete die CDU als Sammlungs- und Volkspartei neuen Typs auf die qualitative Erfassung von Bevölkerungsgruppen im Stil der Weimarer Parteien, indem sie sich elastisch den sie tragenden Strömungen anpaßte und durch Anpassung diese wiederum lenkte. Mit der Integration großer Teile des protestantischen Bürgertums in die CDU fanden schließlich die anti-republikanischen Vorbehalte, die gerade nach 1918 in diesen Kreisen so verhängnisvoll fortbestanden hatten, den Weg zur parlamentarischen Demokratie. Dirks war ein Mann, der längst weiter dachte und sich damit schlecht für das 1946 zurückgekehrte politische Tagesgeschäft eignete. Mit der jahrzehntelangen Herausgabe der kulturpolitischen Zeitschrift „Frankfurter Hefte" blieb Dirks zusammen mit Eugen Kogon aber seinem Ziel treu, den christlichen Glauben von „bürgerlicher Ideologie" zu „befreien" und die betreffenden Bevölkerungsschichten für eine allein aus christlicher „caritas" motivierte politische Bewegung zu gewinnen[347].

1.5. Der Weg zur „Union" – Oberbürgermeister Kurt Blaum als Moderator evangelisch-katholischer Annäherung im Bürgerrat der Stadt

Während der Katholikenausschuß sich im Sommer 1945 als autorisierte Vertretung des Frankfurter Katholizismus gegenüber der Besatzungsmacht verstand und auf die Bildung einer überkonfessionellen christlichen Partei hinarbeitete, mit deren formaler Gründung nach den Be-

345 DIRKS, Charakter, S. 948.

346 Dies diagnostizierte auch die damalige SPD und griff die CDU in ihrer Propaganda entsprechend an. Unter dem 25. 6. 1946 berichtete die Frankfurter Rundschau von einer Kundgebung mit dem SPD-Vorsitzenden Kurt Schumacher in der Schalterhalle der Frankfurter Ortskrankenkasse. Schumacher führte u. a. aus: „Die Konzentration der politischen Kräfte spitzt sich immer mehr zu einem Kampf zwischen der CDU und der SPD zusammen. Die CDU ist die Partei derjenigen, die alles haben und nichts hergeben wollen. (...) In die CDU sind Hunderttausende aus der Reaktion zusammengeströmt."

347 Vgl. hierzu DIRKS, Marxismus, S. 162–164; SCHMIDT, Positionen, S. 140–147. Abseits von Sozialdemokratie und Parteikommunismus sahen die „Frankfurter Hefte" ihren intellektuellen Beitrag zur Bundesrepublik, der bis zur Einstellung

schlüssen der Potsdamer Konferenz über die Wiederzulassung von politischen Parteien Anfang August 1945 schon bald zu rechnen war, begann für die Bevölkerung in Frankfurt am Main wieder ein Stück Alltag. Mit der Trümmerräumung auf den Hauptverkehrsstraßen war begonnen worden, erste Straßenbahnen und Nahverkehrszüge fuhren wieder, der Zoo und das Amtsgericht hatten wieder geöffnet, drei Lichtspielhäuser für die deutsche Bevölkerung wurden zugelassen, geregelte Lebensmittelrationen ausgegeben, eine Tageszeitung, die „Frankfurter Rundschau", lizenziert, ein Radiosender in Betrieb genommen. Mit Kurt Blaum (1884–1970)[348] hatten die Amerikaner am 4. Juli 1945 einen in der Kommunalverwaltung erfahrenen Politiker und Juristen der Weimarer Zeit als Oberbürgermeister eingesetzt. Diesem Umstand ist in den bisherigen Untersuchungen über die Frankfurter CDU noch nicht genügend Raum verschafft worden, denn die Besetzung dieses Amtes mit dem Protestanten Blaum sollte sich günstig auf die Gründung der überkonfessionellen CDP auswirken.

Schon am 20. August 1945 konnte der OB für die Stadtteile 41 Bezirksvorsteher vereidigen, die ihm bei seiner schweren Aufgabe in den einzelnen Stadtteilen zur Seite standen. Als hilfreich erwies sich schließlich das Zustandekommen einer Bürgervertretung, die gemeinsam mit der provisorischen Stadtverwaltung über die notwendigsten Aufgaben der kommenden Zeit zu beraten hatte. Wie überall in Groß-Hessen wurde auch in Frankfurt am Main auf Anordnung der Besatzungsmacht ein „Bürgerrat" einberufen, ein vorparlamentarisches, demokratisch zwar nicht legitimiertes Vertretungsgremium, das sich aber vorwiegend aus politisch unbelasteten Honoratioren der Stadt zusammensetzte. Mit der Auswahl der Mitglieder wurde der OB beauftragt; der amerikanischen

---

der Zeitschrift 1984 stets eine „zivile", „friedensfördernde" und „aufgeklärte" Denkweise (Schmidt) repräsentierte. Neben z.T. scharfer innerkirchlicher Kritik fragte das Redaktionsteam in den 50er und 60er Jahren nach den Ursachen der politischen, wirtschaftlichen und gesellschaftlichen „Restauration" in Westdeutschland. Die „Frankfurter Hefte" wandten sich gegen ein Wiederaufleben militaristischer Tendenzen, in dem sie den Beitritt der Bundesrepublik zur NATO (nicht jedoch zur – allerdings gescheiterten – EVG!), die atomare Bewaffnung der Bundeswehr, die Notstandsgesetzgebung und die Nachrüstung ablehnten. In der Arbeiterfrage plädierten sie weiterhin für Emanzipation und Mitbestimmung.

348 1919–1922 Regierungsrat im württembergischen Innenministerium. Mitglied der DDP (DStP). 1922–1933 Oberbürgermeister in Hanau. Nach dem Krieg erneut eingesetzter OB in Hanau, dann vom 4.6.1945–31.8.1946 in Frankfurt. Blaum trat im November 1945 der CDU bei. Nach 1946 Beamter im hessischen Staatsdienst. 1946–1962 Präsident der Frankfurter Polytechnischen Gesellschaft. 1947–1952 Präsident des Hessischen Roten Kreuzes. Zu seiner Person vgl. LOREI/KIRN, Frankfurt, S. 42f; KOSCH, Staatshandbuch, S. 123; BOEHLING, Wochenberichte, S. 491–493; Art. Kurt Blaum, in: KLÖTZER, Frankfurter Biographie, hier 1, S. 74f; Art. Kurt Blaum, in: DBE 1, 1995, S. 564.

Stadtkommandantur oblag die Genehmigung. In einem Schreiben an die um Mitgliedschaft gebetenen Frankfurter Bürger begründet Blaum Sinn und Zweck des Bürgerrates sowie die Auswahlkriterien der angeschriebenen Personen: „Ich halte es für notwendig, sowohl für die grundsätzlichen und wichtigsten Fragen der laufenden Stadtverwaltung, wie auch für die Probleme des Wiederaufbaus der Stadt Frankfurt a.M. (...) die verschiedenen Berufsschichten der Bevölkerung, die weltanschaulichen Gruppen, die politischen Richtungen und die Interessen der einzelnen Stadtteile in diesem Bürgerrat ihrer Bedeutung entsprechend zur Geltung kommen zu lassen."[349]

Aus der dem Anschreiben beigefügten Liste der Empfänger wird deutlich, was „weltanschauliche Gruppen", was „politische Richtungen" nach Ansicht Blaums bzw. des „Military Government" sind. Der Bürgerrat soll sich zu vier etwa gleichen Teilen aus Sozialdemokraten und Kommunisten sowie aus einer nicht näher definierten „Mittelgruppe", die vor allem Personen aus Industrie, Banken und Handel umfaßte, und der „katholischen Aktion" (= Katholikenausschuß) zusammensetzen. Die Liste gibt Einblick, wer Ende Juli unter anderen zum Katholikenausschuß gehörte: Stadtpfarrer Jakob Herr, Walter Dirks und der Rechtsanwalt Hans Breitbach (1901–1982)[350] wurden von Blaum als für den Bürgerrat geeignete Persönlichkeiten angesprochen, zudem noch der Gewerkschafter Adolf Leweke (1892–1970)[351], der später auch den Vorsitz im Bürgerrat übernehmen und 1946 als Mitglied des Beratenden Landesausschusses und der Verfassungsberatenden Landesversammlung des Staates Groß-Hessen über Frankfurt hinaus wirken sollte.

Als der Bürgerrat am 5. September 1945 erstmals zusammentrat, fehlten noch Mitglieder, die sich als ausdrückliche Vertretung des großen protestantischen Bevölkerungsteils verstanden. Auf Seiten der Besatzungsmacht wurde auf die Benennung probater und politisch unbelasteter evangelischer Persönlichkeiten großen Wert gelegt, um den Bürgerrat weltanschaulich einigermaßen paritätisch zusammensetzen zu können. Blaum wandte sich diesbezüglich Mitte September an den evangelischen

---

349 StAF, NL Blaum S1/38, Nr. 3 Bd. 1, Schreiben vom 25. 7. 1945 (Abschrift).

350 Vor 1933 Zentrum. Vorstandsmitglied der Frankfurter Anwaltskammer. Seit 1937 im Kirchenvorstand der Pfarrei St. Bernhard Frankfurt-Nordend. 1945 Mitbegründer der CDU, Mitglied des Bürgerrates und von 1946–1948 der Stadtverordnetenversammlung in Frankfurt. Nachruf in: Der Sonntag Nr. 12 1982, S. 17.

351 1919 an der Akademie der Arbeit. 1921 im Vorstand der Gewerkschaft der Eisenbahner. 1925–1933 Landesgeschäftsführer des Bühnenvolkbundes in Frankfurt. Mitglied des Zentrums und der Windhorstbünde. 1945 Mitbegründer der Frankfurter CDU. 1946–1952 stellvertretender Stadtverordnetenvorsteher in Frankfurt. 1950 Hauptabteilungsleiter beim DGB in Düsseldorf. Zu ihm vgl. Lengemann, Hessen-Parlament, S. 321 f; Parisius/Scholl-Seibert, Demokratie, S. 41.

Stadtpfarrer Otto Fricke (1902–1954)[352], einen der führenden Vertreter der Bekennenden Kirche in Deutschland überhaupt: „Colonel Sheehan hat mich soeben nach einigen Namen für die Ergänzung des Bürgerrates gefragt. Er hat von Ihnen noch keine Vorschläge für die Vetretung der evangelischen Seite erhalten, ebensowenig wie ich selbst. Ich wäre Ihnen sehr dankbar, wenn ich im Laufe des morgigen Tages etwa 8 Namen erhalten könnte, um 4 – 5 Herren dem M(ilitary) G(overnment) vorzuschlagen. Die als sog. Mittelgruppe unter den Bürgerratsmitgliedern aufgeführten Herren sind angeblich sämtlich evangelischer Konfession. Es wird von linker Seite gegen die Vermehrung des Bürgerrates durch weitere evangelische Herren der Einwand ins Feld geführt, daß diese Mittelgruppe bereits als evangelische Vertretung zu betrachten sei. Dies nur vertraulich zu Ihrer persönlichen Kenntnis. Die Sache eilt somit: Man muß das Eisen schmieden ..."[353]

Das Schreiben an Fricke verdeutlicht, daß der Protestant Blaum daran interessiert zu sein schien, gegenüber einer „linken Seite" des Bürgerrates, zweifellos sind die Anhänger von SPD und KPD gemeint, ein starkes christlich-konservatives Gegengewicht zu etablieren. Es kann als sicher gelten, daß Blaum dabei an einen Brückenschlag des Frankfurter Protestantismus zum Katholikenausschuß dachte, zumal ihm zum Zeitpunkt des Schreibens bereits bekannt sein mußte, daß am 15. September die Gründung einer überkonfessionellen Partei unter dem Namen „CDP" bei der Militärregierung beantragt worden war – unter Beteiligung einiger evangelischer Bürger, die zur Weimarer Zeit Mitglieder liberaler Parteien gewesen waren. Pfarrer Fricke selbst spielte im Herbst 1945 eine aktive Rolle bei der Gründung der Frankfurter CDU[354]. Offensichtlich versuchten Blaum und Fricke die Kanäle ihres Einflusses zu nutzen und einige namhafte Frankfurter Universitätsprofessoren evangelischer Konfession

---

352 Seit 1919 Pfarrer der ev. Dreifaltigkeitsgemeinde Frankfurt-Bockenheim-Süd (Kuhwald). Fricke hielt noch am 10.5.1933 als nebenamtlicher Hochschulpfarrer die Rede zur Bücherverbrennung auf dem Römerberg und forderte in der „Fanfare", dem Organ der „Deutschen Christen", das geistliche Führerprinzip für die Kirche. Nach Erkenntnis über die theologischen Positionen der „Deutschen Christen" Übergang zur Bekennenden Kirche. Mitglied der Zweiten vorläufigen Leitung der Evangelischen Kirchen in Deutschland. Strafversetzung durch die Darmstädter Kirchenleitung. 1935 mit Ketten den Zugang zu seiner Kirche versperrt. Verhaftung, Verhöre, Predigt- und Unterrichtsverbote. Zu ihm vgl. BENAD/TELSCHOW, Deutschland, S. 115–118.

353 STAF, NL Blaum S1/38, Nr. 3 Bd. 1, Blaum an Fricke, 19.9.1945 (Zweitschrift).

354 Vgl. den „Bericht über die Reise nach Frankfurt/Main, Darmstadt, Marburg vom 21.9. bis 8.10.1945" vom 23.10.1945 des Berliner CDU-Mitbegründers Otto Heinrich von der Gablentz, der sich im vom 29.9.-1.10. und vom 5.-8.10.1945 zu Gesprächen in Frankfurt am Main aufgehalten hatte. Abdruck in: BECKER, CDU, S. 371–377, zu Fricke S. 374. ALMOND, Struggle, S. 234, bezeichnet Fricke als generell führenden Vertreter des Protestantismus in der CDU.

für die geplante Partei zu gewinnen. Jedenfalls berichtete der durch Hessen reisende Otto Heinrich von der Gablentz nach Berlin[355], zum Gründerkreis der CDU in Frankfurt gehöre der Anglist Theodor Spira (*1885)[356], der Goethe-Forscher Ernst Beutler (1885–1960)[357], der Orthopäde und amtierende Universitätsrektor Georg Hohmann (1880–1970)[358] sowie der Historiker Matthias Gelzer (1886–1974)[359].

Der Bürgerrat wurde schließlich durch einzelne Persönlichkeiten aus dem Frankfurter Protestantismus, die der Bekennenden Kirche nahestanden, erweitert, nicht jedoch durch eine geschlossene fünfte, erklärtermaßen evangelische Gruppe. Nach Abschluß der Parteigründungen im darauffolgenden Oktober kam es im Bürgerrat dann zur Bildung von „Fraktionen": LDP, CDP, SPD, KPD und einige Parteilose listete der Oberbürgermeister für seine persönlichen Unterlagen auf, bemerkenswerterweise in der genannten Reihenfolge[360]. Durch das geschlossene und herausfordernde Auftreten der im Wiederentstehen begriffenen linken Parteien, konnten sich Protestanten und Katholiken im Bürgerrat gemeinschaftlich als Christen fühlen und eine eigene, starke Position aufbauen. Aber nicht nur im Bürgerrat vertieften sich die Kontakte zwischen den Konfessionen. Ein Beschwerdebrief vom 22. September 1945 an die Militärregierung auf einem gemeinsamen Briefkopf der „Katholischen

---

355 Vgl. von der Gablentz, Bericht (wie Anm. 354), S. 374.

356 1922 Habilitation und Privatdozent in Gießen. Bekanntschaft mit Martin Buber, Ernst Michel und Alfons Paquet. Seit 1925 Professor für Englische Philologie an der Universität Königsberg. Den Quäkern nahestehend, setzte er sich ebenso konsequent für eine Verständigung mit Frankreich und Polen ein, wie er den Nationalsozialismus ablehnte, was ihm 1940 die Entlassung aus dem Universitätsdienst einbrachte, gegen Ende des Krieges Übersiedlung nach Hessen. 1945–1947 Ministerialrat im Kultusministerium. 1947 Austritt aus der CDU. 1947–1953 Professor für Englische Philologie an der Universität Frankfurt am Main, danach Direktor des Amerikanischen Instituts in Birmingham/Großbritannien. Angaben zur Person bei HAMMERSTEIN, Goethe-Universität, S. 604 f.

357 1925–1960 Direktor des Freien Deutschen Hochstifts und (seit 1932) Leiter des Goethe-Museums. 1946–1955 Professor für neuere deutsche Literatur an der Universität Frankfurt. Im „Dritten Reich" Kontakte zu bürgerlichen Oppositionskreisen. Vgl. LEWEKE, Frankfurter, S. 239–241; Art. Ernst Beutler, in: KLÖTZER, Frankfurter Biographie, hier 1, S. 66–68.

358 1930–1946 Direktor der Orthopädischen Klinik in Frankfurt-Niederrad und Professor für Orthopädie an der Universität. Zu ihm vgl. den Art. Georg Hohmann, in: KLÖTZER, Frankfurter Biographie, hier 1, S. 346.

359 1919–1955 Professor für Alte Geschichte in Frankfurt. Mitglied der Bekennenden Kirche. Über ihn der Art. Matthias Gelzer, in: VOM BRUCH/MÜLLER, Historikerlexikon, S. 104 f; Art. Matthias Gelzer, in: KLÖTZER, Frankfurter Biographie, hier 1, S. 244.

360 STAF, NL Blaum S1/38, Nr. 3 Bd. 1, Verzeichnis der Bürgerratsmitglieder, o. D. [Oktober 1945]; vgl. auch die Liste in den Mitteilungen der Stadtverwaltung vom 12. 9. 1945, dernach Arndgen, Breitbach, Dirks und Leweke seitens des Katholikenausschusses dem Bürgerrat angehörten.

Volksarbeit" und der „Evangelischen Bekenntnisfront" im Frankfurter Stadtteil Höchst unterstellt den Adressaten politische Ignoranz gegenüber den örtlichen politischen Gruppen der „Christlichen Demokraten" und der Sozialdemokraten[361]. Beide „Parteien" seien zugunsten des „kommunistischen Vertreters" von der Militärregierung „ausgeschaltet" worden. Man erwarte von dieser nun, daß nach demokratischen Prinzipien verfahren und ein Gremium eingesetzt werde, „in welchem die kirchlichen und politischen Belange der gesamten Bevölkerung gewahrt werden." Die näheren Umstände der Intervention können zwar nicht rekonstruiert werden, bemerkenswert ist jedoch, daß sich schon zu diesem Zeitpunkt die Unterzeichner und die durch sie vertretenen konfessionellen Gruppen gemeinsam als „Christdemokraten" definierten, obwohl die „CDP" zum fraglichen Datum noch nicht legal existierte, denn der Lizenzierungsantrag war noch auf dem Verwaltungsweg.

Auch in diesem Fall stand das Motiv der Abgrenzung und Frontverhärtung insbesondere gegenüber der KPD nahestehenden Politikern hinter der gemeinsamen Aktion von politischen evangelischen und katholischen Christen. Für die Evangelische Bekenntnisfront unterzeichnete der Fabrikant Ludwig Jost (1914–1977)[362]. Jost, der aus der Bekennenden Kirche kam, setzte sich früh für einen Schulterschluß mit den Katholiken ein und übernahm alsbald führende Aufgaben in der neuen CDP. Eine zweite Persönlichkeit von herausragender Bedeutung für die Anfänge der CDU in Frankfurt am Main auf evangelischer Seite ist der Rechtsanwalt Hans Wilhelmi (1899–1970)[363]. Er entstammte einer alten Pastorenfamilie. Nach juristischen und volkswirtschaftlichen Studien kam er durch eine Begegnung mit Gustav Stresemann zur Politik und trat der Deutschen Volkspartei bei. Als niedergelassener Rechtsanwalt und Notar beriet er Friedrich Dessauer vor dessen Emigration 1934. Wilhelmi wurde von den Nationalsozialisten aus dem Vorstand der Frankfurter Anwaltskammer ausgeschlossen. Risikoreich war sein Amt als Präses der (vor 1945) illegalen Synode der Evangelischen Landeskirche Hessen. Im Zweiten Weltkrieg leistete Wilhelmi als Offizier, zuletzt als Major, Frontdienst und kehrte 1945 nach Frankfurt zurück. Er stieß nicht sofort zur CDP,

---

361 StAF, NL Blaum S1/38, Nr. 3 Bd. 1, KVA/Ev. Bek.-Front Höchst an Militärregierung, 22. 9. 1945.

362 Gründer der JOVOLED Kunstleder-Plastik-Wachstuchfabrik (1945). Seit 1945 stellvertretender Vorsitzender der Frankfurter CDU. 1946–1977 Stadtverordneter. 1957–1960 Vorsitzender der CDU-Stadtverordnetenfraktion. Zu ihm vgl. den Art. Ludwig Jost, in: Klötzer, Frankfurter Biographie, hier 1, S. 376.

363 1945–1946 Mitglied des Bürgerrates, 1946–1957 Stadtverordneter und CDU-Fraktionsvorsitzender in Frankfurt. 1957–1969 MdB. 1960–1961 Bundesschatzminister. Zu ihm vgl. Kosch, Staatshandbuch, S. 1187; Knecht, Dessauer, S. 44; Degener 14 (1962)-16 (1969/70); Art. Hans Wilhelmi, in: Klötzer, Frankfurter Biographie, hier 2, S. 560 f.

gehörte aber als Mitglied des Bürgerrates zu den Männern der ersten Stunde. Jahre später führte er Grundsätzliches zum Verhältnis von Katholiken und Protestanten in der CDU aus: „Weil wir von unserer Kirche keine Anweisungen in politischen Einzelfragen erwarten können und dürfen, ist es unsere Aufgabe, konkrete politische Entscheidungen im gemeinsamen Gespräch als evangelische Christen und evangelische Politiker zu erarbeiten. (...) Wir evangelische Christen in der Union sind uns – um es noch einmal hervorzuheben – als Christen gewiß, daß der Weg der CDU/CSU richtig war und ist. Und es bleibt unsere heiße Sehnsucht, diesen Weg in unserer gesamten Kirche als einen Weg rechtverstandener christlicher Verantwortung anerkannt zu wissen."[364]

Das knüpft an das an, was die Evangelische Kirche in Deutschland im Frühjahr 1946 auf ihrer Kirchenkonferenz in Treysa über ein politisches Zusammengehen der beiden großen Konfessionen ausgesagt hat: „Die an vielen Orten bereits in Gang gekommenen Bestrebungen, politische Gegensätze zwischen Protestantismus und Katholizismus auszuräumen, die Gemeinsamkeit des Kampfes gegen den Säkularismus zu betonen und so eine gegenseitige geistige und politische Annäherung beider Konfessionen vorzubereiten, verdienen ebenso Unterstützung, wie die Bemühungen katholischer Prälaten und Laienkreise, ein Wiederaufleben der ehemaligen Zentrumspartei zu verhindern und statt dessen ein politisches Zusammengehen beider Konfessionen auf dem Boden christlicher Union zu ermöglichen."[365] Auf katholischer Seite wurde von kirchenamtlicher Seite erst einmal abgewartet. Die Versammlung der westdeutschen katholischen Bischöfe im November 1945 sah das „Bild der politischen Parteibildung" in der „christlichen Gruppe" noch als „gärend" unklar an, auch mit Blick auf die Programmatik, die zutreffend als treibend zwischen „christlichem Sozialismus" und „sozial rektionärer Entwicklung", die von konservativen Kreisen betrieben werde, eingeschätzt wurde. Einem Dualismus von Zentrum und christlich-demokratischer Partei wollte der Episkopat aber auf keinem Fall zustimmen. In Diaspora-Gebieten müßte von katholischer Seite auf die christlich-demokratischen Zusammenschlüsse eingewirkt werden, damit durch eine „gesunde Personalpolitik" ein hinreichender Einfluß des katholischen Standpunktes sichergestellt sei. Eine politische Festlegung des Episkopates auf die „CDU" erfolgte zu diesem Zeitpunkt nicht, vielmehr sind durchaus Reserven spürbar gegen die ökumenische Tendenz[366].

---

[364] WILHELMI, Das Christliche, S. 7.
[365] Zit. bei KROPAT, Hessen, S. 76f.
[366] Protokoll der Konferenz der westdeutschen Bischöfe in Pützchen, 6.-8.11.1945. Abdruck in: VOLK, Akten, hier 6, S. 826–837, hier S. 835f.

Für den progressiven Katholikenausschuß in Frankfurt, auch eine Diaspora-Stadt, dürften die evangelischen Kreise aus ihrem interkonfessionellen Bestreben, den „Geist des Zentrums" (Wieck) überwinden zu wollen, herzlich willkommen gewesen sein. Politisch war die Kooperation mit diesen Gruppen aber auch hier schwieriger. Der Gegensatz lag vor allem in der unterschiedlichen Tradition von katholischer und evangelischer Sozialethik. Eine kurative Soziallehre wie die katholische Kirche hatte der im Kaiserreich staatstragende Protestantismus nicht entwickelt, da die wenigen christlich-sozialen Vordenker wie Johann Hinrich Wichern (1808–1881), Adolf Stoecker (1835–1909) oder Friedrich Naumann (1860–1919) in dieser Frage schon weiter dachten[367]. Sie hatten die Not der Arbeiter erkannt und strebten nach radikaler Veränderung. Dabei argumentierten sie theologisch. Wichern rief die Protestanten auf dem Wittenberger Kirchentag von 1848 zur „Inneren Mission" auf. Für Naumann wies das Reich Gottes keine rein endzeitliche Dimension auf, vielmehr sei es in der Gegenwart schon angebrochen und finde im Jenseits schließlich seine Vollendung; deshalb müsse die Kirche für eine gerechtere soziale Ordnung initiativ werden. Doch die Mehrheit im vergleichsweise kleinen, ausgesprochen sozial und sozialreformerisch gesonnenen Flügel des Protestantismus sah im wohlfahrtsstaatlichen „sozialen Kaisertum" der Wilhelminischen Zeit eine bessere Garantie des sozialen Fortschritts als in den radikalen, auf Veränderung der gesellschaftlichen Gegebenheiten abzielenden Gedanken Naumanns. Hinzu kam, daß die Ideen von Wichern und Naumann keinen Widerhall bei den Arbeitern fanden.

Die von Stoecker gegründete Christlich-Soziale Volkspartei, die einen wirtschaftlichen und sozialen Antisemitismus vertrat, und die Führer der auf Ludwig Fischer zurückgehenden wenigen evangelischen Arbeitervereine schlossen sich nach 1918 der DNVP an; ebenso der 1893 gegründete Deutschnationale Handlungsgehilfenverband, der stärkste Verband der christlichen Angestelltengewerkschaften, der sich in der Weimarer Zeit als mittelständische Interessenvertretung sah und trotz Annäherung an die Christlichen Gewerkschaften versuchte, die soziale Kluft zwischen Arbeitern und Angestellten aufrechtzuerhalten[368]. Gerade dieser Verband geriet nach 1930 ins Fahrwasser des Nationalsozialismus. Die wenigsten der politisch denkenden Protestanten hatten sich gegen Ende der Weimarer Republik dem Christlich-Sozialen Volksdienst (CSVD) angeschlossen, der für sozialpolitische Forderungen aus einer christlichen Ethik heraus aufgeschlossen war und eine „linke" Abspaltung von der unter Hugenberg seit 1928 in die äußerste politische Rechte abgedrifteten DNVP dar-

[367] Vgl. zu dieser Thematik den Sammelband von KAISER/LOTH, Reform.
[368] Hierzu vgl. 50 JAHRE CDA, S. 100–105.

stellt[369]. Versuche, nach dem Ende der Monarchie und des protestantischen Staatskirchentums 1918 durch Gründung einer dem Zentrum entsprechenden evangelischen Partei die politische Unruhe und Verunsicherung im Protestantismus zu beenden und Anschluß an die eigentlich ungeliebte Republik zu finden, schlugen fehl. Der überwiegende Teil des bürgerlichen Protestantismus blieb entweder apolitisch oder fand seine politische Heimat in den national-konservativen Parteien DVP und DNVP[370]. Deren Nähe zu Industrie, Handel, Banken und Grundbesitz und ihre daraus scheinbar resultierende mangelnde Bereitschaft zu Demokratie und sozialer Reform, aber auch die schuldvolle Verstrickung vieler Protestanten in die nationalsozialistische Kirchenbewegung der „Deutschen Christen", machten die evangelischen Kräfte, die 1945 auf die CDU zudrängten, gerade für die mehr aus der „linken" Frankfurter Tradition des Zentrums stammenden Politiker und Intellektuellen zunächst einmal verdächtig[371]. „Die leiblichen und geistigen Vorfahren der evangelischen CDU-Mitglieder und -Wähler", so analysierte Walter Dirks, „waren einmal königstreue Preußen, Badener, Württemberger." Hindenburg habe ihnen „den Zusammenhang zwischen Überlieferung und Gegenwart" vermittelt, „und als der alte Marschall seinen Pakt mit Hitler" geschlossen habe, aber auch schon vorher, seien sie „viel hemmungsloser als die katholischen Massen" dem Nationalsozialismus anheimgefallen. Dagegen schätzte Dirks die radikale Gegenbewegung zu diesem nationalen Protestantismus: die Opposition der „Bekennenden Kirche". Sie sei „entschiedener" und zugleich „religiöser und politischer als der Widerstand des Katholizismus" gewesen. Diesem habe „sein Rückhalt an Rom und seine feste Organisation gleichsam offiziellere, unangreifbarere und auch weniger riskante Formen des Widerstandes" erlaubt. Für Dirks und die übrigen aus dem Frankfurter Kreis war die „Bekennende Kirche", repräsentiert durch Jost, Wilhelmi und Pfarrer Fricke, der echte „Ausgangspunkt sowohl der kirchlichen Neuordnung als auch des politischen Engagements" im Protestantismus nach 1945[372].

---

369 Zum CSVD vgl. die Arbeit von Opitz, Der Christlich-Soziale Volksdienst – Auch in Frankfurt am Main war der CSVD politisch bedeutungslos. Bei den Reichstagswahlen zwischen 1930 und 1933 im Frankfurter Wahlkreis „Hessen-Nassau" sank sein Stimmenanteil von 4,4 auf 1,4%. Vgl. ebd., S. 347.

370 Zum Protestantismus in der Weimarer Republik vgl. Jacke, Kirche; Nowak, Kirche. Zur DNVP die neue Studie von Trippe, Verfassungspolitik.

371 Gurland, CDU/CSU, S. 24, hält zur Gründung der CDU im Rheinland fest: „Unter den protestantischen Politikern, die zu den Vorbereitungen in Köln, Düsseldorf und anderen Orten hinzugezogen worden waren, gab es einige, deren aktiver Widerstand gegen das nationalsozialistische Regime zwar in keiner Weise angezweifelt wurde, die aber schon aus ihrer Tätigkeit in der Weimarer Zeit keineswegs als die Exponenten sozialen Fortschritts galten."

372 Dirks, Demokratie, S. 674f.

Auch am Beispiel Frankfurts kann daher von einem christlichen „Katakombengeist" gesprochen werden, der evangelische und katholische Politiker zur CDU zusammenführte. Nicht nur die Belebung des konfessionellen Dialogs in der Theologie der 1930er und 40er Jahre, sondern vor allem das gemeinsame Erleben von Repression und Verfolgung im „Dritten Reich", führte zusammen zu einer neuen christlichen Brüderlichkeit. Bis zum September 1945 hatten evangelische Kreise allerdings keinerlei Einfluß auf die Überlegungen zu einer christlichen Parteigründung in Frankfurt am Main. Erst gegen Ende der Ausarbeitung des Parteiprogramms kam es zu zaghaften Konsultationen. In Köln dagegen waren die Vertreter der „Bekennenden Kirche", wie Pastor Hans Encke, schon vor der Konstituierung der Programmkommission in Walberberg zum „CDP"-Gründerkreis gestoßen. In Walberberg sei dann der „Rubikon des Konfessionalismus", wie Schwering sich ausdrückte, überschritten worden[373]. Die zunächst zurückhaltenden Beziehungen in Frankfurt wurden dann allerdings durch die Bemühungen des Oberbürgermeisters Blaum und des Pfarrers Fricke, der als Verbindungsmann fungierte und bestimmenden Einfluß auf den evangelischen Mitgliederteil der späteren CDP hatte, ausgebaut. Im Bürgerrat konnten enge Kontakte von Seiten der evangelischen Mitglieder zum Katholikenausschuß geknüpft oder vertieft werden, der seinerseits seine einseitige personelle Festlegung auf profiliert katholische Politiker und Intellektuelle aufgeben mußte und, wie die „Frankfurter Leitsätze" zeigen, auch wollte.

Walter Dirks allerdings blieb skeptisch gegenüber einer, wie er die Lage einschätzte, allein ins Christliche erweiterten Zentrumspartei und sah die sozial-progressiven katholischen Positionen, die er und andere einnahmen, in der CDU gefährdet. Vielleicht auch in Abgrenzung von einem neuerlichen konservativen Protestantismus in der Union, forderte er bereits 1946 auf einer Tagung der Katholischen Aktion in Stuttgart eine „katholisch-politische Vereinigung", die „enger" als die CDU gefaßt sein müsse und sich beschränke auf die „Fülle" der katholischen politischen Gesichtspunkte mit den „päpstlichen Enzykliken" als die „maßgebliche Grundlage", die „wir ja in der Partei den evangelischen Christen nicht aufdrängen können"[374].

---

[373] Vgl. SCHWERING, Frühgeschichte, S. 73f. Dennoch blieb bis in die 50er Jahre der Einfluß der mehrheitlich katholischen Landesverbände, vor allem der Nordrhein-Westfalens, auf Organisation, Politik und Mandate der Gesamtpartei überdeutlich spürbar. Zur Stärkung des evangelischen Elementes in der Union kam es 1952 zur Gründung des Evangelischen Arbeitskreises (EAK) in der CDU/CSU. Hierzu vgl. EGEN, Entstehung.

[374] DAL 351 I, Manuskript mit der Überschrift „Gedanken zur Arbeit am ‚Reiche Gottes'. Einführungsreferat von Walter Dirks, Frankfurt a.M., zur Tagung der Leiter und Vertreter der Katholischen Aktion der Städte in Süd- und Südwestdeutschland in Stuttgart-Degerloch", 2./3.4.1946.

2. *Programmatische Zielsetzungen – Die „Frankfurter Leitsätze" und ihre Entstehung*

Wer heute die „Frankfurter Leitsätze" liest, der weiß in der Regel nichts Rechtes mit ihnen anzufangen. Ihre Sprache ist zwar klar und einprägsam, verweilt aber auch in Allgemeinplätzen. Für die Situation des Jahres 1945 jedoch sind sie Leitsätze im wahrsten Sinne des Wortes. Von Christentum, Demokratie, Freiheit, einer künftigen Kultur- und Schulpolitik, von den Aufgaben einer kommenden deutschen Regierung und schließlich von „Sozialismus" ist da die Rede. Wer steckt hinter diesem Programm? Was mag die Autoren der Leitsätze bewogen haben, mit ungebeugtem Optimismus in die Zukunft zu blicken?

2. 1. Exkurs: Der „Frankfurter Kreis" zur Haltung der katholischen Kirche im Nationalsozialismus

Einige Impressionen, welche Hoffnungen die Frankfurter CDU-Gründer mit der „Stunde Null" verbanden, vermittelt ein von Mitgliedern des Frankfurter Katholikenausschusses vorgelegter Entwurf eines Hirtenbriefes für die Herbstversammlung der Fuldaer Bischofskonferenz 1945[375]. Unterzeichnet ist das beigefügte Anschreiben an den Kölner Erzbischof Frings von Hans Breitbach, Karl-Heinrich Knappstein, Walter Dirks, Werner Hilpert, Eugen Kogon und dem Offenbacher Arzt Hermann Frühauf (1902–1971)[376], einem Freund Kogons. Mitgearbeitet haben an dieser Initiative nach Auskunft von Dirks auch Pfarrer Eckert und P. Hirschmann[377]. Da dieser Laien-Entwurf einer alternativen episkopalen Verlautbarung kaum bekannt ist, sei an dieser Stelle etwas ausführlicher auf ihn eingegangen. Im Vergleich zeigt sich, wie unterschiedlich katholisches Selbstverständnis 1945 aussehen konnte, hier das offizielle der „Amtskirche", dort die persönlichen Gedanken Einzelner.

Im Anschreiben an Frings weisen die Unterzeichnenden den deutschen Bischöfen zunächst „eine Verantwortung von nicht abschätzbarer

---

[375] ADSD, NL Dirks 208, „Anregungen für eine Kundgebung des deutschen Episkopats anläßlich der Fuldaer Bischofskonferenz 1945", 12. 8. 1945. Hieraus die im folgenden zitierten Passagen. Auszüge des 27 Seiten umfassenden Schreibens bei: LEMHÖFER, Katholiken, S. 101–103. Vgl. EWALD, Republik, S. 122–128. Das tatsächliche Hirtenwort vom 23. 8. 1945 abgedruckt bei LÖHR, Hirtenbriefe, S. 40–45.

[376] Vor 1945 parteilos. 1945 von den Amerikanern als Stadtrat in Offenbach eingesetzt. Mitarbeit bei den „Frankfurter Heften". Angaben zur Person bei RÜSCHENSCHMIDT, Gründung (1981), S. 49 mit Anm. 42.

[377] Vgl. SCHATZ, Geschichte, S. 299.

geschichtlicher Tragweite" zu und appellieren an den Episkopat, die geistige Führung des deutschen Volkes zu übernehmen, das „ohnmächtig, wie seit 1648 nicht mehr, mit Leid und Elend als täglichem Brot, zerteilt und beinah verzweifelnd" am Boden liege. Die zertrümmerte Einheit Deutschlands hinterlasse ein Vakuum, das lediglich Fulda als „Sitz des ersten Fürsprechers der Deutschen, des von den Angelsachsen zu uns gekommenen heiligen Bonifatius", noch zu füllen vermöge. Nur die katholischen Bischöfe könnten in dieser „regierungslosen und schrecklichen Zeit" das gesamte deutsche Volk vertreten und „ihm vor sich selbst und der Welt die Stimme geben, die es verloren" habe. Angesichts der durch das Dritte Reich niedergeschlagenen Humanität könnten die Deutschen derzeit kaum auf nationale wie internationale Fürsprecher hoffen. Die katholische Kirchenführung genieße bei den Besatzungsmächten einen hohen Kredit. Ihre Stimme werde die Welt hören als „Ausdruck unseres eigenen erschütterten Gewissens". Von ihr erwarteten die „bestimmenden Männer der Obersten Alliierten Besatzungsbehörden (...) einen außerordentlichen Beitrag zur Heranbildung jenes anderen Deutschland, an das zu glauben jene Männer und mit ihnen weite Teile vor allem der angelsächsischen Völker nicht aufgegeben haben."

Nach diesem gewaltigen Vertrauensvorschuß für die Oberhirten im Anschreiben an Erzbischof Frings schwingt im eigentlichen Entwurf des Hirtenbriefes eine deutliche Kritik am „staatstreuen" Kurs der meisten deutschen Bischöfe zwischen 1933 und 1945 mit. Ihnen wird vorgeworfen, mehr auf die buchstabengetreue Befolgung der Staatskirchenverträge im Hinblick auf die darin enthaltenen Garantien von Seelsorge und Schulunterricht, denn auf den Schutz von Menschenrechten geachtet zu haben. In seiner Pfarrchronik vermerkte Alois Eckert zum Abschluß seiner seelsorglichen Tätigkeit in St. Bernhard 1950 über „die Zeit der nationalsozialistischen Bedrängnis"[378] eine „äußerst schwache Abwehrhaltung des deutschen Episkopates, der von 1932 an teils durch innere Meinungsverschiedenheiten über die politische und weltanschauliche Tragweite der nationalsozialistischen Bewegung, teils durch Zaghaftigkeit das Maß und das Tempo der nationalsozialistischen Courage im Kampf gegen die Kirche mitbestimmte". Angesichts der „Devisen- und Sittlichkeitsprozesse" 1935/36 hatte sich Eckert deshalb zusammen mit seinen Kölner, Trierer und Mainzer Mitbrüdern in der im Untergrund aktiven „Rhein-Main-Klerus-Front", die von Zeit zu Zeit in Bornhofen und Frankfurt zusammentraf, „an die Fuldaer Bischofskonferenz (...)" gewandt, „zur Frage des Ehrenschutzes des Klerus, der Judenverfolgung, der

---

378 Vgl. Katholisches Pfarramt St. Bernhard, Pfarrchronik, S. 40–45. Die folgenden Zitate ebd.

Konzentrationslager (damals fast nur für Kommunisten) mit der dringenden Bitte um ein entsprechendes Hirtenwort und die Anregung, in aller Form die gemeinsame Abwehrfront mit der ‚Bekennenden Kirche' herzustellen. Ohne Antwort und ohne jeden Erfolg", wie Eckert feststellte. Für die tatsächliche Existenz dieser „Klerus-Front" spricht vieles, wenngleich schriftliche Zeugnisse bisher nicht bekannt sind[379]. Schriftliche Notizen waren auch nicht ohne Risiko, falls es zu einer Pfarrhausdurchsuchung kam, was nicht selten der Fall war. Nur wenige Pfarrer in Frankfurt hielten regimekritische Anmerkungen in ihrer Pfarrchronik fest oder schrieben deutliche Worte an ihr Ordinariat, wie es etwa Dompfarrer Herr tat. Vor dem Hintergrund des langen Wartens auf ein kritisches und kämpferisches Hirtenwort ist es nicht verwunderlich, wenn dieser Frankfurter Kreis von Katholiken sich nun, 1945, nicht scheute, den Bischöfen das Eingeständnis einer gewissen Mitschuld der Kirche an Krieg und Massenvernichtung in den Mund zu legen. Dabei sei Schuld nicht kollektiv einfach zuzuweisen, sondern jeder Einzelne müsse sein Gewissen prüfen[380]: „Selbstbesinnung" und „Selbsterkenntnis" stehe am Anfang der bevorstehenden großen Erziehungsarbeit im deutschen Volk. Einseitige, pharisäische Schuldzuweisungen vermeintlich Unschuldiger müßten vermieden werden.

„Das Gericht geht vielmehr durch alle hindurch. (...) Prüfe sich jeder, wieweit er vielleicht schon lange vor dem Auftreten Adolf Hitlers in seinem Geist Gedanken, Gefühle, Wünsche genährt hat, die diese dämonische Macht in ihren Dienst hat stellen können. (...) Viele von uns haben mehr oder minder schuldhaft die Anfänge des Bösen nicht erkannt. Sie haben im grundsätzlich gewalttätigen Antisemitismus nicht herausgespürt, daß er der Anfang des Weges war, der zu den Vernichtungskammern von Auschwitz führte. (...) Viele von uns haben es sich zu bequem gemacht, wenn sie den ihnen aufgenötigten Beitrag zu dem bösen und gefährlichen System als bloße ‚Pflichterfüllung' rechtfertigen oder gar verherrlichen; (...) Viele von uns haben den Krieg gebilligt oder doch gefördert, vor allem in den Jahren der scheinbaren Siege. Sie haben gemeint, den Nationalsozialismus, den sie ablehnten, vom Krieg gleichsam abziehen und das, was dann übrig blieb, als ehrenvollen nationalen Krieg bejahen und fördern zu können. Zu spät erst ist ihnen aufgegangen, daß sich Krieg und Regime nicht trennen ließen, daß jener so ver-

379 Vgl. SCHATZ, Geschichte, S. 268.

380 Zur Sicht der Schuldfrage im Frankfurter Kreis vgl. das Kapitel „Das Deutsche Volk und die Konzentrationslager" bei KOGON, SS-Staat, S. 406–420. Vgl. DERS., Gericht; HILPERT, Entnazifizierung.

brecherisch war wie dieses[381]. (...) Nehmen wir dieses Strafgericht an."[382]

Wenn der Kreis um Dirks und Kogon bereits im August 1945 die staatspolitische Haltung der katholischen Bischöfe im Jahr 1933 kritisch thematisierte, so war dies der Standpunkt von Außenseitern. Erst 15 Jahre später entbrannte um dieselbe Frage eine historische Forschungskontroverse[383]. Die Töne, die der Frankfurter Kreis im Entwurf des Hirtenschreibens allerdings anschlägt, sind versöhnlich und zielen auf Einheit im Katholizismus. Diese sollte ihr Fundament erhalten in einem freien Bekenntnis auch der Bischöfe, im Jahre 1933 die verbrecherische Dimension des Regimes nicht erkannt zu haben[384]. Insbesondere an ihr Wort

---

381 Erzbischof Conrad Gröber von Freiburg etwa kommentierte in seinem Handbuch der religiösen Gegenwartsfragen von 1937 den Begriff „Autorität" unter Bezugnahme auf Röm 13 („Es gibt keine staatliche Gewalt, die nicht von Gott stammt."): In letzter Hinsicht wurzele jede Autorität in der Autorität Gottes. Jeder „Träger persönlicher Führerautorität" könne „durch Übernahme der Staatsgewalt zum Träger dieser von Gott verliehenen Amtsautorität werden". An späterer Stelle folgt ein Lob auf den „Führer und Reichskanzler", der einen „Weltkampf" gegen die „asiatische Unkultur" des „Bolschewismus" austrage. Kein Volk komme „um diese Auseinandersetzung zwischen seiner völkischen Überlieferung und dem volksfremden, meist von jüdischen Revolutionshetzern angeführten Marxismus herum". GRÖBER, Handbuch, S. 75 u. S. 87. Zu den Voraussetzungen eines „gerechten Krieges" gehörte nach damaligem katholischen Verständnis, weitgehend vom „Neuthomismus" geprägt, das Vorhandensein einer „moralischen Schuld auf nur einer Seite" der Gegner und eine „Kriegserklärung durch autorisierte Obrigkeit". Zu dieser Definition des gerechten Krieges vgl. den Art. „Krieg" in: LThK[1] 6, 1934, Sp. 272–274.

382 ADSD, NL Dirks 208, Anregungen für eine Kundgebung (wie Anm. 375).

383 Bei dieser Forschungskontroverse geht es im Kern um die Frage, ob der Episkopat seine ablehnende Haltung zum Nationalsozialismus vor allem deshalb revidierte, da er schon früh über das beabsichtigte, schließlich tatsächlich ausgehandelte und am 20. 7. 1933 unterzeichnete Konkordat zwischen dem Hl. Stuhl und dem Deutschen Reich unterrichtet war, das die vorhandenen Länderkonkordate (Baden, Bayern, Preußen) ergänzte und die katholische Lebenswelt in Deutschland (Konfessionsschule, Universitäts-Fakultäten, religiöse Vereine usf.) endgültig, vor allem im Hinblick auf die Erfahrungen während des Kulturkampfes, vor staatlichem Zugriff zu sichern schien, allerdings unter Preisgabe des deutschen organisierten politischen und verbandsmäßigen Katholizismus, namentlich der Zentrumspartei und des Volksvereins – aufgrund des fehlenden Beweises bis heute eine Hypothese. Der Anstoß zu dieser lebhaften Auseinandersetzung in der Wissenschaft ging aus von BÖCKENFÖRDE, Katholizismus. Vgl. den Forschungsüberblick bei VON HEHL, Kirche, sowie die oben bereits erwähnten Ausführungen bei VON ARETIN, Vorbemerkungen.

384 Im Frankfurter Entwurf heißt es dazu: „Gerade wir Bischöfe, die wir durch unsere Stellung keinen Augenblick lang in der Versuchung oder Gefahr gestanden haben, in die Partei einzutreten oder hereingenötigt zu werden, werden euch in diesem Augenblick nicht fallen lassen. Wir haben in den Jahren vor der Machtübernahme (...) unablässig vor dem Nationalsozialismus gewarnt. Wir berufen uns heute

vom 28. März 1933, in dem sie gegenüber einem kirchenfreundlich getarnten Kanzler Adolf Hitler eingelenkt und den anfänglichen Kirchenbann gegen katholische NSDAP-Mitglieder aufgehoben hatten[385], wollten die deutschen Bischöfe aber nicht erinnert werden. Für den für Frankfurt am Main zuständigen Limburger Oberhirten Antonius Hilfrich beispielsweise stand vielmehr der bereits vor 1933 begonnene heroische Kampf der Katholiken gegen die „Hydra" des Nationalsozialismus im Vordergrund seines Hirtenbriefes, etwa das Eintreten für die katholische Schule, der Kampf um die Schulkreuze und die persönliche Hilfeleistung für Verfolgte: „Alle, die auf die Warnungen der Kirche gehört haben, dürfen sich sagen, daß sie unschuldig sind an dem Unglück, das mit der Machtergreifung begann und gleichsam schicksalsmäßig in den folgenden Jahren wie eine Tragödie unseres Volkes verlief."[386] Ein so überzeichnetes Bild einer unüberwindlichen „ecclesia militans" wollte der Frankfurter Kreis nicht unwidersprochen lassen.

Doch der Ruf aus der durch den Krieg zerstörten Metropole ins malerische Fulda blieb letztlich ohne Echo. Das von dort zu hörende Hirtenwort der Bischöfe vom 23. August 1945 verschwieg die Schuldfrage zwar nicht, läßt den eigenen Gewissensspiegel der Oberhirten aber unerwähnt: „Viele Deutsche, auch aus unseren Reihen, haben sich von falschen Lehren des Nationalsozialismus betören lassen, sind bei den Verbrechen gegen menschliche Freiheit und menschliche Würde gleichgültig geblieben; viele leisteten durch ihre Haltung den Verbrechen Vorschub, viele sind selber Verbrecher geworden."[387] Die nicht genutzten Möglichkeiten der kirchlichen Hierarchie, im „Dritten Reich" eine widerständigere Haltung einzunehmen und das fehlende Vermögen, dies in der neu gewonnenen Freiheit des Jahres 1945 wenigstens einzugestehen, ließ den Frankfurter

---

nachdrücklich auf den Kampf, den wir und viele von euch damals geführt haben. Als dann der Anführer der bis dahin revolutionären Partei auf scheinbar legale Weise Reichskanzler geworden war, als er die Obrigkeit vertrat, welcher der Christ nach dem Wort der Schrift Gehorsam schuldet, als er in feierlicher Form das Versprechen gab, den Staat nunmehr auf christlichem Fundament aufzubauen, hielten wir uns nach schweren und sorgenvollen Überlegungen für berechtigt und verpflichtet, die bis dahin geltende Warnung vor dem Eintritt in die Partei zurückzuziehen. (…) (Wir) bekennen freimütig, daß wir damals die nationalsozialistische Dämonie noch nicht in ihrer ganzen Tiefe erkannt hatten. Wir waren freilich keineswegs vertrauensselig, sondern blieben von tiefster Sorge erfüllt. Im Kampf der Motive und Gründe gegen und für den Parteieintritt hat bei manchen von euch unser damaliges Wort vom 28.3.1933 eine Rolle gespielt: Das wissen wir, und gerade deshalb lassen wir euch heute nicht im Stich." AdsD, NL Dirks 208, Anregungen für eine Kundgebung (wie Anm. 375).

385 Kundgebung der deutschen Bischöfe vom 28.3.1933. Abdruck in: Stasiewski, Akten, hier 1, S. 30–32.

386 Amtsblatt Bistum Limburg 4/1945, S. 12f.

387 Löhr, Hirtenbriefe, S. 41f.

Kreis auch später nicht ruhen. Sie war für ihn nicht nur eine notwendige Frage im Hinblick auf die Wahrhaftigkeit der Kirche, sondern es ging ihm um mehr: um die gesamte Perspektive des Neuanfangs. Sollte der zukünftige deutsche Staat, da die Kirche sich als einzige eine gewisse Glaubwürdigkeit erhalten hatte, wieder in möglichst allen Lebensbereichen christlich werden oder mußte nicht die Kirche im Interesse eines völlig neuen Christseins ihre Fehler der Vergangenheit, vor allem ihre Äquidistanz zu Staatsformen und politisch-sozialen Bewegungen, überdenken, die säkularisierte Gesellschaft als gegeben anerkennen und die katholischen Christen auf eine Rolle als Kraft unter vielen in einer modernen pluralen Welt vorbereiten? Für die meisten Kirchenvertreter war die Antwort auf diese Frage damit gegeben, daß die hohe moralische Integrität der Kirche von den Besatzungsmächten bestätigt worden war. Die durch diese erfolgte Inanspruchnahme und Politisierung der Kirche zur Lösung der drängenden Aufgaben der Nachkriegsjahre hat sicher dazu beigetragen, daß eine selbstkritische Reflexion vorerst unterblieb. Über den Neubeginn unter der Verantwortung der Kirche, und hier sind für den Frankfurter Kreis Bischöfe, Priester und Laien gemeint, steht für die Verfasser des Briefentwurfs aber außer Zweifel, daß es die „Liebespflicht" und die ökumenische Brüderlichkeit aller Christen sei, die Deutschland und die Ordnung Gottes wieder aufbauen werde[388].

Pfarrer Eckert schrieb über die Abfassung und den Mißerfolg der Eingabe in seiner Pfarrchronik, verbunden mit seiner Analyse einer „totalen" kirchlichen und gesellschaftlichen Krisensituation, die nicht erst mit dem Nationalsozialismus ihre Dynamik entfaltet hätte: „Es wurde offenbar, daß der National-Sozialismus diese Krise keineswegs als eine neue geschaffen hatte, sondern daß er die alte nur forciert und ihr Tempo rasend beschleunigt hatte. Diese Krise, die heute weithin die Situation und die schwere Aufgabe der Seelsorge bestimmt, ist eine totale: eine geistige und

388 „Es wird viel darauf ankommen, in dieser Stunde mit einer ungewöhnlichen Eindringlichkeit auf die *Liebespflicht* (Hervorhebung im Originaltext, Anm. d. Verf.) der Christen hinzuweisen. Wenn uns nicht alles täuscht, steht uns ja eine bisher nicht erfahrene Armut und Not bevor. Wir gehen der großen Zeit der christlichen Caritas entgegen, die Unerhörtes von jedem von uns fordern wird. Die Caritas Christi allein wird wieder aufbauen können, was der Haß in der Welt und in den Herzen der Menschen zertrümmert hat. Von der Liebe heißt es, sie baut auf (1. Kor. 8,1) und dieser Aufbau aus der Liebe ist gleichsam der Gottesbefehl, der gerade jetzt die Herzen aller durch und durch beherrschen muß, die es ernst nehmen mit der Nachfolge des Herrn. (...) Darum kann auch die Heilung des Zeitalters allein aus der Liebe kommen. Der Ernst, mit dem wir sie als Grundstein neuen christlichen Lebens und erneuerter Christbrüderlichkeit einsetzen in das Gefüge des ganzen, dieser Ernst wird entscheiden, ob die Ordnung Gottes wiederhergestellt wird in den Seelen wie in den Völkern, oder ob wir weiteren und schlimmeren Katastrophen zutreiben werden." AdsD, NL Dirks 208, Anregungen für eine Kundgebung (wie Anm. 375).

eine seelische, eine religiöse und eine sittliche, eine Kulturkrise und eine Gesellschaftskrise, eine wirtschaftliche und eine politische, die Krise einer totalen Lebens- und Weltunordnung in allen Bezirken. Gott, was soll da ein armer Pfarrer machen!"[389] Eckert schrieb aus den Erfahrungen katholischer Großstadtseelsorge, die gerade in der konfessionell und weltanschaulich sehr vielfältigen und freiheitlichen Finanz- und Handelsmetropole Frankfurt vor großen Herausforderungen stand, vor 1933, wie nach 1945. Der „Frankfurter Kreis", dem er angehörte, dachte und handelte aus der Überzeugung, nur durch die zunehmende Mitverantwortung der Laien am Hirtenamt der Bischöfe könne die Glaubenskrise der Gegenwart bewältigt werden. Die Gründung der „Katholischen Volksarbeit" ist ein Ergebnis dieser Reflexionen des Jahres 1945. Die unbehagliche Erinnerung an den episkopalen Kurswechsel 1933 und der Rat an die deutschen Bischöfe, zu einem neuen Amtsverständnis zu gelangen, daß weniger die hierarchisch-patriarchale Schranke zu den Gläubigen aufrechterhält als vielmehr das brüderliche Miteinander von Bischöfen, Priestern und Laien betont, stehen in der Kontinuität des kritischen Frankfurter Laienkatholizismus der 1920er Jahre. Die „Frankfurter Hefte" setzten diese kirchenpolitische Linie geradezu nahtlos fort[390]. Auf die innerkirchliche Standortbestimmung des katholischen Gründerkreises der Frankfurter „CDP" im Sommer 1945 folgte die politische Programmatik.

2.2. Phase I (August 1945): Das „Programm der Volkspartei"

Durch die Initiative von Dörpinghaus, einen offenen Gesprächskreis im Dompfarrhaus ins Leben zu rufen, war die an einer christlichen Partei interessierte Gruppe, die zwischenzeitlich von Werner Hilpert geführt wurde, größer geworden. Hilpert bat, Programmentwürfe für eine Partei auszuarbeiten. Der Entwurf sollte laut Dörpinghaus geeignet sein, die brennenden Fragen der Gegenwart zu beantworten und das Fundament der weltanschaulich-politischen Haltung der neuen Partei bekanntzumachen[391]. Mit der „UDSD" lag bereits eine Konzeption vor, über die heftig gestritten werden konnte. Mit der konkreten Ausarbeitung wurde ein Ausschuß beauftragt, der sich abwechselnd bei Marcel Schulte, Eugen Kogon und Werner Hilpert, die in Oberursel wohnten, traf. Außer diesen dreien gehörten zu der Gruppe Knappstein, Dirks und Dörpinghaus. Letzterer hatte jedoch nach eigenen Angaben nur an der ersten Sitzung

[389] Katholisches Pfarramt St. Bernhard, Pfarrchronik, S. 56. Vgl. SCHATZ, Geschichte, S. 299.

[390] Die kritische Auseinandersetzung wurde 1946 eröffnet mit den grundlegenden Aufsätzen von DIRKS, Aufgabe, und GÖRRES, Brief.

[391] Vgl. DÖRPINGHAUS, Mein Beitrag (wie Anm. 241).

im Haus von Schulte teilgenommen[392]. Die Position des Rheinländers war zunächst die einer Minderheit im Gründerkreis. Dörpinghaus dürfte es aufgrund der personellen Zusammensetzung des Oberurseler Programmkreises als aussichtslos eingeschätzt haben, auf jenen erfolgreich einwirken und seine Vorstellungen über die zukünftige Partei durchsetzen zu können. Somit war eine ausschließlich mit „Linkskatholiken" besetzte Programmkommission entstanden, die gegenüber sozialistischen Ideen aufgeschlossen war. Sie konzipierte eine Partei auf der Basis des christlichen Menschenbildes und christlicher Verantwortung. Die Partei sollte einfach „Volkspartei" (VP) heißen. Das ihr zugrunde liegende „Programm der Volkspartei"[393] stimmt fast wortwörtlich mit den späteren „Frankfurter Leitsätzen" überein – lediglich der kulturpolitische Teil fehlt in ihm noch völlig.

Im Mittelpunkt des Programms stehen wirtschafts- und sozialpolitische Forderungen, was dem politischen „mainstream" seiner Autoren entspricht. Dies und das noch ungeklärte Verhältnis zu den Evangelischen erklärt auch das anfängliche Fehlen der kultur- und kirchenpolitischen Aussagen. Bereits die Einleitung des Programms trägt ganz die Handschrift der katholischen Pazifisten: ein „ganz anderes Deutschland" als vor 1945, vor 1933 „oder gar vor 1914" solle entstehen. Die „Idee der Gewalt, die in fast zwei Jahrhunderten preußisch-deutscher Geschichte immer wieder wie eine geistige Krankheit unser Volk angesteckt hat (...) soll ersetzt werden durch die Idee des Rechtes". Unter dieser „Idee" wird Meinungsfreiheit, Achtung der Menschenwürde und der Wille zur Völkerverständigung verstanden[394]. Dabei ist bemerkenswert, daß die Frankfurter „Gewalt" und „Rechtsstaatlichkeit" gegenüberstellen, während andere CDU-Gründerkreise wie z.B. in Köln auf die Antagonismen „Nationalsozialismus" und „Christentum/abendländische Lebenswerte" äußersten Wert legen[395]. Zur Rechtsstaatlichkeit gehöre ein demokratischer Verfassungsstaat, der die Bürger vor Übergriffen der Staatsgewalt schützt und in dem das Volk und seine parlamentarische Vertretung unein-

392 Zum Teilnehmerkreis vgl. ebd.; RÜSCHENSCHMIDT, Gründung (1981), S. 51, geht – allerdings ohne angeführten Beleg – von einer größeren Programmgruppe aus, zu der auch noch Pfarrer Eckert, Frühauf, Pater Hirschmann und Siebrecht gehört hätten.

393 ACDP, KV Frankfurt a.M. II-045-018/1, „Das Programm der Volkspartei", o.D. [August/September 1945], mit Vermerk: „Vorläufiger vertraulicher Entwurf, nur zur persönlichen Kenntnisnahme und nicht zur Weitergabe". Dieses Vorläufer-Programm der „Frankfurter Leitsätze" ist bei WIECK, Demokraten, noch völlig unbekannt. Vgl. dagegen RÜSCHENSCHMIDT, Gründung (1981), S. 51–55.

394 ACDP, KV Frankfurt a.M. II-045-018/1, Programm der Volkspartei (wie Anm. 393).

395 „Kölner Leitsätze" vom 1.7.1945. Abgedruckt bei SCHWERING, Frühgeschichte, S. 215–218.

geschränkter Souverän sind. Gleichwohl müsse darauf geachtet werden, „daß eine rechtmäßig gebildete demokratische Regierung (nicht) zum Spielball des Parlaments" werde[396].

Es folgt eine grundsätzliche Absage an den Krieg als Instrument moderner Politik, „da er mehr Menschenleben und Lebensgüter vernichtet, als selbst ein Sieg wert sein könnte. (...) Nicht ‚der Soldat ist der erste Mann im Staate', sondern der Zivilist, der seine Pflicht tut."[397] Der erklärte Antimilitarismus der „Volkspartei" setzt konsequent ein von „Vaterlandsliebe" getragenes „Weltbürgertum" gegen einen „engstirnigen Nationalismus". Diese Grundhaltung deckt sich im wesentlichen mit denen der rheinischen CDU-Gründer[398]. Ein Bekenntnis zur Reichseinheit wird aber nicht abgelegt, vielmehr ein „geklärtes Nationalsbewußtsein" und ein „echtes Weltbürgertum" gefordert, was etwa der in den Westen gefahrene Berliner CDU-Repräsentant Otto Heinrich von der Gablentz in seinem Reisebericht für die Berliner Parteileitung, die sich zu dieser Zeit noch als Reichsführung begriff, heftig kritisierte, denn man begnüge sich in Frankfurt am Main achselzuckend damit, „abgeschnitten von den großen politischen Problemen der Volks- und Staatseinheit und der abendländischen Gesamtentwicklung die Politik den Besatzungsmächten zu überlassen"[399].

In ihrer weltanschaulichen Ausrichtung will die „Volkspartei" eine „ehrliche Zusammenarbeit" zwischen den Konfessionen anstreben, lädt aber auch erklärte Nichtchristen mit „Duldsamkeit und Achtung" zur Mitarbeit ein, „vorausgesetzt, daß sie sich eindeutig, ohne Vorbehalt und für dauernd auf die gemeinsame Plattform der Demokratie stellen, jede Diktatur ablehnen und soweit sie keine dem Christentum feindlichen Ziele erstreben."[400] Mit dieser politischen und konfessionellen Bandbreite möglicher Parteimitglieder konnte sich sicher auch Dörpinghaus anfreunden, wenngleich die hessische CDU in seiner Amtszeit als Landesgeschäftsführer hinter diese Offenheit auch Nichtchristen gegenüber ein Stück zurückgehen würde[401]. Die Einleitung und die ersten Kapitel

---

396 ACDP, KV Frankfurt a.M. II-045-018/1, Programm der Volkspartei (wie Anm. 393).

397 Ebd.

398 „Es muß Gemeingut des ganzen Volkes werden, daß die Politik der Gewalt und des Krieges nicht nur eine Versündigung am eigenen Vaterland, sondern auch ein Verbrechen an der Menschheit ist. Deutschland muß führend sein in der Verwirklichung der Sehnsucht der Völker nach ewigem Frieden." „Kölner Leitsätze" (wie Anm. 395), S. 218.

399 Von der Gablentz, Bericht (wie Anm. 354), S. 373.

400 ACDP, KV Frankfurt a.M. II-045-018/1, Programm der Volkspartei (wie Anm. 393).

401 Am 30.7.1946 erklärte die Landesleitung der groß-hessischen CDU in der „Frankfurter Rundschau", daß sie „konfessionslose Bewerber" bei der Aufnahme genauer

des Programms stellen klar, daß die Autoren für ihr Programm Geltung weit über Frankfurt am Main hinaus beanspruchten.

Im nächsten Teil des Programms wird ein deutliches Bekenntnis zum „Sozialismus" abgelegt. Gefordert wird eine „System planvoller Wirtschaftslenkung". Dies soll beinhalten die staatliche Lenkung von Kapitalanlagen und die Überführung von noch näher festzulegenden Rohstoff- und Grundindustrien sowie der Großbanken in Gemeineigentum. Dörpinghaus hatte in seinem „Aktionsprogramm" lediglich für staatliche Kontrolle der Monopolindustriezweige plädiert. Kapitalanlagen sollten nach dem „Programm der Volkspartei" der Steuerung durch die öffentliche Hand zugeführt werden, damit nach volkswirtschaftlichen und nicht nach privatwirtschaftlichen Gesichtspunkten investiert werde. Nur durch diese Maßnahmen könnten „Fehlanlagen und Verschwendung volkswirtschaftlichen Gutes verhindert und ein Wiederaufbau nach sozialen statt nach Profitgrundsätzen gesichert werden"[402]. Das „Programm der Volkspartei" versteht Sozialismus als den besonderen Zeitumständen des Jahres 1945 gemäße Gesellschaftsform zur wirtschaftlichen Bewältigung „der besonderen Lage Deutschlands" und zur Stabilisierung der Familien. Nicht die Macht des Staates solle verstärkt, sondern ein möglichst hoher Wohlstand für die Massen des Volkes und „auf Dauer auch die Schaffung neuen Eigentums für die besitzlosen Schichten" erreicht werden, da „nur auf der Grundlage dieses Eigentums ein gesundes Familienleben wachsen" könnte[403]. Der Sozialismus solle ferner „demokratisch" und nicht „diktatorisch" sein und „vom Volk und seinen Organen" getragen, jedoch keineswegs streng kollektivistisch organisiert werden. Er müsse vielmehr „innerhalb seines Rahmens genügend Platz lassen für die Entfaltung persönlicher Initiative und für den Wettbewerb der besten Leistung."[404]

Läßt aber die ausdrückliche Betonung der „alten abendländischen Idee der freien und verantwortlichen Persönlichkeit" einer geordneten Planwirtschaft genügend Platz? Hier wirkt das Programm der VP widersprüchlich. Wo wird die Grenze gezogen zwischen staatlicher Planung und Privatinitiative? Wem kommt im „demokratischen Sozialismus" die Lenkungs- und Planungskompetenz zu, da doch „Sinn und Zweck aller sozialistischen Maßnahmen (...) nicht die Verstärkung der Macht des Staates"[405]

überprüfen werde. Den Beitritt von bloß „Gottgläubigen" lehnte sie ab. Vgl. RÜSCHENSCHMIDT, Gründung (1995), S. 21.

402 ACDP, KV Frankfurt a.M. II-045–018/1, Programm der Volkspartei (wie Anm. 393).

403 Ebd.

404 Ebd.

405 Ebd.

sein dürfe? Planwirtschaft ohne Staatskompetenz ist aber letztlich kaum vorstellbar. Ebenso sprachlos ist das Programm auch bei der Frage, ob neben den Investitionen auch die Verteilung und der Konsum geregelt werden sollen. Eugen Kogon erläuterte seine Vorstellungen von einer sozialistischen Wirtschaftsordnung zwei Jahre später noch einmal genauer in den „Frankfurter Heften": „Sozialistische Politik ordnet vor allem drei Kernbereiche: Besitz, Mitbestimmung und Planung. (...) Die sozialistische Wirtschaft soll nicht von oben her, womöglich in starr-schematischer Weise, verbindlich regeln, sondern Eigentum und Arbeit in geeigneter Form miteinander verbinden. (...) Sozialismus ist also überall dort vordringlich, wo Produktionsmittel und Arbeit rechtlich voneinander getrennt sind, und ist um so notwendiger, je größer die Kluft zwischen Eigentum und Arbeit ist. (...) Demokratische Sozialisten sind nicht gegen, sondern für Erhaltung, Sicherung und Ausbau des Eigentums. Allerdings eines Eigentums, an dem alle nach ihrer Leistung und ihrem Verdienst Anteil haben. Sozialisierung in diesem Sinn ist die dem heutigen Stand der gesellschaftlichen Entwicklung entsprechende Form der Schaffung von Eigentum, also ein Weg zur Entproletarisierung, zur Aufhebung der Proletarisierung, der doch die überwältigende Mehrheit des deutschen Volkes anheimgefallen ist. Daher die Notwendigkeit, die Arbeitenden selbst – nicht anonyme Gremien – vorzugsweise zu Trägern der Wirtschaft zu machen."[406]

Die Kogon'sche Zielbestimmung und die Form des „Sozialismus" ist auch hier abstrakt, die Ungereimtheiten bleiben. Weder wird die Funktion des Staates noch die des Privatbesitzes im „Sozialismus der Freiheit" exakt bestimmt, vieles bleibt kryptisch und mit dem Grauschleier großer Entwürfe der „Stunde Null" versehen. Trotz vieler solcher Unklarheiten setzte das „Programm der Volkspartei" aber ein deutliches Signal: Als Ausgleich für die auf die Bevölkerung relativ willkürlich verteilten Kriegslasten sollte die deutsche Wirtschaft durch eine nationale Gesamtplanung, die einseitige Profitbestrebungen in ihre Schranken weist, wieder in Bewegung kommen.

Die Forderung nach „Sozialismus" hängt eng zusammen mit dem Kapitel über „Schutz und Rechte der Arbeiter". Neben der „Intelligenz" komme der „Arbeit" die Schlüsselrolle beim Wiederaufbau des Landes zu. Der einzelne Arbeiter müsse demzufolge vor „Ausbeutung und Gefahren" wie „Zwangsverschickung" bewahrt werden und durch eine „moderne Wirtschaftsdemokratie", deren Bestandteile das Recht auf gewerkschaftlichen Zusammenschluß, Tarifabschlüsse und betriebliche Mitbestimmung sein sollen, mehr Rechte erhalten. Am Ende der Entwicklung solle „eine gleichberechtigte Teilnahme der Arbeitnehmerschaft

---

[406] KOGON, Weg, S. 882f.

an der Führung der Wirtschaft" stehen[407]. Auch hier wird nicht näher erläutert, wie die Teilnahme der Arbeiterschaft aussehen, ob sie durch entsprechende Mitbestimmung über Aufsichts- oder Betriebsräte oder durch Gewinnbeteiligung erreicht werden soll.

Das „Programm der Volkspartei" plädiert weiterhin für „ein gesundes Bauerntum", das „in die gesamte Planung des Wiederaufbaus eingeordnet wird". Angesichts der Flüchtlingsproblematik müßten in der Landwirtschaft genügend Flächen zur Bewirtschaftung bereitgehalten werden. Hierzu sei es „aus sozialen Gründen" nicht mehr zu verantworten, den vorhandenen Großgrundbesitz in Deutschland aufrechtzuerhalten. Für den Frankfurter Kreis um Dirks galten die Großagrarier ohnehin als korrumpiert und mitverantwortlich am Untergang der Weimarer Republik. Derart überdimensionierter Landbesitz solle „- sei er in privatem oder öffentlichem Besitz – aufgeteilt und allmählich in den Besitz tüchtiger Bauernfamilien aus den verlorenen Gebieten überführt" werden[408]. Der letzte Teil des Progammes betont die Notwendigkeit der Wiederherstellung und des Neubaus von „Heimstätten" in Form eines umfassenden Wohnungsbauprogrammes sowie die Relevanz einer stabilen deutschen Währung, deren Geldumlaufmenge „wieder in eine vernünftige Beziehung zur vorhandenen und künftig zu produzierenden Gütermenge gebracht werden" müsse[409].

Mit der Ausarbeitung dieses Programms setzten die „Volksparteiler" überaus deutlich auf eine Politik grundlegender Sozialreformen. Auch wenn der wirtschaftlichen Eigeninitiative Raum verschafft werden sollte, zeigt doch die Forderung nach Vergemeinschaftung der Schlüsselindustrien und der Banken, nach Wirtschaftsdemokratie und Enteignung des Großgrundbesitzes, daß man an vor 1945/1933 Bestehendes nicht mehr anknüpfen wollte und wohl auch glaubte – die hochgradige Zerstörung Frankfurts und die Armut der Bevölkerung vor Augen –, dies ohnehin nicht mehr zu können. Auch wenn sich die „Volkspartei" an alle verantwortungsbereiten Christen und Nichtchristen wenden wollte, so waren doch die eigentlichen Zielgruppen eines solchen Programms Arbeiter, kleinbürgerliche Schichten, Kleinbauern und Flüchtlinge, weniger Beamte, Bildungsbürger und Mittelständler, jene Bevölkerungskreise, die gerade Dörpinghaus besonders ansprechen wollte.

---

407 ACDP, KV Frankfurt a.M. II-045-018/1, Programm der Volkspartei (wie Anm. 393).

408 Ebd.

409 Ebd.

2.3. Phase II (September 1945): Kulturpolitik

Vor der Veröffentlichung der „Frankfurter Leitsätze" im September 1945 wurde der sozialpolitische Teils des Programms noch einmal überarbeitet, was auf die Beratungen mit den Protestanten am 10. September 1945 zurückzuführen ist[410]. In der endgültigen Fassung der „Frankfurter Leitsätze"[411] wurde die Kapitelüberschrift „Sozialismus" erweitert zu „Sozialismus und Eigentum", somit das anfangs recht „flammende" Bekenntnis der Parteigründer zum „Sozialismus" relativiert. Nunmehr ist von einem „wirtschaftlichen Sozialismus" die Rede. Es sollte noch einmal stärker verdeutlicht werden, daß nachhaltige Veränderungen in der Gesellschaft praktisch nur dann zu realisieren sein, wenn eine völlige Reform der Wirtschaftsverfassung in die Tat umgesetzt und nicht bloß durch ein ideelles „Ja!" zum Sozialismus angestrebt wird. Das Bekenntnis zu einem Wirtschaftssozialismus auf demokratischer Grundlage ist als Kern, wenn nicht: „genius loci" (Ewald) der Leitsätze anzusehen und weist klare Reminiszenzen zu einem „Sozialismus der Freiheit", wie ihn Kogon vertrat, auf[412]. Vieles aus den „Frankfurter Leitsätzen" hätte auch in anderen CDU-Programmen des Jahres 1945 stehen können, der Wirtschaftssozialismus aber war den Frankfurter Anfängen ganz und gar eigen. – Schließlich erhielt das Kapitel „Ein gesundes Bauerntum" in der Neufassung einen Anhang über „das deutsche Handwerk", das „Träger besonderer Qualitätsleistung" und „gesunder Eigentumsverhältnisse" sei und deshalb staatlichen Schutz und öffentliche Förderung verdiene.

Als weiteres Ergebnis der interkonfessionellen Beratungen wurde ein kulturpolitischer Teil ergänzt. Im Kapitel „Staat und Kirche" wird einer staatskirchlichen Ordnung, wie sie vor 1918 bestanden hatte und die auch das Ziel der Nationalsozialisten und der Bewegung „Deutsche Christen" war, eine klare Absage erteilt. Durch eine „reinliche Abgrenzung" sollen die Zuständigkeiten von Staat und Kirche entflochten, aber zugleich wieder elastisch aufeinander verwiesen sein: „Der Staat (...), in dem wir unsere Politik aus christlicher Überzeugung vollbringen wollen, soll die religiösen Bekenntnisse nicht nur achten und ihre Freiheit schützen, sondern ein fruchtbares Verhältnis der Zusammenarbeit mit ihnen gewinnen. (...) Politik ist Sache des Staates, Seelsorge Sache der Kirchen."[413] In die-

---

410 ACDP, KV Frankfurt a.M. II-045-018/1, Schulte an Husch, 8.9.1945: „Am Montagnachmittag [10. September 1945] um 16 Uhr soll im Dompfarramt dann eine Besprechung des Programms mit der Bekenntniskirche stattfinden."

411 ACDP, NL Dörpinghaus, I-009-CDU Hessen, „Frankfurter Leitsätze", September 1945 (im folgenden zitiert). Abdruck im Anhang; ferner vollständig bei FLECHTHEIM, Dokumente, S. 36–45; auszugsweise in: DIRKS, Christen, S. 45–49.

412 Vgl. oben S. 99.

413 ACDP, NL Dörpinghaus, I-009-CDU Hessen, Frankfurter Leitsätze (wie Anm. 411).

sem Geiste einer Kooperation, die staatlicherseits nicht nur die negative, gewährende, sondern auch die positive, fördernde Religionsfreiheit vorsieht, stehen die späteren Grundgesetzartikel zum Verhältnis von Staat und Kirche[414]. Den einzelnen Glaubensgemeinschaften weisen die „Frankfurter Leitsätze" somit eine „subsidiäre" Rolle zu. Von einem anzustrebenden christlichen Staat ist nicht die Rede. Dem erstmals von der Enzyklika „Quadragesimo anno" 1931 definierten Subsidiaritätsprinzip zufolge, wollte man auch die Rolle der Familien stärken. Der Nationalsozialismus habe „viel von der deutschen Familie geredet", faktisch aber „alles getan, um sie auseinanderzureißen (Kinderlandverschickung, Arbeitsdienst, Arbeitseinsatz, Militärdienst)". Nur als „Material für seine Machtmaschine" dienlich, jeden einzelnen, „ob Mann, ob Frau, ob Kind", nur für sich selbst beanspruchend, sei ihm die „Würde" der Familie „unbequem" gewesen. Durch Liberalisierung des staatlichen Ehescheidungsrechtes habe der Nationalsozialismus „den innersten Kern der Familie, die zuverlässige und treue Ehe", ausgehöhlt. Diese Erfahrungen vom Umgang mit der Familie im Dritten Reich vor Augen, fordern die „Frankfurter Leitsätze" die Rückkehr zur patriarchalisch geordneten, von staatlichen Einflüssen weitgehend unabhängigen Familie. Die Ehe in ihrer „gottgegebenen Würde" als Fundament, der Mann als „das Haupt" der „mit Kindern gesegneten Familie": diese Lebensgemeinschaft habe der Staat zu schützen und zu fördern[415]. Das waren konservative Töne, die von Dörpinghaus in dieser Form abgelehnt wurden. Seine „UDSD" trat auch für die christlich fundierte Familie ein, forderte aber zugleich die volle Gleichberechtigung der Frau und ihre Teilhabe am öffentlichen Leben[416].

Der „Entfremdung" der Jugend von den Familien, den „kulturellen, moralischen und religiösen Bindungen" und ihre Verführung zu „Staatsvergottung" und kriegerischem „Imperialismus" durch den Nationalsozialismus müsse durch Umerziehung zu den „echten republikanischen Tugenden": zu Gerechtigkeit, Toleranz, Gottesfürchtigkeit, gemeinwirtschaftlichem Sinn, Achtung vor anderen Völkern und Lebensformen sowie Mitmenschlichkeit begegnet werden. Die Umerziehung des deutschen Volkes beginne mit der Umerziehung der Jugend, „also mit der Umbildung der Schule"[417]. Bei der Schulfrage wird besonders deutlich, daß die neue christliche Partei nicht eine klassische „Kirchenpartei" sein möchte, deren Ziele sich in der kompromißlosen Verteidigung kirchlicher Werte und Einrichtungen im modernen Staat erschöpfen. Das

---

414 Vgl. Artikel 4, 7 (3) und 140 GG.

415 ACDP, NL Dörpinghaus, I-009–CDU Hessen, Frankfurter Leitsätze (wie Anm. 411).

416 Vgl. ACDP, NL Dörpinghaus I-009–001/1, Programmentwurf „Deutsche Männer und Frauen!"(wie Anm. 286).

417 ACDP, NL Dörpinghaus, I-009–CDU Hessen, Frankfurter Leitsätze (wie Anm. 411).

große Desiderat, das die katholisch-kirchlichen Verlautbarungen nach 1945 wie ein roter Faden durchzog, die Bekenntnisschule, wird in den „Frankfurter Leitsätzen" mit keinem Wort erwähnt. In dem bereits genannten Hirtenbrief der deutschen Bischöfe vom 23. August 1945 wird aber gerade die konfessionelle Volksschule für die zukünftige grundlegende Erziehung und Bildung der Kinder als unverzichtbar angesehen[418]. Der Abschied der Frankfurter CDU-Gründer vom alten Zentrum und die Orientierung zu einem „Sozialismus aus christlicher Verantwortung" wird am Beispiel der angestrebten Schulform noch einmal deutlich. Hatte die Deutsche Zentrumspartei in ihren Richtlinien von 1922[419] in dieser wichtigen Frage noch grundsätzlich die Bekenntnisschule unter Ablehnung des durch die Reichsverfassung (Artikel 146 WRV) festgeschriebenen staatlichen Schulmonopols – was allerdings wegen des Parteienzwistes niemals in Form eines Reichsschulgesetzes durchgesetzt worden war – gefordert, so anerkennen die Leitsätze den Bildungsauftrag der staatlichen Schule. Diese müsse „den jungen Menschen auf der Grundlage einer aus den Werten der europäischen und deutschen Geschichte erwachsenen positiven humanitären Ethik" bilden und dürfe nicht „antichristlich" und „antikirchlich" sein, sondern „dem Geist des Christentums" offenstehen. Den einzelnen Bekenntnissen und „anderen weltanschaulichen Gruppen" wird das Recht auf staatlich geförderte und in ihrer Benotung staatlicherseits anerkannte Privatschulen zugesprochen. In den staatlichen Volks- und höheren Schulen müsse das Elternrecht auf Bestimmung der religiösen Erziehung durch „Religionsunterricht in kirchlichem Auftrag" gewährleistet sein[420]. Mit der Forderung nach einer „christlichen Gemeinschaftsschule" nähern sich die Leitsätze stark der SPD-Programmatik an, die später bei den Verfassungsberatungen im Spätsommer 1946 zu der Übereinkunft mit der CDU kam, die hessischen Schüler sollten „in der Regel" die staatliche Gemeinschaftsschule besuchen[421]. Die Kölner CDP-Gründer beispielsweise wollten an der Bekenntnisschule grundsätzlich festhalten, ließen aber die „christliche Gemeinschaftsschule" mit konfessionellem Religionsunterricht als gleichwertig gelten[422].

---

[418] Vgl. LÖHR, Hirtenbriefe, S. 42. Zum konfessionellen Schulwesen in Deutschland vgl. KÜPPERS, Schulpolitik.

[419] Richtlinien der Deutschen Zentrumspartei vom 19.1.1922. Abdruck in: MOMMSEN/FRANZ, Parteiprogramme, S. 13–15.

[420] ACDP, NL Dörpinghaus, I-009–CDU Hessen, Frankfurter Leitsätze (wie Anm. 411).

[421] Die SPD in Hessen war sogar bereit, die Formulierung „christliche Gemeinschaftsschule" für den Fall zu akzeptieren, daß CDU und Kirchen auf die von ihnen geforderte zusätzliche Einrichtung von privaten Konfessionsschulen verzichtet hätten, was aber nicht geschah. Vgl. KROPAT, Hessen, S. 302 f; PARISIUS/SCHOLL-SEIBERT, Demokratie, S. 23.

[422] „Kölner Leitsätze" (wie Anm. 395), S. 216.

In den frühen Programmen der CDU fehlen meist Aussagen zur Medienpolitik. Die „Frankfurter Leitsätze" stellen hier eine Ausnahme dar. Dirks, Knappstein und Kogon als Journalisten dürften daher für das Kapitel „Presse und Rundfunk" verantwortlich gewesen sein. Es gelte, diese vom Nationalsozialismus propagandistisch mißbrauchten Mittel der Meinungsbildung durch Sachlichkeit und Toleranz wieder mit Vertrauenswürdigkeit anzufüllen. Hierzu müsse auch der Rundfunk „als Gemeinbesitz verwaltet" und der Kontrolle durch die demokratischen Organe und die Kirchen unterworfen werden. Ebenso müßten die Besitzverhältnisse in der Verlagswelt offengelegt werden, um die Presse und Publizistik nicht „der Macht eines anonymen Kapitals oder anderer unkontrollierbarer Mächte" auszuliefern[423]. Die Negativfolie dieser Forderung stellt die quasi monopolartige Machtzusammenballung im Verlagsimperium des deutschnationalen Parteivorsitzenden und Pressezaren Alfred Hugenberg in der Spätzeit der Weimarer Republik dar, die gegen Ende der Weimarer Republik eine unabhängige, freie und plurale Berichterstattung in den Print- vor allem aber in den neuen Tonbildmedien zusehends erschwert hatte [424].

Die „Frankfurter Leitsätze" stellen als ganzes somit ein kompaktes Parteigrundsatzprogramm dar mit überregionalem Anspruch und wegweisender Intention. In der hoffnungslosen Situation des Jahres 1945 sagen sie etwas über ein zukünftiges Deutschland und eine internationale Friedensordnung, über die Demokratie und den Sozialismus, warum die Partei „christlich" sein will, Kirche und Staat getrennt werden sollen und wie der Staat rückzuverweisen sei auf seine Wurzel und kleinste Einheit, die Familie. Der sehr lange familienpolitische Teil und die aus der Betonung der traditionellen Familienstruktur ableitbare Anerkennung kirchlicher Grundnormen, machen die Katholizität deutlich, für die der Verfasserkreis um Hilpert letztlich steht. Die Verbindung katholischer Prinzipien mit einem auch von humanistischen Werten getragenen, erneuerten „Sozialismus", der nicht nur eine ökonomische Ordnung in Deutschland, sondern eine „Friedenswirtschaft" auch in Europa begründet und die Würde und Freiheit des Menschen in der Gemeinschaft in den Mittelpunkt stellt, bildet den Kerngedanken der „Frankfurter Leitsätze". Um diesen humanen „Sozialismus" zum Ziel zu führen, wurde auch die heute verstaubt wirkende Forderung nach Planwirtschaft, Verstaatlichung von Schlüsselindustrien und Großbanken laut. Damit war die Programmatik der CDU in Frankfurt in der Tendenz radikaler, vielleicht auch europäischer als die der Unionsgründer in Köln oder Berlin, die eine

423 ACDP, NL Dörpinghaus, I-009–CDU Hessen, Frankfurter Leitsätze (wie Anm. 411).

424 Vgl. die Arbeiten von BERNHARD, Hugenberg-Konzern und KOSZYK, Ende.

brachiale Reform der Wirtschaftsordnung letztlich ablehnten und den Europagedanken erst später vertieften.

Ein paar Monate nach der Abfassung des Programms verdeutlichte Walter Dirks in den „Frankfurter Heften" noch einmal, daß ein im ursprünglichen Marxismus grundgelegter Sozialismus und ein als Weltauftrag verstandenes Christentum für ihn komplementäre Kräfte seien, die gemeinsam und über jede Parteiprogrammatik erhaben die historische Chance hätten, den Geist einer neuen Epoche schaffen zu können: „Es geht um den Geist einer Epoche. (...) Die Gegenwart trägt die Zukunft in ihrem Schoß. Die Geburt kann glücklich sein und sie kann mißraten. Das ist ein Vorgang größer als alle Programme. Die Politik ist in einem größeren Gesamtgeschehen nur eine Zone, eine recht zentrale freilich. In ihr aber kommt es sehr auf das ‚Programm' an, auf die Entscheidung, auf ein eindeutiges Ziel. Wenn es recht ermittelt worden ist, hilft es der Epoche, zu sich selber zu kommen. (...) Wir haben allen Anlaß, das deutsche Volk für recht schwer belehrbar zu halten, und auch seine Umwelt besteht nicht nur aus Philosophen und Idealisten. (...) Lohnt es sich, daraufhin anzufangen? Das ist eine Sache des Glaubens und der aus ihm genährten Hoffnung. Wir wissen nicht, ob der Herr der Geschichte uns Europäern eine im irdischen Sinne sinnvolle Fortsetzung oder gar Vollendung unserer Traditionen bestimmt hat oder nicht. Wir dürfen es aber hoffen. Und auf diese Hoffnung hin dürfen wir ans Werk gehen, – ja, müssen wir ans Werk gehen: ‚Für uns gilt allein das Versuchen. Der Rest ist nicht unser Geschäft.'"[425]

Der Schluß des Dirks'schen Essays ist schon mit Blick auf den Ertrag seiner eigenen Mitarbeit bei der Abfassung der „Frankfurter Leitsätze" verfaßt, denn schon deren wirtschafts- und sozialpolitische Forderungen bleiben hinter den seinen zurück. Während Dirks auch die dem Sozialismus ideologisch fernstehenden Gruppen gewinnen wollte, versuchen die Leitsätze in keiner Weise, den bürgerlichen Mittelstand, Industrielle oder Großbauern für einen „Sozialismus aus christlicher Verantwortung" zu begeistern. Ferner fällt auf, daß im Kapitel „Sozialismus und Eigentum" noch nicht einmal der Begriff „christlich" erscheint[426]. Es muß davon ausgegangen werden, daß Dirks' Konzept dem Oberurseler Kreis letztlich doch zu weitgehend oder zu abstrakt gedacht war und dem auch zu Glaubwürdigkeit und Realismus rufenden Gebot der Stunde eines parteilichen Neubeginns im Spätsommer 1945 gravierend zuwiderlief, wes-

---

[425] Dirks, Republik (1946), S. 23f. Vgl. oben Kapitel I S. 22f.

[426] Im Gegensatz zu den „Kölner Leitsätzen" (wie Anm. 395), S. 216: „So vertreten wir einen wahren christlichen Sozialismus, der nichts gemein hat mit falschen kollektivistischen Zielsetzungen, die dem Wesen des Menschen von Grund aus widersprechen."

wegen dann der stärker ökonomisch ausgerichteten Argumentation Kogons der Vorzug gegeben wurde. Die eher konservativ-bürgerliche Richtung von Dörpinghaus mit einem eng an der Lehre der Kirche orientierten, rein sozialpflegerisch verstandenen „Sozialismus" allerdings hatte zu diesem Zeitpunkt ebenfalls nur eine kleine Lobby in der Gründungsbewegung[427]. Über mögliche politische Konstellationen, die sich aus dem Parteiprogramm ergaben, konnte zum Zeitpunkt der Abfassung nur spekuliert werden. Noch war nicht klar, ob die Gründung einer Partei gelingen, welche öffentliche Wirkung und welche Wahlergebnisse diese erzielen würde, um überhaupt als politischer Partner in frage zu kommen.

---

[427] Hierzu konträr: BECKER, CDU, S. 89. Für ihn ist Dörpinghaus „maßgeblicher Programmgestalter".

IV. „Die neue Zeit ist mit uns!" – Parteigründung und erstes politisches Wirken der Frankfurter CDU bis zur Landtagswahl am 1. Dezember 1946

Die Oberurseler Beratungen hatten die programmatischen Weichen für die neue Partei gestellt. Die Zeit war nun reif, bei den Besatzungsbehörden vorstellig zu werden und die Genehmigung zur Aufnahme politischer Arbeit zu beantragen. Ab 2. September 1945 hatten die Amerikaner die Bildung von politischen Parteien auf Kreis- und Stadtkreisebene zugelassen. Die Wiedergründung von SPD und KPD war bereits absehbar. Keineswegs aber wartete die Frankfurter Bevölkerung ungeduldig auf die Rückkehr demokratischer Strukturen. Andere Sorgen dominierten unerbittlich den Alltag. Der Winter stand bevor. Obdachlosigkeit und mangelhafte Ernährung waren ein Massenphänomen auch in Frankfurt am Main. Zudem fehlten die Voraussetzungen zur demokratischen Meinungsbildung in der Bevölkerung wie freier Brief- und Postverkehr, unabhängige Zeitungen und Räumlichkeiten für größere Saalveranstaltungen, bemängelte der Frankfurter Oberbürgermeister Blaum am 10. September 1945 in einem Lagebericht an den amerikanischen Stadtkommandanten[428]. Zusätzlich stellte Blaum ein weitgehendes grundsätzliches Desinteresse, ja, eine „Abneigung" der Bevölkerung „gegen politische Parteitätigkeit" fest: „Ganz allgemein besteht in der Bevölkerung die Abneigung gegen politische Parteitätigkeit zum einen, weil an sich dem Deutschen die Erziehung und Ausbildung zum ‚political man' vollkommen fehlt und auch in der Zeit von 1918–1933 unterlassen wurde. Die Erfahrungen zum anderen mit der Zahl von sieben größeren Parteien in Deutschland in der Zeit der Weimarer Republik hätten schon damals eine starke abschreckende Wirkung auf die politische Betätigung der deutschen Bevölkerung ausgeübt. Man will eine Wiederkehr des Parteienkampfs jener Zeit nicht (...). Es besteht daher eine starke Abneigung dagegen, sich jetzt schon irgendwie parteipolitisch zu entscheiden, und es wird die Tätigkeit der Kommunisten und der Katholiken, sowie der Sozialdemokraten auf diesem Gebiet als reine Interessenagitation betrachtet."[429]

Die Startbedingungen für die alten und neuen politischen Kräfte waren in Frankfurt am Main demzufolge denkbar schwierig. Die CDU-

[428] STAF, NL Blaum S1/38, Nr. 2, Blaum an Sheehan, 10. 9. 1945. Abgedruckt auch bei BOEHLING, Lageberichte, S. 500f.

[429] Ebd.

Die

Christlich-Demokratische Partei

ruft das werktätige Volk!

Unser Sozialismus

schützt Euch vor Freibeutertum jeder Art. Nur ein System planvoller Wirtschaftslenkung schafft zukünftig dem werktätigen Volk einen angemessenen Lebensstandard. Wir wollen den verarmten und besitzlosen Schichten zu neuem Eigentum verhelfen, weil nur so das soziale Elend unserer Familien überwunden wird. Unsere Zeit erfordert große Gemeinschaftslösungen.

Unser politisches Bekenntnis

ist in den **Frankfurter Leitsätzen** ausgesprochen. Wir sind keine Kirchenpartei, sondern die große Partei der aufbauwilligen Christen und Demokraten **aller** Bekenntnisse. Die von unsrem Glauben getragene Hilfsbereitschaft stellen wir tatkräftig in den Dienst an unserem niedergebrochenen Volk.

Unser Wille zur Zusammenarbeit

Wir stärken die antifaschistische und antimilitaristische Front. Wir sind bereit, mit allen Parteien zusammenzuarbeiten, die sich ohne offene oder versteckte Vorbehalte zur Demokratie bekennen und jede Diktatur ablehnen. Fort mit den Parolen des Klassenkampfes, die noch in den Köpfen spuken! Die Not der Stunde gebietet die **Einheit der Werktätigen aller Stände.**

Die neue Zeit ist mit uns!

Meldet Euch in die Christlich-Demokratische Partei

Geschäftsstelle: Frankfurt a. M., Blumenstraße 3

Gründer konnten allerdings mit dem Bonus aufwarten, für eine völlig neue Bewegung einzustehen, die bestrebt war, die als „Parteiengezänk" stigmatisierten Zersplitterungen der Weimarer Zeit hinter sich zu lassen. Sie vertraten dies gegenüber der Öffentlichkeit zunächst nur sehr zögerlich, wie der Berliner CDU-Abgesandte von der Gablentz in seinem Reisebericht kritisch notierte: „Von den Parteien ist in der Öffentlichkeit im wesentlichen nur die SPD aufgetreten und neben ihr die KPD. (...) An die Öffentlichkeit sind die zur Union gehörenden Kräfte noch nicht getreten. Es fehlt im hessischen Gebiet überhaupt an Führung. Das liegt auf der einen Seite daran, daß keine überragende Persönlichkeit da ist, auf der anderen Seite ist es die Folge davon, daß die tüchtigsten Kräfte durch Verwaltungsaufgaben absorbiert werden."[430] Diesen Vorsprung der alten Arbeiterparteien einzuholen, waren die Gründer der CDP aber durchaus entschlossen. Die Anfänge der CDU in Frankfurt am Main konnten nun aus dem Schatten des Besatzungsrechts ans Licht der Öffentlichkeit dringen.

1. Die Auseinandersetzung um das „C" im Parteinamen

Um die Partei aus der Taufe heben zu können, war Einigkeit im Auftreten gegenüber der amerikanischen Militärregierung notwendig. Für den Lizenzierungsantrag mußten ein Programm, eine Satzung und ein Parteiname feststehen. Da im September die Kontakte der „Volksparteiler" zu den Evangelischen über den Bürgerrat intensiviert wurden, besprach man nun gemeinsam das „Programm der Volkspartei", nahm die kulturpolitische Ergänzung vor und erarbeitete eine vorläufige Satzung. An der Ausarbeitung der Statuten wirkte der Jurist und spätere hessische CDU-Vorsitzende Wilhelm Fay (1911–1980)[431] maßgeblich mit[432]. Was jetzt noch

[430] Von der Gablentz, Bericht (wie Anm. 354), S. 372f.

[431] Vor 1933 in den Windhorstbünden und Leiter der Frankfurter „Zentrumsstudenten". 1933 Redeverbot. Studium der Rechtswissenschaften in München und Frankfurt am Main. 1937 Promotion. 1939 Assesorexamen. Verweigerung des Justizdienstes aus politischen Gründen. Marineoffizier. 1942 Zulassung als Rechtsanwalt. Seit 1945 Landgerichtsrat. 1948 Eintritt in die CDU. 1948–1966 Stadtrat, 1966–1972 Bürgermeister in Frankfurt am Main. 1953–1970 MdL (Hessen). 1952–1961 und 1972–1973 Vorsitzender der Frankfurter CDU. 1952–1967 Landesvorsitzender der CDU Hessen. Zu ihm: KOSCH, Staatshandbuch, S. 312f; DEGENER 13 (1958)-20 (1979); ADLHOCH, Dom, S. 166–168; LENGEMANN, Hessen-Parlament, S. 245f; Art. Wilhelm Fay, in: KLÖTZER, Frankfurter Biographie, hier 1, S. 197. Dirks bezeichnete Fay als Repräsentanten einer konservativen Haltung. Vgl. RÜSCHENSCHMIDT, Gründung (1981), S. 50 mit Anm. 45.

[432] Mitteilungen von Hans LOSKANT am 24. 10. 1996; ACDP, NL Hilpert I-021-18/1, Fay an Hilpert, 13. 5. 1950.

fehlte, war ein geeigneter Parteiname. Hier scheint es eine deutliche Kontroverse zwischen den evangelischen und katholischen Parteigründern gegeben zu haben. Zur Debatte dürften zunächst „Volkspartei", „Universal-Demokratische Sammlung Deutschlands" oder „Christlich-Demokratischer Block" gestanden haben. Marcel Schulte erinnert sich: „Ein (...) Argument aber, das von evangelischer Seite in die Debatte geworfen wurde, war, man könnte den evangelischen Volksteil nicht für eine Partei gewinnen, wenn dieses Wort (‚christlich', Anm. d. Verf.) nicht im Firmenschild enthalten sei, weil der Protestantismus bisher vom Staate gelebt habe, das heißt durch seine Verbindung zum Kaiserhaus als der höchsten evangelischen Instanz vom Staate her und nicht vom Volke her denke. (...) Der evangelische Volksteil in Frankfurt machte die Frage der christlichen Firmierung zur conditio sine qua non, und so kam es denn, daß die Lizenz bei den Amerikanern unter der Firma ‚Christlich-Demokratische Partei' eingereicht wurde. Den Namen ‚Block' wollte man in Frankfurt vermeiden, weil die Bezeichnung zu kämpferisch sei und zu sehr von der Sozialdemokratie oder anderen Parteien separiere. Ebenso fand man das Wort ‚Union', das in Frankfurt schon sehr früh auftauchte, nicht sehr überzeugend. Man lehnte es nicht gerade ab, stand aber auf dem Standpunkt, das Wort ‚Partei' sei ehrlicher und klarer als das Wort ‚Union'."[433]

Es ist bemerkenswert, daß sich gerade die evangelische Gruppe im Gründerkreis für das Adjektiv „christlich" stark machte. Waren in Berlin oder Köln, in Kassel oder Wiesbaden und anderswo katholischerseits schon lange die Weichen für die Parteinamen CDU oder CDP gestellt, um zu zeigen, daß die Erneuerung des Lebens nach der „Stunde Null" nur auf der Basis einer christlichen Lebensauffassung, die auch konfessionelle Schranken überwindet, möglich sei, bedurfte es bei den Frankfurter Parteipionieren offenbar eines Kompromisses. Dies mag an der vergleichsweise späten Kontaktaufnahme zwischen den Konfessionen gelegen haben. Die Protestanten bestanden auf der Bezeichnung „Christlich", die Katholiken lehnten den Namen „Union" ab, da sie vermutlich eine zu enge Bindung mit dem politischen Protestantismus zunächst nicht einzugehen gewillt waren[434]. So entstand – vielleicht auch nach Kölner Vorbild – der Name „Christlich-Demokratische Partei". Hilpert hingegen hatte sich offenbar früh für die Bezeichnung „Union" ausge-

---

433 Schulte an Wieck, 13. 10. 1953. Gedruckt bei WIECK, Demokraten, S. 46.

434 Wieck ist der Meinung, die Frankfurter hätten eine Reminiszenz an die als sowjetisch lizenziert und gefördert angesehene Berliner CDU vermeiden wollen. Ebd., S. 47. Dies erscheint unwahrscheinlich, da im Westen zum fraglichen Zeitpunkt über die parteipolitische Entwicklung in der SBZ wenig aus zuverlässiger Quelle bekannt und die zukünftige Entwicklung der Ost-CDU im Spätsommer 1945 noch nicht ohne weiteres vorhersehbar war. Zur Berliner CDU-Gründung vgl. REICHARDT, Hermes, S. 206–230; GRADL, Anfang.

sprochen, da sie die Verbindung der politisch handelnden Christen am besten ausdrücke, konnte sich aber erst später, vermutlich Mitte November 1945, durchsetzen, als durch die Besuche von Otto Heinrich von der Gablentz und Andreas Hermes in Frankfurt die Umstände der Berliner CDU-Gründung bekannt wurden[435].

2. *Die Gründungsversammlung am 15. September 1945 und das Ringen um den Parteivorsitz*

Unter dem 15. September 1945 beantragte ein „Vorbereitender Ausschuß", bestehend aus 20 Personen, bei der amerikanischen Militärregierung in Frankfurt persönlich und schriftlich die Gründung der „Christlich-Demokratischen Partei"[436]. Dirks schrieb zwei Tage später, dies sei unter dem „Druck der Umstände" geschehen. Eine Parteibildung hätten er selbst und seine Gesinnungsfreunde „lieber noch verschoben"[437]. Die Katholische Volksarbeit meldete die Gründungsversammlung des 15. September noch am selben Tag an das Bischöfliche Ordinariat: „In Zusammenarbeit mit den Vertretern der Protestantischen Kirche wurde die christlich-demokratische Partei gegründet."[438] Das englischsprachige Anschreiben an die Amerikaner ist unterzeichnet von Werner Hilpert, Jakob Husch, Josef Arndgen, Karl-Heinrich Knappstein, Otto Schumann, Paul

[435] Mitteilungen von Karl HOHMANN am 30.10.1996. Andreas Hermes selbst erläuterte bei seinem Besuch am Main die Berliner Namensgebung „CDU": „Entscheidend bei der Gründung war die Überwindung alles Trennenden. Wir dürfen nicht an 1933 anknüpfen, sondern müssen neu bauen an einer Sammlungsfront. Der Name ‚Union' soll mehr ausdrücken als eine Partei alten Stils. ‚Christlich' soll sagen, daß eine Erneuerung unseres Lebens nur auf der Basis christlicher Lebensauffassung möglich ist. Toleranz ist die Hauptsache. Alle, die guten Willens sind, sind uns willkommen." ACDP, KV Frankfurt a.M. II-045-018/7, Protokoll mit der Überschrift „Bericht über die Sitzung der CDP Frankfurt/M. am 31.10.1945 in der Blumenstraße". Zur Namensgebung der CDU in Berlin vgl. REICHARDT, Hermes, S. 207f. Zum Besuch von Hermes in Frankfurt vgl. unten S. 155–157.

[436] HSTAM, OMG LSO District Frankfurt 8/2-1/4, CDP Frankfurt/Main an Military Government, 15.9.1945. Die CDP ist nicht, wie WIECK, Demokraten, S. 47, behauptet, am 15.9.1945 lizenziert worden. Vielmehr wurde an diesem Tag erst einmal ein Antrag gestellt. Vgl. RÜSCHENSCHMIDT, Gründung (1981), S. 59. Das Lizenzierungsgesuch mußte bei der Militärregierung nicht nur schriftlich eingereicht, sondern auch durch persönliches Erscheinen der Antragsteller unterbreitet werden. Schulte bat Husch noch am 8. September 1945, an Pfarrer Fricke heranzutreten und „drei evangelische Herren" zur Vorstellung bei der Militärregierung zu entsenden. ACDP, KV Frankfurt a.M. II-045-018/1, Schulte an Husch (wie Anm. 410).

[437] Dirks an Wirth, 17.9.1945. Zit. bei HÖRSTER-PHILIPPS, Wirth, S. 681 mit Anm. 216.

[438] DAL 351 I, „Mitteilungen der Hauptstelle der Kath. Volksarbeit Nr. 3", 15.9.1945.

Friedrich Weber und Erich Dombrowski (1882–1972)[439], dem späteren Herausgeber der „Frankfurter Allgemeinen Zeitung". Der Parteiausschuß, so heißt es da, bestünde aus Personen des ehemaligen Zentrums, der ehemaligen Deutschen Demokratischen Partei, darunter Dombrowski und der Schriftsteller August Kober (1887–1955)[440], und aus Mitgliedern der Bekennenden Kirche, wie dem Anglisten Theodor Spira; weiterhin aus katholischen und evangelischen Bürgern, die vorher nicht zu einer dieser Gruppierungen gehört hätten[441]. Es wird ferner versichert, daß niemand Mitglied der NSDAP gewesen sei.

Auf der beigefügten Liste des Ausschusses finden sich auch die Namen von Hans Breitbach, Walter Dirks, Bruno Dörpinghaus, Eugen Kogon, Marcel Schulte sowie weiterer ausschließlich männlicher Personen. Sechs Parteigründer waren Mitglieder der Zentrumspartei, drei gehörten der DDP/DStP an, vier rechneten sich den Christlichen Gewerkschaften zu, zwei der Bekennenden Kirche und fünf waren parteilos. Die aufgeführten ehemals Parteilosen – Hermann Frühauf, Eugen Kogon, der Oberurseler Bürgermeister Ernst Wahl (1902–1989)[442] und Paul Friedrich Weber – waren alle katholisch. Rechnet man die ebenfalls katholischen Mitglieder des Zentrums und der christlichen Gewerkschaften dazu und stellt in Rechnung, daß die ehmaligen DDP-Mitglieder außer August Kober evangelischer Konfession gewesen sind, ist von einem Verhältnis Katholiken/Protestanten im Parteiausschuß, der als erster Kreisvorstand der CDP gesehen werden kann, von 16:4 auszugehen, was noch einmal das deutliche Übergewicht der Katholiken unterstreicht.

Neben dem Parteiprogramm, den „Frankfurter Leitsätzen", wurde dem Gründungsgesuch eine provisorische Satzung beigefügt[443]. Sie sollte bis

---

439 Über ihn der Art. Erich Dombrowski, in: KLÖTZER, Frankfurter Biographie, hier 1, S. 162.

440 Vor 1933 DDP-Mitglied. Veröffentlichung zahlreicher Sachbücher, Geschichten, Kurzromane und Theaterstücke, vor allem über die Zirkus- und Varieté-Welt, zum Teil in mehrere Sprachen übersetzt. Zuletzt Redakteur der „Frankfurter Illustrierten". Werke u. a.: Geschichte der religiösen Dichtung, Essen 1919; Seele des Journalisten, Köln 1920. Angaben zu ihm laut DEGENER 12 (1955), S. 609; KOBER, Existenz, S. 255–257.

441 Im Gegensatz zu der im Nachlaß von Wilhelm Fay befindlichen Gründungschronologie war Ludwig Jost als Protagonist des evangelischen Mitgliederteils an der eigentlichen Gründung nicht beteiligt und gehörte auch nicht zum „Vorbereitenden Ausschuß". Vgl. ACDP, NL Fay, I-145–Film 24, „Stichworte zur Gründungsgeschichte der CDU in Hessen", o. D.

442 Rechtsanwalt und Notar. 29. 5.-8. 10. 1945 von der Militärregierung ernannter Bürgermeister von Oberursel. Vgl. den Artikel „Drei Verwaltungschefs von 1933–1945" in der Taunus-Zeitung vom 16. 9. 1995. Wahl hatte Eugen Kogon 1945 eine Wohnung in Oberursel-Hohemark vermittelt.

443 ACDP, NL Dörpinghaus I-009–CDU Hessen, Vorläufige Satzung der CDP Frankfurt (englisch/deutsch), o. D. [September 1945].

zur „Schaffung einer Partei für das ganze Reich" Geltung haben. Darin werden in § 1 die „Frankfurter Leitsätze" als „Grundlage der Christlich-Demokratischen Partei" bezeichnet. § 2 regelt die Gliederung der „Stadt Groß-Frankfurt" in „nach Stadtteilen aufgegliederte Ortsvereine". Aufgrund von § 3 wird ein aus 16 Personen bestehender Arbeitsausschuß gebildet, der Vorstandswahlen vorbereiten und den organisatorischen Aufbau der Partei vornehmen soll. „Sechs Herren" aus diesem Ausschuß sollen als Parteisprecher fungieren. § 4 formuliert die Bedingungen für eine Mitgliedschaft in der CDP: „In die Mitgliedslisten der Christlich-Demokratischen Partei können sich Männer und Frauen eintragen lassen, welche das 18. Lebensjahr erreicht haben, sich im Besitz der bürgerlichen Ehrenrechte befinden und sich zu den Leitsätzen der Christlich-Demokratischen Partei bekennen. Aktive Mitglieder unterliegen vor Aufnahme in die Partei einer Prüfung über ihre Zuverlässigkeit und können vom Vorstand ohne Angabe von Gründen zurückgewiesen werden. Mitglieder, die ihre Pflichten gegen die Partei gröblich verletzen, können vom Vorstand ausgeschlossen werden. Ehemalige National-Sozialisten können keine Ämter in der Partei bekleiden."

Es fällt ins Auge, daß die CDP trotz der in den „Frankfurter Leitsätzen" deutlich gemachten antifaschistischen Haltung den ehemaligen „PGs" dennoch ein Türchen wenigstens zur (passiven) Mitgliedschaft offenhalten wollte. Dies ging einher mit der bereits erwähnten Überzeugung einzelner CDP-Gründer, eine wirksame Umerziehung ehemaliger Nationalsozialisten, die „nur" Mitläufer waren, zur Demokratie sei möglich[444]. § 5 schließlich überträgt die laufenden Geschäfte der CDP einem hauptamtlichen Geschäftsführer. In den ersten Monaten übernahm dieses Amt Paul Friedrich Weber, der ebenfalls von der „Frankfurter Zeitung" kam, im April 1946 aber zur „Frankfurter Neuen Presse" wechselte. Sein Nachfolger wurde Max Dubiel.

Unter der Überschrift „Parteigründung in Frankfurt" berichtete die „Frankfurter Rundschau" am 21. September 1945 in einer kleinen Notiz vom Gründungsgesuch „einer örtlichen Gruppe der Christlich-Demokratischen Partei". Nachdem die Militärregierung die CDP zugelassen hatte, konnte mit der offiziellen politischen Arbeit begonnen werden. Der erste Tätigkeitsbericht des Geschäftsführers verdeutlicht, mit welch bescheidenen Mitteln die Anfänge der CDP bestritten werden mußten: „Die Partei errichtete am 1. Oktober 1945 in einem beschädigten Hause, Blumenstraße 3, ein aus drei Räumen bestehendes Sekretariat. Dieses ist jetzt

[444] Bei der bereits erwähnten Parteiversammlung am 31. 10. 1945 führte Knappstein u. a. aus: „Uns trennt von den Linken die Auffassung der Kommunisten, alle PG's seien für ewige Zeiten zu brandmarken." ACDP, KV Frankfurt a. M., II-045–018/7, Bericht über die Sitzung der CDP (wie Anm. 435).

soweit eingerichtet (Telefon, Inventar, Licht, Schreibmaschine), daß ab 15. Oktober in größerem Umfang mit der Mitgliederwerbung für das Frankfurter Stadtgebiet begonnen werden kann. Die Mitgliedsanträge werden auf politische Zuverlässigkeit geprüft, die Mitglieder selbst durch Vertrauensleute geworben. Der monatliche Mitgliedsbeitrag beträgt 1 Reichsmark."[445]

Als schwierig erwies sich die Wahl des Sprechers und Ersten Vorsitzenden der Partei. „Hilpert und Blaum sind zu beschäftigt", wie von der Gablentz seinen Berliner Parteifreunden berichtete[446]. Beide hätten über die nötige Erfahrung in der parlamentarischen und administrativen Arbeit verfügt. Nicht ohne Sorge um die Entwicklung in Frankfurt, weiß von der Gablentz weiter mitzuteilen: „Man hatte die Idee, Joseph Wirth[447] als Führer nach Frankfurt/M. zu holen, hat aber dann glücklicherweise mit ihm nicht die richtige Verbindung bekommen." Wirth weilte seit 1940 als verarmter Emigrant im schweizerischen Luzern und betätigte sich erfolglos als Verbindungsmann innerdeutscher Oppositionsgruppen zu Regierungsstellen in London und Paris. 1943 gründete er mit den Sozialdemokraten Otto Braun und Wilhelm Hoegner die Arbeitsgemeinschaft „Das demokratische Deutschland", mit dem Ziel einer föderalistisch-genossenschaftlichen „deutschen Bundesrepublik". Sein Vorschlag, nach dem Krieg eine „Radikal-soziale Volkspartei" aus führenden Gruppen von SPD und Zentrum zu bilden, blieb ohne Zukunft. Die französische Besatzungsmacht ließ ihn nach 1945 zunächst nicht einmal in seine Geburtsstadt Freiburg zurückkehren[448].

Dennoch war Wirth in den Jahren 1945 und 1946 ein gefragter Mann. Ernst Lemmer wollte den ehemaligen Reichskanzler zur CDU nach Berlin holen, Karl Spiecker ihn für eine Wiederbelebung des Zentrums in Westdeutschland gewinnen. In Wirths Heimat aber mußte die Gründung der „Badischen Christlich-Sozialen Volkspartei" (BCSV) am 20. Dezember

---

445 ACDP, KV Frankfurt a.M. II-045–018/7, Tätigkeitsbericht der CDP Frankfurt/Main vom 28. September bis 12. Oktober 1945. – Webers erster Finanzbericht vom 28.11.1945 offeriert interessante Einblicke in die finanzielle Lage der CDP. Dort wird ein Guthaben von 2.639,– RM aufgeführt. Auf der Einnahmen-Seite konnten 4.324,– RM verbucht werden, allein 3.753,– RM aus Spenden. Durch Mitgliedsbeiträge konnten nur 266,– RM eingenommen werden. Auf der Ausgabenseite machen die Gehälter für die ersten Angestellten mit 1.450,– RM den Löwenanteil aus. Die Zahlen zeigen, wie sehr die neue Partei in dieser Phase von privaten Geldzuwendungen abhängig war. Bedenkt man den damaligen Wert der Reichsmark und die allgemein herrschende wirtschaftliche Not, so war das Spendenaufkommen doch relativ hoch. ACDP, KV Frankfurt a.M., II-045-018/7, Monatlicher Finanzbericht für November, 28.11.1945.

446 Von der Gablentz, Bericht (wie Anm. 354), S. 374f.

447 Über ihn siehe oben S. 39 mit Anm. 65.

448 Hierzu MORSEY, Vorstellungen, S. 223f; KÜPPERS, Wirth, S. 315.

1945 ohne ihn erfolgen[449]. Auch in Frankfurt am Main kam der Gedanke an Wirth auf. Ihn als Parteivorsitzenden zu gewinnen, lag für den zu diesem Zeitpunkt bestimmenden Kreis der Frankfurter CDU-Gründer um Dirks natürlich nahe, war doch die RMV und ihr politisches Umfeld eine der verläßlichsten publizistischen Stützen des Zentrumspolitikers gewesen. Da es so empfunden wurde, daß in Hessen charismatische Führungspersönlichkeiten fehlten oder aufgrund von administrativen Aufgaben gebunden waren, beschloß die Gründungsversammlung des 15. September einstimmig, Wirth den Vorsitz anzutragen, damit dieser den Ideen der „Frankfurter Leitsätze" „eine Brücke in die Umwelt" schlage und „von Frankfurt aus über das Rhein-Main-Gebiet hinaus die Führung im Westen Deutschlands übernehmen" könne[450]. Nicht nur die Programmatik, sondern auch die Auswahl des Parteivorsitzenden verdeutlicht noch einmal das überregionale politische Sendungsbewußtsein der Unionsgründer in der Mainmetropole. Dirks schrieb an den Exilanten und drängte ihn, bald nach Frankfurt zu kommen: „Wozu Sie berufen sind und warum Sie dazu berufen sind, brauche ich Ihnen nicht zu sagen. Ich sage es Ihnen ins Ohr: Von den Männern von früher, die eine immense Erfahrung und Beherrschung der politischen Spielregeln und Methoden in den Dienst des deutschen Volkes zu stellen vermögen, sind Sie der einzige, zu dem wir das volle Vertrauen haben, daß er den absolut richtigen Kurs zu steuern vermag. Ihr Auftreten würde die besten Kräfte allenthalben mobil machen, an ihre alte Autorität würde sich sogleich neues Vertrauen, neue ‚Macht' ankristallisieren."[451]

Die Briefe aus Frankfurt haben Wirth zunächst nicht erreicht. Erst im Spätherbst hätte Wirth mit Einverständnis der Amerikaner nach Frankfurt fliegen können, was er aber ablehnte, um die Franzosen nicht wegen Mißachtung ihres Vetos zu verstimmen[452]. Wirth hätte als Vorsitzender der Union in Frankfurt sicher manchen Impuls gesetzt, ob er angesichts der Gesamtentwicklung der Partei seine Position hätte halten können, ist fraglich. Wirth wandte sich im Sommer 1946 noch einmal an die Frankfurter CDU und bot sich als Redner an. Hilpert, jetzt Landesvorsitzender der CDU, riet den Frankfurter Parteifreunden jedoch davon ab, da „Wirth durch seine über ein Jahrzehnt lange Abwesenheit von Deutschland doch nicht so die gegenwärtige Lage" kenne[453]. Wenn nicht jemand von außer-

---

449 Vgl. HÖRSTER-PHILIPPS, Wirth, S. 679–684.

450 Schreiben der CDP-Gründer an Wirth, 17. 9. 1945, unterzeichnet u. a. von Arndgen, Dirks, Hilpert, Husch, Knappstein, Schulte und Wilhelmi. Zit. ebd., S. 682 mit Anm. 219.

451 Dirks an Wirth, 17. 9. 1945. Zit. ebd., S. 682.

452 Vgl. ebd., S. 682 f.

453 ACDP, NL Hilpert I-021–023/1, Briefwechsel CDU Frankfurt am Main/Hilpert, 19. 8. u. 6. 9. 1946.

halb, wie eben Wirth, wer dann aus dem personellen „Reservoir" des Gründerkreises war geeignet, die neue Partei zu führen?

Von der Gablentz berichtet, den Vorsitz der CDP übernehme „der evangelische Rechtsanwalt Wilhelmi"[454]. Dem vormaligen Frankfurter Zentrumsvorsitzenden Jakob Husch war von der Gablentz in Frankfurt offenbar nicht begegnet. Er ist ihm namentlich nicht einmal bekannt gewesen[455]. Tatsächlich ist aber Husch vom Parteiausschuß zum Vorsitzenden der CDP gewählt worden[456]. Die unbelegte Auffassung von Wieck, die amerikanischen Besatzungsbehörden hätten die Auswahl des Vorsitzenden vorgenommen und dem eher „linken" Karl-Heinrich Knappstein den gemäßigteren Jakob Husch vorgezogen[457], dürfte ebenso aus der Luft gegriffen sein, wie die Wahl Wilhelmis, der für die zu diesem Zeitpunkt noch deutlich katholisch bestimmte Partei kaum repräsentativ gewesen wäre und erst 1946 seine Führungsqualitäten als Vorsitzender der CDU-Stadtverordnetenfraktion unter Beweis stellen konnte. Zwar hätte Knappstein die Richtung der „Frankfurter Leitsätze" besser verkörpert als der zweifelsohne bodenständigere politische Veteran Husch, der auf die Abfassung des Programms wenig Einfluß genommen hatte. Statt dessen hatte sich Husch frühzeitig um die für den Parteiaufbau finanziell notwendigen gesellschaftlichen Kontakte, etwa zu Frankfurter Industriellen, bemüht[458]. Allein deshalb war Husch nicht unbedingt repräsentativ für die sich zunächst durchsetzende geistige Grundhaltung im Gründerkreis. Schon bald sah er die CDU als eine breitenwirksame Volkspartei an mit Ausrichtung auf den bürgerlichen Mittelstand[459]. Andererseits war der damals 70jährige Husch das lebende Symbol für das 1933 untergegangene Zentrum und damit auch für die mit dieser Richtung des politi-

---

454 Von der Gablentz, Bericht (wie Anm. 354), S. 374f.

455 Ebd., S. 374: „Die Anmeldung [der Partei bei den Besatzungsbehörden] ist aus irgendwelchen formalen Gründen durch einen sonst nicht hervortretenden Mann, namens [Husch], erfolgt."

456 Vgl. RÜSCHENSCHMIDT, Gründung (1981), S. 60.

457 WIECK, Demokraten, S. 52f.

458 Husch hatte freundschaftliche Kontakte zur Familie Thyssen und vermittelte im Sommer 1945 Gespräche von Mitgliedern des Katholikenausschusses, darunter Pfarrer Eckert und Breitbach, mit Frankfurter Industriellen. Vgl. ACDP, KV Frankfurt a.M. II-045-018/1, Briefwechsel Husch/Schindling (VDO Tachometer AG), 21.6. u. 14.7.1945; ACDP, NL Hilpert I-021-019/2, Husch an Hilpert, 1.1.1949; Porträt Husch in der Frankfurter Neuen Presse vom 24.10.1950.

459 In einer Stellungnahme zur groß-hessischen Regierungsbildung führte er u.a. aus: „Die CDP als stärkste Gruppe jener Bevölkerungskreise, die sich aus Arbeitnehmern, aus Handel und Gewerbe, aus Landwirtschaft und Mittelstand aufbaut, muß ihrer Bedeutung nach aktiv in der Regierung vertreten sein, um so verantwortungsbewußt an den großen und schweren Aufgaben zur Überwindung der Not mitzuarbeiten." Frankfurter Rundschau vom 9.11.1945. Abdruck in: KROPAT, Hessen, S. 35f.

schen Katholizismus verbundenen Ideen. In der praktischen Partei- und Parlamentsarbeit war Husch zudem sehr erfahren, bekannt und beliebt bei den Mitgliedern, ein Mann des Ausgleichs, der einfachen, aber verständlichen Worte, eine Vaterfigur, die anziehende Wirkung vor allem auf junge Leute hatte, darunter viele Kriegsheimkehrer, die sich schwertaten mit dem intellektuellen Niveau der Vordenker[460]. In einem Nachruf charakterisierte Marcel Schulte Husch als einen väterlichen Freund:

„Er war eine aufrechte Haut, ohne Arg und Falsch und lebte ganz aus seinem christlichen Glauben. Wie begeistert erzählte mir dieser ehemalige Eifelbauer aus der Zeit, da er Landesvorsitzender des Zentrums in Lothringen war, von seiner Bekanntschaft mit dem französischen Außenminister Schuman, aus seiner Tätigkeit im preußischen Staatsrat, von seiner Verfolgung durch Gauleiter Sprenger und schließlich von der Gründung der CDU 1945 in Frankfurt, wo er trotz seines Alters wieder ‚dabei' war. Ja, ein echter Pionier der Ehrlichkeit und Wahrheit, dessen Faust donnernd auf meinen kleinen Tisch fiel, als das Thema der Bonner Korruption und viele andere Übelstände zur Sprache kamen. ‚Papa Husch', sagten wir im vertrauten Kreise. ‚Papa Husch', suchte ich ihn zu beruhigen, ‚solange es Männer wie Sie gibt, kann man politisch noch hoffen'. Und als er fort war, war es, als sei ein frischer Luftzug durch den Raum gegangen. Es war wieder einmal jemand bei mir, vor dem den Hut zu ziehen sich lohnte."[461]

Mit seiner ausgleichenden Art und seiner Reputation konnte Husch die beiden widerstrebenden „Flügel" der entstehenden Partei zusammenführen. Dirks ist ebenfalls rückblickend der Meinung gewesen, daß die Besetzung des Vorsitzendenamtes aus genau diesem Grund damals unstrittig war. Im übrigen hätten die Amerikaner sich nirgends ähnlich verhalten und die Besetzung von Parteivorstandsposten gelenkt[462]. Husch sollte bis 1947 amtieren und repräsentierte danach als Ehrenvorsitzender das Fundament seiner Partei. Als Abgeordneter und Alterspräsident des Hessischen Landtages genoß der Frankfurter CDU-Vorsitzende großes Ansehen beim politischen Gegner und bei den Besatzungsbehörden. Als der Parlamentarische Rat 1949 Bonn zum provisorischen Regierungssitz erklärte, bestimmte die Delegiertenversammlung der hessischen CDU den Abgeordneten Husch, bei US-Hochkommissar McCloy zugunsten von Frankfurt am Main und für eine erneute „Hauptstadt"-Abstimmung im Deutschen Bundestag zu intervenieren[463].

---

460 Mitteilungen von Karl HOHMANN am 30.10.1996.

461 Frankfurter Neue Presse vom 28.10.1950.

462 Vgl. RÜSCHENSCHMIDT, Gründung (1981), S. 60. Knappstein bestätigte 1985 gegenüber Mühlhausen, daß er nicht als Parteivorsitzender in Frankfurt am Main vorgesehen war. Vgl. MÜHLHAUSEN, Hessen, S. 109 mit Anm. 170.

463 ACDP, NL Hilpert I-021-18/1, Husch an McCloy, 14.7.1949 (Abschrift).

3. *Kooperation mit der SPD oder Vereinigung mit der LDP?*

Am 19. September 1945 proklamierte die amerikanische Militärregierung die Gründung des Landes Hessen, das bis Ende 1946 offiziell „Groß-Hessen" hieß. Als Ministerpräsident wurde der Heidelberger Professor für Wirtschaftsrecht, der parteilose Karl Geiler (1878–1953), eingesetzt. Er bildete am 1. November ein Kabinett aus vier Sozialdemokraten, zwei Christlichen Demokraten, einem Liberaldemokraten, einem Kommunisten und zwei parteilosen Bürgerlichen. Werner Hilpert, zu diesem Zeitpunkt Geschäftsführer der Industrie- und Handelskammer Frankfurt, wurde in dieser Regierung Minister ohne Geschäftsbereich und Stellvertreter Geilers, der Jura-Professor und spätere Frankfurter CDU-Bundestagsabgeordnete Franz Böhm (1895–1977)[464] Kultusminister. Die Parteien versuchten von Anfang an, auf die Willensbildung in der Landesregierung Einfluß zu nehmen, obwohl die Minister zunächst nur beratende Funktion hatten und Geiler im Zweifelsfall ohnehin kraft amerikanischen Mandates das alleinige Entscheidungsrecht hatte[465]. Die Beteiligung an der Landesregierung und die Stimmenmehrheit des sozusagen bürgerlichen Lagers im Kabinett (inklusive der Stimme Geilers), aber auch die Gründung einer liberalen Bürgerpartei in dieser Zeit, warfen für die Christdemokraten in Frankfurt die Frage auf, mit wem die CDP zukünftig zusammenarbeiten solle.

Aufschlußreich für die Frühgeschichte der Frankfurter CDU ist hier ein Verlaufsprotokoll über eine Mitgliederversammlung der CDP am 31. Oktober 1945 in der Geschäftsstelle Blumenstraße[466], bei der 28 Mitglieder des Parteiausschusses und einzelner Fachausschüsse anwesend waren, darunter Dörpinghaus, Husch, und Leweke sowie Pfarrer Fricke und Ludwig Jost für die evangelische Seite. Mit dabei waren auch der ehemalige Spitzenfunktionär der katholischen Angestelltenbewegung

---

[464] 1933–1936 Privatdozent in Freiburg. 1936 Versetzung nach Jena, aus politischen Gründen unterblieb jedoch die Berufung zum Professor (1938). 1940 Entzug des Lehrauftrags wegen Kritik an der NS-Rassenpolitik. Als Mitglied des Freiburger Kreises um Walter Eucken gilt Böhm als einer der „Väter" der Sozialen Marktwirtschaft. 1945 Professor in Freiburg und Mitglied der CDU. 1945–1946 Hessischer Kultusminister. 1946–1962 Ordinarius für Bürgerliches, Wirtschafts- und Handelsrecht an der Universität Frankfurt (1948/49 Rektor der Universität). 1952 Leiter der Delegation für die Wiedergutmachungsverhandlungen mit Israel. 1953–1965 MdB. Zu ihm vgl. den Art. Franz Böhm, in: DBE 1, 1995, S. 616.

[465] Zur Regierung Geiler vgl. KROPAT, Hessen, S. 26–29; MÜHLHAUSEN, Hessen, S. 43–53.

[466] ACDP, KV Frankfurt a. M., II-045-018/7, Bericht über die Sitzung der CDP (wie Anm. 435).

und spätere Bundestagsabgeordnete Peter Horn (1891–1967)[467] und Wilhelm Fay. Es fehlten Walter Dirks – er war zu diesem Zeitpunkt der CDP auch noch nicht beigetreten[468] –, Eugen Kogon und, wegen der bevorstehenden Regierungsbildung, Werner Hilpert. Aus dem Kreis der „Intellektuellen" des Katholikenausschusses war somit nur Knappstein anwesend. Anlaß der Versammlung war eine geplante Zusammenkunft mit dem Vorsitzenden der Berliner CDU, dem von den Nationalsozialisten zum Tode verurteilten Reichslandwirtschaftsminister a.D. Andreas Hermes (1878–1964)[469]. Hermes war in den Westen gereist, um mit den Vertretern des Zentrums im Rheinland eine Einigung im Hinblick auf ein gemeinsames Vorgehen zu erzielen, was allerdings fehlschlug[470].

Da Hermes zu Beginn der Tagung noch nicht eingetroffen war, wurde zunächst „die Frage aufgeworfen, wie die CDP Frankfurt sich zu der etwaigen Vereinigung mit der liberaldemokratischen Partei stelle". Das Protokoll vermerkt hierzu: „Herr Knappstein spricht sich entschieden dagegen aus. Er erntet dabei allgemeine Zustimmung. Die Aufstellung eines Bürgerblocks habe die sofortige Entstehung eines Arbeiterblocks im Gefolge. Das sei im Augenblick das Gefährlichste überhaupt. Die Liberal-Demokraten werden das Sammelbecken der Reaktion sein. Die Zusammenarbeit mit der SPD sei weitaus mehr zu begrüßen."[471] Eine Mehrheit in der CDP verstand sich demzufolge zu diesem Zeitpunkt einerseits durchaus als Partei des eher bürgerlichen Lagers, andererseits als Brücke zur Arbeiterbewegung, da die fortschrittlichen Ideen der „Frankfurter Leitsätze" ein Zusammengehen mit den Liberaldemokraten, die der politischen Reaktion verdächtig waren, unmöglich machten. So gab es auch keine nennenswerten Kontakte zwischen den Gründern von LDP und CDP, obwohl einige Linksliberale zu Mitgründern der christlich-demokratischen Partei gehörten[472]. Die Kooperation der CDU mit der SPD, die später in Hessen (bis 1950) und über einen längeren Zeitraum (bis 1972) auch in der Frankfurter Kommunalpolitik unter dem geflügelten Wort „Miteinander geht's besser!"[473]

---

[467] 1925–1936 geschäftsführendes Vorstandsmitglied im Verband katholischer kaufmännischer Vereinigungen Deutschlands. Vor 1933 Bezirksverordneter in Berlin-Steglitz und Zweiter Vorsitzender des Reichsangestelltenbeirats in der Zentrumspartei. 1946–1950 Stadtverordneter und 1947 kurzzeitig Kreisvorsitzender der CDU in Frankfurt. 1950 MdL (Hessen). 1950–1965 MdB. Zu ihm: KOSCH, Staatshandbuch, S. 569; LENGEMANN, Hessen-Parlament, S. 285f.

[468] Dirks trat laut Aufnahmeantrag erst am 16.11.1945 in die CDU ein. ACDP, KV Frankfurt a.M. II-045–371. Ein Austrittsvermerk liegt nicht vor.

[469] Über ihn REICHARDT, Hermes; BUCHSTAB, Hermes; DERS, Mitte, S. 8–18.

[470] Vgl. REICHARDT, Hermes, S. 215f.

[471] ACDP, KV Frankfurt a.M., II-045–018/7, Bericht über die Sitzung der CDP (wie Anm. 435).

[472] Vgl. HEIN, Milieupartei, S. 57.

[473] Mitteilungen von Ernst GERHARDT am 16. 8. 1995.

praktiziert wurde, zeichnete sich somit schon im Herbst 1945 ab, zumindest was die Präferenzen der CDU betraf. Es fällt dabei auf, daß Knappsteins Position unstrittig gewesen zu sein schien, da sich laut Protokoll außer Pfarrer Fricke, der zu parteipolitischer Zurückhaltung riet und mehr das Christliche der neuen Politik hervorgehoben wissen wollte[474], niemand – nicht einmal Dörpinghaus – konträr geäußert hatte.

Nach der anschließenden Rede von Hermes, der in Begleitung des Bauernfunktionärs Johannes Hummel (1893–1966)[475] und des ehemaligen Generalsekretärs der Deutschen Zentrumspartei Heinrich Vockel (1892–1968)[476] erschienen war und über die Situation der Berliner CDU berichtete, wurde die Koalitionsfrage erneut erörtert. Insbesondere von Seiten der ehemaligen christlichen Gewerkschafter wurde auf die Notwendigkeit eines guten Verhältnisses zur SPD hingewiesen. Leweke führte aus, daß die SPD in Frankfurt viel Zulauf habe und es auf eine gute Zusammenarbeit mit ihr und den anderen Parteien ankomme, wolle man nicht durch politische Uneinigkeit die Aussichten auf das Zustandekommen einer Einheitsgewerkschaft der sozialistischen und christlichen Arbeitergruppen mindern. Hermes riet, es käme dennoch darauf an, „in der Zusammenarbeit mit der Linken die eigene Linie nicht verbiegen zu lassen"[477].

Hermes kündigte ein „Reichstreffen aller christlich-demokratischen Gruppen" an, um untereinander eine „noch größere Einheitlichkeit" zu erzielen, die dann der CDU-„Front" in Berlin „mehr Stoßkraft" verleihen würde. Gelänge dies, so habe eine Wiedergründung des Zentrums wenig Aussicht auf Erfolg. Knappstein bekräftigte das einhellige Desinteresse „aller Anwesenden" an einer Rückkehr des Zentrums[478]. Hermes' Worte müssen bei den Frankfurtern großen Eindruck hinterlassen haben. Er wurde sogleich gebeten, bei der ersten öffentlichen Kundgebung der CDP in Frankfurt am Main, die für den 11. November geplant war, zu sprechen, was allerdings aus terminlichen Gründen scheiterte[479].

---

474 ACDP, KV Frankfurt a.M., II-045–018/7, Bericht über die Sitzung der CDP (wie Anm. 435).

475 Angaben zu ihm bei Degener 12 (1955)-15(1967/68).

476 Zu ihm vgl. Kosch, Staatshandbuch, S. 1165; Schumacher, M.d.R., S. 542.

477 ACDP, KV Frankfurt a.M., II-045–018/7, Bericht über die Sitzung der CDP (wie Anm. 435).

478 Ebd.

479 Ebd.

4. *„Können Bettler Demokraten sein?" – Der schwere Gang in die Öffentlichkeit der „Stunde Null"*

Ab 16. Oktober 1945 wurden die ersten Beitrittserklärungen ausgefüllt[480], der organisatorische Ausbau der Partei hatte begonnen. Am 14. November meldete Weber der Militärregierung, daß sich bereits 135 Mitglieder bei der CDP eingetragen hätten[481]. Der Parteiausschuß hatte in der Zwischenzeit gemeinsam mit den Mitgliedern die politische Marschrichtung festgelegt. Zur Stärkung des evangelischen Mitgliederteils war außerdem Ludwig Jost am 7. November 1945 zum Zweiten, mit Husch gleichberechtigten Vorsitzenden gewählt worden. Weber vermerkte hierzu: „Die Wahl entsprach einem Wunsch der evangelischen Freunde, auch nach außen zu bekunden, daß die CDP nicht konfessionell begrenzt ist. Die Wahl wurde einstimmig angenommen."[482]

Mit ersten Flugschriften wandte sich die CDP im November 1945 an die Frankfurter Bevölkerung. Unter der Überschrift „Die Christlich-Demokratische Partei ruft das werktätige Volk!" wurden die Arbeiterschichten zum Eintritt in die CDP aufgefordert[483]. Im Vordergrund stand noch einmal der Dirks'sche Gedanke einer sozialistischen und antifaschistischen Einheitsbewegung, die durch die CDP ermöglicht werden sollte: „Unser Sozialismus schützt Euch vor Freibeutertum jeder Art. Unser politisches Bekenntnis ist in den Frankfurter Leitsätzen ausgesprochen. (...) Wir sind keine Kirchenpartei, sondern die große Partei der aufbauwilligen Christen und Demokraten aller Bekenntnisse. Die von unserem Glauben getragene Hilfsbereitschaft stellen wir tatkräftig in den Dienst an unserem niedergebrochenen Volk. Unser Wille zur Zusammenarbeit: Wir stärken die antifaschistische und antimilitaristische Front. (...) Fort mit den Parolen des Klassenkampfes, die noch in den Köpfen spuken! Die Not der Stunde gebietet die Einheit der Werktätigen aller Stände. Die neue Zeit ist mit uns! Meldet Euch in die Christlich-Demokratische Partei."[484]

Das Bekenntnis der Frankfurter CDP zum „Sozialismus" bekräftigte auch der Aufruf „Mitbürger! Mitbürgerinnen!" ebenfalls vom November 1945[485], der fast wörtlich mit dem bekannten Berliner Gründungsaufruf

---

480 Als Mitglied Nr. 1 trat Jakob Husch am 16.10.1945 bei. Sämtliche Aufnahmeanträge des Jahres 1945 im Bestand ACDP, KV Frankfurt a.M. II-045–371/372.

481 ACDP, KV Frankfurt a.M. II-045–018/7, „Tätigkeitsbericht für die am 13. November 1945 endende Periode", 14.11.1945.

482 Ebd.

483 ACDP, KV Frankfurt a.M. II-045–018/2, Flugblatt der CDP, o.D. [Oktober/November 1945].

484 Ebd.

485 STAF, S3/0811, Flugschrift der CDP Frankfurt, November 1945. Hieraus die jeweiligen Zitate.

„Deutsches Volk!" vom 26. Juni 1945[486] übereinstimmt. Von der Gablentz brachte das Berliner Manifest mit an den Main[487]. Da die Leitsätze für eine breite Öffentlichkeit zu lang und schwer verständlich waren, wurde der Berliner Aufruf sogleich als probate Vorlage für eine kürzere Programmschrift angesehen, wenngleich in ihm sehr viel offener bürgerlich-liberale Schichten angesprochen werden, als es den Autoren der „Frankfurter Leitsätze" recht sein konnte. Die Passagen zur Wirtschaftsverfassung im Berliner Aufruf wurden aber im Sinne des Oberurseler Kreises geändert und ergänzt, Parteiname und Anredeformeln abgeändert. Einigkeit mit den Berlinern herrscht in der Verurteilung des Nationalsozialismus als „Vergottung eines verbrecherischen Abenteurers" und in der Beurteilung der Schuldfrage: „Groß ist die Schuld weiter Kreise unseres Volkes, die sich nur allzu bereitwillig zu Handlangern und Steigbügelhaltern für Hitler erniedrigten. Jede Schuld verlangt Sühne. Mit den Schuldbeladenen leidet auch die große Zahl der Deutschen, die ihr Schild rein hielten. Sie vermochten sich gegen Gewalt und Terror nicht durchzusetzen. Kämpfer echter demokratischer Gesinnung, evangelische und katholische Christen, zahllose jüdische Mitbürger, Männer und Frauen aus allen Schichten des Volkes litten und starben unter diesem Terror."

Unisono mit der Berliner CDU lehnt die CDP in Frankfurt die Kollektivschuld-These ab, die, wie sie von Hermes erfahren hatte, die KPD in der SBZ massiv vertrat[488]. Bemerkenswert ist, daß der Aufruf auch das Schicksal der Juden ausdrücklich erwähnt und nicht etwa verdrängt, wenngleich die Opfer des „Holocaust" in eine Widerstandskette „demokratischer Kämpfer" hinter den Christen beider Konfessionen eingeordnet werden. – Was folgte, waren politische Grundsätze für einen „Weg der Wiedergeburt", die auch vom politischen Liberalismus von jeher vertreten wurden: Würde und Recht der Persönlichkeit, physische, geistige, religiöse Freiheit und Rechtsstaatlichkeit sollen sich mit „Opfer und Dienst am Gemeinwohl" zu einem „wahrhaft" demokratischen Staat verbinden. Die „Frankfurter Leitsätze" hatten dies nicht so deutlich formuliert und zu abstrakt von einer „Idee des Rechtes" gesprochen[489]. Die Übernahme der Berliner Formulierung, die ganz stark von der dortigen Zusammenarbeit Hermes/Lemmer geprägt ist, deutet ein erstes Zugehen der Frankfurter CDP auf die bereits im Mai 1945 von Dörpinghaus ins Spiel gebrachten Wählerschichten an. Der spätere Bundespräsident Theodor Heuss, bei der Reichstagswahl im März 1933 noch Wahlkreisbewerber

486 Vollständig abgedruckt in: BUCHSTAB, Mitte, S. 19–22. Hieraus die jeweiligen Zitate.

487 Vgl. Von der Gablentz, Bericht (wie Anm. 354), S. 375.

488 Die KPD in Frankfurt vertrat in der Schuldfrage einen gemäßigteren Kurs. Vgl. KROPAT, Hessen, S. 61.

489 ACDP, NL Dörpinghaus I-009–CDU Hessen, Frankfurter Leitsätze (wie Anm. 411).

der DStP in der Provinz Hessen-Nassau, riet noch im Oktober 1945 als württembergisch-badischer Kultusminister seinen ehemaligen Parteifreunden in Mannheim davon ab, eine liberale Partei wiederzugründen, und empfahl ihnen, sich statt dessen der Christlich-Demokratischen Partei anzuschließen[490]. Er hat sich später bekanntlich umorientiert, aber das Beispiel zeigt, welche Anziehungskraft der Gründungsimpuls der Union als einer neuen Partei der Mitte auf bestimmte Kreise des politischen Liberalismus ausübte.

Im Berliner Gründungsaufruf fehlt ein explizites Bekenntnis zum „Sozialismus". Die Berliner fordern dennoch, „schon um für alle Zeiten die Staatsgewalt vor illegitimen Einflüssen wirtschaftlicher Machtzusammenballungen zu sichern, daß die Bodenschätze in Staatsbesitz übergehen. Der Bergbau und andere monopolartige Schlüsselunternehmungen unseres Wirtschaftslebens müssen klar der Staatsgewalt unterworfen werden." Die Frankfurter ergänzen hier ihre in den Leitsätzen zum Ausdruck gebrachte Forderung nach einem „wirtschaftlichen Sozialismus" durch ein „System planvoller Wirtschaftslenkung", das „mit der alten abendländischen Idee der freien und verantwortlichen Persönlichkeit ausgefüllt" werden müsse. Hinsichtlich der Zukunft der Bodenschätze formuliert die CDP anstelle von „Staatsbesitz" den mehr an der Lehre des Sankt Georgener Moraltheologen Oswald von Nell-Breuning SJ orientierten Begriff „Gemeineigentum", bleibt jedoch die Antwort schuldig, was genau sie darunter versteht. Von der Forderung der Leitsätze, Großbanken in Gemeineigentum zu überführen, fehlt auf dieser Flugschrift jede Spur. Privateigentum sollte für die Berliner CDU einerseits die „Entfaltung der Persönlichkeit sichern", andererseits „aber an die Verantwortung für die Allgemeinheit gebunden" bleiben. Die CDP-Gründer am Main verschärften und ergänzten diese Passage: „Wir bejahen daher das Privateigentum, das die Entfaltung der Persönlichkeit sichert, aber jederzeit an die Verantwortung für das Gemeinwohl gebunden bleibt. Ebenso erstreben wir den Erwerb neuen Eigentums für die besitzlosen Schichten unseres Volkes, weil nur so das soziale Elend unserer Familien überwunden wird." Der Rest des Aufrufes steht in inhaltlicher Übereinstimmung mit der Berliner CDU. Industrie, Handel, Gewerbe und das „selbständige Handwerk" seien zum Wiederaufbau „berufen", der Großgrundbesitz müsse zu umfassenden ländlichen Siedlungsprogrammen herangezogen werden, eine „einheitliche Gewerkschaftsbewegung der Arbeiter und Angestellten" wird begrüßt, der Wille zur karitativen Verantwortung für die „Notleidenden und Schwachen, für die Kriegsopfer und die Opfer des Hitlerterrors" betont. Ferner wird

---

[490] Vgl. BUCHSTAB/GOTTO, Gründung, S. 218.

der Hoffnung Ausdruck verliehen, die Besatzungsmacht möge beim wirtschaftlichen Wiederaufbau Deutschlands helfen[491].

Neben ersten schriftlichen Aufrufen erhielt die Frankfurter Bevölkerung auch die Möglichkeit, die Vertreter der CDP und ihr Programm auf Kundgebungen kennenzulernen. Am Sonntag, dem 11. November 1945, fand in der „Schauburg", einem Lichtspieltheater im Stadtteil Bornheim, die erste öffentliche Versammlung der CDP statt[492]. Mit Rücksicht auf die evangelischen Gottesdienstzeiten war die Veranstaltung für 10.45 Uhr anberaumt. Da Hermes als Referent nicht zu bekommen war, dachte der Parteiausschuß an Adam Stegerwald. Als auch dieser kurzfristig absagen mußte, sprach schließlich Eugen Kogon als Hauptredner. Husch übernahm die Begrüßung und die Vorrede. Als Gäste konnte er neben 800 interessierten Bürgern Minister Hilpert aus den eigenen Reihen sowie Vertreter der KPD und der LDP begrüßen. Die Abwesenheit der SPD wurde bedauert. In seiner Ansprache zum Thema „Die CDP und die politische Neugestaltung der deutschen Zukunft" blickte Kogon zunächst zurück zu den seiner Meinung nach vergeblichen Versuchen von 1848 und 1919, den Deutschen eine echte Demokratie zu schenken. Er mahnte die Anwesenden eindringlich, sich mit den Verbrechen der NS-Zeit auseinanderzusetzen und die Schuld nicht „außerhalb unserer selbst" zu suchen. Überdruß gegenüber den Nachrichten von den Konzentrationslagern helfe nicht. Dahinter verstecke sich nur eine Flucht aus der Verantwortung. Ohne die Erkenntnis von der Ungeheuerlichkeit dieser Gewalttaten sei keine Wiederaufrichtung des Volkes möglich.

Wie in seinem zur selben Zeit verfaßten Buch „Der SS-Staat", lehnte Kogon in seiner Rede zwar eine Kollektivschuld der Deutschen an den Verbrechen des Nationalsozialismus ab – er sieht zunächst nur eine „nationale Schuld" in einem aus geschichtlichen Gründen schwach ausgeprägten Freiheits- und Rechtsbewußtsein –, die individuelle Schuld

---

[491] Enteignung des Großgrundbesitzes wird von den „Kölner Leitsätzen" nicht gefordert. Dagegen versuchten die rheinischen CDU-Gründer, das Banken- und Versicherungswesen unter staatliche Kontrolle zu bringen. „Kölner Leitsätze" (wie Anm. 395), S. 217. Die CDP-Gründer in Wiesbaden wollten im Gegensatz zu ihren Frankfurter Parteifreunden in ihrer ersten programmatischen Flugschrift überhaupt nichts von „Sozialismen" wissen. Sie betonten die „persönliche Freiheit jedes Deutschen", strebten keine Sozialisierung der Industrien an und forderten plakativ ein „zentral regiertes Deutschland". Vgl. Archiv der CDU Frankfurt, Aufruf „Mitbürger und Mitbürgerinnen!" der CDP Wiesbaden, 29.9.1945 (Kopie). Vgl. RÜSCHENSCHMIDT, Gründung (1981), S. 78.

[492] Zur Planung und Durchführung der Veranstaltung vgl. HSTAM, OMG LSO District Frankfurt 8/2–1/4, Weber an Militärregierung, 2.11.1945; ACDP, KV Frankfurt a.M., II-045–018/7, Bericht über die Sitzung der CDP (wie Anm. 435); ACDP, KV Frankfurt a.M. II-045–018/7, Tätigkeitsbericht (wie Anm. 481); ferner den Artikel „Parteiveranstaltungen in Frankfurt" in der Frankfurter Rundschau vom 13.11.1945.

beginne aber bereits, wo die Einzelnen dem „Aufruf ihres persönlichen Gewissens nicht Folge geleistet oder das Gewissen in sich ertötet" und verbrecherische Befehle ausgeführt hätten[493]. In seinem Buch schrieb er: „Nein! Die Gebote des höchsten sittlichen Kodex kann kein Feldwebel und kein Blockwart, kein Minister und kein Feldherr, kein Himmler und kein Hitler über den Haufen kommandieren. Frage sich jeder, ob er nach diesem Maßstab, nicht nach dem wilden Grundsatz: Recht ist, was dem deutschen Volke nützt oder gar was einem Parteiaktivisten paßt, immer und unter allen Umständen seine Pflicht, die wahre Pflicht getan hat. Und nehme sich nur keiner pharisäisch aus, kein Bischof und kein Pfarrer, kein großer und kein kleiner Politiker, kein Lehrer, kein Unternehmer, kein Ingenieur, kein Arbeiter, – niemand, weder Mann noch Frau! Haben wir wirklich alle, immer und überall, für Recht und Freiheit unsere Pflicht getan?"[494]

Die Niederlage, so fuhr Kogon bei der CDP-Versammlung fort, sei eine „große Chance", von neuem zu beginnen. Kogon bekannte sich zum „Sozialismus aus christlicher Verantwortung": „Daß das Christliche und das Sozialistische so lange nicht zusammenfand, war ein großes Unglück für Deutschland."[495] Großen Eindruck bei den jüngeren Teilnehmern müssen seine Ausführungen zur Rolle der Jugend hinterlassen haben. Die Jugendlichen stünden im Nebel, und die alten Schlagworte würden nicht mehr ziehen, wenn man sie als Generation wirklich gewinnen wolle. Sein Appell an die heimgekehrten jungen Kriegsteilnehmer, sich der parteipolitischen Arbeit in der neuen, überkonfessionellen Partei nicht zu verschließen, veranlaßte viele von ihnen zum Eintritt in die CDP[496]. Nicht zuletzt aus dem Impuls der Rede Kogons entstand die Jugendgruppe der CDP Frankfurt am Main, der heutige Kreisverband der Jungen Union[497]. Dieser hatte zudem in den Traditionen der katholischen Jugendbewegung

---

493 KOGON, Gericht, S. 36.

494 Ebd., S. 37.

495 Frankfurter Rundschau vom 13. 11. 1945 (wie Anm. 492).

496 Mitteilungen von Karl HOHMANN am 30. 10. 1996.

497 Weber hält in seinem Bericht an die Militärregierung vom 14. November 1945 fest, daß auf der Mitgliederversammlung der CDP am 31. Oktober 1945 auch über die Bildung einer Jugendgruppe gesprochen wurde: „Die Gespräche der Parteifreunde und Mitglieder mit den aus der Kriegsgefangenschaft zurückgekehrten Soldaten haben gezeigt, daß gerade die jüngeren Jahrgänge ein starkes Interesse an der politischen Arbeit in der CDP bekunden. Es meldeten sich zwei Rückkehrer, die im Kriegsgefangenenlager in Amerika politische Lehrgänge mitgemacht haben und ein amtliches Certifikat besitzen, das sie berechtigt, an der politischen Umerziehung der deutschen Jugend führend mitzuwirken. Diese Rückkehrer haben sich sofort der CDP zur Verfügung gestellt. Ferner meldeten sich einige Rückkehrer aus russischer Gefangenschaft, die aussagten, sie hätten während ihres Aufenthalts in der russischen Besatzungszone den Entschluß gefaßt, sich sofort nach ihrer Entlassung zur Mitarbeit bei der CDP zu melden. Endlich meldeten sich

und der Pfadfinderbünde seine Ursprünge. Die Gründung der „Jungen Union" in Frankfurt am Main wurde schließlich am 8. Dezember 1945 in der Geschäftsstelle der CDU in der Blumenstraße vollzogen. Anwesend waren 21 Jugendliche über 18 Jahre. Walter Dirks hielt ein Referat über die geistige Situation der jungen Generation. Als politische Schwerpunkte sah man die „Ausmerzung des nazistischen Gedankenguts" und die Problematik der zurückgekehrten Soldaten[498]. In besonderen Fachreferaten, die wöchentlich in der Parteigeschäftsstelle tagten und sich mit den Fragen der Tagespolitik beschäftigen sollten, wurde die politische Arbeit der „JU" sogleich vertieft[499].

In der Rubrik „Politische Chronik" informierte die „Frankfurter Rundschau" regelmäßig über die Veranstaltungen der Parteien. Die erste Kundgebung der CDU in Sachsenhausen etwa fand am 9. Dezember 1945 statt. Am selben Tag formierte sich die CDU im Stadtteil Schwanheim. Bruno Dörpinghaus sprach dort zum Thema „Unser Weg zur Demokratie". Im Stadtteil Rödelheim trat die dortige Bezirksgruppe erstmals am 16. Dezember 1945 vor die Öffentlichkeit. Bei einer Versammlung im Lichtspielhaus in der Burgfriedenstraße sprach Josef Arndgen[500]. Am 5. Januar 1946 rief die Bezirksgruppe Nordend zur Kundgebung in der „Stalburg" in der Glauburgstraße. Über die Frage „Wie steht die ‚Union' zum sozialen Aufbau?" referierte abermals Arndgen, zu dieser Zeit Ministerialdirektor im groß-hessischen Arbeitsministerium[501].

Es ist aus heutiger Sicht immer wieder erstaunlich, daß in der unmittelbaren Nachkriegszeit Einzelne die Kraft und den Mut hatten, weitestgehend ehrenamtlich an politischen Entwürfen zu arbeiten und sich mit viel Aufwand an eine Öffentlichkeit zu wenden, deren Grundbedürfnis sicher nicht die parteipolitische Meinungsbildung gewesen ist. Die Sorgen um Nahrungsrationen und Obdach diktierten unerbittlich den Alltag, und dies galt auch für die Gründer der Frankfurter CDU. Werner Hilpert etwa, damals Minister und Mitglied der Verfassungsberatenden Landesversammlung Groß-Hessen, beschrieb 1946 im Septemberheft der „Freiheit" unter der Überschrift „Der Hunger und die Demokratie" nicht nur die allgemeine, sondern auch seine persönliche Lage:

„Wir alle, die wir aus dem großen Höllenbrand noch übrig geblieben sind und uns bemühen, die Grundlagen für eine neue, einigermaßen er-

---

einige jüngere Menschen, die wegen ihrer politischen und religiösen Überzeugung von den Nazis verfolgt und verhaftet worden waren." ACDP, KV Frankfurt a.M. II-045-018/7, Tätigkeitsbericht. Wie Anm. 481).

498 Zur JU-Gründung in Frankfurt am Main vgl. SCHWARZ, Jahre, S. 9.

499 Frankfurter Rundschau vom 14. 12. 1945.

500 Ebd.

501 ACDP, NL Dörpinghaus I-009–CDU Hessen. Flugblatt mit der Überschrift „Männer und Frauen des Stadtbezirks Nordend!".

trägliche Zukunft zu legen, stürzen uns in die Arbeit, wie man sich einem Narkotikum ergibt. Jeden zweiten Nachmittag merkt man, daß man im Übermaß des Ärgers und der Geschäfte wieder vergessen hat, etwas zu essen – und das ist gut so, denn man hat ja nichts zu essen. (...) Jeder, der heute in der Verwaltung, in der Politik, in der Wirtschaft, in welcher geistigen Tätigkeit auch immer volle acht, zehn oder zwölf Stunden am Tage angestrengt arbeiten muß, treibt auf Dauer einen unerhörten Raubbau an der eigenen Kraft. (...) Die Folgen stellen sich schleichend ein. Man muß Dutzende von Notizzetteln mit sich herumschleppen, da man vieles vergißt, was früher vom Gedächtnis sicher aufbewahrt wurde. Man wird langsam unfähig, die Freizeit wie früher dazu zu benutzen, sein Wissen zu ergänzen oder in den Gärten der schönen Literatur und der Wissenschaft spazieren zu gehen. Man wird nur noch von der Sehnsucht beherrscht, sich so schnell wie möglich ins Bett zu verfügen. Auf der Straße erlebt man Momente sonderbaren Schwindels und hält sie zunächst für Schwindel, bis einem klar wird, daß man nichts am Leibe hat, der Schwindel kein Schwindel ist, sondern Hunger auf ein Wiener Schnitzel – viel bescheidener: eine gute Kartoffelsuppe mit ein wenig Rindfleisch täte es auch schon. Die Augäpfel liegen sonderbar dick und schwer in den Höhlen, und die Augenlider gewöhnen sich an ein nervöses Flirren. (...) Und Kopfschmerzen – darüber wollen wir gar nicht reden; sie gehören zum täglichen Brot jeden geistigen Arbeiters. Daß mich der Mangel an ausreichender Nahrung nicht milder und versöhnlicher stimmt, versteht sich von selbst. Keine Statistik gibt darüber Auskunft, wie viele Deutsche heute Ruinen und Trümmerhaufen bewohnen, wie viele ungezählte Millionen weiterer Deutscher ihrer Habe vollständig oder bis auf kümmerliche Reste beraubt sind, wie viele weitere in ihren bisherigen Berufen nicht mehr unterkommen können, wie viele weitere ihre angestammte Heimat nie mehr wiedersehen werden und fremd in der Fremde frieren, wie viele weitere ihre Ernährer, ihre Not- und Spargroschen und die Früchte ihrer Lebensarbeit verloren haben – und sie alle hungern noch obendrein. Sie verhungern nicht gerade, aber die unzureichende Ernährung zehrt laufend an ihren Kräften. (...) Es ist bitter, daß wir uns sagen müssen, jede zweite Scheibe Brot, die wir essen, werde uns von den Amerikanern gespendet. Wir sind zu Kostgängern unserer Besieger geworden – mag die Kost auch mager sein – wir zehren von Almosen, und gewährte man sie uns nicht, so müßten wir betteln oder verhungern. Können Bettler Demokraten sein?"[502]

Für Hilpert stand die Antwort auf diese Frage außer Zweifel. Die Arbeit an der Demokratie sah er als eine Chance zur Selbstfindung der Deutschen, die jenseits der materiellen Not unbedingt genutzt werden

502 HILPERT, Hunger, S. 3f.

mußte, um das zerstörte Selbstbewußtsein der Deutschen wiederherstellen zu können. „Mögen wir auch hungern – die Verfassung ist wichtiger!"[503] – Weitaus mehr an den Tag gebunden waren die Ziele der im Frankfurter Bürgerrat vertretenen Parteien im Herbst 1945, als sie sich im „Aktionsausschuß der politischen Parteien Frankfurts" zusammenschlossen, um eine gemeinsame Strategie zur Bewältigung des kommenden Winters zu erarbeiten. Den Frankfurtern stand ein unbarmherziger Winter bevor. Mehr als die Hälfte der Wohnungen waren zerstört, der Flüchtlingsstrom aus dem Osten hatte das Rhein-Main-Gebiet erreicht, die Seuchengefahr wuchs, Hunger und Kälte forderten jeden Tag mehr den eisernen Überlebenswillen bei nahezu jedem Einzelnen. Stadtverwaltung und Bürgerrat allein konnten der Lage kaum Herr werden. In dieser Situation bildeten die vier gerade gegründeten Parteien mit dem Einverständnis der Amerikaner einen „Aktionsausschuß", der ein umfassendes „Winter-Nothilfe-Programm" aufstellte[504]. Durch dieses sollte die Wohnraumbeschaffung und -instandsetzung, die Verteilung von Bekleidung und Bedarfsgütern, die Bereitstellung von Brennstoffen, die Arbeitsbeschaffung, die Jugend- und Gesundheitsfürsorge und die Hilfe für Flüchtlinge und Evakuierte verbessert werden. Auf Veranlassung des Ausschusses wurden bei den städtischen Ämtern „Deputationen" der vier Parteien gebildet. Für die Stadtteile wurden den von der Stadtverwaltung bestellten Bezirksvorstehern „Bezirkliche Ausschüsse" beigeordnet, die ebenfalls aus Parteivertretern bestanden. Der Aktionsausschuß selbst wählte einen Vorstand, dem Vertreter des Bürgerrates oder Fachleute kooptiert werden konnten, sowie mit dem Christdemokraten Adolf Leweke einen Vorsitzenden. Leweke, der zugleich an der Spitze des Bürgerrates seiner Stadt stand, kam in den nächsten Monaten die wichtige und schwierige Aufgabe des Vermittlers zwischen der Besatzungsadministration des Landes und den „aufbegehrenden" demokratischen Parteien zu, denn der Frankfurter Aktionsausschuß wollte sich auch als Beratungsorgan der gerade ernannten Landesregierung verstanden wissen und forderte so schnell als möglich ein „Vorparlament"[505]. Bemerkenswert ist die Eintracht, die zwischen den Parteien unterschiedlicher Weltanschauung bei der Bewältigung des unmittelbaren Nachkriegsalltages offenbar herrschte. In einer gemeinsamen Erklärung der vier Parteien heißt es: „Die vier Parteien fordern ihre Mitglieder und Anhänger auf, unter Zurückstellung von Meinungsverschiedenheiten, kameradschaftlich zusammenzuarbeiten und gemeinsam den Wiederaufbau unseres zerstörten Landes in materieller und morali-

503 Ebd., S. 5.

504 Das „Winter-Nothilfe Programm" abgedruckt in der Frankfurter Rundschau vom 9.11.1945.

505 Vgl. PARISIUS/SCHOLL-SEIBERT, Demokratie, S. 41.

scher Hinsicht durchzuführen."[506] Unterzeichnet ist die auf den 19. November 1945 datierte Erklärung von den Leitungen der SPD, der KPD, der LDP und der „Christlich-Demokratischen Union". Die CDP-Gründer in Frankfurt am Main hatten sich demzufolge nun doch für den Zusatz „Union" entschieden, und dies noch vor der Gründung des CDU-Landesverbandes am 25. November und dem Reichstreffen in Bad Godesberg im Dezember 1945[507].

5. *Die Gründung des CDU-Landesverbandes Groß-Hessen in Frankfurt am Main*

Am 23. November 1945 wurden von der amerikanischen Besatzungsmacht Organisationen und Betätigungen von Parteien auf Landesebene zugelassen. Schon zwei Tage später versammelten sich Vertreter christlich-demokratischer Gruppen aus ganz Hessen in der Geschäftsstelle der CDU in Frankfurt am Main, um sich zu einer Landespartei zusammenzuschließen[508]. Diesem Vorgang waren zahlreiche lokale Parteigründungen überall in Hessen vorausgegangen. Schon Ende August 1945 hatte sich die CDU in Kassel formiert[509], im September war es zur Gründung der CDP in Wiesbaden[510] und der Christlichen Volks-Vereinigung (CVV) im Rheingau[511] gekommen, im Oktober zur Gründung der CDP in Wetzlar[512], der CSU/CDU in Fulda[513], der Deutschen Aufbau-Bewegung (DAB/CDU) in Darmstadt[514] und der CDP Obertaunus[515]. Im November schließlich waren noch Gründungen in Hanau[516], Gießen[517], Offen-

---

[506] Erklärung des Aktionsausschusses vom 19. November 1945. Abdruck in der Frankfurter Rundschau vom 27.11.1945. – Weniger einmütig waren die Parteien offensichtlich im unmittelbaren Umgang miteinander. So berichtete die Frankfurter Rundschau vom 30.11.1945 unter der Überschrift „Erste Entgleisungen": „In der Nacht zum Freitag kam es zu Auseinandersetzungen an der Konstablerwache und am Uhrtürmchen in Bornheim, als zwei Klebekolonnen der CDU ihre Plakate abgenommen wurden, auf denen der Name Hitlers in Verbindung mit Hammer und Sichel angegeben war."

[507] RÜSCHENSCHMIDT, Gründung (1981), S. 68, ist der Auffassung, die Frankfurter CDP habe sich erst nach dem Godesberger Reichstreffen in „CDU" umbenannt.

[508] Die Gründung des CDU-Landesverbandes Hessen detailiert ebd., S. 221–231.

[509] Ebd., S. 130–146.

[510] Ebd., S. 75–79.

[511] Ebd., S. 86–91.

[512] Ebd., S. 81–85.

[513] Ebd., S. 147–158.

[514] Ebd., S. 98–110.

[515] Ebd., S. 95–97.

[516] Ebd., S. 91–94.

[517] Ebd., S. 126–129.

bach[518], im Kreis Bergstraße[519] und in Friedberg[520] dazugekommmen. 1948 gab es insgesamt 41 Kreisverbände in Hessen, wobei die mitgliederstärksten im süd- und mittelhessischen Raum zu finden waren: Fulda, Frankfurt, Bergstraße, Offenbach, Limburg und Wiesbaden; dies bedeutete ein parteiinternes Gefälle zugunsten der mehrheitlich katholischen Gebiete.

Die CDU Frankfurt, die mit der Gründung des Landesverbandes beauftragt war, hatte ursprünglich den 2. Dezember für die Gründungsversammlung vorgesehen, diese aber auf den 25. November vorverlegt, da die Stadtkreisleitung ein einheitliches Auftreten der hessischen Christdemokraten auf der Reichstagung in Bad Godesberg im Dezember sicherstellen wollte[521]. Auf der Versammlung in der Frankfurter Blumenstraße wurde beschlossen, in den Orts- und Kreisverbänden einheitlich den Namen Christlich-Demokratische Union (CDU) zu führen und bei der Militärregierung den Antrag auf Zulassung einer Landespartei einzureichen[522]. Als Begründung führten die Antragsteller gegenüber dem Military Government an, auf diese Weise hessenweit für politische Klarheit und flächendeckende Organisation sorgen zu wollen. Zur Vorbereitung der für den Januar 1946 geplanten Gemeindewahlen, sei ein Zusammenschluß der hessischen christlich-demokratischen Verbände unerläßlich. Ferner solle durch eine einheitliche Landespartei der „Bildung von Splittergruppen" entgegengewirkt werden. Zum Sitz der Landesgeschäftsstelle wurde Frankfurt am Main bestimmt.

Schließlich wählte die Versammlung eine 18köpfige vorläufige Landesleitung, der vom Frankfurter Gründerkreis lediglich Werner Hilpert, dieser allerdings als Landesvorsitzender, und Jakob Husch als Beisitzer angehörten[523]. Der Vorstand war konfessionell paritätisch zusammen-

---

518 Ebd., S. 110–116.

519 Ebd., S. 117–121.

520 Ebd., S. 122–126.

521 Ebd., S. 325.

522 ACDP, NL Fay I-145 Film 24, CDU Frankfurt an Militärregierung, 25. 11. 1945 (Abschrift). – Die CDU Groß-Hessen wurde am 18. 12. 1945 lizenziert. Am 9. 12. 1945 hatte sich im Volkshaus Enkheim die SPD-Landespartei unter Vorsitz von Wilhelm Knothe gegründet. Vgl. den Bericht über die Versammlung in: Beier, Chronik, S. 21 f. Am 29. 12. 1945 kam es schließlich zur Formation einer LDP-Landesorganisation in Frankfurt am Main, die Fertsch zum Landesvorsitzenden wählte. Hierzu Hein, Milieupartei, S. 61. Die KPD hatte den Frankfurter Walter Fisch (1910–1966) zum Landesvorsitzenden erhoben. Frankfurts Anspruch, die führende Stadt in Hessen zu sein, war damit auch politisch manifestiert, denn sowohl die beiden Arbeiterparteien, als auch die CDU und die LDP hatten die Frankfurter Parteivorsitzenden an die Spitze ihrer Landesleitungen gewählt.

523 Aus Frankfurt gehörte noch der evangelische Kaufmann Siegfried Biesewig dem Landesvorstand an. Im Januar 1946 kam noch Leweke hinzu, der im Mai 1946 auf eigenen Wunsch durch Arndgen ersetzt wurde. Zur – schriftlich nicht überliefer-

gesetzt[524], wies aber Verzerrungen in der regionalen Repräsentanz auf. So gab es ein leichtes Übergewicht der stärker „linken" südhessischen und rhein-mainischen Verbände (vor allem Darmstadt, Offenbach und Frankfurt am Main) gegenüber den eher konservativen nord- und mittelhessischen Vorstandsmitgliedern (z.B. aus Kassel, Fulda oder Wiesbaden)[525]. Zum Landesgeschäftsführer wurde der kaufmännisch erfahrene Bruno Dörpinghaus bestellt, dessen Einzug in die Schaltstelle der Landesleitung allerdings auf erste Kräfteverschiebungen zu Lasten des Frankfurter Kreises hinweist. Es fällt zudem auf, daß außer Hilpert kein weiterer aus dem Kreis der Verfasser der Frankfurter Leitsätze dem Landesvorstand angehörte. Walter Dirks hielt bei dieser Gründungsversammlung der hessischen Union allerdings das Grundsatzreferat. Er griff noch einmal seinen Gedanken von einer sozialistischen Einheitspartei, die er nun „Labour-Partei" nannte, auf: „Bei uns in Deutschland hat man vielleicht auch den Labour-Traum geträumt. Es wäre wunderbar gewesen, wenn es wirklich soweit gekommen wäre und wenn die Amerikaner durch die Ermöglichung des sofortigen Reisens und Briefschreibens die Möglichkeit gegeben hätten, auf eine neue Weise zusammenzukommen. Vielleicht wäre es dann möglich gewesen, eine neue Labour-Partei zu verwirklichen. Das geht nun in Deutschland nicht mehr und jetzt noch nicht auf diese Weise. Jetzt müssen wir mehrheitlich, pluralistisch und dualistisch die Arbeit leisten. Die Arbeiterschaft ist eine Masse, die Christen sind eine Glaubensgemeinschaft. Gemeinsam sind konkrete sozialistische Grundsätze. Diese müssen den Staat tragen."[526]

Schützenhilfe ganz eigener Art erhielt die in Frankfurt vorgeprägte „linke" Richtung in der frühen hessischen CDU durch die Darmstädter CDU-Mitbegründerin Maria Sevenich (1907–1970), die vor 1933 der KPD angehört hatte. Sevenich war in der Emigration in der Schweiz und in Frankreich zu der Überzeugung gelangt, daß allein das Christentum die moralische Kraft besäße, in den Köpfen der Deutschen eine geistige Front gegen den Nationalsozialismus aufzubauen. Sie konvertierte zur katholischen Kirche und beteiligte sich nach ihrer Befreiung aus der Gestapo-Haft aus religiösem Antrieb an der Gründung der CDU in Darmstadt

---

ten – Besetzung des Landesvorstandes 1945/46 vgl. WIECK, Demokraten, S. 54f; RÜSCHENSCHMIDT, Gründung (1981), S. 224–227.

524 Vgl. RÜSCHENSCHMIDT, Gründung (1995), S. 17. Da eine exakte Rekonstruktion des ersten Landesvorstandes vom November 1945 nicht mehr möglich ist, muß von der Besetzung der zweiten Landesleitung, die auf dem Landesparteitag am 30. 5. 1946 gewählt wurde, ausgegangen werden. Demzufolge gehörten dem Vorstand zehn Katholiken und neun Protestanten an. RÜSCHENSCHMIDT, Gründung (1981), S. 225, geht davon aus, daß die Landesleitungen vom 25. 11. 1945 und vom 30. 5. 1946 „weitgehend identisch" waren.

525 Vgl. RÜSCHENSCHMIDT, Gründung (1981), S. 229.

526 Die Auszüge der Rede sind abgedruckt bei DIRKS, Sozialismus (1987), S. 15f.

und in Hessen. Zunächst vertrat sie einen leidenschaftlichen Antikommunismus. Später überwarf sie sich mit Hilpert und Adenauer, mit dem sie anfänglich eine enge politische Freundschaft verband, zog nach Niedersachsen und trat dort als Landtagsabgeordnete 1949 zur SPD über[527]. Im Frühjahr 1946 war sie auch des öfteren in Frankfurt am Main zu Gast und warb bei CDU-Veranstaltungen plakativ für einen „Christlichen Sozialismus", den sie scharf vom marxistischen getrennt wissen wollte[528]. Damit stand sie auch im Gegensatz zu Walter Dirks und Eugen Kogon. Zu einer Begegnung mit ihnen kam es auf dem Reichstreffen der Christlichen Demokraten in Bad Godesberg Mitte Dezember 1945.

6. *Der Pyrrhus-Sieg von Dirks und Kogon auf dem Reichstreffen der Christlichen Demokraten in Bad Godesberg im Dezember 1945*

In der Gründungsphase der CDU Deutschlands gab es zwischen den einzelnen christlich-demokratischen Zonen- und Landesverbänden nur eine lose Verbindung. Mit dem Reichstreffen der Christlichen Demokraten in Bad Godesberg vom 14. bis 16. Dezember 1945 sollten die Kontakte der regionalen und lokalen CDU-Gruppen vertieft und Einigkeit über die geistigen Grundlagen und politischen Zielsetzungen hergestellt werden. Ziel war eine zentrale Reichsorganisation[529]. Die Versammlung fand statt auf Initiative der Berliner CDU. Dort wurde die Reichshauptstadt als letzte Klammer Deutschlands über den Besatzungszonen gesehen. Aus dieser Hauptstadtlage und aus der Zusammensetzung des Gründerkreises, der Personen aus ganz Deutschland umfaßte, leiteten die Berliner Christdemokraten einen reichsweiten Führungsanspruch ab[530]. Andreas

---

[527] Kurz vor ihrem Tode 1970 Wiedereintritt in die CDU aus Protest gegen die Ostpolitik Bundeskanzler Brandts. Zu Maria Sevenich vgl. SCHWERING, Frühgeschichte, S. 152f; RÜSCHENSCHMIDT, Gründung (1981), S. 99f; LENGEMANN, Hessen-Parlament, S. 391f; LANGER, Alibi-Frauen, S. 129–166; KELLER-KÜHNE, Frauen, S. 27f; PARISISUS/SCHOLL-SEIBERT, Demokratie, S. 46–48.

[528] STAF, S3/0610, Einladungsflugblatt der CDU Frankfurt am Main zu einer Veranstaltung mit Maria Sevenich am 5.5.1946 zum Thema „Christlicher oder marxistischer Sozialismus?".

[529] Zum Godesberger Reichstreffen vgl. SCHWERING, Frühgeschichte, S. 150–167; FOCKE, Sozialismus, S. 219–226; GURLAND, CDU/CSU, S. 83–88; UERTZ, Christentum, S. 59–65; KLEINMANN, Geschichte, S. 51–54.

[530] Vgl. die Liste der Unterzeichner des Berliner Gründungsaufrufes vom 26.6.1945 und die Rede von Hermes auf der Gründungskundgebung der CDU Deutschlands am 22. Juli 1945 im Berliner Theater am Schiffbauerdamm. Hierzu BUCHSTAB, Mitte, S. 19–33. Zur Herkunft der Berliner CDU-Gründer vgl. GRADL, Anfang, S. 18f; KLEINMANN, Geschichte, S. 25.

Hermes lud deshalb unter dem 21. November 1945 als Vorsitzender der „Christlich-Demokratischen Union Deutschlands" ein[531], was der Rheinländer Leo Schwering „rechtlich gesehen" als „Usurpation" bezeichnen konnte, da der Einfluß der Berliner CDU durch das Besatzungsrecht eindeutig auf Groß-Berlin und die SBZ beschränkt war[532]. Hermes selbst und weitere Berliner Vorstandsmitglieder wie Jakob Kaiser konnten zum Reichstreffen nicht einmal anreisen, da die sowjetischen Besatzungsbehörden ihnen die Ausreise aus der SBZ verweigerten. Die Gründer der „CDU Deutschlands" waren somit bis auf zwei nachrangige Vertreter in Godesberg paradoxerweise nicht dabei.

Die Vorbereitung des Treffens oblag der CDU im Rheinland. An der Reichstagung in der Aula des Godesberger Pädagogiums haben etwa 250 Delegierte aus CDU-Verbänden der britischen, amerikanischen und sowjetischen Besatzungszone teilgenommen. Christdemokraten aus der französischen Zone durften aufgrund eines Verbotes der Besatzungsmacht nicht anreisen. Ebenfalls fehlten Abgesandte der bayerischen CSU, die allerdings brieflich ihre Sympathien bekundeten. Über die Tagung existiert kein offizielles Protokoll. Daher läßt sich auch nicht mehr genau feststellen, wer alles teilgenommen hat. Für die hessische bzw. Frankfurter CDU waren aber nachweislich anwesend die später als Bundespolitiker bekannten Erich Köhler (1892–1958)[533] und Heinrich von Brentano (1904–1964)[534] sowie Sevenich, Dörpinghaus, Dirks und Kogon[535].

Die Wochenendtagung stand ganz im Zeichen der Redebeiträge von Maria Sevenich und Andreas Hermes, dessen geistige Anwesenheit durch Verlesung seines Redemanuskriptes hergestellt wurde. Die beiden Berliner Professoren Ernst Noack und Hans Peters, die nach britischer Vermittlung westwärts fahren durften, hatten es unter persönlichem Risiko mitgebracht. Hermes sprach zunächst über das geistige Fundament der CDU, das christlich und demokratisch sei. Hermes verwies auf den Wert des Christlichen und der Religion im allgemeinen und in der Politik im besonderen. Er verwahrte sich gegen den Vorwurf, die neue Partei verquicke Politik und Religion miteinander und revitalisiere alte kulturpolitische Frontstellungen: „Nach einem Wort des indischen Volksführers Gandhi ist ‚Politik ohne Religion eine Menschenfalle, die die Seele tötet'. Diesen Seelentod haben wir in den durch Rassen- und Massenhaß aufge-

---

[531] Ein Exemplar des Einladungsschreibens im Bestand AdsD, NL Dirks 354.

[532] Schwering, Frühgeschichte, S. 150.

[533] Zu ihm vgl. Lengemann, Hessen-Parlament, S. 304f; Art. Erich Köhler, in: DBE 5, 1997, S. 650; Parisius/Scholl-Seibert, Demokratie, S. 38f.

[534] Zu ihm Lengemann, Hessen-Parlament, S. 220f; Art. Heinrich von Brentano, in: DBE 2, 1997, S. 117.

[535] Zur Vertretung der CDU Hessen in Bad Godesberg vgl. Rüschenschmidt, Gründung (1981), S. 325–334.

heizten Taten unseres Volkes mit Schaudern erlebt. Wir verlangen daher, daß auch das öffentliche Leben durch die Bindung an religiöse, christliche Verantwortung bestimmt bleibt und alle Bezirke der Macht, des sozialen Wirkens sowie der geistigen Auseinandersetzung unter der Kontrolle des christlichen Gewissens bleiben."[536] Dann begründete er den Anspruch des Berliner CDU-Verbandes, „Reichspartei" sein zu wollen. Die Union sei damit dem Signal der KPD und der SPD in Berlin gefolgt. Er betonte, daß die Einheitsfront der antifaschistischen Parteien in Berlin keine freie Koalition sei. Die CDU werde um ihre ideologische Eigenständigkeit in der SBZ kämpfen und hoffe auf Unterstützung aus dem Westen. Umfassend und sachlich behandelte er die wesentlichen Politikfelder der unmittelbaren Nachkriegszeit: Ernährungslage, Wirtschaft, Verkehr, Industrie, monetäre Probleme, Schulform, Schuldfrage (Hermes lehnt die Kollektivschuldthese ab) – und schließlich die Frage der Reichseinheit, deren Erhalt zur Festigung der jungen Demokratie unverzichtbar sei[537]. Hermes mußte bereits einen Tag nach der Reichstagung, am 19. Dezember 1945, auf Druck der SMAD von seinen politischen Ämtern zurücktreten, da die CDU unter seiner Führung sich nicht gewillt gezeigt hatte, die seit September 1945 in der SBZ stattfindenden Zwangsenteignungen mitzutragen[538].

Sevenich hatte ihre Rede wesentlich ausführlicher der geistigen Grundhaltung der neuen Partei gewidmet. Ihre Kernthese: Die „Selbstreinigung" der Deutschen vom Nationalsozialismus müsse durch ein lebendiges Christentum herbeigeführt werden[539]. Ihr Blick weitete sich auf eine zukünftige deutsche Außenpolitik, die vom Leitgedanken der Verständigung und gegenseitigen Achtung der europäischen Völker getragen werden solle. Das schuldbeladene Deutschland müsse immun gegen jeden Militarismus werden und sich zurückhaltend, vielleicht kritiklos in ein zukünftiges Europa einordnen. Breiten Raum nahm in ihrer Rede das Verhältnis des Christentums zur Arbeiterfrage ein. Sie diagnostizierte eine zu defensive Haltung der Kirchen im 19. Jahrhundert. Dadurch hätte das Christentum die Arbeitnehmer verloren. Da der Arbeiter nicht grundsätzlich antireligiös sei, müsse nun die Union versuchen, die fernstehenden Arbeiterschichten durch eine „echte Sozialpolitik" anzuziehen und sie dadurch zum Glaubensbekenntnis zu bewegen. Sevenich ging es demzufolge weniger um eine radikale Veränderung der Sozialordnung, als vielmehr um eine religiöse Erneuerung in der Arbeiterklasse. Diese

---

536 Abdruck der vollständigen Rede bei REICHARDT, Hermes, S. 453–473. Das Zitat ebd., S. 459.

537 Ebd., S. 468. Vgl. SCHWERING, Frühgeschichte, S. 159.

538 Vgl. das Kapitel „Bodenreform und Industrieenteignung" bei GRADL, Anfang, S. 39–42; REICHARDT, Hermes, S. 219–228; KLEINMANN, Geschichte, S. 52f.

539 Zu dieser Rede vgl. SCHWERING, Frühgeschichte, S. 153–156.

setze geistige Stärke in der CDU voraus, um gegen die SPD bestehen, ja, sie mitziehen zu können „in die Neugestaltung des deutschen Raums". Ihr Verständnis vom Wesen der Christlich-Demokratischen Bewegung in Deutschland faßte sie am Schluß ihrer Rede voller Eifer für die Sache, der sie sich mit viel Emotion verschrieben hatte, zusammen: „Die Probleme, denen wir gegenüberstehen, sind so schwer, und das, was wir erreichen sollen, so gewaltig, daß wir an die politische Arbeit mit demselben Ernst herangehen sollten wie der Priester an den Altar, denn was wir hier tun, ist im wahrsten Sinne Gottesarbeit und Dienst am Kreuz."[540]

Ergebnis der Godesberger Beratungen waren einige programmatische Entschließungen und vor allem der Beschluß der Landesverbände, mit Ausnahme des bayerischen, einheitlich den Namen „CDU" führen zu wollen. Dies konnten die Berliner durchaus als Erfolg verbuchen. Auch inhaltlich lehnten sich die einzelnen Entschließungen eng an den Gründungsaufruf der CDUD vom 26. Juni 1945 an, den ja auch die Frankfurter CDU weitgehend übernommen hatte. Ein weiterer Schritt der christlich-demokratischen Parteien zu einer übergeordneten Dachorganisation war die Einrichtung eines „Zwischenzonenrates" mit Sitz in Frankfurt am Main und Verbindung zur Landespartei Groß-Hessen. Mit der Leitung wurde der hessische Landesgeschäftsführer Dörpinghaus betraut[541]. In diesem Amt und später als Generalsekretär der Arbeitsgemeinschaft der CDU/CSU in Deutschland befand sich der agile Dörpinghaus „in seinem Element", zumal sich die Union zu der Partei entwickelte, die er bereits im Mai 1945 vorhergesagt hatte[542].

Einem Bericht von Dörpinghaus zufolge wurden in Godesberg schließlich die Grundzüge und Voraussetzungen einer reichseinheitlichen CDU-Politik in sieben Punkten umrissen[543]: „Sittliche Läuterung" vom Natio-

---

540 Ebd., S. 156.

541 Erste Tagung am 14. 2. 1946. Die Protokolle zusammengestellt und kommentiert von KAFF, Unionsparteien.

542 Etwas überspitzt, im Kern aber wohl zutreffend beschäftigte sich nach einer Meldung der westdeutschen Nachrichtenagentur „Interpress" vom 23. 7. 1948 die britische Zeitschrift „News Review" mit der Persönlichkeit von Dörpinghaus. Unter der Überschrift „Die Stimme seines Herrn" wird von den internen Schwierigkeiten der Union, eine einheitliche Organisation aufzubauen, berichtet, weshalb ein Koordinierungsbüro in einem dreistöckigen Gebäude in Frankfurt die Geschäfte leite: „Dort zieht Bruno Dörpinghaus, ein kleiner rothaariger ehemaliger Journalist (sic!), unter Kontrolle des in dem entfernten Köln sitzenden Konrad Adenauer an allen Registern des christlich-demokratischen Parteiapparates. Dörpinghaus, ein 49 (sic!) Jahre alter Rheinländer, gibt die zahlreichen CDU-Publikationen heraus und lenkt sowohl den „kleinen Mann" wie die Spitzenfunktionäre der Partei. (...) Von Zeit zu Zeit versammeln sich die Spitzenfunktionäre der CDU aller vier Zonen im Hauptquartier, um Schwierigkeiten auszubügeln und die zukünftige Politik der Partei zu umreißen. Es heißt, daß Dörpinghaus während dieser Zusammenkünfte in seinem Element sei. Indem er von einem Delegierten zum anderen

nalsozialismus, Bekenntnis zum Frieden und Recht, Reichseinheit, Föderalismus statt „Hitler'schem Zentralismus", Politische Selbstverantwortung der freien Persönlichkeit als Voraussetzung der Demokratie, Differenzierung zwischen „Nazi-Verbrechern", „Aktivisten" und „Mitläufern", ein innen- und außenpolitischer, kultureller, gesellschaftlicher und wirtschaftlicher Neubau, der „auf den Grundsätzen des Christentums" beruhen müsse.

Zur Wirtschafts- und Sozialpolitik wurde von einem eigens eingerichteten „Sozial- und Wirtschaftsausschuß"[544] eine Entschließung gefaßt, die zunächst wie eine wörtlich übernommene Fassung des „Notprogramms für Brot, Obdach und Arbeit" des Berliner Gründungsaufrufes aussieht[545]. Die Herkunft dieser Entschließung ist in der wissenschaftlichen Literatur umstritten. Auffallend sind Anlehnungen an das Berliner Programm. Leo Schwering ist der Auffassung, die Entschließung ginge auf Einflüsse der Walberberger Dominikaner zurück[546]. Franz Focke hingegen will in der Entschließung eine Abkehr von dem in der Soziallehre der katholischen Kirche fundierten Christlichen Sozialismus der Walberberger und eine Hinwendung zu dem sozialwirtschaftlichen Reformkonzept Jakob Kaisers, das sehr stark vom Gewerkschaftsgedanken durchdrungen ist, erkennen[547].

Rudolf Uertz ist der Meinung, daß sich mit dieser Entschließung weder die Berliner noch die rheinische CDU durchgesetzt habe. Es sei in Bad Godesberg zunächst um eine erste Fühlungnahme der regionalen CDU-Gruppen gegangen, gravierende programmatische Differenzen habe es zwischen Ost und West noch nicht gegeben. Die Berliner hätten sich schon ob ihrer zahlenmäßigen Schwäche nicht allein durchsetzen können. Das Bekenntnis zu einem „Sozialismus aus christlicher Verantwortung" sei eine Ergänzung, die das eher pragmatisch ausgerichtete Berliner Manifest den Rheinländern, die stärker sozialethisch und theologisch argumentierten und ein Wirtschaftsprinzip, das mehr am System der Bedarfsdeckung orientiert ist, vertraten, schmackhaft machen sollte. Die

---

jagt, versucht er, eine Übereinstimmung mit den Wünschen seines Meisters Adenauer herzustellen. Gewöhnlich gelingt ihm das." Zit. bei WIECK, Demokraten, S. 56 mit Anm. 68.

543 ACDP, NL Dörpinghaus I-009-001/1, „Tagung der Christlich-Demokratischen Union. Programmatische Entschließungen in Bad Godesberg (Eigener Bericht)", 18.12.1945 (im folgenden jeweils zitiert). Abdruck in: BECKER, CDU, S. 359-361.

544 Der Ausschuß wurde „ad hoc" gebildet und ist nicht zu verwechseln mit den Anfang 1946 ins Leben gerufenen, stark gewerkschaftlich geprägten Sozialausschüssen in der CDU. Vgl. FOCKE, Sozialismus, S. 221. Zur CDA-Gründung vgl. KLEINMANN, Geschichte, S. 97-101.

545 ACDP, NL Dörpinghaus I-009-001/1, Tagung (wie Anm. 543).

546 SCHWERING, Frühgeschichte, S. 162.

547 FOCKE, Sozialismus, S. 221.

Entschließung zur Sozial- und Wirtschaftspolitik sei dann in Anlehnung an die Fassung des Berliner Gründungsaufrufes als „Konsens" verabschiedet worden[548].

Was Uertz aber übersehen hat, ist der Einfluß der Frankfurter Gruppe in dieser Frage. Arcadius Gurland sieht bereits Kölner, Würzburger und Frankfurter Formulierungen „zu einem Guß zusammengeschmolzen"[549]. Die Entschließung der Reichstagung zur Sozial- und Wirtschaftspolitik stimmt aber bis auf wenige Nuancen wörtlich mit dem Aufruf „Mitbürger! Mitbürgerinnen!" der Frankfurter CDP vom November 1945 überein[550]. Diese Fassung nach Maßgabe der „Frankfurter Leitsätze" ist der eigentliche Konsens. Zwei Änderungen wurden gegenüber der Frankfurter Fassung allerdings noch vorgenommen. Die Frankfurter hatten formuliert: „Damit der von uns geforderte wirtschaftliche Sozialismus verwirklicht werden kann, ist es unerläßlich, (...) daß die Bodenschätze in Gemeineigentum übergehen." Dieser Satz wurde in Bad Godesberg als Zugeständnis an die eher praktisch denkenden Berliner abgeschwächt: „Um eine Wirtschafts- und Sozialordnung, wie wir sie fordern, zu verwirklichen, (...) ist es unerläßlich, daß die Bodenschätze in Gemeineigentum übergehen. (...) Das System planvoller Wirtschaftslenkung muß jedoch mit der alten abendländischen Idee der freien und verantwortlichen Persönlichkeit ausgefüllt und belebt werden. So vertreten wir einen Sozialismus aus christlicher Verantwortung."[551] Die spezielle Wortwahl „Sozialismus aus christlicher Verantwortung" und nicht „Christlicher Sozialismus" nach Kölner Vorgabe sowie der Entscheid für die Planwirtschaft deutet an, daß letztlich die Debatte im sozialpolitischen Ausschuß der Reichstagung von Bad Godesberg von den anwesenden Frankfurter Vordenkern Dirks und Kogon, wenn nicht dominiert, so doch deutlich beeinflußt worden ist. Die geistige „Avantgarde" des rheinischen christlichen Sozialismus, die Dominikanerpatres Welty und Siemer, waren in Godesberg nicht dabei, denn sie hatten mit den CDP-Gründern von Köln zum Zeitpunkt der Tagung bereits gebrochen, nachdem sich Siemer mit dem Parteinamen „Christlich-Sozialistische Gemeinschaft" nicht hatte durchsetzen können[552]. Da die Formel „Sozialismus aus christlicher Verantwortung" aber in der Entschließung nicht näher erläutert wird, konnten auch die Vertreter der CDU im Rheinland dieses Programm mitverabschieden. Schließlich ließ der Beschluß auch den nötigen inhaltlichen Spielraum für den vom Gewerkschaftsgedanken getragenen „Sozialismus aus christlicher Verantwortung", den der nicht angereiste Jakob Kaiser im

548 UERTZ, Christentum, S. 61f.
549 GURLAND, CDU/CSU, S,121.
550 Vgl. oben S. 158 mit Anm. 485.
551 ACDP, NL Dörpinghaus I-009-001/1, Tagung (wie Anm. 543).
552 Vgl. SCHWARZ, Adenauer, hier 1, S. 483.

Berliner Gründerkreis vertrat. „Alle kritischen Ermahnungen waren beiseite geschoben, der Geist der umwälzenden Sozialreform hatte triumphiert", wie Gurland zum Ergebnis der Reichstagung festhält[553]. War dies ein „Sieg" auf ganzer Linie oder doch eher ein Pyrrhus-Sieg für die Frankfurter Richtung?

Die Vertreter der Frankfurter CDU waren auf der Godesberger Reichstagung relativ einflußreich, denn die Resolution zur Sozial- und Wirtschaftspolitik griff wesentlich, wenn auch nicht in allen Punkten, auf Frankfurter und Berliner Programmatik zurück. Doch erwarb sich diese Resolution Geltungskraft nur für den Augenblick der Tagung, da die starken Landesverbände, einschließlich der im Entstehen begriffene mächtige britische Zonenverband, ihre eigenen Programme noch nicht endgültig ausgefeilt hatten. In Hessen wurden die „sozialistischen" Inhalte der Godesberger Entschließung aber sogleich Bestandteil des sogenannten „Notprogrammes" der Union für die kommenden Wahlen im Winter[554]. Dies scheint in Hessen für einige Verwirrung gesorgt zu haben. Offensichtlich hat sich der Bischof von Limburg, Antonius Hilfrich, beim Frankfurter Stadtpfarrer Herr – zwischenzeitlich CDU-Mitglied[555] – über den darin enthaltenen Begriff „Sozialismus" beschwert. Der Prälat, der nach seiner Einschätzung der politische Lage 1945/46 keineswegs als Freund einer wie auch immer colorierten „Linksregierung" gelten konnte[556], wandte sich an den CDU-Stadtkreisgeschäftsführer Weber. Husch schrieb darauf im Februar 1946 einen Brief an Dirks, aus dem erste deutliche Differenzen über den zukünftigen Weg der Partei hervorgehen[557]. Die „Frankfurter Leitsätze" seien nicht das Programm der CDU Groß-Hessen, stellte Husch heraus[558]. Ferner habe Weber gegenüber Stadtpfarrer Herr bekräftigt, daß der Begriff „Sozialismus" nicht in der Godesberger Entschließung enthalten sei. Dirks, der als Teilnehmer der

---

553 Gurland, CDU/CSU, S. 122. Kleinmann hält es ebenfalls für erwiesen, daß die Entschließung von Bad Godesberg „noch über die Berliner und Kölner Programmleitsätze hinaus" gingen. Kleinmann, Geschichte, S. 51.

554 Vgl. den Aufruf „Unser Notprogramm" der hessischen CDU zu den Gemeindewahlen im Januar 1946. Abdruck bei Kropat, Hessen, S. 98f.

555 Herr trat bereits am 26. 10. 1945 bei. Aufnahmeantrag selbigen Datums im Bestand ACDP, KV Frankfurt a.M. II-045–371. Zum Tode des Stadtpfarrers schrieb später der CDU-Kreisvorsitzende Ludwig Florian über das Maß von Herrs Einflußnahme auf die Politik der CDU: „Er [Herr] hat als Mitglied der CDU in erheblichem Umfang auch Einfluß auf die politische Gestaltung der neuen Zeit bei uns genommen, wofür ich ihm persönlich ganz besonders dankbar bin." DAF, NL Herr III. 8. E, Florian an Eckert, 3. 6. 1950.

556 Vgl. DAF, Chronik der Dompfarrei, S. 83–87.

557 AdsD, NL Dirks 355, CDU Frankfurt (Husch) an Dirks, 18. 2. 46.

558 Hier muß sich Husch irren. Die „CDU-Mitteilungen" vom 23. 7. 1946 stellten die „Frankfurter Leitsätze" als das offizielle und vollständige Programm der hessischen CDU heraus. Vgl. Rüschenschmidt, Gründung (1995), S. 19.

Godesberger Tagung angeschrieben wurde und zum Zeitpunkt des Schriftwechsels schon intensiv mit den Vorbereitungen zu den „Frankfurter Heften" beschäftigt war, betont in seinem Antwortschreiben noch einmal die Notwendigkeit der sozialistischen Haltung der CDU: „Herr Weber (ist) falsch unterrichtet, wenn er Herrn Prälaten Herr erklärt haben sollte, daß in der Godesberger Resolution das Wort ‚Sozialismus' vermieden worden sei. Ich habe zwar die Resolution nicht vor mir liegen, erinnere mich aber genau, daß sie das Wort enthält. Ich persönlich bin überzeugt, daß die Idee der Partei mit diesem Worte steht und fällt und daß die Bedenken des Herrn Bischofs von Limburg nicht stichhaltig sind. In der Frage des Sprachgebrauchs – und die steht ja zur Debatte, da sich der Bischof inhaltlich mit dem Programm einverstanden erklärt hat – wird ja die autoritäre dogmatische Zuständigkeit der kirchlichen Behörde nicht berührt."[559] Der Brief von Dirks zeigt, daß das „Outcoming" der Frankfurter und der hessischen CDU als betont sozialistische Partei, deren Primärklientel die Masse der „Werktätigen" sein sollte, schon zu Beginn des Jahres 1946 nicht mehr unumstritten war. Sowohl von amtskirchlicher Seite, als auch vom stärker werdenden bürgerlichen Teil der Partei wurden Bedenken laut, witterte man eine zu starke Anpassung an sozialdemokratische Zielsetzungen. Umgekehrt sah Dirks selbst das Erfordernis, „die ‚christliche' Partei (...) wegen ihres anspruchsvollen Namens unter besonders scharfe, wenn auch verständnisvolle Kritik"[560] zu stellen.

7. *Die Mitgliederstruktur des Jahres 1945*

Im Vergleich zu KPD und SPD hatten die beiden Neugründungen CDP und LDP in Frankfurt am Main verhältnismäßig wenig Mitglieder[561]. Waren in den traditionellen Arbeiterparteien Ende November 1945 bereits wieder bzw. immer noch 2.676 (KPD) bzw. 5.561 (SPD) Mitglieder organisiert, konnten CDP und LDP nur 300 bzw. 203 aufweisen. Bis zum Jahreswechsel hatten sich bei der CDU 533 und bei der LDP 279 Personen in die Mitgliedsbücher eingetragen. Bis zur ersten Stadtverordnetenwahl am 26. Mai 1946 konnte zumindest die CDU gewaltig aufholen und zum 1. Juli 1946 den Stand von 1.267 Mitgliedern verbuchen. Der Mitgliederbestand von KPD und SPD war inzwischen auf 3.329 bzw. 7.455 angewachsen, die LDP stagnierte bei 443.

---

559 AdsD, NL Dirks 357, Dirks an CDU Frankfurt (Husch), 25.2.1946.
560 DAL 351 I, Gedanken zur Arbeit am ‚Reiche Gottes' (wie Anm. 374).
561 Die folgenden Angaben zur Parteisoziologie der CDP/CDU 1945/46 basieren auf Rüschenschmidt, Gründung (1981), S. 68–73.

Da die Original-Aufnahmeanträge der ersten 599 CDP/CDU-Mitglieder erhalten sind[562], konnte Rüschenschmidt detaillierte Angaben zur Mitgliederstruktur der Partei im Jahre 1945 erarbeiten. Von den ersten 599 Mitgliedern waren demzufolge 477 (79,6%) katholisch, 116 evangelisch (19,4%), 5 konfessionslos oder freireligiös (1%). Im Verhältnis zur Frankfurter Bevölkerung waren die Katholiken in der CDU somit anfänglich überrepräsentiert. Um dies auszugleichen, wurden gezielte Mitgliederwerbeaktionen bei in Frage kommenden Protestanten durchgeführt. Der Mediziner und frühere Stadtrat Hans Loskant erinnert sich an seine ersten Aufgaben in der Frankfurter CDU: „Meine Aufgabe damals bestand darin, mit Hilfe evangelischer Pastoren evangelische Mitbürger aufzusuchen und sie zum Beitritt in die CDU aufzufordern, denn wir waren damals noch ein rein katholischer ‚Verein'."[563] Noch auffälliger war das zahlenmäßige Defizit der CDP bei den weiblichen Mitgliedern. Der Frauenanteil lag 1945 bei 9,3% (55 Mitglieder), wobei prozentual unter den evangelischen Mitgliedern der Anteil der Frauen höher war (15 Mitglieder, 12,5%) als bei den Katholiken (39 Mitglieder, 8,2%). Damit war die CDP noch weitgehend von Männern „beherrscht".

323 (53,9%) der frühen Mitglieder waren bereits in der Weimarer Republik politisch gebunden gewesen. Dies war sehr viel stärker bei den Katholiken der Fall. 256 Mitglieder oder 53,7% aller katholischen Mitglieder hatten zuvor der Zentrumspartei angehört. Von den Protestanten war nur ein Mitglied zuvor im CSVD gewesen (0,9%), die übrigen, sofern überhaupt politisch festgelegt, waren größtenteils bei den bürgerlich-liberalen Parteien und der DNVP gewesen (29 = 25,0%). 6,3% der Frankfurter CDP-Mitglieder des Jahres 1945 gaben an, NSDAP oder SA-Mitglied gewesen zu sein[564]. Dabei waren prozentual mehr evangelische CDP-Mitglieder in der NSDAP (7,8%) gewesen als katholische.

Zur Sozialstruktur der CDP/CDU lassen sich ebenfalls aufschlußreiche Angaben machen. Entsprechend dem Willen der neuen Partei, „der Zusammenschluß aller aufbauwilligen demokratischen Kräfte aus den christlichen Bekenntnissen"[565] sein zu wollen, waren unter den ersten Mitgliedern auch Vertreter aller gesellschaftlichen Schichten. Hier sind jedoch deutliche Unterschiede zwischen katholischen und evangelischen Mitgliedern festzustellen. Die 15 Arbeiter, die zur CDP gefunden hatten, und die beiden hauptberuflichen Gewerkschaftssekretäre waren alle katho-

---

562 Bestände ACDP, KV Frankfurt a.M. II-045-371/372.

563 Mitteilungen von Hans LOSKANT am 24.10.1996.

564 Vgl. RÜSCHENSCHMIDT, Gründung (1995), S.15. In Nordhessen waren durchschnittlich 10% der CDU-Mitglieder in der NSDAP, in Südhessen war der Anteil geringer.

565 ACDP, NL Dörpinghaus I-009-CDU Hessen, Flugblatt CDU Frankfurt am Main „Was will die Christlich-Demokratische Union?", o.D. [1945].

lisch. Auch die 101 Facharbeiter waren überwiegend katholisch (85 kath., 15 ev. und 1 konfl.). Unter den Selbständigen, Kaufleuten, Fabrikanten und Unternehmern hingegen waren überdurchschnittlich viele evangelischer Konfession[566]. Der Anteil der Angestellten und Beamten war bei beiden Konfessionen in etwa gleich[567]. Neun katholische Pfarrer waren Mitglied der CDP, darunter auch der Bischöfliche Kommissar, Stadtpfarrer Herr; dazu kamen drei evangelische Pastoren. Rüschenschmidt wertet dies als Indiz für „die weitgehende Unterstützung der CDP durch den katholischen Klerus"[568]. Diesen sicherzustellen, war die Parteileitung in Frankfurt bemüht, denn sie sah gerade im katholischen Gemeindepfarrer einen wesentlichen Multiplikator für christlich-demokratische Politik[569]. Aber die Zeit der politischen Prälaten war mit dem Untergang von Zentrum und BVP 1933 vorbei[570]. Eine aktive Rolle übernahm nach der Gründungsphase der Partei kein einziger Frankfurter Pfarrer[571], denn von den Bischöflichen Ordinariaten erging die Weisung, sich aus seelsorglichen Gründen nach Möglichkeit parteipolitisch zurückzuhalten[572].

8. *Die ersten Frauen in der politischen Aufbauarbeit der Frankfurter CDU*

Der Aufbau eines „Frauenausschusses" in der Frankfurter CDU steht im engen Zusammenhang mit den Umerziehungsvorstellungen der amerikanischen Besatzungsmacht, die eine Mitarbeit von Frauen in Parteien und Parlamenten deutlich förderte, um überkommene patriarchal-konservative Strukturen in Gesellschaft und Familie, nach Auffassung der Amerikaner mitverantwortlich für den Nationalsozialismus, zugunsten einer

[566] Nur 8,5% aller CDP-Mitglieder waren Kaufleute, hingegen 12,1% aller evangelischen Mitglieder. 1,3% der CDP-Mitglieder waren Unternehmer, beim evangelischen Mitgliederteil immerhin 4,3%. Als selbständig bezeichneten sich 3,8% aller CDP-Mitglieder, 7,6% allerdings bei den Protestanten.

[567] 19,9% kath., 17,2% ev. bzw. 15,7% und 16,8%.

[568] RÜSCHENSCHMIDT, Gründung (1981), S. 71.

[569] Siehe hierzu den Aufruf der CDU Frankfurt „Hochgeehrter Herr Pfarrer! Hochehrwürden!" vom Frühjahr 1946. Abdruck ebd., S. 582.

[570] Zur Thematik vgl. den Aufsatz von MORSEY, Prälaten.

[571] Mitteilungen von Karl HOHMANN am 30. 10. 1996.

[572] Nach Kriegsende 1945 stellte der päpstliche Gesandte P. Ivo Zeiger SJ (1898–1952) auf seiner Reise durch Deutschland folgende Praxis in Bezug auf die politischen Aktivitäten katholischer Geistlicher fest: „Priestern soll die Parteizugehörigkeit gestattet werden (allgemeine bürgerliche Rechte), doch sollen sie kein passives Wahlrecht haben, d. h. nicht Abgeordnete werden. Ob ein Priester unter besonderen Verhältnissen eine Ministerstelle übernehmen darf, ist umstritten." ZEIGER, Zwischenbilanz, S. 310.

umfassenden Demokratisierung der deutschen Nachkriegsgesellschaft abzubauen. Das politische Engagement von Frauen in der neuen Partei setzte allerdings verhältnismäßig spät ein. Die vorläufigen Statuten der CDP Frankfurt vom September 1945 sahen zwar die Aufnahme von Frauen als gleichberechtigte Mitglieder vor, die „Frankfurter Leitsätze" bekräftigten im Abschnitt „Ehe und Familie" jedoch das tradierte Aufgabenfeld der Frau als „Herz der Familie", vertrauensvolle Ehefrau und verantwortungsbewußte Mutter. Erwartungsgemäß waren auf der bereits erwähnten ersten Mitgliederversammlung am 31.10.1945, wie das Protokoll vermerkt, lediglich 30 „Herren" anwesend[573].

Es waren wenige Frauen in Deutschland, die sich nach dem Krieg in Parteien, Gewerkschaften oder Frauenverbänden engagierten[574]. Die Gründe für die anfängliche Zurückhaltung der Frauen in politischen Dingen lagen einerseits in den äußeren Zeitumständen – Millionen Frauen waren verwitwet, ledig oder geschieden, von Sorge um die Kinder erfüllt, mußten um Nahrung, Kleidung und Obdach kämpfen –, andererseits fehlte es Ihnen oftmals an qualifizierter Ausbildung und politischer Erfahrung. Dennoch gelang es, in der CDU Frankfurt eine kleine Frauengruppe zu etablieren. Sie ging aus dem Frankfurter Frauenausschuß hervor, der sich am 25. Januar 1946 mit einem Aufruf an die Öffentlichkeit wandte, der acht Programmpunkte umfaßte: 1. Gleichberechtigung der Frau, 2. Mitwirkung in der Verwaltung, 3. Gleiches Recht auf Arbeit und gleicher Lohn, 4. Gerechte Beteiligung der Frau in den Berufsvertretungen, 5. Hinzuziehung im Rechtswesen, 6. Neuordnung des Familienrechts, 7. Mehr Frauen in führenden Stellen und im Erziehungswesen, 8. Höhere Wertschätzung der Frauenarbeit. Dieser Aufruf wurde von 14 Frauen unterzeichnet. Darunter waren die Pädagoginnen Carola Barth (1879–1959)[575] und Else Epstein (1881–1948)[576], die schon in der Weimarer Republik, nach der Einführung des aktiven und passiven Wahlrechts für Frauen 1919, politische Mandate ausgeübt hatten.

Barth hatte Theologie, Geschichte, Deutsch und Christliche Archäologie in Bonn, Marburg und Jena studiert und legte 1907 an der Universität Jena als erste Frau in Deutschland das Lizentiat-Examen in Theologie ab.

---

573 ACDP, KV Frankfurt a.M., II-045–018/7, Bericht über die Sitzung der CDP (wie Anm. 435).

574 Vgl. KELLER-KÜHNE, Frauen, S. 20.

575 Werke u.a.: Religionsunterricht als religiöse Erziehung. Aus der Praxis meines Religionsunterrichtes (Religionspädagogische Bibliothek 19), Göttingen 1931. Über sie SCHÜLLER, Menschen, S. 43–47 (Lit.); Art. Carola Barth, in: KLÖTZER, Frankfurter Biographie, hier 1, S. 39; KELLER-KÜHNE, Frauen, S. 26.

576 Über sie vgl. LENGEMANN, Hessen-Parlament, S. 241; LANGER, Politikerinnen, S. 105–128; SCHÜLLER, Menschen, S. 69–72; Art. Else Epstein, in: KLÖTZER, Frankfurter Biographie, hier 1, S. 188f; PARISISUS/SCHOLL-SEIBERT, Demokratie, S. 34.

Von 1910 bis 1921 arbeitete sie als Religionslehrerin an der Frankfurter Schillerschule. Als Mitglied der DDP gehörte sie von 1919 bis 1921 als eine der wenigen Frauen der Frankfurter Stadtverordnetenversammlung an. Seit 1921 war sie Schulleiterin in Köln, zudem Mitglied des Deutschen Evangelischen Kirchenausschusses der Landeskirchen und Gründungsmitglied und erste Vorsitzende der „Vereinigung christlicher Theologinnen" (1930), deren Ziel die volle Zulassung von Frauen zur pfarramtlichen Tätigkeit war. 1927 wurde ihr auf dem Kirchentag in Königsberg die theologische Ehrendoktorwürde für ihre zeitgemäße Gestaltung des Religionsunterrichtes verliehen. 1930 verließ sie die DDP. Nationale vermengt mit theologischen Spekulationen über die Absichten des Nationalsozialismus veranlaßten sie im Mai 1933 in die DNVP einzutreten und als Gemeindeverordnete auf der Liste „Deutsche Christen" in der ev. Gemeinde Köln-Ehrenfeld zu kandidieren. Die Enttäuschung folgte allerdings auf dem Fuße. Aufgrund des „Gesetzes zur Wiederherstellung des Berufsbeamtentums" wurde sie 1934 zwangspensioniert und kehrte nach Frankfurt zurück, wo sie sich wissenschaftlichen Studien widmete.

Else Epstein kam aus der Frankfurter Volksbildungsarbeit, in der ihr Mann, Wilhelm Epstein, eine führende Rolle spielte. Sie hatte an der Akademie für Sozial- und Handelswissenschaften, einer Vorläuferin der Frankfurter Universität, Volkswirtschaft studiert. Von 1919 bis 1933 war sie Stadtverordnete in Frankfurt und gehörte dem Vorstand der DDP-Frankfurt an. 1941 wurde sie wegen Kontaktes zu jüdischen Familien verhaftet und kam 1942/43 ins KZ Ravensbrück. Danach versteckte sie sich bis Kriegsende als Buchhalterin in einem Lungensanatorium im Schwarzwald. 1945 beteiligte sie sich führend an der Wiedergründung des Frankfurter Volksbildungsbundes.

Beide Frauen hatten sich in die Mitgliedslisten der CDU eingetragen. Während Epstein schon – zunächst über die Vorschlagsliste der SPD – dem Frankfurter Bürgerrat angehörte, war Carola Barth noch ganz unschlüssig, ob sie sich der neuen Partei zur Verfügung stellen sollte. Ihre bisher nicht publizierten und wenig bekannten Tagebuchaufzeichnungen der Jahre 1945/46 vermitteln einen unmittelbaren Einblick in die Aufbauphase der Frankfurter CDU, geben aber auch ein sehr persönliches Stimmungsbild im Hinblick auf die strengen Maßstäbe der amerikanischen Besatzungsmacht bei der Behandlung der ehemaligen NSDAP-Mitglieder, mit denen Barth wie auch andere Vertreter gerade aus dem kirchlichen Bereich nicht einverstanden waren.

Die Amerikaner wünschten einerseits, daß die Stadtverwaltung in Frankfurt so normal wie irgend möglich arbeitete, andererseits bestanden sie aber auf der Entlassung aller Deutschen, die einer Organisation der NSDAP angehört hatten, wozu auch die Volkswohlfahrt oder die Arbeitsfront zu zählen war. Dies führte zu teilweise paradoxen Situationen. Die städtischen Ordnungskräfte z.B. konnten der eskalierenden Kriminalitäts-Lage auf dem Schwarzmarkt kaum noch Herr werden, da der Polizeipräsident zahlreiche geschulte Kräfte hatte entlassen müssen. Im Mai 1945 waren bereits 749 frühere „PGs" aus städtischem Dienst entlassen, bis Mitte Juli 1945 waren es 3.449[577]. Die Neigung von Frau Barth, eventuell bei der CDP mitzuarbeiten, wurde durch die Haltung Kogons, der eine deutsche Kollektivschuld ablehnte, deutlich verstärkt. Ihre Eintragungen im Tagebuch geben davon einen Eindruck:

„3.XI. [1945] Pastor Fricke (ließ mir sagen), ich möchte die Leitung der christlich demokratischen Frauengruppe übernehmen. Aufregend. (...) 4.XI. [1945] Ich schrieb so lange nicht, weil mein Gemüt zu bitter war. Die ungerechte Behandlung der Parteimitglieder empört mich so tief, daß ich am liebsten, stünde die Partei noch offen, jetzt eintreten möchte. (...) Wie hab' ich selbst doch den Nationalsozialisten geflucht, wie haben sie mich hassen gelehrt und nun, angesichts eines Schwalles von Lügenpropaganda, lasse ichs nun! 10.XI. [1945] Der junge [Hans-Heinz] von Mettenheim kommt und fordert mich auf, an der Vorstandssitzung der Christlich-Demokratischen Partei teilzunehmen – als bislang einzige Frau. Wäre ich 20 Jahre jünger (...), so machte diese verantwortungsvolle Aufgabe mich restlos glücklich. So vermag ichs nur Gottes Führung zu überlassen. (...) 11.XI. [1945] In der ersten großen Versammlung der Christlich-Demokratischen Partei. Redner ist Eugen Cogon, ein kluger, beredter Mann. Guter Eindruck. Er sowohl wie ein Redner der liberal demokratischen Partei treten für eine abgestufte Behandlung der Nazis ein. Nur die eigentlichen Aktivisten sollen bestraft werden. Dabei atmet man auf. (...) 14.XI. [1945] Dann war ich zum ersten Mal in der Ausschußsitzung der christlich demokratischen Partei. Wäre ich 20 Jahre jünger! Hier böte sich mir eine herrlich Aufgabe, die Frauengruppe aufzubauen. (...) 30.XI. [1945] Nachmittags in der Bezirksvertreterversammlung der C.D.U. Frau Rhabanus und ich reden die Männer an und legen ihnen die Notwendigkeit nahe, nun auch die Frauen zu werben."[578]

Carola Barth gilt als typische Repräsentantin der bürgerlichen Frauenbewegung wie einer liberalen protestantischen Theologie. Sie registrierte eine sich verändernde Stellung der Frau im öffentlichen Leben und machte es zu ihrem Anliegen, den Frauen bessere Bildungschancen sowie Gleichberechtigung in der Kirche zu eröffnen. „Für die Ehefrau sowie für die berufstätige Frau ist vertiefende Geistesbildung nötig, wenn sie als Staatsbürgerin ihrem neuen Auftrag gerecht werden will", schrieb sie

---

577 Vgl. LOREI/KIRN, Frankfurt, S. 37f.

578 STAF, NL Barth S1/39, Nrn. 29–30, Tagebücher Carola Barth 1944–1947. – Hans-Heinz von Mettenheim ist der jüngere Bruder von Amalie von Mettenheim. Zu ihr vgl. unten Anm. 583.

1930[579]. Dieses fortschrittliche und selbstbewußte Rollenbild der Frau stieß bei den Männern in der CDU damals sicher nicht auf ungeteilte Begeisterung – auch wenn feststand, daß die deutliche Reduzierung der Frau auf ihre Mutterolle, wie sie im nationalsozialistischen Staat ideologisch propagiert wurde, der Vergangenheit angehören mußte. Selbstbewußte Frauen wie Barth und Epstein oder auch die Schriftstellerin Gertrud Roesler-Ehrhardt (1896–1992)[580], die schon im Oktober 1945 der CDU beitrat, ermutigten auch andere Frauen, in die Politik zu gehen, wenngleich ihr Anteil an der Gesamtpartei zunächst gering blieb. In der Frankfurter CDU waren 1945 lediglich 5,3% der Mitglieder Frauen. Dennoch wurden Frauen überproportional von der Parteispitze berücksichtigt, wenn politische Mandate zu vergeben waren. Neben Epstein und Barth entsandte die Frankfurter CDU mit der katholischen Fürsorgerin Elisabeth Rhabanus (1892–1969)[581], der ebenfalls katholischen Lehrerin Maria Bausch (1886–1962)[582] und der jungen evangelischen Biologie-Studentin Amalie von Mettenheim (1920–1999)[583] an zum Teil herausragender Stelle Frauen in die neugewählte Frankfurter Stadtverordnetenversammlung, wo sie als zweitgrößte Fraktion bis 1956 den größten Frauenanteil erreichte[584]. Else Epstein gehörte zudem neben Adolf Leweke zu den Christdemokraten, die Frankfurt im Beratenden Landesausschuß, dem hessischen Vorparlament des Jahres 1946, vertraten.

---

579 BARTH, Gegenwartsaufgaben, S. 76 f.

580 Über sie den Art. Gertrud Roesler-Ehrhardt, in: KLÖTZER, Frankfurter Biographie, hier 2, S. 205.

581 1928–1954 beim Fürsorge- bzw. Jugendamt der Stadt Frankfurt am Main. 1946 zur ersten Vorsitzenden des Frauenausschusses der Frankfurter CDU gewählt. 1946–1952 Stadtverordnete und Mitglied des sozialpolitischen Ausschusses. Zu ihr vgl. SCHÜLLER, Menschen, S. 115 f.

582 1909–1951 an der Volksschule Schwanheim. Als Mitglied des Zentrums 1932 erfolglose Kandidatur für den Preußischen Landtag. Gründung und Vorsitz der Gewerkschaft christlicher Heimarbeiterinnen (Ortsgruppe Schwanheim). 1946–1956 Stadtverordnete und Mitglied des gesundheits-, schul- und sozialpolitschen Ausschusses. Über sie vgl. ebd., S. 48 f.

583 1940 Abitur. Vom Studium ausgeschlossen, da ihre Mutter jüdischer Herkunft war. Seit 1945 Studium der Biologie. 1951 Promotion zum Dr. rer. nat. Leitende Tätigkeiten an der landwirtschaftlichen Versuchsanstalt Darmstadt und am Paul-Ehrlich-Institut. 1946 Beitritt zur CDU und als hessenweit jüngste Frau Wahl in die Stadtverordnetenversammlung (bis 1948), dort Mitglied des Ausschusses für Kunst, Wissenschaft und Volksbildung. Angaben zu ihr ebd., S. 101 f; Mitteilungen von Amalie von METTENHEIM am 25. 5. 1998.

584 1946–1948: 17,8%, 1948–1952: 19,0%, 1952–56: 22%. Vgl. MAGISTRAT der Stadt Frankfurt, Frankfurt, S. 289–291.

9. *Bewährung und erste Erfolge: Im Beratenden Landesausschuß, der „Rundschau-Konflikt" und die Stadtverordnetenwahl am 26. Mai 1946*

Das Jahr 1946 wurde zu einem Marathon-Wahljahr in Hessen. Am 20. und 27. Januar wurden die Kommunalparlamente in den kleinen Gemeinden bis 20.000 Einwohner gewählt. Die Wahlen in den größeren Gemeinden und in den Landkreisen fanden zwischen dem 21. März und dem 28. April statt, in den Großstädten und Stadtkreisen dann zwischen dem 26. Mai und dem 30. Juni 1946. Dieses stufenweise Vorgehen der Militärregierung sollte den Grad der von ihr befürchteten Beeinflussung ehemaliger Nazis auf die Wahlen möglichst gering halten. Die Wahlen zur Verfassungsberatenden Landesversammlung wurden dann ebenfalls am 30. Juni 1946 durchgeführt. Die Volksabstimmung über die Verfassung und die Wahlen zum 1. Hessischen Landtag bildeten am 1. Dezember 1946 den Abschluß. Die Demokratie sollte langsam, von „unten" nach „oben" aufgebaut werden.

Mit dem von der Besatzungsmacht Ende Oktober 1945 ernannten Kabinett Geiler existierte eine provisorische Landesregierung, die einerseits mit parteilosen Fachleuten aus dem badischen Umfeld des Ministerpräsidenten, andererseits mit Vertretern der vier lizenzierten Parteien besetzt war. Zur Stärkung der Landesgewalt beabsichtigte die Landesregierung in Übereinstimmung mit einem Beschluß des Länderrates der amerikanischen Zone vom 6. November 1945 die Einrichtung eines „Beratenden Landesausschusses" als Vorläufer eines zukünftigen Landtages[585]. Geiler beabsichtigte zunächst ein ausschließlich nach berufsständischen Kriterien zusammengesetztes Gremium zu schaffen, wie es in Bayern und Württemberg-Baden auch realisiert wurde, durchaus nach dem Vorbild der zunächst rein überparteilich gedachten „Bürgerräte" auf kommunaler Ebene. Die Industrie- und Handelskammer Wiesbaden, als deren Vorsitzender der CDU-Politiker Erich Köhler amtierte, unterstützte Geilers Plan. Dennoch konnte er diese Position in seinem Kabinett nicht behaupten. Eine Kabinettsmehrheit hatte sich unter Führung seines Stellvertreters Hilpert für einen von Parteivertretern besetzten Landesausschuß entschieden. Bei der Besprechung mit führenden Parteivertretern ließ sich Geiler schließlich überzeugen, vor allem, weil sich in der CDU, die durch den Frankfurter Bürgerratsvorsitzenden Leweke vertreten war, die Linie Hilperts durchgesetzt hatte.

Erstmals wurde der „Beratende Landesausschuß" von Geiler am 26. Februar 1946 nach Wiesbaden ins „Deutsche Theater" einberufen. Die vier

---

585 Hierzu die Einleitung in der Edition der Sitzungsprotokolle des Beratenden Landesausschuß von PARISIUS/SCHOLL-SEIBERT, Demokratie, S. 1–29.

Parteien entsandten in den Ausschuß jeweils 12 Vertreter, insgesamt fünf Frauen und 43 Männer. Aus den Reihen der Frankfurter CDU waren Else Epstein und Adolf Leweke abgeordnet. Nach der Eröffnungsitzung fanden bis zum 7. Juni 1946 noch drei weitere Plenartagungen statt, bei denen schon spätere Grundlinien der hessischen Verfassung (Wirtschaftslenkung und Gemeinschaftsschule als Regelstaatsschule) vorbereitet wurden. Mit der Aufgabe des Sitzungsleiters beauftragte Geiler den Stellvertretenden Ministerpräsidenten Hilpert. Eine Kontrollfunktion gegenüber der Regierung fiel dem Ausschuß nicht zu. Auch fehlte ihm die demokratische Legitimation der Volkswahl. Dennoch war der Beratende Landesausschuß mehr als ein „Pseudoparlament", denn die Mitglieder, zumeist Verfolgte des NS-Regimes, verstanden sich als volksnahe Anreger und Wegbereiter gegenwärtiger und zukünftiger Politik. Die Frankfurter CDU-Abgeordnete Else Epstein etwa drückte in der Sitzung am 29. März 1946 eindrucksvoll ihre Überzeugung aus, daß die „philosophisch-nichtreligiöse" Weltanschauung in Deutschland „im Vergehen ist", und sich eine zukunftsfähige Politik „in erster Linie auf die Religion stützen" müsse[586]. Oft brachten die Abgeordneten auch Probleme vor, die in Wiesbaden noch völlig unbekannt waren. So sprach Adolf Leweke in seinen Redebeiträgen nicht nur immer wieder die schlechte Ernährungslage an und plädierte für eine verstärkte staatliche Lenkung der Erzeugung, sondern wies auch auf die Grundstückskonflikte in Frankfurter Kleingartenkolonien hin, deren Lösung Leweke von der Landesregierung forderte[587]. Die durch die Kleingartenvorstände vorgenommenen Enteignungen ehemaliger „Parteigenossen" müsse „bei den Mitläufern haltmachen", da sonst zu viele Kleingärten aufgrund der Streitigkeiten unbewirtschaftet blieben, was Leweke nicht für verantwortbar hielt, da aus diesen Kleingärten „doch ein wesentliches Quantum an Lebensmitteln herangezogen" würde[588].

War die Entnazifizierung der Kleingärtnervereine sozusagen der tagespolitische „Dauerbrenner", so zog sich auch der deutschlandpolitische Wunsch der Parlamentarier nach Wiederherstellung der nationalen Einheit wie ein roter Faden durch die Sitzungen des Beratenden Landesausschusses. Vor dem Hintergrund französischer Begehrlichkeiten auf Teile Westdeutschlands verabschiedete das Plenum bereits in seiner ersten Sitzung eine Resolution, in der es unter anderem hieß: „Auf der Grundlage einer sinnvollen Ländergliederung, unter scharfer Ablehnung eines jeden Separatismus, soll ein politisch einheitliches Deutschland die entscheidenden Lebensfragen unseres Volkes lösen. Wir wollen, daß ein so

[586] Ebd., S. 218.

[587] Hierzu die ebd., S. 155–157, S. 170f u. S. 182f abgedruckten Reden von Leweke vor dem Beratenden Landesausschuß.

[588] Protokoll der Sitzung des Beratenden Landesausschusses am 29. 3. 1946. Abdruck ebd., S. 156.

Ehemalige Geschäftsstelle, Blumenstraße 3

gestaltetes Deutschland, erfüllt von wahrem demokratischen Geist, recht bald seinen Platz unter den Vereinten Nationen einnehmen möge."[589]

Während im Kommunallandtagssaal im Landeshaus in Wiesbaden, dem Tagungsort des Beratenden Landesausschusses, um die Zukunft Deutschlands und des neuen Staates Groß-Hessen gerungen wurde, bedeutete die erste freie Stadtverordnetenwahl nach dem Krieg eine erste Bewährungsprobe für die Frankfurter CDU. Wie die Wahlen ausgehen würden, war noch völlig offen. Wohin würde etwa der hohe Stimmenanteil von NSDAP-Wählern des Jahres 1933 gehen? Würde die CDU mehr Stimmen als das Zentrum dazumal erreichen? Und wie würde sich die bei allen Wahlen des Frühjahrs 1946 zugrunde gelegte sehr hohe 15%-Sperrklausel auswirken? Das waren Fragen, die in der Bevölkerung selbst kaum auf Interesse stießen. Der Winter 1945/46 war sehr hart gewesen, die Sorge um Nahrung und Wohnung, das Leben in den Trümmern der Stadt prägte die Wahrnehmung der Frankfurter. Der Schwarzmarkt florierte, vor allem am Hauptbahnhof, der einem „Heerlager der Heimatlosen" glich[590]. Zudem mußten inzwischen die Entnazifizierungs-Fragebögen ausgefüllt werden. Bei der Abholung des 131 Fragen umfassenden Papiers erhielt man eine Quittung, die lebensnotwendig war, denn nur nach Vorlage dieses Beleges konnten neue Lebensmittelkarten erworben werden. Ein Jahr nach Kriegsende schilderte Oberbürgermeister Blaum einem Journalisten die Lage in Frankfurt. Von Wiederaufbau könne noch keine Rede sein, noch lange Zeit werde die Bevölkerung in einer „Reparaturperiode" leben. Es fehle an Baggern, Lastwagen und allerlei Gerät, vor allem aber an Arbeitern und Handwerkern, die man wegen des herrschenden Wohnungsmangels nicht nach Frankfurt bekommen könne. Der Gesundheitszustand der Menschen drohe sich zu verschlechtern. Positiv vermerkte Blaum, daß die Straßen- und Eisenbahnen wieder fuhren, die Elektrizitäts- und Gasversorgung voranschreite, die Universität mit 3.600 Studierenden wiedereröffnet sei und das Kulturleben überhaupt sich wieder sehen lassen könne[591].

Am 23. Mai 1946 richtete der Oberbürgermeister einen Wahlaufruf an die Frankfurter Bevölkerung: „Zeigt der Welt durch möglichst vollständige Beteiligung an dieser Wahl, daß ihr gewillt seid, eure neue staatsbürgerliche Freiheit zu gebrauchen und damit den ersten Schritt zu einem Wiederaufbau Deutschlands in freiheitlichem Geiste zu tun!"[592] 245.000 Wahlberechtigte zählte die notdürftig aufbereitete Wahlkartei des Statistischen Amtes bei einer registrierten Gesamtbevölkerung von 395.000. Aus

---

589 Ebd., S. 62.
590 LOREI/KIRN, Frankfurt, S. 69.
591 Der Bericht Blaums im Teilabdruck ebd., S. 68.
592 Abdruck ebd., S. 92f.

politischen Gründen waren 25.000 Personen nicht zur Wahl zugelassen. Nur 95.000 Männer über 21 Jahre waren gemeldet, denn Tausende befanden sich noch in Kriegsgefangenschaft oder waren gefallen. Zwei Drittel der Wahlberechtigten, 150.000, waren Frauen. Dies hatte Auswirkungen auf den Wahlkampf der vier Parteien, die sich um die 60 Sitze im Frankfurter Römer bewarben. Vor allem die CDU setzte auf frauen- und familienpolitische Themen. Der Aufruf zur Stadtverordnetenwahl „Frauen Frankfurts!" richtete sich genauso an die Mütter, die mit ihren unterernährten und gesundheitlich gefährdeten Kindern in Trümmern lebten, wie an die erwerbstätige, moderne Frau und die „weibliche Jugend, die aus der Verworrenheit der nationalsozialistischen 12 Jahre sich mühsam einen Weg bahnen" müsse. Die CDU rief die Frauen dazu auf, sich ihrer „Verantwortung vor Gott" bewußt zu sein und ihre Interessen und das Leben ihrer Familien der Union anzuvertrauen[593].

Der große Zulauf, den die Mitgliedslisten der Frankfurter Sozialdemokraten verzeichnen konnten, und der mit insgesamt 44,5% große Erfolg der SPD bei den Gemeindewahlen vom Januar forderte die CDU heraus. Die Sozialdemokraten beriefen sich in ihren Wahlkundgebungen besonders auf ihre historische Rolle im Jahr 1933. Zur Wählerversammlung am 19. Mai 1946 in der „Schauburg" mit dem „Genossen Kolb[594], Düsseldorf", wie es in der Einladung hieß, erinnerten sie daran, daß die SPD „bis zum letzten Atemzug im Jahre 1933 das Volk vor Hitler und seinen Trabanten gewarnt" und auf großen Plakaten signalisiert habe, Hitler bedeute Krieg[595]. Auf diese Kontinuität des Widerstandes konnte sich die CDU als neue Partei nicht berufen, was die SPD zum Zwecke des politischen „Säbelrasselns" für sich auszunutzen versuchte. Vor allem der Parteivorsitzende Knothe denunzierte die CDU immer wieder als Sammelbecken reaktionärer Kräfte[596]. Sogar über die städtischen Entnazifizie-

---

593 ACDP, KV-Frankfurt, II-045–AXII 2, Flugblatt „Frauen Frankfurts!", o.D. [April/ Mai 1946].

594 Walter Kolb (1902–1956). 1946–1956 Oberbürgermeister der Stadt Frankfurt. Zu ihm vgl. die Biopgraphie von BAUER, Stadt.

595 Abdruck der Einladung in: SPD-UNTERBEZIRK, Römer, S. 128.

596 In der letzten Sitzung des Beratenden Landesausschusses am 7.6.1946 sprach Knothe der CDU, „einen neuen Willen" zu haben, ab. Ihr „rechter Flügel" benutze das Prädikat „christlich" und die Bergpredigt nur als „Schirm für privatkapitalistische Tendenzen". Derart „reaktionären Erscheinungen" sage die SPD den „stärksten Kampf" an: „Der rechte Flügel der CDU ist nicht der Flügel, der die Bergpredigt für sich in Anspruch nehmen kann." Und den CDU-Abgedordneten rief Knothe zu: „Wenn Sie sich zum positiven Christentum bekennen, dann sind sie ethische Sozialisten, dann können Sie nicht anders als mit uns Sozialisten gemeinsam gegen ein wieder aufkommendes Ausbeutungssystem kämpfen. Sie müssen dann für unsere Konzeption sein, daß die Sozialisierung der Bergwerke, der Versicherungsgesellschaften, der Großbanken vorgenommen wird. (...) Sie werden lernen müssen, daß nicht der Großbesitz und der Ausbeuter zu verteidigen sind,

rungsausschüsse[597], die aus je einem Parteivertreter und dem Vorsitzenden bestanden, wurde versucht, die CDU als Partei darzustellen, in der ehemalige NS-Aktivisten beheimatet sind.

Überliefert ist dabei die Auseinandersetzung um die Rolle des Höchster CDU-Mitglieds und Fabrikanten Ludwig Jost im „Dritten Reich". Jost war Stellvertreter von Husch im Vorsitz der CDU-Stadtkreispartei. Die Verhandlung im Hauptausschuß für Entnazifizierung am 11. Februar 1946 stufte Jost, dessen Mitgliedschaft im „Nationalsozialistischen Kraftfahrkorps" (NSKK) Gegenstand des Verfahrens war, einstimmig als politisch entlastet ein, empfahl aber gegen eine Stimme, der Betreffende solle nicht Mitglied einer Partei oder des Bürgerrates sein. Aufrgund einer Indiskretion berichtete die Frankfurter Rundschau am 19. Februar mit der Überschrift „Um ein Bürgerratsmitglied" entgegen der geltenden Gepflogenheit über den „Fall Jost"[598]. Für die CDU wurde die Berichterstattung der „Frankfurter Rundschau" spätestens zu dem Zeitpunkt zum „roten Tuch". Der Vorstand der CDU und die 32 Bezirksgruppenleiter protestierten bei der Redaktion gegen diesen Vorgang, denn Jost sei in jeder Hinsicht rehabilitiert. Bei dem FR-Bericht handele es sich um Ehrabschneidung, denn Jost sei nicht aus dem NSKK „ausgetreten", wie in der Zeitung berichtet wurde, sondern am 31. Mai 1938 wegen Beteiligung an staats- und parteifeindlichen Veranstaltungen ausgeschlossen und aufgrund seines Eintretens für die Bekennende Kirche 18 Tage von der Gestapo festgehalten worden. Der betreffende Artikel würdige Jost und die CDU zudem herab, indem es darin heiße, „solche Leute wie Jost" sollten keine öffentlichen Ämter bekleiden. Darauf schrieb die „FR" in der Ausgabe vom 22. Februar, sie habe lediglich über Tatsachen berichtet. Eine Gefährdung der

---

sondern der Klein- und Mittelbesitz geschützt und unterstützt werden muß (Zwischenruf des CDU-Abgeordneten Graf Matuschka: Das steht ja in unserem Programm drin!) Es kommt nicht aufs Programm, es kommt allein auf die Praxis an." PARISIUS/SCHOLL-SEIBERT, Demokratie, S. 378–380.

597 Nach dem von der Militärregierung erlassenen Gesetz Nr. 8 vom 26.9.1945 konnten ehemalige Angehörige von NS-Organisationen, die eine leitende Position in einem Wirtschaftsbetrieb innehatten, nur noch als einfache Arbeiter weiterbeschäftigt werden. Nach den Durchführungsbestimmungen dieses Gesetzes konnte beim zuständigen Oberbürgermeister bzw. Landrat in einem sogenannten Vorstellungsverfahren gegen diese Zurückstufung geklagt werden. Die hierzu eingesetzten Ausschüsse wurden im Auftrag der Amerikaner vom jeweiligen Verwaltungschef kontrolliert, hatten aber die Möglichkeit, selbständig Zeugen zu verhören und schriftliches Beweismaterial heranzuziehen. Am 5.3.1946 wurde dann das Gesetz zur Befreiung von Nationalsozialismus und Militarismus erlassen, daß die Beurteilung individueller Schuld endgültig auf deutsche Zivilkammern übertrug. Vgl. ebd., S. 77.

598 Hierzu die Artikel in der Frankfurter Rundschau vom 15., 19., 22. und 29.3.1946. Vgl. den Bericht „Wie sollen Tatsachen gemeldet werden?" in der Hessischen Union Nr. 1 vom 23.3.1946; Mitteilungen von Hans LOSKANT am 24.10.1996.

Parteireputation könne nur dann vorliegen, wenn eine Partei „in ihren eigenen Reihen nicht für Sauberkeit sorge". Dieser Kommentar sorgte abermals für Wirbel in der CDU, der sich zu einer regelrechten „Rundschau-Krise" steigerte, denn die Union sah die Freiheit und Neutralität der Presse in der traditionellen „Zeitungsstadt" Frankfurt gefährdet. Die damals fast ausschließlich von Sozialdemokraten und KPD-Anhängern gesteuerte einzige Frankfurter Tageszeitung saß zunächst am längeren Hebel. Eine Gegendarstellung unterblieb. Jost trat als Bürgerratsmitglied zurück, blieb aber Zweiter Vorsitzender der Frankfurter CDU, nachdem die Militärregierung am 26. März 1946 bestätigt hatte, Jost könne in seinen Ämtern bleiben[599]. Mit dem Erscheinen der von Hugo Stenzel herausgegebenen „Frankfurter Neuen Presse" zum 15. April 1946, die zunächst zweimal wöchentlich herauskam, war ein wiederrum stark von CDU-Vertretern wie Weber und Schulte geprägtes Blatt erhältlich, daß sich als klares „Spiegelbild der Gesellschaft" im Dienste der „sich langsam bildenden demokratischen Formung" verstand[600]. Bei aller Einmütigkeit im Willen zum demokratischen Wiederaufbau war das Frankfurter politische Klima des Frühjahrs 1946 also durchaus rau.

Es lag nun an der CDU, ihre Vorstellungen bis zu den Wahlen bekannt zu machen und sich als Alternative zur Sozialdemokratie zu entpuppen. Am 10. März eröffnete sie den Kommunalwahlkampf mit einer großen „Sozialkundgebung" in den Titania-Lichtspielen in Bockenheim. Als Redner sprach Karl-Heinrich Knappstein, zu dieser Zeit Ministerialdirektor im SPD-geführten Ministerium für Wiederaufbau und politische Befreiung, zum Thema „Was halten wir vom Sozialismus?"[601]. Am 17. April kam der Zweite Vorsitzende der Berliner CDU, Ernst Lemmer, an den Main und sprach im „Heim für Kaufleute und Studenten" in der Hochstraße zum Thema „Die Union zum Sozialproblem"[602]. Lemmer hielt zunächst eine scharfe Abrechnung mit dem NS-System, das er von einer „kleinen Gruppe um Hitler" gesteuert sah. Aus der totalen Niederlage Deutschlands ergebe sich, daß jetzt alle Parteien loyal und phantasievoll zusammenarbeiten müßten, wenn eine neue gesellschaftliche Ordnung aufgebaut werden solle: „Die Frage der Währung, des Lastenausgleichs, der Sozialversicherung, des Betriebsräterechtes und des modernen Arbeitsrechtes sind Kernpunkte jeder zukünftigen Sozial- und Wirtschaftspolitik." Lemmer, der zu diesem Zeitpunkt noch an eine freie

---

599 Am 4.4.1946 sprach Jost in der Ginnheimer Gaststätte Zum Adler über das Thema „Politik mit unsauberen Mitteln?". Frankfurter Rundschau vom 29.3.1946.

600 Hugo Stenzel, Neue Brücken in die Zukunft. In: Frankfurter Neue Presse vom 15.4.1946.

601 Frankfurter Rundschau vom 8.3.1946.

602 Die Ankündigung der Veranstaltung in der Frankfurter Rundschau vom 12.4. 1946.

CDU in der SBZ glaubte, forderte schließlich, daß die Zonengrenzen fallen müßten, damit der materielle und ideelle „Blutkreislauf" Deutschlands nicht stranguliert würde. „Deutschland hört nicht da auf, wo die sowjetische Besatzungszone beginnt", rief Lemmer aus. Ebenso wandte sich der Berliner gegen die damals ventilierten Separationspläne an Rhein und Ruhr, die für Frankreich nicht die mit Recht geforderten Garantien bringen würden. Gute Nachbarschaft gedeihe nur in einer Atmosphäre gegenseitigen Vertrauens. Zu der Frage, wo eine zukünftige deutsche Zentralregierung residiere, hielt Lemmer den auf der Versammlung geäußerten Vorschlag Frankfurt angesichts dringenderer politischer Fragen für vollkommen verfrüht. Angst vor einem „preußischen" Berlin müsse aber niemand im Westen und Süden mehr haben, denn aus den Trümmern sei der „fortschrittliche" Geist der Berliner hervorgekommen. „Berlin", schloß Lemmer seine Rede, „bleibt schicksalhaft für unsere zukünftige Entwicklung"[603].

Unter der Überschrift „Frankfurt baut auf!" rief die CDU in einem Kurzprogramm schließlich ihre Anhänger zur Stadtverordnetenwahl auf. Darin forderte die Union eine gerechte Bestrafung der Verantwortlichen „für diesen Trümmerhaufen", aber auch eine Wiedereingliederung derjenigen, die „nur" Mitläufer waren. Dem Arbeiter wird „soziale Gerechtigkeit aus einem Sozialismus aus christlicher Verantwortung" versprochen, dem Heimkehrer und Kriegsversehrten Wohnung, Arbeit und Hilfe „aus christlicher Nächstenliebe", der Jugend die Rückführung zu einem „wahrhaften Leben", den Alten und Kranken „vorbildliche Bauten" einer menschenwürdigen Kranken- und Alterspflege, den Erwerbstätigen in Krankheit, Not und Alter schließlich „Anstalten der Sorge um das Nötigste". Die Jugend solle in vorbildlichen Schulen, die früher schon Frankfurts Ruhm gewesen wären, im Geiste der christlichen Weltanschauung und Völkerversöhnung erzogen, das städtische Kulturleben wieder zur Blüte gebracht werden. An die politische Metaebene schließen sich die Desiderate des kommunalen Alltags an: Gerechtigkeit bei Steuern, Abgaben und Tarifen, leistungsfähige Versorgungsbetriebe im Bereich Wasser, Gas und Elektrizität, ausreichende Versorgung mit Lebensmitteln, eine öffentliche und freie Wohlfahrtspflege „im Geiste christlicher Nächstenliebe und sozialer Verantwortung", schließlich die Forderung nach einer effizienten, bürgernahen und inkorrupten Stadtverwaltung. Der Wahlaufruf schließt: „Die CDU will, daß Frankfurt wieder wird, was es im Herzen aller guten Frankfurter von je gewesen ist: die Heimat einer arbeitsamen, fortschrittlichen, friedliebenden Bevölkerung. Wer das Gleiche will, wählt CDU."[604]

---

603 Der Bericht über Lemmers Frankfurt-Besuch in der Frankfurter Neuen Presse vom 18.4.1946.

604 ACDP, KV-Frankfurt II-045–AXII2, Wahlaufruf der CDU Frankfurt „Frankfurt baut auf!", o.D. [1946].

Das Programm deutete einen programmatischen Schwenk an. Standen die „Frankfurter Leitsätze" und die Gedanken der Gruppe um Walter Dirks noch ganz im Zeichen der umwälzenden Sozialreform, knüpfte das Programm zur Stadtverordnetenwahl trotz getragener Sprache stark an das Modell des christlich fundierten Fürsorgestaates für die Schwächeren an, auch wenn terminologische Reminiszenzen an die „Frankfurter Leitsätze" nachklingen. Der Blick auf die zur Stadtverordnetenwahl eingereichte Kandidatenliste[605] zeigt, daß aus dem anfänglich bestimmenden Kreis der CDU-Gründer kaum einer dabei war. Bei der Auswahl der Persönlichkeiten wurde versucht, das Defizit an protestantischen und weiblichen Parteimitgliedern zumindest nach außen hin etwas auszugleichen. Der Frauenanteil auf der 38 Personen umfassenden Vorschlagsliste erhöhte sich auf 13,0 % (5 Frauen, 3 ev. u. 2 kath.). Auf den vorderen Rängen wurden die Plätze konfessionell abwechselnd vergeben, so daß ein Anteil von 29,0% bei den Protestanten erreicht wurde. Spitzenkandidaten wurden Adolf Leweke und Ludwig Jost gefolgt von Alois Brisbois, Else Epstein, Peter Horn und Hans Wilhelmi.

Die Wahlbeteiligung am 26. Mai 1946 lag bei etwa 70 Prozent. Die „Frankfurter Neue Presse" schrieb montags: „Es war eine überschattete Wahl. Sie wurde nicht nur von schweren Regengüssen beeinträchtigt, die manchen Wähler veranlaßten, zu Hause zu bleiben, es haben auch zahlreiche Frankfurter, die guten Willens an die Wahlurne gekommen waren, nicht gewählt. Die Gründe dafür liegen in der Unzulänglichkeit der Wahllisten."[606] Die SPD konnte für sich 41,0% der Stimmen (32 Mandate) verbuchen, die CDU kam auf 35,1% (28 Mandate), KPD und LDP scheiterten mit 12,1% bzw. 11,8% an der hohen 15%-Klausel[607]. Somit bestand das neue Frankfurter Kommunalparlament, das die rein konsultative Tätigkeit des „Bürgerrates" definitiv ablöste, aus nur zwei Parteien. Versuche der kleinen Parteien, die Wahlen anzufechten, liefen ins Leere. Die bekannt gewordenen Ungenauigkeiten im Wählerverzeichnis heizten die Diskussion um das teilweise als undemokratisch empfundene Wahlgesetz allerdings zusätzlich an. Da nach dem gültigen Gemeindewahlgesetz nur die gewählte Gemeindevertretung die Wiederholung der Stadtverordnetenwahl hätte beschließen können, beendete die neue Mehrheitsfraktion der SPD durch ihr Beharren auf dem Wahlergebnis die Diskussion um die Pannen des Wahlsonntags und die später bekanntlich gemilderte 15%-Klausel[608]. Im Beratenden Landesausschuß hatte zuvor der

---

605 STAF, S3/0610, Liste mit der Überschrift „Wahl-Vorschlagsliste der Kandidaten für die Stadtverordneten-Wahl in Frankfurt a.M. am 26. Mai 1946", o.D., mit Einzelvermerken „K" (= katholisch) und „E" (= evangelisch).

606 Frankfurter Neue Presse vom 27.5.1946.

607 Zum Wahlausgang vgl. BALSER, Aus Trümmern, S. 42f.

608 Vgl. ebd., S. 43.

Frankfurter CDU-Abgeordnete Leweke für eine längerfristige Beibehaltung der 15%-Klausel auch bei den Wahlen zur Verfassungsversammlung und zum Landtag plädiert, um die Existenz der Demokratie durch radikale Splittergruppen nicht zu gefährden und „jede Tendenz zur Reaktion von vorneherein zu ersticken"[609]. Daher verwundert es nicht, wenn der Parteivorsitzende Jakob Husch den Ausgang der Wahl des 26. Mai für die CDU positiv kommentierte. Seine Partei sei mit dem Wahlerfolg „sehr zufrieden" und brauche einen neuen Wahlgang auch nicht zu fürchten, führte er aus. Dennoch erwarte er eine sorgfältige Überprüfung der Wählerlisten, denn einen erneuten Wahlkampf könne seine Partei nicht finanzieren[610]. Auch als zweiter Sieger konnte die Union das erzielte Ergebnis durchaus als Erfolg verbuchen, zeigte sich doch, daß die neue Partei über ein weitaus größeres Wählerpotential verfügte, als das Zentrum bis zum Jahr 1933 (Tabelle nebenstehend).

Die Wählerwanderungen können im einzelnen nicht nachgeprüft werden. Die SPD konnte allerdings ihre Wählerbasis in Frankfurt erheblich ausbauen, denn in keiner Phase der Weimarer Republik war die SPD stark genug, ihre kommunalpolitische Konzeption ohne Partner durchzusetzen. Die KPD stagnierte gegenüber ihren Ergebnissen bei den letzten freien Wahlen. Die bürgerlich-liberalkonservative LDP vermochte an die Erfolge von DVP und DDP in den Zwanziger Jahre nicht anzuknüpfen. Somit kann davon ausgegangen werden, daß es der Union gelang, auch bei der liberalen Stammwählerschaft, sofern von einer solchen 1946 die Rede sein konnte, Stimmen abzuziehen und damit ihr Spektrum zu erweitern. Dennoch waren es vor allem Wähler aus der katholischen Bevölkerung Frankfurts, die der CDU ihre Stimme gaben. Diese hatte konstant einen Anteil von etwa 30%. Bemerkenswert sind in diesem Zusammenhang einige Ergebnisse aus den Stadtteilen. Überdurchschnittliche Ergebnisse verzeichnete die Union in stärker katholischen Stadtbezirken wie der Innenstadt, Teilen von Sachsenhausen oder den westlichen Vororten. Das beste Ergebnis wurde in Sindlingen mit 47,1% bzw. in Höchst mit 45,6% erzielt, das schlechteste in Berkersheim, wo nur 18,6% der CDU vertrauten, stattdessen aber die LDP mit 49,8% ihre Hochburg hatte[611].

---

609 Protokoll der Sitzung des Beratenden Landesausschusses am 29.3.1946. Abdruck in: PARISIUS/SCHOLL-SEIBERT, Demokratie, S. 183. Der Beitrag Lewekes rief Entrüstung bei KPD und LDP hervor, die sich durch ihr Abschneiden bei den Gemeindewahlen im Januar demokratisch voll legitimiert sahen. Der KPD-Sprecher Bauer hielt Leweke sogar undemokratisches und törichtes Verhalten vor, was in der Bemerkung gipfelte, „selbst der Gestapo" sei es „nicht gelungen", „mit terroristischen Mitteln Meinungen und Weltanschauungen von der politischen Bühne abtreten zu lassen". Ebd., S. 186.

610 Frankfurter Rundschau vom 28.5.1946.

611 Archiv der CDU Frankfurt, Vermerk mit der Überschrift „Ergebnisse der Stadtverordnetenwahl am 26. Mai 1946 in Frankfurt a.M. nach Stadtbezirken" [o.D.]; Frankfurter Rundschau vom 28.5.1946.

	KW	RT	RT	RT	RT	KW	StvW	LT
	17.11.1929	14.9.1930	31.7.1932	6.11.1932	5.3.1933	12.3.1933	26.5.1946	1.12.1946
SPD	27,6	27,1 (24,5)	25,9 (21,5)	23,0 (20,4)	20,9 (18,3)	19,1	41,0	41,0
KPD	13,0	15,0 (13,1)	13,6 (14,2)	18,0 (16,8)	12,9 (12,3)	9,7	12,1	13,9
Zentrum	12,2	10,8 (11,7)	13,8 (12,4)	11,8 (11,9)	12,4 (11,2)	11,4	–	
CDU	–	–	–	–	–	–	35,1	27,3
DDP (DStP)	5,5	5,8 (3,7)	5,8 (3,7)	1,4 (0,9)	1,8 (0,8)	2,3	–	
DVP	12,9	8,7 (4,5)	2,3 (1,1)	5,3 (1,7)	2,8 (1,0)	2,5	–	
DNVP	4,7	2,2 (7,0)	2,6 (5,9)	3,8 (7,2)	– (8,0)	3,9	–	
LDP	–	–	–	–	–	–	11,8	17,8
NSDAP	10,0	20,7 (18,3)	38,7 (37,2)	34,2 (33,0)	44,1 (43,9)	47,9	–	

Kommunal- und Reichstagswahlen im Stadtkreis Frankfurt am Main 1929–1933 sowie Stadtverordneten- und Landtagswahl 1946 (Ergebnisse in Prozent. In Klammern der Reichsdurchschnitt). Quelle: Balser (1991) / Rebentisch (1991) / Maly (1995), Amt für Statistik, Wahlen und Einwohnerwesen Frankfurt am Main.

10. *Im Angesicht des „sozialdemokratischen Magistrates": Die Kräfteverschiebungen innerhalb der Frankfurter CDU im Sommer und Herbst 1946*

Die Anfänge der politischen Arbeit auf kommunalem Feld waren gewissermaßen eine Form von „Demokratie auf Probe", denn die Besatzungsmacht beschränkte die in preußischer Zeit und auch heute wieder üblicherweise vier Jahre währende Wahlperiode der Stadtverordnetenversammlung zunächst auf zwei (1946–1948). Die konstituierende Sitzung des ersten Nachkriegs-Stadtparlamentes fand am 21. Juni 1946 im eigens zu diesem Zweck hergerichteten Sitzungssaal des Polizeipräsidiums statt. Die CDU-Stadtverordneten hatten zuvor Hans Wilhelmi zu ihrem Fraktionsvorsitzenden gewählt. Adolf Leweke wurde bei den Präsidiumswahlen stellvertretender Stadtverordnetenvorsteher, Ludwig Jost 1. Schriftführer. Aus der CDU-Fraktion übernahmen auch Frauen führende Aufgaben. Else Epstein wurde Vorsitzende des Ausschusses für Wissenschaft, Kunst und Volksbildung, und Carola Barth begann ihre lange Amtszeit als Vorsitzende des Schulausschusses (bis 1954). In den ehrenamtlichen Magistrat wurden am 12. Juli 1946 neben sechs SPD-Stadträten die CDU-Politiker Alois Brisbois, August Gräser (1877–1961)[612], der Rechtsanwalt Karl Rasor (1895–1978)[613], Leo Joseph Klöckner (1897–1977) und schließlich der Zahnarzt August Kercher, der als ehemaliger Fraktionsvorsitzender des Zentrums mit mittlerweile 73 Jahren den Weg zur CDU gefunden hatte, gewählt[614]. In seiner ersten Rede betonte Wilhelmi, die CDU erkenne den Wählerauftrag an die SPD durchaus an und sei gewillt, mit ihr zu kooperieren im Interesse einer von der Bürgerschaft erwarteten sachlichen Zusammenarbeit[615].

Die Wahl des hauptamtlichen Magistrates sollte sich aber weitaus schwieriger gestalten, als erwartet. Die Hauptsatzung der Stadt genehmigte auch dem Kollegialorgan nur die kurze Amtsperiode bis 1948. Es wurde nun bekannt, daß Oberbürgermeister Blaum sowie einige noch amtierende Stadträte und der seit 1932 ununterbrochen in seiner Stellung verbliebene Stadtkämmerer Friedrich Lehmann (1888–1960)[616] im Juli 1945 im Auftrag der Militärregierung Anstellungsverträge für zwölf Jahre

612 Stadtrat von 1946–1948. Vgl. StAF, PA Gräser 74.172 u. 141.407.

613 Stadtrat von 1946–1968. Zu ihm der Art. Karl Rasor, in: KLÖTZER, Frankfurter Biographie, hier 2, S. 168.

614 Kercher trat der CDU am 17.7.1946 bei. Freundliche Mitteilung des ACDP am 21.4.1999.

615 Bericht über die Stadtverordnetensitzung in der Frankfurter Neuen Presse vom 24.6.1946.

616 Über ihn der Art. Friedrich Lehmann, in: KLÖTZER, Frankfurter Biographie, hier 1, S. 448.

Litfaßsäule zur Stadtverordnetenwahl in Frankfurt am 26. 5. 1946.

erhalten hatten. Blaum machte für sich und die übrigen betroffenen Magistratsmitglieder vorsorglich finanzielle Ansprüche für die volle Amtszeit geltend, sollte eine Wiederwahl nicht erfolgen. Nachdem der amtierende Oberbürgermeister in der Stadtverordnetensitzung am 18. Juli 1946 seinen Rechenschaftsbericht abgegeben hatte, kam es zu einer hitzigen Debatte[617]. Der SPD-Stadtverordnete Caspary sah durch die für ihn überzogenen Besoldungsansprüche den demokratischen Neuanfang gefährdet und warf Blaum vor, er habe im Laufe seiner Amtszeit nicht den Eindruck erweckt, daß es ihm „auf eine demokratische Untermauerung seiner Entschlüsse angekommen" sei[618]. Außerdem habe Blaum bei der Trümmerbeseitigung zu lange gezögert. Der CDU-Fraktionsvorsitzende Wilhelmi machte sogleich deutlich, daß Blaum der Kandidat der CDU für das Amt des Oberbürgermeisters sei, da er sich in Frankfurt mittlerweile eingearbeitet habe und eine gute Leistungsbilanz der Stadtverwaltung vorweisen könne, die er ohne „parteipolitische Propaganda" zu leiten verstanden hätte. Die Präsentation eines externen Kandidaten durch die SPD, des Düsseldorfer Oberstadtdirektors Walter Kolb, stieß bei Wilhelmi auf Unverständnis. Der Magistrat sei im Sinne der Gemeindeordnung zu einer überparteilichen sachbezogenen Arbeit verpflichtet[619]. Der Stadtverordnete Menzer (SPD) verteidigte den Vorschlag seiner Fraktion, denn der Oberbürgermeister müsse die Gewähr bieten, die Mehrheitsbeschlüsse der Stadtverordnetenversammlung sinngemäß durchzuführen.

Mit der Mehrheit im Rücken, konnte die SPD kompromißlos operieren. In der gleichen Sitzung wurde mit den sozialdemokratischen Stimmen beschlossen, in den Fachausschüssen das Mehrheitsprinzip mit vier zu drei Mitgliedern festzulegen. Daraufhin kam es bei der Wahl der hauptamtlichen Stadträte am 25. Juli 1946 zu einer völligen Niederlage

617 Der ausführliche Bericht zur Sitzung in der Frankfurter Neuen Presse vom 22.7.1946.

618 Blaum war bereits am 13.11.1945 von der Frankfurter Rundschau in einem Bericht mit der Überschrift „Führerprinzip oder Demokratie?" angegriffen worden, da er mehr mit der Besatzungsmacht als mit den Parteien zusammenarbeite. Blaums Haltung zum demokratischen Neubeginn in der Kommunal- und Landespolitik war tatsächlich sehr konservativ. Er gab einer durch und durch sachbezogenen Arbeit den klaren Vorzug. So trat er im Januar 1946 etwa für eine Städteverfassung ein, die nach bayerischem Vorbild „den Gedanken der berufsständischen Vertretung auf das stärkste in den Vordergrund" stellt. Denn es sei der „große Fehler der Weimarer Zeit" gewesen, „eine überspitzt-theoretische Demokratie" durchzuführen, die damit „Staatsregierung wie Selbstverwaltung außerordentlich schwächte". Zit. bei PARISIUS/SCHOLL-SEIBERT, Demokratie, S. 9.

619 In § 41 (2) der vorläufigen groß-hessischen Gemeindeordnung vom 21.12.1945 heißt es: „Zu Bürgermeistern und Beigeordneten sollen Persönlichkeiten gewählt werden, die das gemeinsame Vertrauen aller Gruppen der Bevölkerung genießen." Vgl. Gesetz- und Verordnungsblatt für Groß-Hessen, Nr. 1 vom 10.1.1946, S. 4.

der CDU[620]. Die Union hatte im Vorfeld ihre Bereitschaft signalisiert, mit der SPD eine „Koalition" einzugehen, „um die Verantwortung für die Verwaltung der Stadt auf die Schultern der beiden tragenden Parteien zu legen", jedoch unter der Vorsaussetzung, genügend Einfluß auf die Stadtverwaltung ausüben zu können, und zwar im Verhältnis 32:28, wie es der Mandatsverteilung im Stadtparlament entsprach. Am 22. Juli kam es zu einer Einigung der Verhandlungsführer, die eine Konstellation von sechs Sozialdemokraten (inklusive Oberbürgermeister), drei Christdemokraten und zwei Parteilosen beinhaltete, wobei die Union nur die etwas unbedeutenderen Dezernate, dafür aber das Amt des Zweiten Bürgermeisters erhalten sollte. Mit Blick auf die im Römer nicht vertretenen Wähler der LDP sprach sich die CDU zudem für die Wiederwahl des parteilosen liberalen Adolf Miersch (1887–1955)[621] aus. Die SPD-Fraktion lehnte diesen Kompromiß ab und argumentierte analog, auch die Stimmen der KPD-Wähler mitvertreten zu wollen. Die KPD ließ verlauten, sie unterstütze einen SPD-dominierten Magistrat, „solange seine Arbeit zeige, daß er den Willen der sozialistischen Mehrheit durchführen wolle"[622]. Die sozialdemokratische Fraktion und die Parteileitung um Knothe bestand nun auf einem hauptamtlichen Magistrat aus sechs Sozialdemokraten und fünf Parteilosen. Außerdem wollte die SPD das Amt des Zweiten Bürgermeisters mit Franz Altheim selbst besetzen. Die christdemokratische Fraktion sah eine „sozialistische Personalpolitik" in Frankfurt heraufdämmern und wandte sich gegen den von Kurt Schumacher angemeldeten allgemeinen Führungsanspruch der SPD[623], der sich in Frankfurt an der Äußerung des SPD-Fraktionsvorsitzenden Hermann Schaub festmachen ließ, wer nicht mit der SPD zusammenarbeiten wolle, dem empfehle er die Emigration aus Frankfurt[624]. Ein letzter Vermittlungsversuch von Ministerpräsident Geiler scheiterte. Bei der Magistratswahl stimmte die CDU gegen die Kandidaten der SPD, mit Ausnahme von Miersch und des Stadtkämmerers Lehmann, die einstimmig wiedergewählt wurden. Am 1. August 1946 wählte die Stadtverordnetenversammlung, die jetzt im feierlichen Rahmen der Universitätsaula tagte, schließlich Kolb mit 32 Stimmen zum Oberbürgermeister. Auf Kurt Blaum entfielen die 28 Stimmen der Union. Die CDU ließ nicht nach, „die Methodik der SPD, deren

---

620 Frankfurter Neue Presse vom 29.7.1946; Frankfurter Rundschau vom 9.8.1946; LOREI/KIRN, Frankfurt, S. 245f.

621 Über ihn der Art. Adolf Miersch, in: KLÖTZER, Frankfurter Biographie, hier 2, S. 55.

622 Frankfurter Neue Presse vom 12.8.1946.

623 Vgl. den Bericht über die SPD-Kundgebung mit Schumacher in Frankfurt in der Frankfurter Rundschau vom 25.6.1946.

624 Frankfurter Rundschau vom 9.8.1946.

Ergebnis der sozialdemokratische Magistrat" sei, in öffentlichen Versammlungen anzuprangern[625].

Während Kolb in Düsseldorf weilte und seine dortigen Amtsgeschäfte zu Ende führte, überschlugen sich die Ereignisse in Frankfurt. Bürgermeister Altheim wurde bereits zwei Tage nach seiner Amtsübernahme von den Amerikanern verhaftet, da er in seinem Entnazifizierungsfragebogen seine Anwärterschaft für die NSDAP-Mitgliedschaft und den Rang eines SA-Rottenführers verschwiegen hatte[626]. Es folgte wenige Tage später der Rücktritt des Stadtkämmerers Lehmann[627]. Zwei weitere gewählte Stadträte, Köngeter und Bautzmann, hatten ihr Amt erst gar nicht angetreten, da sie von falschen fachlichen Anforderungen an ihre neue Position ausgegangen waren. Die „Frankfurter Neue Presse" kommentierte nun besorgt, kaum sei die Demokratie zurückgekehrt, werde Frankfurt von einem „Rumpfmagistrat" verwaltet[628]. Eine schnelle Magistratsnachwahl war erforderlich, die am 26. September 1946 erfolgte. Die Union bot abermals ihre Mitarbeit an, worauf die SPD zunächst nur zögerlich einging. Parteichef Knothe vertrat die Ansicht, eine kommunale Zusammenarbeit mit der CDU dürfe prinzipiell nicht stattfinden[629]. Dagegen deutete sich ein Kurswechel in der sozialdemokratischen Stadtverordnetenfraktion an. Schließlich setzte die Militärregierung eine Frist und stellte die mögliche Auflösung des Stadtparlaments und Neuwahlen in den Raum, falls die Wahl eines handlungsfähigen hauptamtlichen Magistrates aus SPD- und CDU-Vertretern nicht gelänge. Daraufhin lenkte die SPD ein, was sicher auch auf die Einflußnahme des neuen Oberbürgermeisters zurückzuführen ist, dessen Bekenntnis zu einem religiös motivierten Sozialismus zum Abbau von gegenseitigen Spannungen beigetragen hat[630]. Fraktionschef Wilhelmi erklärte am Tag der Nachwahl vor der Stadtverordnetenversammlung, er habe in den zurückliegenden kritischen Wochen in Kolb „eine Persönlichkeit kennengelernt, die ein wirklicher ‚Meister aller Bürger' zu werden" verspreche[631]. Zum Zweiten Bürgermeister wählten die Stadtverordneten schließlich den Rechtsanwalt und Christdemokraten

---

625 Frankfurter Rundschau vom 16. 8. 1946. In der umfassenden Nachkriegsgeschichte von BALSER, Aus Trümmern, S. 43–45, findet sich übrigens keine Spur von der Auseinandersetzung um die hauptamtlichen Magistratsposten. Vgl. dagegen BAUER, Stadt, S. 22–28.

626 Frankfurter Neue Presse vom 12. 8. 1946. Altheim wurde am 14. 8. 1946 zu 8 Monaten Gefängnis verurteilt. Hierzu den weiteren Bericht in der Frankfurter Neuen Presse vom 15. 8. 1946.

627 Näheres bei BAUER, Stadt, S. 27.

628 Kommentar von Helmuth Rebholz, Die Frankfurter Krise. Frankfurter Neue Presse vom 12. 8. 1946.

629 Frankfurter Neue Presse vom 19. 9. 1946.

630 Vgl. BAUER, Stadt, S. 24.

631 Frankfurter Neue Presse vom 23. 9. 1946.

Eugen Helfrich (1894–1968)[632], Stadtkämmerer wurde Georg Klingler (1897–1985)[633], CDU, bis dahin tätig als Oberregierungsrat im Hessischen Finanzministerium, das Gesundheits- und später das Sozialdezernat verwaltete Stadtrat Rudolf Prestel (1888–1979)[634], CDU, und die Zuständigkeit für das Hochbauwesen übernahm der parteilose Architekt Eugen Planck. Damit war die Vorstrukturierung einer schließlich 26 Jahre währenden kommunalen Kooperation vorgenommen worden, in der die Union zwar zähneknirschend, aber um des Wiederaufbaus der Stadt willen die Rolle der Juniorpartnerin in einem teilweise von absoluten SPD-Mehrheiten tolerierten Allparteienmagistrat übernahm. Die langen Amtszeiten von Klingler und Prestel, aber auch die des 1948 zum Nachfolger Helfrichs gewählten CDU-Bürgermeisters Walter Leiske (1889–1971)[635] zeitigten Erfolge für die wiederaufstrebende Stadt[636].

Die Demokratie in Hessen etablierte sich im Jahr 1946 mit „Siebenmeilenstiefeln, während das Volk, von einem schweren politischen Druck befreit, in einer zerstörten, grausamen Umwelt, in der es an allem fehlte, was Leib und Seele zusammenhält, in einer Art betäubtem Erwa-

---

632 Seit 1924 Rechtanwalt, 1930 auch Notar in Frankfurt. 1940–1945 Offizier beim Wehrbezirkskommando I in Frankfurt. 1946–1948 Bürgermeister. 1946–1950 MdL (Hessen). Zu ihm vgl. LENGEMANN, Hessen-Parlament, S. 278; Art. Eugen Helfrich, KLÖTZER, Frankfurter Biographie, hier 1, S. 314.

633 Gebürtig aus Sandhausen bei Heidelberg. Jurist. Ehemaliges Mitglied des Zentrums und deshalb politisch unbequem, wurde Klingler als Regierungsrat nach Frankfurt zwangsversetzt. Dort 1945 Beitritt zur CDU und von 1946–1966 Stadtkämmerer und Dezernent für Universitäts- und kirchliche Angelegenheiten. In seiner Amtszeit Konsolidierung der städtischen Finanzen und Förderung des Finanz- und Wirtschaftsstandortes Frankfurt, Ausbau der Universität sowie Verdienste um den Wiederaufbau der Liebfrauenkirche. Zu ihm vgl. den Art. Georg Klingler, in: KLÖTZER, Frankfurter Biographie, hier 1, S. 401 f.

634 Gebürtig aus Göggingen bei Augsburg. Jurist. 1926–1936 Wissenschaftlicher Referent beim „Deutschen Verein für öffentliche und private Fürsorge" in Frankfurt. Danach Magistratsrat beim Fürsorgeamt der Stadt Frankfurt. 1945 wegen NSDAP-Mitgliedschaft zunächst entlassen. In einem Spruchkammerverfahren Bescheinigung seines Einsatzes für politisch und rassisch Verfolgte sowie für den Erhalt sozialer Einrichtungen. 1946 Wiedereinstellung in den städtischen Dienst. 1946–1966 Gesundheits- und Sozialdezernent. 1949 maßgebliche Beteiligung an der Ausarbeitung der „Fürsorgerechtsvereinbarung", dem Vorläufer des Bundessozialhilfegesetzes. StAF, PA Prestel 136.152; Art. Rudolf Prestel, in: KLÖTZER, Frankfurter Biographie, hier 2, S. 153 f. Zu seiner Amtszeit vgl. BALSER, Frankfurt, S. 541 f.

635 Gebürtig aus Berlin. Volkswirt. 1925–1934 Stadtrat in Leipzig. 1947/48 Hauptgeschäftsführer der IHK Frankfurt. 1948–1960 Bürgermeister und Dezernent für Wirtschaft und Verkehr. 1953–1961 MdB. Über ihn den Art. Walter Leiske, in: KLÖTZER, Frankfurter Biographie, hier 1, S. 449 f.

636 Hierzu vorläufig die beiden Darstellungen von BALSER. Von Karl MALY wird zur Zeit der dritte Band zur Geschichte der Frankfurter Stadtverordnetenversammlung vorbereitet, der die Zeit nach 1945 behandelt.

chen dahinlebte"[637]. Auf die „Magistratskrise" folgte in Frankfurt der erste hessische Landtagswahlkampf, am 1. Dezember wurde gewählt. Ebenfalls auf den 1. Dezember wurde die Abstimmung über die Hessische Verfassung anberaumt. Der dritte Urnengang des Jahres 1946 nach der Stadtverordnetenwahl und der Wahl zur Verfassungsgebenden Landesversammlung am 30. Juni zehrte an den finanziellen Kräften der Parteien und war dementsprechend kurz. Die großen Wahlveranstaltungen fanden im Zirkuszelt im Frankfurter Zoo statt, denn ein erneut sehr kalter Winter kündigte sich bereits an. Als Redner aus der großen Politik kamen Reichstagspräsident a.D. Paul Löbe (SPD) und der damalige württembergische Kultusminister Theodor Heuss an den Main. Am 10. November 1946 sprach der Vorsitzende der CDU in der britischen Zone, Konrad Adenauer, der nur wenigen Frankfurtern noch als Oberbürgermeister von Köln in Erinnerung war, über die wirtschaftliche und politische Einheit Deutschlands[638]. Am Wahlsonntag stellten sich bei der CDU „lange Gesichter" ein, denn mit 27,3 Prozent im Stadtkreis blieb die örtliche Union 3% unter dem Landesdurchschnitt. Die SPD stabilisierte sich bei 41,0%, während die LDP mit 17,8 und die KPD mit 13,9% deutlich über ihrem Landesmittel lagen[639]. Aus den Reihen der Frankfurter CDU zogen Werner Hilpert, Bürgermeister Helfrich, Nikolaus Fleckenstein (1906–1979)[640], August Oswalt (1892–1983)[641] und Josef Arndgen sowie Jakob Husch als Alterspräsident in das Landesparlament ein. Letzterer hielt in der konstituierenden Sitzung am 19. Dezember 1946 die denkwürdige, erste Ansprache im neuen Hessischen Landtag:

„Der erste Landtag des Landes Hessen, das ein Glied der Deutschen Republik ist, ist eröffnet. Wir danken es der verständnisvollen Förderung der Amerikanischen Militärregierung, daß wir als in freier Wahl gewählte Vertreter der Bevölkerung Hessens in so kurzer Zeit nach dem ungeheuerlichsten Zusammenbruch, den wir in der Geschichte Deutschlands erlebt haben, die Gestaltung unseres Schicksals in unsere eigenen Hände nehmen dürfen. (...) Wir wissen: große Aufgaben harren unser. Wir haben eine große Verpflichtung zu erfüllen. Deshalb wollen wir heute

---

637 LOREI/KIRN, Frankfurt, S. 163.

638 Zum Landtagswahlkampf in Frankfurt vgl. ebd., S. 162 f.

639 Vgl. die Tabelle auf S. 193.

640 Chemiebetriebsarbeiter. Vor 1933 im Zentralverband christlicher Fabrik- und Transportarbeiter. 1943/44 als Soldat mehrfach verwundet. 1945 Mitbegründer der IG Chemie-Papier-Keramik. Betriebsratsvorsitzender der Farbwerke Hoechst. 1946–1970 MdL (Hessen). Vgl. LENGEMANN, Hessen-Parlament, S. 252.

641 Staatswissenschaftler und Bankkaufmann. 1945 Generalbevollmächtigter einer Frankfurter Privatbank und Vorsitzender der Zentrale für private Fürsorge e.V. 1946–1948 Kreistagsabgeordneter im Obertaunuskreis. 1946–1950 MdL (Hessen). Zu ihm vgl. ebd., S. 345 f; Art. August Oswalt, in: KLÖTZER, Frankfurter Biographie, hier 2, S. 113.

zunächst geloben, alles zu tun, um ein Wiederauferstehen jener Kräfte und jener Geister zu verhindern, die uns alle in dieses Dunkel geführt haben. Kräfte, die dem Nationalismus und dem Militarismus dienen, haben keinen Platz in unserer hessischen Gemeinschaft. Alle diejenigen aber, die guten Willens sind, gehören zu uns, gleichgültig, welche religiöse, politische oder sonstige Meinung von dem einzelnen vertreten wird. Denn nur diese Voraussetzung eines guten Willens wird gefordert von jenen, denen die Weihnachtsbotschaft den Frieden verheißen hat."[642]

Der gute Wille allein hatte allerdings in Frankfurt nicht ausgereicht, einen gemeinsamen demokratischen Neuanfang der beiden großen Parteien zu erreichen. Die immer wieder schiefe Tonlage zwischen SPD und CDU im Verlauf des Jahres 1946, der „Kampf" der Union gegen den Machtanspruch der SPD in Frankfurt und die zahlreichen Personalentscheidungen innerhalb der Partei, lassen erkennen, daß die anfänglichen politischen Gemeinsamkeiten, die bei unionsinternen Besprechungen und öffentlichen Kundgebungen im Herbst 1945 noch zwischen Sozial- und Christdemokratie gesehen wurden, vor allem im linkskatholischen Kreis um Walter Dirks, aber auch auf Seiten der christlichen Gewerkschafter, der Vergangenheit angehörten. Von den Parteigründern des Sommers 1945 waren wenige in der aktiven Politik geblieben, neue Namen spielten jetzt eine Rolle. Das war nicht nur in Frankfurt so. Der Landwirt Richard Wendel (1894–1971) etwa, der zum Gründungsvorstand er CDU in Friedberg gehört hatte, zog sich nach seiner Mitarbeit im Beratenden Landesausschuß 1946 aus der Politik zurück, da er den Eindruck hatte, zu seiner Partei gehörten nicht nur Idealisten, sondern auch „Postenjäger"[643].

Blieben christliche Grundsätze in der neuen Partei sehr bald auf der Strecke, wie Wendel dies beurteilte? In der Frankfurter CDU bestimmten jetzt ganz auf Pragmatismus und Realpolitik ausgerichtete Akteure wie Wilhelmi, Husch, Jost, Helfrich und Horn das neue Gesicht einer sehr viel stärker „bürgerlich", trotzdem aber christlich-sozial konturierten Partei. In Frankfurt begünstigte der sozialreformerische Impuls der Gründungsphase über Jahrzehnte die Zusammenarbeit mit der SPD, die Weichen zu einer christlich-demokratischen Sammelpartei, wie sie Bruno Dörpinghaus und Konrad Adenauer vorschwebte, waren 1946 allerdings auch in Frankfurt gestellt. Von „Sozialismus" gleich welcher Art wollten zu viele Mitglieder nichts mehr hören. Zum einen hatten viele junge CDU-Anhänger als Kriegsteilnehmer im Osten die Schrecken der Sowjet-

---

642 HLT, Drucksachen des Hessischen Landtages. I. Wahlperiode. Abteilung III. Stenographische Berichte über die Plenarsitzungen, Bd. 1 (1946–1947), S. 2.

643 Vgl. PARISIUS/SCHOLL-SEIBERT, Demokratie, S. 14 u. S. 50f.

herrschaft kennengelernt[644], zum anderen erweckte die im April 1946 unter der „Schirmherrschaft" der SMAD vollzogene Fusion von KPD und SPD zur SED in der Sowjetischen Besatzungszone Anlaß zur Besorgnis, denn die allgemeinpolitische Großwetterlage zwischen den Westmächten und der UdSSR begann sich zu verschlechtern. Die Auseinandersetzung um die Magistratsbildung in Frankfurt verhärtete die weltanschauliche Front zur SPD zusätzlich, auch wenn die Frankfurter Sozialdemokraten letztlich der gemäßigten Schumacher-Linie folgten[645]. Die landespolitische Situation in Hessen sah etwas anders aus. Die „linke" Frankfurter Richtung blieb in der hessischen CDU zunächst führend.

644 Mitteilungen von Hans LOSKANT am 24. 10. 1996.

V. Zur Wirkungsgeschichte der Frankfurter CDU-Gründung – Die Union in der Großen Koalition mit der SPD in Hessen

„Nie hat mich der Zweifel verlassen, ob die Frankfurter Christen nicht wenigstens in Hessen hätten versuchen müssen, die CDU zu einer Partei des freien Sozialismus zu machen."[646] (Walter Dirks)

Konnte sich die durch die „Frankfurter Leitsätze" repräsentierte politische Richtung in der frühen CDU auch nicht in der entstehenden Gesamtpartei durchsetzen, so wirkte sie doch für eine ganze Zeit prägend auf das noch junge Land Hessen[647]. Der am 25. November 1945 gewählte Vorstand der hessischen CDU blieb noch in fast unveränderter Zusammensetzung bis Februar 1947 im Amt, so daß die Landesleitung unter Führung von Hilpert und Köhler kontinuierlich für die großen landespolitischen Entscheidungen des Jahres 1946, die Ausarbeitung der Verfassung von Groß-Hessen und die Koalitionsfrage nach den Wahlen zum Ersten Hessischen Landtag am 1. Dezember 1946, die Richtung vorgab. Obwohl Köhler mit Blick auf seinen beruflichen Werdegang als Geschäftsführer verschiedener Arbeitgeberverbände vor 1933 und Hauptgeschäftsführer der IHK in Wiesbaden nach 1945 als typischer Interessenvertreter von Industrie und Handwerk gelten mochte, plädierte er als Sprecher der CDU im hessischen „Vorparlament", dem Beratenden Landesausschuß, in der Verfassungsversammlung und im Landtag für einen christlich verantworteten Sozialismus im Sinne der „Frankfurter Leitsätze" und eine Koalition mit der SPD. Hilpert, ebenfalls lange Jahre als Volkswirt in der freien Wirtschaft tätig, tat dies noch entschiedener. Beide waren zunächst überzeugt, die Besatzungsmächte würden die mächtige deutsche Schwerindustrie von einst nicht wieder entstehen lassen, damit zukünftig von Deutschland keine Kriegsgefahr mehr ausgehen könne. Ohne die Voraussetzungen der Schwerindustrie konnte die deutsche Wirtschaft aber überhaupt nicht wiederbelebt werden. Deshalb, so glaubten Köhler und Hilpert, mußten in breitem Konsens demokratische

[645] Schumacher hatte bereits am 11. Januar 1946 in Frankfurt die dortige Aktionseinheit von SPD und KPD kritisiert. Vgl. hierzu SPD-Unterbezirk, Römer, S. 130; Frankfurter Rundschau vom 12. 4. 1946. Siehe oben S. 76f.

[646] Dirks, Stotterer, S. 27.

[647] Zum folgenden vgl. Rüschenschmidt, Gründung (1981), S. 221ff; Ders., Gründung (1995).

Formen der Kontrolle geschaffen werden, um die Wirtschaft wieder langsam in Gang zu bringen und die Siegermächte von einem besseren Deutschland zu überzeugen. Die „sozialistische" Neuordnung sollte durch großzügige Planung und Wirtschaftslenkung, Sozialisierung und betriebliche Mitbestimmung der Arbeitnehmerschaft verwirklicht werden. Hauptforderung der CDU-Landesleitung war deshalb die „Sozialisierung" oder „Vergemeinschaftung"- nicht aber die Verstaatlichung – der Monopol- und Schlüsselindustrien. Gleichzeitig sollte das privatwirtschaftliche Ordnungssystem und der Unternehmergeist durch Förderung des Mittelstandes, besonders des Handwerks und der Landwirtschaft, zum Zug kommen. Die von Hilpert geforderte Mitbestimmung der Industriearbeiterschaft sollte kein Mittel des Klassenkampfes sein, sondern der „Klassenversöhnung" dienen. Aus der vollen politischen Gleichberechtigung der Arbeitnehmer leitete die frühe hessische CDU auch ein Mitbestimmungsrecht in den Organisationen und Körperschaften der Betriebe ab, um „die Planung und Lenkung der Wirtschaft mitzubestimmen"[648].

In sozial- und wirtschaftspolitischen Fragen war die hessische CDU weit auf die SPD zugegangen. Um insbesondere die KPD von der Machtteilhabe auszuschließen, vertrat die Union die Auffassung, daß „die beiden Parteien mit gemäßigter sozialistischer Tendenz, SPD und CDU, die eigentlichen Träger des Wiederaufbaus werden sollten". Unter keinen Umständen sollte die politische Entwicklung dahin gehen, „nach links ins Radikale oder nach rechts ins Überholte abzurutschen"[649]. Gegen diesen Kurs der hessischen CDU-Führung gab es parteiinterne Widerstände. Die – zumeist evangelisch dominierten – CDU-Verbände Nord- und Mittelhessens und auch teilweise aus Wiesbaden lehnten die Annäherung an die Sozialdemokraten ab, konnten sich im Landesvorstand aber zunächst nicht durchsetzen.

1. „Nie Reaktion! Nie Kommunismus!" – Die hessische CDU in den Verfassungsberatungen 1946

Bei der Ausarbeitung der Verfassung für Groß-Hessen durch die Verfassungsberatende Landesversammlung im Herbst 1946 konnte die gegenüber KPD und SPD in der Minderheit befindliche CDU[650] einen Kompro-

---

648 Vgl. RÜSCHENSCHMIDT, Gründung (1995), S. 19.

649 Vgl. den Artikel „Die Verfassungsberatende Versammlung", in: Die Freiheit 1 (1946), Heft 1, S. 15.

650 Bei den Wahlen zur Landesversammlung am 30. Juni 1946 erzielten SPD 44,3%, CDU 37,3%, KPD 9,7% und LDP 8,1% der Stimmen. Vgl. LENGEMANN, Hessen-Parlament, S. 38–54.

miß mit den Sozialdemokraten erreichen und einige Forderungen aus den „Frankfurter Leitsätzen" in der Verfassung unterbringen[651]. Die SPD ging vor der dritten Lesung des Verfassungsentwurfs auf das Drängen der CDU ein, die Verfassung nicht mit den Stimmen von KPD und SPD allein zu verabschieden. Die Sozialdemokraten in der Landesversammlung unter Führung des kompromißbereiten Versammlungsvorsitzenden, des zur SPD übergetretenen ehemaligen DDP-Reichstagsabgeordneten Ludwig Bergsträßer[652], mußten eine Ablehnung der Verfassung durch das nachgeschaltete Referendum befürchten, sollte die Verfassung auf der knappen Mehrheit der Arbeiterparteien ruhen. Die CDU erreichte hinsichtlich einer weiteren Kammer im Gesetzgebungsverfahren durch die Aufnahme von Artikel 155 HV einen Achtungserfolg und konnte die in den Lesungen zuvor abgelehnte mögliche Etablierung privater Konfessionsschulen durch Artikel 61 HV durchsetzen. Von besonderer politischer Brisanz war die Einigung von SPD und CDU, eine Sofortsozialisierung bestimmter Betriebe in der Verfassung zu verankern. Artikel 41 HV lautete: „Mit Inkrafttreten dieser Verfassung werden 1. in Gemeineigentum überführt: der Bergbau (Kohlen, Kali, Erze), die Betriebe der Eisen- und Stahlerzeugung, die Betriebe der Energiewirtschaft und das an Schienen oder Oberleitungen gebundene Verkehrswesen, 2. vom Staate beaufsichtigt oder verwaltet, die Großbanken und Versicherungsunternehmen und diejenigen in Ziffer 1 genannten Betriebe, deren Sitz nicht in Hessen liegt. Das Nähere bestimmt das Gesetz. Wer Eigentümer eines danach in Gemeineigentum überführten Betriebes oder mit seiner Leitung betraut ist, hat ihn als Treuhänder des Landes bis zum Erlaß von Ausführungsgesetzen weiterzuführen."

Artikel 40 HV bestimmt „Gemeineigentum" als „Eigentum des Volkes" in der Verfügungsgewalt durch Gesetz festzulegender Rechtsträger. Dadurch wollten die Verfassungsväter und -mütter sicherstellen, „daß das Eigentum ausschließlich dem Wohle des ganzen Volkes dient und Machtzusammenballungen vermieden werden" (Artikel 40 HV). Aus dieser Formulierung konnte jede Partei das herauslesen, was ihren Vorstellungen entsprach. Für die SPD konnten die Artikel 40 und 41 eine Aufforderung

---

651 Zu den Verfassungsberatungen zuletzt: BERDING, Entstehung. Hauptforderungen der CDU für eine Hessische Verfassung waren die Sicherstellung der menschlichen Grundrechte, ein bundesstaatlicher Aufbau Deutschlands, ein Zweikammersystem aus Parlament und berufsständischer Vertretung, eine unabhängige Regierung, Berufsbeamtentum, positive Religionsfreiheit, christliche Simultanschule sowie weitgehende Sozialisierung von Bodenschätzen, Wasserkraft, Verkehrsbetrieben, Schwerindustrien und Großbanken. Siehe hierzu GURLAND, CDU/CSU, S. 331–384.

652 Zu ihm vgl. LENGEMANN, Hessen-Parlament, S. 209f; SCHUMACHER, M.d.R., S. 33f.

zur Verstaatlichung sein, für die CDU genauso aber das Gegenteil bedeuten, nämlich die Unzulässigkeit von Machtzusammenballungen in der Hand des Staates. Im Hintergrund verbarg sich jedoch noch ein taktisches Motiv, das KPD, SPD und CDU einte: Eine Sozialisierung der Schlüsselindustrien hätte bei sofortiger Umsetzung des Artikels eine Rücküberführung der fraglichen Unternehmen in deutsche Hände bedeutet und die größeren Industriezweige dem begehrlichen Zugriff der Besatzungsmacht entzogen[653].

Die Militärregierung bestand demzufolge nach der Prüfung des Entwurfs auf einer Abänderung des Artikels 41 HV dahingehend, daß nicht sofort, sondern nur möglicherweise sozialisiert wird. KPD, SPD und CDU beharrten aber unter der Androhung, ansonsten in der Schlußabstimmung die ganze Verfassung abzulehnen, auf der ursprünglichen Fassung des Artikels. So konnten die Amerikaner lediglich erreichen, daß in der Volksabstimmung über den Sozialisierungsartikel gesondert zu votieren war. Köhler, als Sprecher der CDU in der Landesversammlung, betonte unter Anspielung auf die „Frankfurter Leitsätze" voller Zufriedenheit, daß sich „der Artikel 41 in der vorliegenden Fassung fast wörtlich mit unserem Programm decke"[654]. Und der CDU-Landesvorstand befand: „Die Regelung des Wirtschaftsteils hat keine übergroßen Schwierigkeiten bereitet. Auch unser Wirtschaftsprogramm ist ja recht fortschrittlich gewesen. Unser Sozialismus aus christlicher Verantwortung hat sich weit in seinen Ergebnissen gedeckt mit den Forderungen der SPD."[655]

Die Verfassung wurde in dieser Form von der Landesversammlung mit den Stimmen von SPD, CDU und KPD angenommen. Lediglich die LDP stimmte gegen die Verfassung. In der anschließenden Volksabstimmung am 1. Dezember 1946 fand die Verfassung eine Zustimmung von 76,8%, der Artikel 41 HV von 72,0%. Der hohe Anteil ungültiger Stimmen der Volksabstimmung (12,8% bzw. 13,0%) konnte als Ausdruck der Unzufriedenheit mit der Verfassung gewertet werden. Diese Stimmung wirkte sich bei der Landtagswahl nachteilig für die Parteien aus, die den Verfassungskompromiß erarbeitet hatten. Die SPD verlor fast 2% der Stimmen, die CDU fast 7%. KPD und LDP gewannen hingegen deutlich dazu[656]. Die Union hatte rund 20% ihrer Wähler an die LDP abgegeben. Scheinbar waren diese Wähler an einer liberaleren Wirtschaftspolitik interessiert und lehnten die Sozialismen der CDU ab.

Kritik am wirtschaftspolitischen Kurs der Hessen-Union meldete sich auch aus anderen CDU-Landesverbänden. In der britischen Besatzungs-

---

653 Vgl. KEMPEN, Sozialstaatspolitik, S. 150.
654 Vgl. RÜSCHENSCHMIDT, Gründung (1995), S. 26.
655 Vgl. ebd.
656 SPD 42,7%, CDU 30,9%, KPD 10,7%, LDP 15,7%.

zone war inzwischen die CDU in einem Zonenverband zusammengeschlossen, an dessen Spitze Konrad Adenauer stand. Der spätere Bundeskanzler erwies sich als Gegner jeder Form von Sozialisierung, und auch die Neigung vieler seiner Parteifreunde zu einem „Christlichen Sozialismus" war ihm fremd[657]. Ähnlich wie in Frankfurt am Main Dörpinghaus schwebte ihm ein volksparteiliches Konzept der Union vor, das auch Unternehmer und Mittelstand ansprechen sollte. Auf einer Tagung des Zonenausschusses am 17. Dezember 1946 in Lippstadt lehnte Adenauer den hessischen Verfassungskompromiß ab[658]. Die CDU in Hessen habe in der Frage der Sozialisierung der SPD zu sehr nachgegeben. Da die Union in der britischen Zone bereits zu diesem Zeitpunkt in ihrem Aufbau sehr weit fortgeschritten war – anderswo gab es noch keine zonale Organisationsform –, fiel ihr und damit Adenauer alsbald die Führung der Christlich-Demokratischen Bewegung in Deutschland zu. Das Land Nordrhein-Westfalen selbst wurde seit Mai 1947 (bis 1950) von einem Allparteienkabinett aus CDU, SPD, KPD und Zentrum unter Ministerpräsident Karl Arnold (CDU) und Beteiligung tendenziell „linker" CDU-Minister wie Gustav Heinemann oder Heinrich Lübke regiert, eine Konstellation, die von Adenauer bekämpft wurde und ihn und Arnold zu innerparteilichen Gegnern werden ließ. Der spätere Bundeskanzler schätzte das Zusammentreffen alliierter Demontage- und deutscher Sozialisierungsabsichten bei der Schwerindustrie als wirtschaftlich äußerst gefährlich ein und sah auf kulturpolitischem Sektor den Stellenwert von Konfessionsschule und Elternrecht gefährdet[659].

Für die Sozialisierungsbestrebungen der SPD und einiger CDU-Landesverbände kam erschwerend hinzu, daß mit dem ERP-Programm („Marshall-Plan"), der Politik des Frankfurter Wirtschaftsrates unter Leitung von Ludwig Erhard und der Währungsreform am 20. Juni 1948 soziale Unterschiede, die durch die Not der unmittelbaren Nachkriegsjahre außer Kraft gesetzt zu sein schienen, wieder zur Geltung kamen und von neuem dynamisiert wurden[660]. Eine rasche Wiederherstellung überkommener Besitzverhältnisse war die Folge, so daß Forderungen nach gemeinwirtschaftlichen Formen immer weniger Zuspruch erhielten. Auch innerhalb der programmatischen Entwicklung zur CDU-Bundespartei bis 1950 verläuft in dieser Frage die Trennlinie zwischen dem noch

---

657 SCHWARZ, Jahre, S. 9, schreibt rückblickend: „Dr. Adenauer schlug damals vor, besser den Terminus ‚Christliche Gesellschaftsordnung' zu wählen, da der Begriff ‚Sozialismus' die Grenzen zum Marxismus verwische und als Schlagwort die Denkfaulheit unterstütze."

658 Vgl. RÜSCHENSCHMIDT, Gründung (1995), S. 27.

659 Vgl. SCHWARZ, Adenauer, hier 1, S. 541–544.

660 Vgl. SONTHEIMER, Adenauer-Ära, S. 82.

„sozialistischen" „Ahlener Programm" von 1947[661] und den wirtschaftspolitisch stark von den Gedanken Ludwig Erhards geprägten, den Weg zu den Erfolgen der „Sozialen Marktwirtschaft" weisenden „Düsseldorfer Leitsätzen„ von 1949[662].

In Hessen wurden nach Inkrafttreten der Verfassung am 11. Dezember 1946 zunächst die Groß-, Mittel- und Kleinbetriebe nach Artikel 41 HV deutscher Verwaltung unterstellt. In der Folge gelang es jedoch nicht, eine verfassungsgebundene Gesetzgebung im Sinne des Sozialisierungs-Artikels auf den Weg zu bringen. 1948 zeigte die Landesregierung nur geringen Widerstand, als die Amerikaner die erneute Beschlagnahme, Entflechtung und anschließende Privatisierung des Kohlebergbaus und der Eisenindustrie verfügten. Durch den Artikel 74 Nr. 11 des Grundgesetzes, der die Gesetzgebung für das Wirtschaftsrecht dem Bund mit zuschreibt, ist eine sozialistisch geprägte Regelung der Wirtschaftsordnung durch die seitherigen Wahlentscheidungen auf Bundesebene ohnehin obsolet geworden, wenngleich die fortdauernde normative Geltung des Artikel 41 HV dadurch nicht berührt ist, wie der Hessische Staatsgerichtshof 1951 festgestellt hat[663].

Im Landtagswahlkampf wurde die CDU für ihre Verfassungspolitik vor allem von den Liberalen scharf angegriffen. Dem Vorwurf, sie trage die Mitverantwortung für eine „rote Verfassung", entgegnete sie in einer großen Wahlanzeige, durch die Verhandlungen mit der SPD sei eine rein „marxistische" Verfassung mit antichristlichem Akzent, Staatskapitalismus und Sozialisierungsbestrebungen bis zu den Kleinbetrieben verhindert und insgesamt eine „fortschrittliche demokratische Verfassung" geschaffen worden. Der Wahlaufruf der hessischen Union schloß standortbestimmend und geradezu kämpferisch mit den Worten „Nie Reaktion! Nie Kommunismus!"[664]

2. Den „Frankfurter Leitsätzen" verpflichtet – Die Große Koalition im Landtag (1946–1950)

Aus ihrer Niederlage bei der Landtagswahl hatte die Union nicht die Konsequenz gezogen, die Grundlinien ihrer Politik zu überdenken. Die hessische CDU-Führung um Hilpert sah nur in der von ihnen gestalteten Politik der „Frankfurter Leitsätze" die eigentliche christlich-demokrati-

---

661 Abgedruckt bei PÜTZ, Adenauer, S. 280–286.
662 Abgedruckt ebd., S. 866–880.
663 Vgl. KEMPEN, Sozialstaatspolitik, S. 151.
664 Wahlaufruf der CDU zur hessischen Landtagswahl am 1. 12. 1946. Abdruck in: Frankfurter Neue Presse vom 27. 11. 1946.

sche Politik, ein Anspruch, der etwa bei der Lektüre der groß-hessischen CDU-Zeitschrift „Die Freiheit", die von 1946 bis 1948 erschien[665], deutlich wird. Dabei gab sie gerade gewonnene Wählerstimmen wieder preis und nahm dies sogar bewußt in Kauf, wie eine am 9. Dezember 1946 publizierte Stellungnahme in den „CDU-Mitteilungen" verdeutlicht: „Die CDU war in weiten Gebieten, insbesondere Nordhessens, früher auf dem Plan erschienen als die LDP. Es stießen daher zu ihr Gruppen von vorläufigen Anhängern, die nach dem Programm der CDU nicht viel fragten, sich vielmehr nur für eines interessierten: War die CDU marxistisch oder war sie es nicht? Daß sie es nicht war, stand außer allem Zweifel. Diese früheren Anhänger der CDU stießen also zur Partei, nicht etwa, weil sie für die ‚Frankfurter Leitsätze' mit ihrem klaren Bekenntnis zum Sozialismus aus christlicher Verantwortung, sondern weil sie gegen SPD und KPD gestimmt waren. Daß diese Anhängerschaft nicht gerade sehr zuverlässige Bataillone für kommende Wahlkämpfe darstellte, verstand sich für jeden Einsichtigen damals schon von selbst. Aber wie jede andere Partei in der Demokratie nahm auch die CDU ihre Wahlstimmen zunächst, wo sie sie herbekam, ohne jeden einzelnen Wähler zuvor auf Herz und Nieren zu prüfen." Im gleichen Artikel wurde die LDP als eine „liberalkonservative, vielfach liberal-reaktionäre, ja sogar sozial-reaktionäre Partei" eingestuft. Wer so denke, gehöre ohnehin nicht in die CDU. Dieses Verhalten nach der Wahl zeigt zum einen das Übergewicht des „linken" CDU-Flügels in Hessen, zum anderen ist es kennzeichnend für Hilperts Grundeinstellung: Nicht das unbedingte Streben nach politischen Mehrheiten zum Zwecke der Machtausübung, sondern das Bekenntnis zu bestimmten politischen und christlichen Grundüberzeugungen sollte Richtschnur des Handelns in der CDU unter seiner Führung sein. Der Gewinn der numerischen Stimmenmehrheit war aber genau das wahlstrategische

---

665 „Die Freiheit" trug den Untertitel „Halbmonatschrift für christliche Politik und Kultur" und wurde von der CDU-Landesleitung herausgegeben. Sie mag als „kleine Schwester" der „Frankfurter Hefte" gesehen werden, wenngleich auf anderem Niveau und von kürzerer Dauer, jedoch mit einer beachtlichen Auflage von je 12.000 Exemplaren. Verantwortlicher Redakteur war der Mitbegründer der Fuldaer CDU und Goerdeler-Vertraute Dr. Cuno Raabe (1888–1971), ehemals Zentrumsmitglied sowie Stadtrat in Königsberg und OB in Hagen, später OB in Fulda. Werner Hilpert nutzte „Die Freiheit" anfangs als Sprachrohr für seine politischen Ideen und Ziele. Ihr Name war zugleich Programm: „Uns schwebt eine Freiheit vor, die aus der Bindung in den Willen Gottes entsteht und deshalb der irdischen Angst und der irdischen Gier enthoben ist – nicht also eine Freiheit, die den Starken ermächtigt, sein Übergewicht frei zur Wirkung zu bringen, sei er als Einzelner, als Klasse, als Mehrheit stark, sondern jene andere, wahre Freiheit, die jeden vor Vergewaltigung schützt, sei er auch schwach, sei er auch anderen Sinnes als die meisten." Vgl. das Vorwort „Zum Geleit!", in: Die Freiheit 1 (1946), Heft 1, S. 1.

Hauptanliegen der CDU in der britischen Zone. „So war das Verhältnis zwischen Hilpert und dem designierten Führer der westdeutschen CDU, Konrad Adenauer, nicht zum besten bestellt, womit noch vorsichtig das ausgedrückt ist, was durchaus als Gegnerschaft bezeichnet werden darf, galt doch Hilpert selbst als Führer der linken Fraktion in der CDU als möglicher Kandidat für den Posten des westdeutschen Regierungschefs."[666]

Der Verfassungskompromiß fand seine Fortsetzung in einer SPD/CDU-Koalition unter dem sozialdemokratischen Ministerpräsidenten Christian Stock (1884–1967)[667], einst Abgeordneter seiner Partei in der Weimarer Nationalversammlung. Die CDU war mit vier Ministern im Kabinett vertreten, darunter aus dem Gründerkreis der Frankfurter CDU mit Hilpert als Finanzminister und Arndgen als Arbeits- und Wohlfahrtsminister. Herausragende Leistungen dieser Koalition waren neben dem Aufbau einer einheitlichen Landesverwaltung und einer zielgerichteten Ernährungs- und Flüchtlingspolitik die Ausführungsbestimmungen zu Artikel 37 HV (Betriebliche Mitbestimmung), der Aufbau eines neuen, demokratischen Schulwesens und die verschiedenen, allerdings vergeblichen Versuche, Artikel 41 HV (Sozialisierung) umzusetzen. Der neuen Landesregierung fiel auch die Verantwortung für eine gründliche Entnazifizierung im Sinne des von den Alliierten geforderten „Gesetzes zur Befreiung von Nationalsozialismus und Militarismus" vom 5. März 1946 zu, das der Länderrat der amerikanischen Zone in München beschlossen hatte[668]. Da die Abgabe des Meldebogens für jeden über 18 Jahre unerläßlich für das Arbeitsverhältnis und den Erwerb von Lebensmittelkarten war, erbrachte die Einrichtung des hessischen „Ministeriums für politische Befreiung" keinen Popularitätsbonus für die Regierung Stock. Die vielfachen Entlassungen, Haftstrafen, Vermögenskonfiskationen, die auch die unter psychischem oder physischem Zwang in die Partei eingetretenen Personen traf, wurden im Verbund mit der von den Alliierten vorgeschriebenen, der deutschen Rechtstradition zuwiderlaufenden umgekehrten Beweislast als Unrecht und Siegerjustiz empfunden. Der Mitgründer der Frankfurter CDU, Karl-Heinrich Knappstein, der als Ministerialdirektor wegen längerer Krankheit von Minister Gottlob Binder (SPD) die Koordination und Überwachung der Entnazifizierung im hessischen Ministerium für Wiederaufbau und politische Befreiung vorzunehmen hatte, sah die Landesregierung in dieser Frage auf verlorenem Posten: „Wir müssen den Kopf hinhalten. Wir sind verantwortlich. Die Leute

---

666 MÜHLHAUSEN, Hessen, S. 521.

667 Zu ihm siehe LENGEMANN, Hessen-Parlament, S. 401f; SCHUMACHER, M.d.R., S. 502f.

668 Hierzu zuletzt: SCHUSTER, Entnazifizierung.

greifen uns in der Öffentlichkeit an. Wir sitzen zwischen den Mühlsteinen der Militärregierung und der öffentlichen Meinung."[669]

Widerstände gegen diese Koalition waren zwar bei beiden Partnern spürbar, jedoch konnten sich die parteiinternen Kritiker der Koalition mangels politischer Alternative erst einmal nicht durchsetzen. Selbst für viele Konservative in der CDU war die LDP spätestens unter Euler in ihrer Programmatik zu wenig christlich und zu sehr liberalistisch und nationalistisch. Die Linken in der SPD, für die durchaus die KPD als politischer Partner in Betracht kam, zogen sich unter dem Druck der Parteiführung zurück und wurden teilweise als „SED-istisch" bezeichnet[670]. „Die beiden größten Parteien in Hessen hatten sich gesucht und schließlich auf Umwegen gefunden. Dies hieß jedoch nicht, daß die Koalition frei von Spannungen war. Je länger die Koalition lebte, desto öfter kamen Stimmen für den Austritt, und die Gegner, besonders in der CDU, nahmen sichtlich Aufschwung. Aber trotz der Schwankungen, der Streitpunkte, der Konflikte, der Kompromisse hielt das gegenseitig gegebene Wort bis zum Ende der Legislaturperiode."[671]

Die Zusammenarbeit mit den Sozialdemokraten sollte nach dem Wunsch der hessischen CDU-Führung Modell für die zu bildende Regierung in Bonn werden. Unmittelbar nach Bekanntwerden der Ergebnisse der Wahlen zum Ersten Deutschen Bundestag am 14. August 1949, plädierte Hilpert für eine große Koalition aus SPD und CDU – und das trotz eines abermaligen erheblichen Stimmenverlustes der Union in Hessen. Kurz vor der Bildung des bürgerlich-konservativen CDU/CSU/FDP/DP-Kabinetts in Bonn unter Führung Adenauers am 15. September 1949, empfahl Hilpert seinen hessischen Parteifreunden Wachsamkeit gegenüber dem Kabinett Adenauer. Er sah ferner „eine geistige Mainlinie" innerhalb der CDU[672]. In Verkennung der politischen Realitäten beharrte Hilpert darauf, daß die Politik der hessischen Union richtungsweisend für die Christlichen Demokraten in Deutschland sei. Wichtiger als Macht und Mehrheiten sei die geistige Überlegenheit. Diese allein mache in der Politik Geschichte. In einem Bericht von der Landesversammlung der hessischen CDU im Frankfurter Karlshaus am 7. Oktober 1950 hieß es: „Die Politik der hessischen CDU, die oft kritisiert worden sei, werde in Zukunft wahrscheinlich mehr Anhänger als Kritiker haben. Er [Hilpert] hoffe, daß die mittlere, aber sozial betonte Linie der Partei zum Prinzip der CDU in der ganzen Bundesrepublik werden möge. Die Weltgeschichte

[669] Zit. bei MÜHLHAUSEN, Hessen, S. 319.
[670] Zur Koalitionspolitik in Hessen zwischen 1947 und 1950 vgl. ebd. S. 257 ff u. S. 515–540.
[671] Ebd., S. 515.
[672] Vgl. RÜSCHENSCHMIDT, Gründung (1995), S. 32.

werde nicht von Majoritäten, sondern von aktiven und geistig überlegenen Minoritäten gemacht."[673]

Doch die Zusammenarbeit mit der SPD sollte nicht mehr lange währen. Die bundespolitischen Entwicklungen stellten auch für Hessen neue Weichen. Die Erfolge der Adenauer-Regierung waren mehr als Sand im Getriebe der hessischen Koalition. Die bürgerliche Regierungsbildung Adenauers stärkte den „rechten" Flügel in der hessischen CDU ebenso wie den „linken" in der Hessen-SPD. Das „Büro Schumacher" in Hannover, die Parteizentrale der SPD, war auf den hessischen Ministerpräsidenten ohnehin nicht gut zu sprechen. Schon nach den Kommunalwahlen im April 1948, bei dem es zu erdrutschartigen Gewinnen auf der Rechten gekommen war, hatte die Konferenz der CDU-Kreisverbände auf ihrer Friedberger Tagung am 1. Mai 1948 die aus Wiesbaden eingetroffene Empfehlung, auch in den Städten, Kreisen und Gemeinden SPD/CDU-Koalitionen zu bilden, als unzulässige Einmischung in die Koalitionsfreiheit der örtlichen CDU-Organisationen zurückgewiesen. Daraufhin strebten vor allem die nord- und mittelhessischen Kreisverbände Koalitionen mit der LDP an, in den Kreisen Alsfeld und Wetzlar sogar im Verbund mit der reaktionär-konservativen National-demokratischen Partei (NDP), die in einigen Kreisen und Städten, z. B. mit 24,4% in Wiesbaden (Stadtkreis), beachtliche Erfolge erringen konnte[674]. An der Basis der hessischen CDU begann es zu rumoren, und das Übergewicht des Hilpert-Flügels im Vorstand nahm zusehends ab, wenngleich die sachbezogene Arbeit der Koalition in Wiesbaden von diesen Stimmungen, die auch innerhalb der hessischen SPD-Unterbezirke zu Meinungsverschiebungen führten, kaum beeinträchtigt wurde.

3. Die Landtagswahl 1950 – Das „Waterloo" Hilperts

Erich Köhler, zwischenzeitlich Bundestagspräsident und von der Richtigkeit der Politik Adenauers überzeugt, forderte Hilpert kurz vor dem für den 20. Mai 1950 anberaumten Landesparteitag im Vorfeld der zweiten Landtagswahl eindringlich auf, von der Koalition mit der SPD Abstand und politischen Kurs auf die Freien Demokraten zu nehmen: „Es geht nicht an, daß sich eine Partei wie die unsrige auf den Standpunkt stellt, es genüge auch, wenn wir das Zünglein an der Waage bleiben. (...) Eine solche These bedeutet den Selbstverzicht auf das Durchsetzen politischer

673 Vgl. ebd.

674 Zu den Folgen der Kommunalwahl vom 25. April 1948 vgl. MÜHLHAUSEN, Hessen, S. 516–519; RÜSCHENSCHMIDT, Gründung (1981), S. 489–492.

Machtansprüche, die nun einmal das Wesen einer zielbewußten Politik gerade einer großen Partei ausmacht. (...) Ich will in diesem Zusammenhang von der Industrie ganz schweigen, weil sie quantitativ als Wählerschaft nicht ins Gewicht fällt. Sie dürfen aber sicher sein, daß die breitere Masse des gewerblichen Mittelsstandes aller Art nicht mehr daran denkt, der CDU ihre Stimme zu geben. (...) Es geht um große staatspolitische Ziele, die ich auf die einfache Formel bringen möchte, daß das Parallelprogramm der Kräfte zwischen der Regierungskoalition im Bundestag und im Bundesrat hergestellt werden muß. Dies ist m.E. der ausschlaggebende Gesichtspunkt.[675]"

Köhler dachte – wie Adenauer – strategisch. Im Vergleich zum kurzarmigen Taktieren der Splitterparteien in der Weimarer Republik war dieses politisch-parlamentarische Denken neu. Er sah die Wahlniederlagen der CDU in Hessen und folgerte daraus, daß die Politik geändert werden müsse, um die Union aus der Rolle des Juniorpartners in die volle Regierungsverantwortung bringen zu können. Hilperts Denken in Grundsätzen, die auf keinen Fall preisgegeben werden dürften, stand in der Kontinuität und Tradition des Weimarer Politikstils, den gerade auch das Zentrum als permanentes „Zünglein an der Waage" im Reichstag und in den Länderparlamenten gepflegt hatte. Im Vergleich zu Köhler waren Hilperts Vorstellungen insofern „konservativ"[676]. Auf dem bereits erwähnten CDU-Landesparteitag 1950 in Frankfurt kam es folglich zu einer heftigen Auseinandersetzung um die künftige politische Richtung. Das oben zitierte Schreiben Köhlers, das er in Kopie an verschiedene CDU-Politiker verschickt hatte, wurde von Wiesbadener Christdemokraten ohne Wissen des Absenders, der nicht anwesend sein konnte, an die Parteitagsdelegierten verteilt. Es kam zum Eklat. Hilpert vor dem Parteitag unter Bezug auf das Schreiben Köhlers wörtlich: „,Ich bin fassungslos über die infantile Betrachtungsweise, die darin zum Ausdruck kommt'." Offenbar sei Dr. Köhler, so fährt der Parteitagsbericht fort, „zu sehr mit der Geschäftsordnung des Bundestages befaßt, als daß ihm die gegenwärtige Problematik der hessischen Politik noch besonders nahe wäre"[677]. Seiner darauffolgenden Ankündigung nachkommend, Köhler schriftlich und öffentlich zu antworten, wandte sich Hilpert unter Bezugnahme auf die großen Erfolge der CDU in der Landesregierung strikt dagegen, über den Bundesrat durch eine Aufkündigung der Zusammenarbeit zwischen SPD und CDU in Hessen eine Stärkung der Bonner Koalition herbeizuführen: „Ihre Neigung zur FDP gerade Hessens habe ich im vorigen Jahr

---

675 Köhler an Hilpert, 16.5.1950. Zit. bei RÜSCHENSCHMIDT, Gründung (1981), S.494f.

676 So ebd., S.498.

677 Bericht vom Parteitag der hessischen CDU am 20.5.1950 in Frankfurt am Main. Zitiert ebd., S.495f.

nicht verstanden. Ihr Brief gibt mir aber jetzt doch die Begründung, denn Sie, lieber Köhler, schreiben ja, daß das Durchsetzen politischer Machtansprüche das Wesen einer zielbewußten Politik, gerade einer großen Partei, ausmache. Zeigt nicht die Geschichte, nicht die Nazizeit, daß Machtansprüche die Politik zum Unglück der Menschheit werden lassen? Das Parallelprogramm der Kräfte zwischen Koalition im Bund und Bundesrat ist ein wundervolles Wort. Der Bundesrat, der ja doch sehr stark unter dem Einfluß von CDU-Politikern steht, ist kein Senat. Seine Arbeit ist sachlich. Gerade die teilweise anders gearteten Länderkoalitionen sind wertvoll, solange eine Regierungskoalition im Bund so schwach fundiert ist."[678]

Die Wähler selbst sprachen bei den Landtagswahlen am 19. November 1950 das endgültige Urteil über die von den „Frankfurter Leitsätzen" geprägte Politik der hessischen CDU. Die Union verlor gut 12% gegenüber 1946 und sank auf 18,8% der Wählerstimmen ab. Die SPD erzielte mit 44,4% die absolute Mehrheit der Landtagsmandate, die LDP/FDP zog mit 31,8% deutlich an der CDU vorbei[679]. Das Wahlergebnis bedeutete das Ende der Wiesbadener Koalition. „Die SPD will die Regierung allein bilden. Wir haben keine Veranlassung, ihrer Verantwortungsfreudigkeit in den Arm zu fallen"[680], gestand Hilpert seine Niederlage unmißverständlich ein.

Auch wenn verschiedene Presse-Kommentare die massiven Stimmeneinbußen der hessischen CDU wie auch die der Unionsparteien bei den zur gleichen Zeit stattfindenden Landtagswahlen in Württemberg-Baden und bei den Bundestagsnachwahlen im Wahlkreis Arnsberg-Soest auf die schlechte Stimmungslage für die Bundesregierung im Hinblick auf die inzwischen bekanntgewordenen Pläne zur Wiederbewaffnung und Westbindung der Bundesrepublik zurückführten, wurde die Problemlage innerhalb der CDU Hessen doch als weitgehend hausgemacht angesehen. Die Gegner der SPD/CDU-Koalition versuchten, den engeren Landesvorstand um Hilpert für das Wahldebakel verantwortlich zu machen. Hier mag noch einmal Bruno Dörpinghaus begegnen, bereits 1945 bei der CDU-Gründung in Frankfurt Gegner des linkskatholischen Gründerkrei-

---

678 Hilpert an Köhler, 13.6.1950, zit. ebd., S. 496.

679 In Frankfurt konnte die SPD sogar 52,3% erzielen und die Union auf schmale 16,9% herunterdrücken, was mit –10,4% gegenüber der Landtagswahl 1946 eine verheerende Niederlage bedeutete und den historischen Tiefpunkt der CDU in Frankfurt markiert. BALSER, Frankfurt, S. 575. Zu den Konsequenzen der Landtagswahl für die hessische CDU vgl. RÜSCHENSCHMIDT, Gründung (1981), S. 500–504.

680 So der Bericht über den Landesparteitag der hessischen CDU am 18.12.1950 „Konstruktive Opposition der CDU-Hessen" im Pressedienst der hessischen CDU. Zit. ebd., S. 500.

Werner Hilpert

ses, zu dem Hilpert zu rechnen ist. In seiner Eigenschaft als Generalsekretär schrieb er am 20. November 1950 im Deutschland-Union-Dienst, „daß die CDU-Wähler mit ihrer Abstimmung bzw. dem Fernbleiben von der Wahl am vergangenen Sonntag ein klares Votum gegen die große Koalition ausgesprochen hätten."[681]. In ähnlicher Weise äußerte sich die Wiesbadener CDU.

Schützenhilfe bekam der Landesvorstand bezeichnenderweise aus Frankfurt am Main, wo der Stadtkreisparteitag am 11. Dezember 1950 förmlich zu einer Kundgebung gegen die Politik Adenauers wurde. Hier argumentierte z.B. der stellvertretende hessische CDU-Vorsitzende Heinrich Lünendonk (1906–1992)[682], der Bundeskanzler „werde vom deutschen Volke nicht geliebt, er sei auf dem Weg, die Alliierten zu gewinnen, aber das deutsche Volk zu verlieren, während Schumacher die Alliierten verliere, aber das deutsche Volk gewinne (...). Die Gesamtpartei", so heißt es im Versammlungsbericht weiter, „dürfe aber nicht unter den Ambitionen des Bundeskanzlers leiden. Besonders wurde die Sozial- und Wirtschaftspolitik der Bundesregierung kritisiert: Eine Rednerin stellte sich, ohne daß ihr jemand widersprochen hätte, bedingungslos hinter die Kritik [Karl] Arnolds und verlangte eine neue sozial-bewußte Linie in der CDU-Wirtschaftspolitik, da sich erwiesen habe, daß eine Marktwirtschaft nie sozial sein könne. Auf Grund der jetzigen Bundeswirtschaftspolitik würden die Reichen immer reicher und die Armen immer ärmer."[683]

---

681 Wolfermann an Dörpinghaus, 23.11.1950. Zit. ebd., S. 501.

682 Zu ihm Frommelt, Mitregieren-Wollen, S. 47.

683 Der Bericht auszugsweise bei Rüschenschmidt, Gründung (1981), S. 502 mit Anm. 9.

Schließlich rief Hilpert die Delegierten auf dem darauffolgenden Landesparteitag am 18. Dezember 1950 in Fulda noch einmal zu der CDU-Politik auf, wie er sie mit dem Oberurseler Kreis im September 1945 in Form der „Frankfurter Leitsätze" konzipiert hatte. Der Pressedienst der hessischen CDU berichtete, Hilpert halte die außenpolitische Konzeption Adenauers zwar auf weite Sicht gesehen für richtig. „Aber Politik", so Hilpert, verlange „ein außerordentlich feines Einfühlungsvermögen in die Mentalität und die Behandlung der Menschen". Hier habe die Bonner Politik versagt. Man habe die soziale Frage (Lohn-, Preis-, Kohlenfrage etc.), die Frage des inneren Friedens, des Auspendelns der inneren Verhältnisse überhaupt, ohne jedes Gefühl für die seelisch labile Situation im Volke behandelt. Eine „erstklassige, wirklich ernsthafte soziale Wirtschafts- und Finanzpolitik" sei für Hilpert „eines der ersten Erfordernisse für jede erfolgreiche Arbeit der CDU Hessen" und die allenthalben feststellbare „restaurative Tendenz" ein „Verhängnis"[684].

Hilpert blieb seiner politischen Linie treu. Doch der Druck wurde zu stark: Durch das Wahlergebnis vom 19. November 1950 so zur politischen Bedeutungslosigkeit herabgesetzt, gab Hilpert letztlich auf und legte den Vorsitz der CDU-Hessen auf dem Landesparteitag am 5. Juli 1952 nieder.

4. *Die Formierung der CDU-Hessen als christlich-konservative Partei*

Hilperts Nachfolger, der Frankfurter Landgerichtsrat Wilhelm Fay, übernahm keine leichte Aufgabe[685]. Die fortbestehenden innerparteilichen Spannungen, die zunächst harten Oppositionsbänke und der Erfolgsdruck im Hinblick auf die kommenden Wahlen lassen es verständlich erscheinen, daß Fay – 1945 bereits bei der CDU-Gründung in Frankfurt mit dabei, aber erst seit 1948 offiziell Parteimitglied und seitdem ehrenamtlicher Stadtrat in seiner Heimatstadt –, erst nach einer Bedenkzeit von vier Monaten bereit war, für den Landesvorsitz zu kandidieren. Zunächst scheinbar auf sich gestellt und ohne Hausmacht, erwies sich Fays Persönlichkeit rasch als geeignet, die heterogene Hessen-Union und ihr Wählerpotential zusammenzuführen. Durch Elternhaus, Pfarrei, Windhorstbünde und Zentrum zwar katholisch geprägt, durch sein ökumenisches Engagement in der Una Sancta-Bewegung, seine innerliche Distanz zum „Linkskatholizismus" des Frankfurter CDU-Gründerkreises und schließlich seine berufliche Prägung als Offizier und promovierter Jurist war Fay

684 Bericht über den Landesparteitag (wie Anm. 680).
685 Zum folgenden vgl. FROMMELT, Mitregieren-Wollen, passim.

jedoch prädestiniert, auch bei den evangelischen und liberalen Kräften in der CDU Anerkennung zu finden. Fay bemühte sich in seiner Amtszeit bis 1967, die CDU sowohl als moderne bürgerliche wie auch als christliche Partei zu profilieren. So zog er eine scharfe Grenze zur hessischen FDP Eulers, dem er unmißverständlich bedeutete, die CDU sei „keine bürgerliche Partei in ihrem Sinne". Zusammen mit dem Fraktionsvorsitzenden der CDU in der Frankfurter Stadtverordnetenversammlung, dem Protestanten Hans Wilhelmi, rief Fay, der gleichzeitig Kreisvorsitzender seiner Partei in der Main-Metropole war, 1953 unter der Losung „Zusammenhalten!" dazu auf, die „christliche Einheitsfront" innerhalb der Frankfurter Union zu stärken, gleichsam unter Gebrauch christlicher Terminologien aus den Gründertagen der dortigen CDU. An einen Weg zurück zu den Anfängen, wie ihn Hilpert 1950 gerne eingeschlagen hätte, war jedoch nicht mehr zu denken. Unter Ausnutzung der Krise der FDP 1956 präsentierte Fay die Union als christlich-konservative Sammlungsbewegung auf breiter Grundlage: „Angesichts der Ratlosigkeit vieler sogenannter bürgerlicher Wähler als Folge mehrfacher Spaltungen soll die CDU ihre Tore weit offenhalten für alle diejenigen Wähler, die sich nicht zum Sozialismus bekennen wollen, um ihnen eine neue Heimat zu geben."[686] Fays ausgleichender Vorsitz führte die hessische CDU wieder an die 30-Prozent-Marke, sorgte für zunehmende innerparteiliche Geschlossenheit, auch mit Blick auf Bonn, und legte somit den Grund für den Aufschwung der hessischen CDU in den siebziger Jahren[687].

---

686 Rede Fays am 12. 5. 1956. Zit. ebd., S. 47.

687 Hierzu WOLF, Neubeginn.

VI. Ergebnisse

Im Gegensatz zu Köln und Berlin, aber auch zu anderen Gründungszentren geschah der Einstand der CDU in Frankfurt am Main 1945 unter dem Stern eines ausgesprochen „sozialistisch" gesonnenen Gründerkreises, der in der Tradition des vergleichsweise „linken" Frankfurter politischen Katholizismus der Weimarer Republik stand. Die Theorien Ernst Michels und die Theologie Theodor Steinbüchels sowie die innerhalb der Zentrumspartei fortschrittliche politisch-theologische Gesinnung des Journalisten-Teams der „Rhein-Mainischen-Volkszeitung" um Friedrich Dessauer hatten insbesondere auf die CDU-Gründer Walter Dirks, Pfarrer Alois Eckert und Karl-Heinrich Knappstein prägend gewirkt. Die persönliche Ausstrahlung von Werner Hilpert und Eugen Kogon, die bereits in der KZ-Haft an politischen Entwürfen für die Nachkriegszeit gearbeitet hatten, verstärkte die intellektuelle Richtung im Frankfurter „Katholikenausschuss", so daß sich Vordenker eines modern-volksparteilichen Modells – wie eben Bruno Dörpinghaus – dort zunächst nicht durchsetzen konnten. Zudem verfügte die Gruppe um Dirks über das Vertrauen des Frankfurter Klerus. Die schnelle Entscheidung vom April 1945, auf eine Wiedergründung des Zentrums zu verzichten, und damit die Geleise für eine konfessionell offene Partei zu legen, bereitete den Boden für das vielfältige Meinungsbild in der anschließenden Gründungsphase, in der Zug um Zug auch Kriegsheimkehrer wie Wilhelmi und Fay dazustießen. Die Dominanz der Linkskatholiken war aber zunächst nicht zu durchbrechen. Deren Haltung gab der frühen Frankfurter Union gewissermaßen konservative und gleichzeitig äußerst progressive Anstöße. Konservativ im Sinne der weitgehenden Bindung an das „Alte Wahre", die Traditionen, Sittengesetze und Glaubensdeposita der katholischen Kirche, progressiv im Sinne des politischen Zusammenführen-Wollens von Katholiken und Protestanten, von Arbeitern, Bauern und „Bürgern".

Nachdem relativ früh erkennbar wurde, daß SPD und KPD in Frankfurt nicht gewillt waren, mit ihrer Tradition zu brechen und sich mit den katholischen „Sozialisten" zusammenzutun, verfolgte der Gründerkreis zielstrebig und nicht „aus Verzweiflung", wie es Dirks aus eigenem Empfinden formulierte, die Gründung einer eigenständigen, auf dem christlichen Weltbild aufbauenden demokratisch-„sozialistischen" Partei. Mit der Abfassung des „Programms der Volkspartei" und der „Frankfurter

Leitsätze" versuchte der Oberurseler Programmkreis, die „Christlich-Demokratische Partei" in Frankfurt und Hessen auf eine Richtung festzulegen, die in ihrem sozialreformerischem Ansatz in der Unionsgeschichte wohl singulär ist. Wären die Frankfurter durchgedrungen, in Deutschland wäre womöglich eine sehr viel stärker christliche und sozialistische „Labour-Partei" entstanden als ihr englisches Vorbild. Doch die Linkskatholiken wurden in der CDU zu „Offizieren ohne Mannschaft" (Narr). Die Festlegung des Frankfurter Parteiapparates auf den „Sozialismus aus christlicher Verantwortung" gelang nur vorübergehend. Mit dem zunehmenden Einflußgewinn evangelischer und katholischer CDU-Mitglieder aus den bürgerlichen Schichten und unter der mehr an einer pragmatischen Politik interessierten Führung des ersten Parteivorsitzenden Husch und seines Stellvertreters Jost, später unter dem Vorsitz von Horn, Florian[688] und Fay, begann die Union in Frankfurt (und Hessen), sich von den Anfangsimpulsen ihrer Programmatik Schritt um Schritt zu entfernen, was sich vor allem am Ausscheiden der Gründerpersönlichkeiten Dirks, Kogon, Knappstein und schließlich auch Hilpert aus der aktiven Politik zeigen läßt. Zu dieser Entwicklung beigetragen hat auch die Haltung der SPD in Frankfurt, die den politischen Ideen der „Frankfurter Leitsätze" nur geringe Beachtung schenkte, die CDU der politischen „Reaktion" verdächtigte und sich voll und ganz auf die Gewinnung der strategischen Mehrheit in der Stadt und im Land konzentrierte.

Über den Stadtkreis Frankfurt hinaus wirkten zunächst die „Frankfurter Leitsätze". Sie bestimmten den Inhalt der sozial- und wirtschaftspolitischen Entschließung der Godesberger Reichstagung der Christlichen Demokraten im Dezember 1945 und wurden das Programm der groß-hessischen CDU. Unter der Führung der starken Persönlichkeit Hilperts versuchte diese als Juniorpartnerin in einer Koalition mit der SPD auf Landesebene teilweise erfolgreich, Elemente der „Frankfurter Leitsätze" in konkrete Politik umzusetzen. Der Artikel 41 HV zur Sofortsozialisierung ist das markanteste Ergebnis der auf Zusammenarbeit mit der SPD angelegten Programmatik der frühen hessischen CDU. Der Wähler honorierte diese politische Richtung der hessischen CDU nicht. Der „linke" Flügel der Landespartei um Hilpert mußte einerseits vor dem großen Erfolg der von Adenauer geführten bürgerlich-konservativen Bundesregierung kapitulieren und andererseits einsehen, daß die hessischen Wähler mit der SPD das sozialistische „Original" der christdemokratischen „Imitation" vorzogen und die bürgerlichen Schichten in Scharen zur LDP/FDP

[688] Ludwig Florian (1900–1973). 1947–1952 Kreisvorsitzender der CDU Frankfurt. 1948–1952 Stadtverordneter (stellv. Fraktionsvorsitzender). 1952–1953 ehrenamtlicher Stadtrat in Frankfurt. 1953–65 Polizeivizepräsident und Katastrophenschutzbeauftragter. Angaben zu ihm bei KAFF, Unionsparteien, S. 770; Art. Ludwig Florian, in: KLÖTZER, Frankfurter Biographie, hier 1, S. 215.

abwanderten. Durch den Rücktritt Hilperts konnte dieser Abwärtstrend gestoppt werden.

Das „Dioskurenpaar" Walter Dirks und Eugen Kogon schied schon im Frühjahr 1946 aus der aktiven Parteipolitik wieder aus. Enttäuscht von dem für sie bereits sichtbaren Kurswechsel der Partei, aber auch aus der Leidenschaft des Journalismus heraus, die sich schwerlich vertrug mit praktischer Parteiarbeit, versuchten sie über Publizistik und Wissenschaft politischen Einfluß auszuüben. Zudem fanden ab Juni 1946 wieder wöchentliche Zusammenkünfte in Oberursel statt, an denen auch Vertreter des linken Flügels der Frankfurter und der hessischen CDU teilnahmen, um aktuelle Themen der Politik, insbesondere Verfassungsfragen, zu beraten[689]. Zu diesem Kreis gehörten neben Kogon vor allem Knappstein, Schulte, Hugo Stenzel (Lizenzträger der „Frankfurter Neuen Presse"), Siebrecht, P. Johannes Hirschmann SJ, Dirks und Hilpert. Bei den Treffen des „Oberurseler Kreises", die meist im Haus von Rechtsanwalt Wahl stattfanden, wurden Entwürfe zu den hessischen Verfassungsbestimmungen erarbeitet, etwa das Prinzip einer wehrhaften Demokratie (Art. 147 HV) und die hessische Sozial- und Wirtschaftsordnung (Art. 27–47 HV)[690]. Dirks selbst ist zwar nie aus der Partei ausgetreten, distanzierte sich aber in der Folgezeit von der CDU Adenauers zusehends. Die Idee eines fundamentalen Neuanfangs unter sozialistischen und christlichen Vorzeichen, wie er sie mit seinen politischen Weggefährten 1945 mit Leidenschaft vertreten hatte, war gescheitert. Geradezu verbittert schrieb er 1974: „Wenn heute nach einem langen Zwischenspiel im Zeichen eines (...) Frankfurter Rechtsanwaltes, Fay, die hessische CDU neben der CSU mit dem Integralisten und Pragmatiker [Alfred] Dregger die reaktionärste der Unionsparteien geworden ist, so müssen die Männer der ersten Stunde fragen: Unvermeidliche Tragödie oder Versagen des Frankfurter Linkskatholizismus?"[691]

Was führte zum Scheitern des in Frankfurt vertretenen Programms, „Schicksal" oder mangelnder politischer Einsatz der Linkskatholiken? Weder noch, müßte auf Dirks eigentlich geantwortet werden, denn was die Gruppe der Linkskatholiken 1945 unterschätzte, und dies war ihr Kardinalfehler, war die Dynamik des Wiederaufbauwillens bei den Deutschen selbst und auf Seiten der Westmächte. Dirks, Kogon und Hilpert gingen von einer dauerhaften Not und Armut in Deutschland aus. Diese Situation des Mangels bestmöglich und gerecht zu „verwalten", war das Ziel des „Sozialismus aus christlicher Verantwortung", nicht ihre Über-

---

689 Vgl. RÜSCHENSCHMIDT, Gründung (1981), S. 73f.

690 Vgl. KOGON, Hessen, S. 28f.

691 Dirks an Stankowski, 2.2.1974. Zit. bei STANKOWSKI, Linkskatolizismus, S. 305 mit Anm. 37.

windung, die zu diesem Zeitpunkt für vollkommen illusorisch gehalten wurde. Bruno Dörpinghaus schätzte die Lage nüchterner ein. Sein frühes Plädoyer für ein Programm, das die Freiheit des Einzelnen betont, seine Möglichkeiten zur Entfaltung vor allem in ökonomischer Hinsicht mit dem Ziel, Wohlstand und soziale Gerechtigkeit als die wahre Form des „Sozialismus" zu erreichen, wies den direkten Weg zur „Sozialen Marktwirtschaft" und den relativen bis absoluten Wahlerfolgen von CDU und CSU in den ersten Jahrzehnten der Bundesrepublik Deutschland.

ANHANG

Frankfurter Leitsätze*

Wir wollen ein neues Deutschland. Ein ganz anderes, als durch das vergangene Regime zu einem Gegenstand des Hasses der ganzen Welt geworden ist, ein anderes aber auch, als es vor 1933 oder vor 1914 gewesen ist. Wir wollen heute nicht einfach da fortfahren, wo unsere Vorgänger 1933 aufhören mußten, so als ob seitdem nichts geschehen wäre. Wir wollen daher zuerst und vor allem, daß die Idee der Gewalt, die in fast zwei Jahrhunderten preußisch-deutscher Geschichte immer wieder wie eine geistige Krankheit unser Volk angesteckt hat, mit ihren letzten Wurzeln aus unserem politischen Bewußtsein verschwinde, die Idee der Gewalt nach innen und nach außen. Sie soll ersetzt werden durch die Idee des Rechtes, also des Respektes vor dem Mitbürger, vor seiner Meinung und seinem Willen, aber auch der Achtung vor den Nachbarvölkern und den mit ihnen geschlossenen Verträgen.

Ein Staat des Rechtes

Das neue Deutschland soll auf der Grundlage des Rechtes aufgebaut und nicht mehr ein Staat sein, der wie ein Moloch seine eigenen Bürger frißt. Der neue Staat soll durch eine Verfassung seinen Bürgern genau umschriebene staatsbürgerliche Pflichten auferlegen und ihnen durch unantastbare Grundrechte einen wirksamen Schutz vor Übergriffen der Staatsgewalt garantieren. Es soll wieder ein Verfassungsstaat mit demokratischen Spielregeln sein. Es brauchen hier nicht die selbstverständlichen Elemente einer modernen Demokratie alle aufgezählt zu werden, die wir in einem neuen Staate verwirklicht sehen möchten. Im Hinblick auf die Erfahrungen der letzten drei Jahrzehnte scheinen uns aber folgende Grundsätze des Staatslebens besonders wichtig zu sein: Die Regierung muß ständig unter der Kritik und Kontrolle der Bürger stehen. Die Staatsführung muß, wenn sie einen falschen Weg einschlägt, vom Volke oder seinen Vertretern abberufen werden können. Auf der anderen Seite muß

* Quelle: ACDP, NL Dörpinghaus I-009-CDU Hessen.

verhindert werden, daß eine rechtmäßig gebildete demokratische Regierung zum Spielball des Parlamentes wird. Vor allem aber ist in der Verfassung Vorsorge zu treffen, daß sie erklärten Feinden der Demokratie nicht selbst die Mittel zum tödlichen Überfall auf die Demokratie in die Hände gibt.

Eine Politik des Friedens

Wir bekennen uns zur Ächtung des Krieges. Er ist kein erlaubtes Mittel der Politik, zumal er mehr Menschenleben und Lebensgüter vernichtet, als selbst ein Sieg wert sein könnte – vollends im Zeitalter der Luftbombardements und der Atombombe. Wir bekennen uns daher zu dem Grundsatz, daß jeder internationale Konflikt künftig nur noch vor dem Forum einer internationalen Friedensorganisation ausgetragen werden darf und durch Vereinbarungen beigelegt werden muß. Ein gedeihliches Zusammenleben der Völkerfamilie der Welt ist nur auf der Grundlage der Unverletzlichkeit der Verträge möglich. Deshalb wollen wir, daß nie mehr ein internationaler Vertrag als ein „Fetzen Papier" bezeichnet oder behandelt werden darf. Das allgemein anerkannte internationale Recht soll ein selbstverständlicher Bestandteil auch des deutschen Rechtes sein.

Mit besonderem Nachdruck bekennen wir uns zu einer inneren Läuterung unseres politischen Bewußtseins von militaristischen Traditionen und nationalistischen Vorstellungen. Wir müssen nicht nur die Nazi-Lehre von der Überlegenheit der germanischen Rasse überwinden, sondern auch die älteren Vorstellungen von der sogenannten „Größe und Herrlichkeit" des Soldatentums und von der angeblichen Berufung Deutschlands zur politischen Vorherrschaft in Europa oder gar zur Weltherrschaft. Diese Wahnideen haben immer wieder den Nährboden für eine verantwortungslose Kriegspolitik abgegeben und zu Katastrophen geführt. Deshalb müssen sie aufgegeben werden, gründlich, für immer. Nicht „der Soldat ist der erste Mann im Staate", sondern der Zivilist, der seine Pflicht tut. Wir wissen, daß es einer tiefgehenden Umerziehung unseres Volkes bedarf, um hier Wandel zu schaffen. Dennoch wollen wir diesen Wandel im Glauben an die edlen Kräfte unseres Volkes herbeiführen, vor allem durch die Erziehung unserer Kinder. Selbstverständlich wollen wir, daß aus dem Leben der Gemeinschaft jede Art von militärischer oder vormilitärischer Erziehung ausgeschlossen bleibe.

So wird eines Tages an die Stelle eines engstirnigen Nationalismus und Militarismus ein geklärtes Nationalbewußtsein getreten sein, wie es auch andere große Völker haben, in dem neben einer natürlichen Vaterlandsliebe noch genug Platz ist für ein echtes Weltbürgertum. Wir erwarten, daß dann ein geläutertes Deutschland auch zu der internationalen

Friedens-Organisation gehören wird und daß es dort dann die Lebensrechte seiner Nation wieder wird geltend machen können, die ihm der Nationalsozialismus durch seine Kriegspolitik schändlich vertan hat.

Ehrliche Zusammenarbeit

Wir betrachten das lebendige Christentum aller Bekenntnisse als Grundlage unseres politischen Handelns. Wir wollen vor allem die in Jahrhunderten bewährte christliche Auffassung vom unschätzbaren Wert des einzelnen Menschen mit allen politischen Konsequenzen in unserem Volke wieder verwirklichen. Ferner wollen wir die aus dem Glauben geborene Hilfsbereitschaft aller Christen für den tatkräftigen Dienst an unserem niedergebrochenen Volk einsetzen. Da das christliche Menschenbild in wesentlichen Zügen das gleiche ist, wie es auch vielen Nichtchristen als das einer weltlichen Humanität vorschwebt, werden auch sie mit uns zusammengehen können.

Die Menschen der christlichen Bekenntnisse werden nach einer Zeit gemeinsam erduldeter Leiden – unbeschadet der Verschiedenheit ihrer Lehren – auch weiterhin eine brüderliche Haltung zueinander bewahren und in dieser Partei zusammengehen. Sie werden sorgfältig alles vermeiden, was den Frieden stören und alles tun, was ihn vertiefen könnte. Allen Nichtchristen werden sie Duldsamkeit und Achtung entgegenbringen und dürfen daher eine gleiche Haltung auch von ihnen erwarten.

Wir sind daher jederzeit zu politischer Zusammenarbeit mit Gruppen und Parteien anderer Richtungen bereit, vorausgesetzt, daß sie sich eindeutig, ohne Vorbehalt und für dauernd auf die gemeinsame Plattform der Demokratie stellen, jede Diktatur ablehnen und soweit sie keine dem Christentum feindlichen Ziele erstreben.

Staat und Kirche

Wir wünschen eine reinliche Abgrenzung der Zuständigkeit der staatlichen und kirchlichen Autorität. Das nationalsozialistische Regime hat versucht, unter scheinchristlicher Tarnung die religiösen Bekenntnisse zu unterdrücken und sie durch eine eigene Staatsvergottung mit einem Mythos von Herrenrasse und Führertum zu ersetzen.

Der Staat hingegen, in dem wir unsere Politik aus christlicher Überzeugung vollbringen wollen, soll die religiösen Bekenntnisse nicht nur achten und ihre Freiheit schützen, sondern ein fruchtbares Verhältnis der Zusammenarbeit mit ihnen gewinnen. Das Wohl des Volksganzen und des Einzelnen ist das Ziel des Staates und liegt in der Zielrichtung auch der Kirchen. Die Mittel ihrer Arbeit sind verschieden: Politik ist Sache des Staates, Seelsorge Sache der Kirchen. Sowohl für die weltliche wie die geistliche Autorität ist bei Erfüllung ihrer Aufgaben gegenseitige Bevormundung abzulehnen. Die Selbständigkeit und Handlungsfreiheit der Kirchen soll auch nicht durch finanzielle Abhängigkeit vom Staate beeinträchtigt werden. In diesem Geiste sind die notwendigen vertraglichen Vereinbarungen zwischen Staat und Kirche abzuschließen.

Jugend und Erziehung

Der Nationalsozialismus hat der Jugend die Wurzeln des gesunden Wachstums abgegraben. Er hat sie der Familie entfremdet, aus den kulturellen, moralischen und religiösen Bindungen herausgerissen, um sie allein seiner Staatsvergottung und seinem Imperialismus dienstbar zu machen. Mit der Parole „Jugend kann nur durch Jugend geführt werden" hat er die Jugend verführt, der Achtung der elterlichen und kirchlichen Autorität beraubt und sie die schönsten Werte der deutschen Vergangenheit verlachen und verhöhnen gelehrt. Dann, ohne eigenen sittlichen Halt, verfiel sie dem Rassenhochmut, dem Machtrausch und teilweise der Verlotterung.

Wir wollen, daß die Jugend wieder gottesfürchtig werde, gehorsam und ehrfurchtsvoll den Eltern, dem Alter, Lehrern und Trägern der staatlichen Autorität gegenübertrete, daß sie sich als werdendes Glied des eigenen Volkes und der Menschheit fühle, und zwar im Bewußtsein ihrer guten Anlagen einerseits, ihrer Verantwortung und Aufgaben gegenüber Volk und Menschheit andererseits. Sie muß klar den Unwert des Militaristischen und den Widersinn des Krieges erkennen und dem Idol eines Staates absagen, der nur sich selbst sucht und nicht dienen will. Das Ziel der Neuerziehung muß sein, die echten republikanischen Tugenden zu wecken: Gerechtigkeit, Duldsamkeit dem Mitbürger gegenüber, Wahrhaftigkeit, gemeinwirtschaftlichen Sinn und Achtung vor anderen Völkern und ihren Lebensformen.

Ehe und Familie

Ein Volk ist so viel wert, wie in ihm die Familie wert ist. Das muß der Staat wissen, und danach muß er handeln. Der Nationalsozialismus hat viel von der deutschen Familie geredet, in Wirklichkeit aber hat er alles getan, um sie auseinanderzureißen (Kinderlandverschickung, Arbeitsdienst, Arbeitseinsatz, Militärdienst). Die Familie war ihm gut genug, das Material für seine Machtmaschine zu liefern.

Die Würde war ihm unbequem. Jeder Einzelne, ob Mann, ob Frau, ob Kind durfte nur ihm allein gehören und seinem Zwecke dienen. Darum versuchte er die innere Macht der Familie zu brechen und ihren Geist zu vergiften. Darum untergrub er sowohl die Autorität der Eltern wie den Gehorsam der Kinder, darum riß er die Familien bedenkenlos auseinander. Der neue Staat muß dagegen alles tun, um die Getrennten wieder zusammenzuführen und ihre Familiengemeinschaft zu stützen und zu fördern.

Das dürfen wir auch nicht vergessen, wenn die neuen Maßnahmen zu treffen sind, die im Zuge des Wiederaufbaus eine Berufsumschichtung des deutschen Volkes zur Folge haben werden. Der Nationalsozialismus hat den innersten Kern der Familie, die zuverlässige und treue Ehe, durch eine neue Handhabung des Ehescheidungsrechtes in einer Weise, die dem Volk wohl noch gar nicht bewußt geworden ist, ausgehöhlt: er hat durch seine Praktiken geradezu die Verstoßung der Frau legalisiert und sie und ihre Kinder moralisch und wirtschaftlich entrechtet. Der neue Staat dagegen muß alles tun, um die Ehe zu erhalten und ihre gottgegebene Würde und bindende Kraft, soviel an ihm liegt, zu befestigen. Die Geltung der Ehe liegt nicht im Belieben derer, die sie abgeschlossen haben. Ihr Sinn und Wert übersteigt die persönlichen Interessen ihrer beiden Partner. Ihr Lebensbund entfaltet und vollendet sich nach dem ihm innewohnenden Gesetz der Natur, das im gesunden Menschen eins ist mit dem Willen ihrer Liebe selbst, zu einer mit Kindern gesegneten Familie.

Eine solche Ehe und Familie hat der Staat in der Schule zu lehren und im öffentlichen und geistigen Leben zu schützen. Durch seine Lohn- und Steuergesetzgebung und seine Wohnungspolitik hat er dieser Familie den Raum zu schaffen, den sie braucht, um entstehen und sich voll entfalten zu können.

Der Mann muß im vollem Sinne das Haupt der Familie sein; er kann es nur, wenn er nicht Objekt, sondern Subjekt seines Lebens ist; das heißt aber, daß ihm der Staat durch seine Wirtschafts- und Sozialpolitik die Möglichkeit gibt, seine Familie in Ehren zu ernähren, und durch seine Sozial- und Staatsverfassung, echter Mitträger der Verantwortung für die öffentlichen Dinge zu sein. Nur dann wird die Frau als das Herz der Familie in innerer Freiheit die Verantwortung des Mannes mittragen und vertrauensvoll die Mutter seiner Kinder werden können. Wir wissen aber, daß der Staat hier nur Hilfestellung leisten kann, und wir appellieren an den Mut und die innere Gesundheit der deutschen Frauen und Männer: an ihre Zuversicht, für unsere Kinder eine würdigere Welt erbauen und Frieden erkämpfen zu können.

Das Schulwesen

Die deutsche Schule ist in den letzten 12 Jahren auf den Hund gekommen. Der Nationalsozialismus hat vom Kindergarten bis zur Universität die Stätten der Bildung und Erziehung für seine Zwecke beschlagnahmt, die Mitwirkung des Elternhauses und der Kirchen beseitigt, die Lehrerschaft teils verdorben, teils ausgeschaltet, zumindest ihre besseren Teile behindert und kontrolliert. Die deutsche Wissenschaft hat sich in erschreckendem Ausmaß an seine diabolischen Tendenzen ausgeliefert, sie verriet die Wahrheit an den staatlichen Zweck. In allen Schulstufen ist zugleich eine erhebliche Senkung des Niveaus die Folge dieses Verrates gewesen. Deshalb ist eine gründliche Erneuerung des Schulwesens nach Geist und Methoden eines unserer dringlichsten Anliegen. Die Umerziehung des deutschen Volkes beginnt mit der Umerziehung der Jugend, also mit der Umbildung der Schule.

Die Kultur des deutschen Volkes ist vielfältig, das ist das Ergebnis seiner Geschichte. Verschiedene christliche Bekenntnisse und andere Weltanschauungsmächte beanspruchen in geschichtlich begründeten Auseinandersetzungen den deutschen Menschen. Die verschiedenen an der Schule interessierten Mächte lassen ein einheitliches Ziel der Erziehung nicht ohne weiteres zu. Wir müssen mit dieser Tatsache rechnen und in gegenseitiger Duldung, da es eine ideale Lösung nicht geben kann, eine brauchbare Lösung finden und entwickeln. Wir sehen eine Staatsschule vor, die den jungen Menschen auf der Grundlage einer aus den Werten der europäischen und deutschen Geschichte erwachsenen positiven humanitären Ethik bildet, eine Staatsschule, die nicht antichristlich und antikirchlich ist, sondern dem Geist des Christentums und anderen in unserem Bereich gewachsenen geistigen Strömungen offensteht.

Den christlichen Bekenntnissen erkennen wir das Recht zur Einrichtung und Führung eigener Privatschulen zu. Anderen weltanschaulichen Gruppen seien sie nicht verwehrt. Den Privatschulen sollen vom Staate verhältnismäßig die gleichen geldlichen Zuwendungen gemacht werden wie den Staatsschulen selbst; diese Schulen unterliegen in den profanen Fächern der Prüfung und staatlichen Kontrolle. Ihre Zeugnisse sind mit denen der Staatsschulen gleichwertig. Wir erheben diese Forderung, weil wir glauben, daß nur der entschiedene und auch aus der Kraft und Fülle einer religiösen und weltanschaulichen Bindung gebildete Mensch den Aufgaben des Lebenskampfes gewachsen ist und alle Möglichkeiten des Menschen ausschöpfen kann. In den Staatsschulen, nach Möglichkeit auch in den Berufsschulen, muß den Kindern nach Bestimmung der Eltern die Möglichkeit des Religionsunterrichtes in kirchlichem Auftrag geboten werden. Diese Grundsätze gelten sowohl für die Volksschule wie für die höhere Schule.

Für das Volksschulalter ist die allgemeine Schulpflicht eine Selbstverständlichkeit. Die Volksschule ist als Grundschule der Volksbildung mit großem Ernst in den Lehrplänen und Lehrmitteln zu erneuern und politisch zuverlässigen Lehrern anzuvertrauen. Der Zugang zur höheren Schule soll erschwert werden, da es im Interesse des Volkes liegt, in den kommenden Jahrzehnten der Armut und harten Arbeit die Schicht der führenden Berufe qualitativ zu fördern und quantitativ zu beschränken. Umso wichtiger ist es, daß den Minderbemittelten, Hochbegabten der Weg zu dieser Schicht geöffnet wird. Der Staat hat darauf zu achten, daß die Universität Gelegenheit hat, sich ihre alte Unabhängigkeit und ihren alten Anspruch in strenger Bemühung zurückzuerobern. Sie soll in Geist und Aufbau ihrer Fakultäten und ihrer Führer und Lehrstühle das vom Spezialistentum verdunkelte Ziel der wahren Universitas litterarum, der Einheit und Fülle aller Wissenschaften neu zu gewinnen suchen.

Presse und Rundfunk

Presse und Rundfunk sind als Mittel der Meinungsbildung im dritten Reich für eine haßerfüllte und lügenhafte Propaganda ausgenutzt worden. Sie müssen in Zukunft so geführt und verwaltet werden, daß das Volk eine neues Vertrauen zur Wahrheit von Nachricht und Darstellung und zur Glaubwürdigkeit des gesprochenen und geschriebenen Wortes gewinnt. Auch ist die Zusammenarbeit aller demokratisch gesinnten Kräfte auf die Dauer nur fruchtbar, wenn die öffentlichen Auseinandersetzungen aus dem Geist der Sachlichkeit und Toleranz und nicht mit den Mitteln der Agitation, Verfälschung und Sensation geführt werden. Um zu verhindern, daß die Presse der Macht eines anonymen Kapitals oder anderer unkontrollierbarer Mächte verfällt, fordern wir die Öffentlichkeit der Besitzverhältnisse aller Verlage, auch der Buchverlage.

Die besondere Publizität des Rundfunks, dessen Sendeanlagen als Gemeinbesitz verwaltet werden sollen, fordert die paritätische Mitarbeit aller Parteien und Bekenntnisse.

Sozialismus und Eigentum

Wir bekennen uns zu einem wirtschaftlichen Sozialismus auf demokratischer Grundlage, und zwar in folgender Form: Wir erstreben die Überführung gewisser großer Urproduktionen, Großindustrien und Großbanken in Gemeineigentum. Wir wollen ferner, daß die Wirtschaft im Großen einheitlich und planvoll gelenkt werde, weil nur dadurch Fehlanlagen und Verschwendung volkswirtschaftlichen Gutes verhindert und ein Wiederaufbau nach sozialen und gesamtwirtschaftlichen Produktivitätsgesichtspunkten, und nicht nur nach privatwirtschaftlichen Rentabilitätsgrundsätzen gesichert werden kann. Deshalb wollen wir vor allem eine öffentliche Kontrolle und Lenkung der Kapitalanlage, soweit ein Interesse der Allgemeinheit daran vorliegt. Solange die Rohstoffe infolge des Krieges besonders knapp sind, halten wir aus sozialen Gründen auch eine Weiterführung der Rohstoffbewirtschaftung für notwendig.

Sinn und Zweck aller sozialistischen Maßnahmen ist nicht die Verstärkung der Macht des Staates oder gar seiner Kriegsmacht, wie es in den nationalsozialistischen und anderen Wirtschaften der Fall war, sondern ihr unmittelbares Ziel ist die Schaffung eines nach dem Stande der Technik und der besonderen Lage Deutschlands möglichst hohen Wohlstandes der breiten Massen unseres Volkes, auf die Dauer auch die Schaffung neuen Eigentums für die besitzlosen Schichten, weil nur auf der Grundlage dieses Eigentums eine gesundes Familienleben wachsen kann.

Wie in seinen Zielen so soll auch in seinen Methoden der Sozialismus demokratisch und nicht diktatorisch sein. Er muß also getragen werden vom Volke und seinen Organen selbst und muß innerhalb seines Rahmens genügend Platz lassen für die Entfaltung persönlicher Initiative und für den Wettbewerb der besten Leistung. Überhaupt muß das neue System planvoller Wirtschaftslenkung mit der alten abendländischen Idee der freien und verantwortlichen Persönlichkeit ausgefüllt und belebt werden. Es ist daher unser sozialistisches Ziel, einer möglichst großen Zahl von Menschen ein Leben in Freiheit von Not, in menschlicher Würde und Selbstverantwortung zu sichern.

Bauerntum und Handwerk

Im deutschen Bauerntum herrschen im allgemeinen noch gesunde Eigentumsverhältnisse. Deshalb muß hier das Eigentum grundsätzlich erhalten und geschützt werden. Das schließt aber nicht aus, daß auch die Landwirtschaft in die gesamte Planung des Wiederaufbaues eingeordnet wird, sich insbesondere einer vernünftigen Anbauplanung fügt. Die Landwirtschaft wird auf die Dauer eines besonderen Schutzes bedürfen, wenn die Produkte des Weltmarktes wieder nach Deutschland fließen werden. Sie wird dann öffentlicher Hilfe bedürfen, um sich durch eine bessere technische Ausrüstung mit Maschinen und Geräten auf eine besonders intensive Bewirtschaftung ihres Bodens einstellen zu können. Das verantwortungsbewußte Bauerntum wird für diese öffentliche Hilfe schon jetzt die Voraussetzungen schaffen, in dem es in den jetzigen Notzeiten seine Ablieferungspflichten gegenüber der hungernden Stadtbevölkerung sorgfältig erfüllt.

Im Hinblick auf den Zustrom von Millionen Ausgewiesener aus den verlorenen Gebieten und ihre Zusammendrängung auf dem Deutschland noch verbliebenen Boden ist aus sozialen Gründen die Aufrechterhaltung der Masse des vorhandenen Großgrundbesitzes nicht mehr zu verantworten, selbst wenn er bisher gute wirtschaftliche Leistungen erbracht hat. Wir werden uns daher dafür einsetzen, daß der Großgrundbesitz – sei er privat oder öffentlich – weitgehend aufgeteilt und allmählich in den Besitz tüchtiger Bauernfamilien aus den verlorenen Gebieten überführt wird.

Eine wesentliche Grundlage jeder gesunden Wirtschaft, zumal angesichts des Wegfalls der deutschen Rüstungsindustrie, ist das deutsche Handwerk. Es ist der Träger besonderer Qualitätsleistung, gesunder Eigentumsverhältnisse und von erheblicher kultureller Bedeutung. Dem Handwerk muß weitgehender staatlicher Schutz und öffentliche Förderung zuteil werden. Es muß die Möglichkeit zu durchgreifender genossenschaftlicher Selbsthilfe und damit auch zu Eigenfinanzierung erhalten.

Schutz und Rechte der Arbeit

Arbeit und Intelligenz sind die wichtigsten Unterpfänder des Wiederaufbaues. Deshalb müssen sie wirksam vor Ausbeutung und Gefahren geschützt und durch planvolle Lenkung so nutzbringend wie möglich eingesetzt werden. Die Lenkung der Arbeit muß aber ihre natürliche Grenze finden, wenn der Arbeiter dabei gegen seinen Willen von seiner Familie getrennt werden müßte. Deshalb lehnen wir jede Zwangsverschickung von Arbeitskräften als eine Form moderner Sklaverei entschieden ab.

Infolge der Umstellung der Wirtschaft auf eine völlig andersgeartete Friedensproduktion ist eine Umsetzung von Arbeitskräften, auch in eine berufsfremde Arbeit, unvermeidlich. Es sind daher schnellstens Maßnahmen zur Umschulung solcher Arbeitskräfte zu treffen, damit möglichst viele arbeitswillige Menschen zu einer neuen Berufstätigkeit in der Friedenswirtschaft übergehen können. Sollte die Umstellung der Wirtschaft zu Arbeitslosigkeit führen, so sollen die zuständigen Stellen mit Zuschüssen aus öffentlichen Mitteln wertschaffende Notstandsarbeiten organisieren. Die Arbeiten sollen so ausgewählt werden, daß sie nicht nur an sich nützlich sind, sondern gleichzeitig auch auf die übrige Wirtschaft einen produktionssteigernden Antrieb ausüben.

Wir betrachten das Recht der Arbeitnehmer zum gewerkschaftlichen Zusammenschluß, zum kollektiven Abschluß von Tarifverträgen und zur Mitbestimmung in den Betrieben als selbstverständliche Bestandteile einer modernen Wirtschaftsdemokratie und wünschen die Weiterentwicklung dieser sozialen Grundrechte in Richtung auf eine gleichberechtigte Teilnahme der Arbeitnehmerschaft an der Führung der Wirtschaft.

Die Erhaltung der deutschen Sozialversicherung ist trotz der gegebenen finanziellen Schwierigkeiten eine Notwendigkeit; sie muß jedoch vereinfacht und von übermäßiger bürokratischer Belastung befreit werden.

Neue Heimstätten

Die Bauwirtschaft ist in den kommenden Jahren neben der Landwirtschaft der lebenswichtigste Zweig der deutschen Wirtschaft. Der Wiederaufbau der zerstörten Städte, insbesondere der Wohnungsbau darf aber nicht allein der privaten Initiative und den „guten Beziehungen" überlassen bleiben. Eine öffentliche Planung muß nach Maßgabe der vorhandenen Baustoffe und Arbeitskräfte die Wiederherstellung und den Neubau ausreichenden Wohnraums in Stadt und Land anstreben. Deshalb verlangen wir eine Genehmigungspflicht für alle Bau- und Reparaturvorhaben, zu denen fremde Hilfskräfte benötigt werden und ihre Einordnung in eine vernünftige soziale Dringlichkeitsfolge, bei der solche Arbeiten an der Spitze stehen müssen, die bei geringem Aufwand die meisten Wohnungen beschaffen.

Unabhängig davon soll die Selbsthilfe von Hausbewohnern zur Reparatur ihrer Wohnungen und ihres Hauses mit allen verfügbaren Mitteln gefördert werden, vor allem durch unverzügliche Zuteilung von Baustoffen in kleineren Mengen zur Deckung der Dächer, zur Schließung der Fenster und Türen und zur Aufrichtung von Innenwänden.

Bis zur Überwindung der Wohnungsnot muß in den Städten und auf dem Lande die öffentliche Bewirtschaftung des verfügbaren Wohnraumes ebenso aufrecht erhalten werden, wie die Rationierung der Lebensmittel. Durch strenge und gerechte Verteilung des vorhandenen Wohnraums muß insbesondere den Wohnungs- und Heimatlosen unseres Volkes geholfen werden.

Zur Überwindung dieser Wohnungsnot sind aber schon rechtzeitig in Zusammenarbeit der Gemeinden mit der Bauwirtschaft und den Architekten großzügige, aber wirklichkeitsnahe Pläne zu einem Wiederaufbau der Städte vorzubereiten. Ihr Ziel soll die möglichst schnelle Beschaffung menschenwürdiger Wohnungen für möglichst viele Familien sein. Auch auf dem Lande sind Siedlungspläne großen Stils in Angriff zu nehmen, um denen, die durch Luftangriffe oder Ausweisung ihr Heim verloren haben, neue Heimstätten zu errichten.

Die Bereinigung der Währung

Das vergangene Regime hat mehr als ein Vielfaches an Marknoten in den Umlauf gebracht, als es dem Gleichgewicht zwischen Geld und Gütern entsprochen hätte. Dadurch ist die Mark als Kaufmittel so entkräftet worden, daß man für sie – abgesehen von den rationierten Waren – so gut wie nichts mehr kaufen kann. Um den Arbeitsverdienst aller Schaffenden seine reale Kaufkraft wiederzugeben, wollen wir, daß die Währung schnellstens bereinigt werde. Die Menge des umlaufenden Geldes muß wieder in eine vernünftige Beziehung zur vorhandenen und künftig zu produzierenden Gütermenge gebracht werden.

Welches Verfahren zu diesem Zwecke auch immer gewählt werden möge, wir wollen, daß der Schnitt, der dabei unvermeidlich sein wird, nicht mit einer scheinbaren Gleichmäßigkeit vorgenommen werde, sondern daß das Opfer, das den kleineren Geldbesitzern auferlegt wird, genau wie bei einer gerechten Steuer nach einem niedrigeren Prozentsatz berechnet werde als das der größeren.

Arbeit und Brot, Wort und Schrift, Freiheit, Frieden und Sicherheit – ohne Uniformen, ohne Kollektivismus, ohne Machtrausch in seinen zahlreichen Formen, das ist es, was wir als christliche Politiker für das deutsche Volk wünschen, wofür wir bereit sind, all unser Bemühen und unsere Kräfte einzusetzen. Wer ehrlichen Willens und opferbereit dem gleichen Ziele zustrebt, schließe sich uns, die Kräfte verdoppelnd, an. Wer andere Anschauungen hat, ist nicht unser Feind; wir werden versuchen, uns mit ihm wenigstens teilweise zu verständigen. So, wie die Dinge liegen, kann nicht eine einzige Richtung allein bestimmend sein. Das deutsche Vaterland muß geistig und seelisch groß genug werden, um einer echt demokratischen Toleranz Platz zu schaffen. Nur wer für ein totalitäres System der Unterdrückung eintritt, ist unser erklärter Feind. Das deutsche Volk hat endgültig genug davon.

In diesem Sinn gehen wir geduldig, zäh und zukunftsgläubig an die Arbeit – all den entsetzlichen Schwierigkeiten zum Trotz, die uns der Wahnsinn der letzten 12 Jahre hinterlassen hat.

Frankfurt/Main, im September 1945

Quellen- und Literaturverzeichnis

A) Ungedruckte Quellen

1. Archiv für Christlich-Demokratische Politik (ACDP) der Konrad-Adenauer-Stiftung e.V., Sankt Augustin

Akten des CDU-Kreisverbandes Frankfurt am Main
Nachlaß Bruno Dörpinghaus
Nachlaß Wilhelm Fay
Nachlaß Otto Heinrich von der Gablentz
Nachlaß Werner Hilpert

2. Archiv der CDU Frankfurt am Main

Sammlung: Materialien zur Geschichte der CDU Frankfurt am Main 1945–1995

3. Archiv des Hessischen Landtages (HLT)

Drucksachen des Hessischen Landtages

4. Archiv der sozialen Demokratie (AdsD) der Friedrich-Ebert-Stiftung e.V., Bonn

Nachlaß Walter Dirks

5. Diözesanarchiv, Limburg/Lahn (DAL)

Bestand 351 I: Katholische Volksarbeit
Bestand 560 B: CDU
Bestand 561/3 A: Nationalsozialismus – Kirche und NSDAP
Priesterkartei

6. Domarchiv, Frankfurt am Main (DAF)

Chronik der Dompfarrei
Nachlaß Stadtpfarrer Jakob Herr

7. Katholisches Pfarramt St. Bernhard, Frankfurt am Main

Pfarrchronik

8. Hessisches Staatsarchiv, Marburg/Lahn (HStAM)

Bestand: Office of Military Government Land Greater Hesse, Liasion and Security Office, District Frankfurt

9. Institut für Stadtgeschichte (Stadtarchiv), Frankfurt am Main (StAF)

Nachlaß Kurt Blaum
Nachlaß Carola Barth
Personalakten (Stadträte)
Sammlungen S2 und S3

B) Mitteilungen von Zeitzeugen

Gespräch mit Dr. Rudolf Husch †, Frankfurt am Main, 9. 8. 1995.
Gespräch mit Ernst Gerhardt, Frankfurt am Main, 16. 8. 1995.
Gespräch mit Dr. Hans Loskant, Frankfurt am Main, 24. 10. 1996.
Gespräch mit Karl Hohmann, Frankfurt am Main, 30. 10. 1996.
Gespräch mit Dr. Amalie von Mettenheim †, Frankfurt am Main, 25. 5. 1998.

C) Gedruckte Quellen und Literatur

ADENAUER, Konrad, Erinnerungen 1945–1953, Stuttgart 1965.

ADLHOCH, Walter, Zwischen Dom und Rathaus. 20 Jahre Pfarrer in der Großstadt, Frankfurt/Main 1983.

ALMOND, Gabriel A., The struggle for Democracy in Germany, Chapel Hill 1949.

AMERY, Carl, Die Kapitulation oder: Deutscher Katholizismus heute, Reinbek bei Hamburg 1963.

ANSCHÜTZ, Gerhard, Die Verfassung des Deutschen Reichs vom 11. August 1919. Ein Kommentar für Wissenschaft und Praxis. Dritte Bearbeitung, Berlin ^{12}1930.

ANTRICK, Otto, Die Akademie der Arbeit in der Universität Frankfurt/Main. Idee, Werden, Gestalt, Darmstadt 1966.

VON ARETIN, Karl Otmar, Einleitende Vorbemerkungen zur Kontroverse Scholder-Repgen, in: Scholder, Klaus, Die Kirchen zwischen Republik und Gewaltherrschaft. Gesammelte Aufsätze, hg. von Karl Otmar von Aretin und Gerhard Besier, Berlin 1988, S. 171–173.

BACHEM, Karl, Vorgeschichte, Geschichte und Politik der Deutschen Zentrumspartei. Zugleich ein Beitrag zur Geschichte des neueren und neuesten Deutschlands 1815–1914, 9 Bde., Köln 1927–1932.

BALSER, Frolinde, Frankfurt am Main in der Nachkriegszeit und bis 1989, in: Frankfurt am Main. Die Geschichte der Stadt in neun Beiträgen, hg. von der Frankfurter Historischen Kommission (Veröffentlichungen der Frankfurter Historischen Kommission 17), Sigmaringen 1991, S. 521–578.

BALSER, Frolinde, Aus Trümmern zu einem europäischen Zentrum. Geschichte der Stadt Frankfurt am Main 1945–1989 (Veröffentlichungen der Frankfurter Historischen Kommission 20), Sigmaringen 1995.

BARTH, Carola, Gegenwartsaufgaben der Mädchenbildung, in: Adolf Grimme (Hg.), Wesen und Wege der Schulreform, Berlin 1930, S. 76–83.

BAUER, Thomas, „Seid einig für unsere Stadt." Walter Kolb – Frankfurter Oberbürgermeister 1946–1956, Frankfurt/Main 1996.

BAUTZ, Friedrich-Wilhelm (Bearb. u. Hg.), Biographisch-Bibliographisches Kirchenlexikon, fortgeführt von Traugott Bautz, Hamm 1975 u. 1990 (Bd. 1–2), Herzberg 1992 ff (Bd. 3 ff).

BECK, Gottfried, Die Bistumspresse in Hessen und der Nationalsozialismus 1930–1941 (VKZG. B 72), Paderborn u. a. 1996.

BECKER, Winfried, CDU und CSU 1945–1950. Vorläufer, Gründung und regionale Entwicklung bis zum Entstehen der CDU-Bundespartei (Studien zur politischen Bildung 13), Mainz 1987.

BECKER, Winfried (Hg.), Die Minderheit als Mitte. Die Deutsche Zentrumspartei in der Innenpolitik des Reiches 1871–1933, Paderborn u. a. 1986.

BECKER, Winfried, Politische Neuordnung aus der Erfahrung des Widerstands, in: Hüttenberger, Peter (Hg.), Widerstand. Ein Problem zwischen Theorie und Geschichte, Köln 1987, S. 261–292.

BECKER, Winfried / MORSEY, Rudolf (Hg.), Christliche Demokratie in Europa. Grundlagen und Entwicklungen seit dem 19. Jahrhundert, Köln, Wien 1988.

BEIER, Gerhard, Chronik der hessischen Sozialdemokratie 1945–1988, Kronberg i. Ts. 1988.

BENAD, Matthias / TELSCHOW, Jürgen, „Alles für Deutschland. Deutschland für Christus". Evangelische Kirche in Frankfurt am Main 1929 bis 1945, hg. im Auftrag des Vorstandes des Evangelischen Regionalverbandes Frankfurt, Frankfurt/Main 1985.

BENZ, Wolfgang, Potsdam 1945. Besatzungsherrschaft und Neuaufbau, München 1992.

BERDING, Helmut (Hg.), Die Entstehung der Hessischen Verfassung 1946. Eine Dokumentation (Veröffentlichungen der Historischen Kommission für Nassau 58), Wiesbaden 1996.

BERLINGHOFF, Uwe, Josef Arndgen sammelte 1945 die Christlich-Demokratische Arbeitnehmerschaft in Hessen, in: 50 Jahre CDA-Landesverband Hessen. „Streiten für Gerechtigkeit", hg. von der CDA, o.O. o.J. [1995], S. 17–20.

BERNHARD, Ludwig, Der „Hugenberg-Konzern". Psychologie und Technik einer Großorganisation der Presse, Berlin 1928.

BEUTLER, Johannes (Hg.), „Dazu ist ein Dreifaches zu sagen." Johannes B. Hirschmann. Elemente eines Porträts, Würzburg 1986.

BLANKENBERG, Heinz, Friedrich Dessauer (1881–1963), in: Zeitgeschichte in Lebensbildern. Aus dem deutschen Katholizismus des 19. und 20. Jahrhunderts, hg. von Jürgen Aretz u.a., 8 Bde., bis Bd. 2 hg. von Rudolf Morsey, Mainz 1973–1997, hier 5, S. 190–204.

BLANKENBERG, Heinz, Politischer Katholizismus in Frankfurt am Main 1918–1933 (VKZG. B 34), Mainz 1981.

BLASCHKE, Olaf, Die Kolonialisierung der Laienwelt. Priester als Milieumanager und die Kanäle klerikaler Kuratel, in: Ders./Kuhlemann, Frank-Michael, Religion im Kaiserreich: Milieus – Mentalitäten – Krisen (Religiöse Kulturen der Moderne 2), Gütersloh 1996, S. 93–135.

BÖCKENFÖRDE, Ernst-Wolfgang, Der deutsche Katholizismus im Jahr 1933. Eine kritische Betrachtung, in: Hochland 53 (1960/61), S. 215–239.

BOEHLING, Rebecca, Die politischen Lageberichte des Frankfurter Oberbürgermeisters Blaum an die amerikanische Militärregierung 1945/46, in: AFGK 59 (1985), S. 485–537.

BÖRNER, Gerhard, Aus dem katholischen Schulwesen, in: HERR, Jakob (Hg.), Das katholische Frankfurt. Jahrbuch der Frankfurter Katholiken, Frankfurt/Main 1928, S. 34–38.

BREUNING, Klaus, Die Vision des Reiches. Deutscher Katholizismus zwischen Demokratie und Diktatur (1929–1934), München 1969.

BRÖCKLING, Ulrich (Bearb.), Walter Dirks Bibliographie, hg. vom Archiv der sozialen Demokratie in der Friedrich-Ebert-Stiftung, Bonn 1991.

BRÖCKLING, Ulrich, Der „Dritte Weg" und die „Dritte Kraft". Zur Konzeption eines sozialistischen Europas in der Nachkriegspublizistik, in: Köhler, Joachim/van Melis, Damian (Hg.), Siegerin in Trümmern. Die Rolle der katholischen Kirche in der deutschen Nachkriegsgesellschaft (Konfession und Gesellschaft 15), Stuttgart, Berlin, Köln 1998, S. 70–84.

VOM BRUCH, Rüdiger / MÜLLER, Rainer A., Historikerlexikon. Von der Antike bis zum 20. Jahrhundert, München 1991.

BUDDE, Heinz, Handbuch der christlich-sozialen Bewegung, Recklinghausen 1967.

BUCHSTAB, Günter u. a., Jakob Kaiser 1888–1961. Katalog zur Ausstellung der Konrad-Adenauer-Stiftung, Sankt Augustin 1991.

BUCHSTAB, Günter, Andreas Hermes (1878–1964), in: Zeitgeschichte in Lebensbildern. Aus dem deutschen Katholizismus des 19. und 20. Jahrhunderts, hg. von Jürgen Aretz u. a., 8 Bde., bis Bd. 2 hg. von Rudolf Morsey, Mainz 1973–1997, hier 6, S. 102–114.

BUCHSTAB, Günter, Politische Mitte und nationale Einheit: Andreas Hermes 1878–1964, hrsg. von der Konrad-Adenauer-Stiftung (Aktuelle Fragen der Politik 2), Sankt Augustin 1994.

BUCHSTAB, Günter / GOTTO, Klaus (Hg.), Die Gründung der Union. Traditionen, Entstehung und Repräsentanten (Geschichte und Staat 254/255), München [2]1990 ([1]1981).

BUNDESVERBAND der KAB Deutschlands (Hg.), Texte zur katholischen Soziallehre. Die sozialen Rundschreiben der Päpste und andere kirchliche Dokumente, Bornheim und Kevelaer [8]1992.

CATHREIN, Viktor, Der Sozialismus. Eine Untersuchung seiner Grundlagen und seiner Durchführbarkeit, Freiburg/Brsg. [1]1890–[16]1923.

CDU-MITTEILUNGEN, siehe: HESSISCHE UNION.

DAMBERG, Wilhelm, „Radikal-katholische an die Front!" Beobachtungen zur Idee und Wirkungsgeschichte der Katholischen Aktion, in: Joachim Köhler/Damian van Melis (Hg.), Siegerin in Trümmern. Die Rolle der katholischen Kirche in der deutschen Nachkriegsgesellschaft (Konfession und Gesellschaft 15), Stuttgart, Berlin, Köln 1998, S. 142–160.

DECHENT, Hermann, Kirchengeschichte von Frankfurt am Main seit der Reformation, 2 Bde., Frankfurt am Main 1921.

DEGENER, Hermann A.L. (Hg.), Wer ist's? Unsere Zeitgenossen. Zeitgenossenlexikon, Leipzig u. a. 1905 ff.

DELP, Alfred, Gesammelte Schriften, hg. von Roman Bleistein, Bd. IV: Aus dem Gefängnis, Frankfurt/Main 1984.

DENZINGER, Heinrich, Kompendium der Glaubensbekenntnisse und kirchlichen Lehrentscheidungen, hg. von HÜNERMANN, Peter, Freiburg/Brsg. [37]1991.

DESSAUER, Friedrich, Alltag und Unendlichkeit. Der gesammelten politischen Aufsätze zweite Folge, Frankfurt/Main 1925.

DESSAUER, Friedrich, Der Fall Galilei und wir, Frankfurt/Main 1947 ([4]1957).

Dessauer, Friedrich, Im Kampf mit der Wirtschaftskrise, Frankfurt/Main 1931.

DESSAUER, Friedrich, Im Kampf mit der Wirtschaftskrise. Gemeinverständliche Darstellung der Wirtschaftslage und der Möglichkeiten ihrer Überwindung, Frankfurt/Main 1932.

DESSAUER, Friedrich, Kontrapunkte eines Forscherlebens. Erinnerungen. Amerikanische Reisebriefe, Frankfurt/Main 1962.

DESSAUER, Friedrich, Wie erziehen wir republikanische Menschen?, Frankfurt/Main 1929.

DESSAUER, Friedrich, Kooperative Wirtschaft, Bonn 1929 (Frankfurt/Main ²1970).

DESSAUER, Friedrich, Das Zentrum, Berlin 1931.

DESSAUER, Friedrich, Zeit der Wende. Der gesammelten politischen Aufsätze erste Folge, Frankfurt/Main 1924.

DESSAUER, Friedrich/FETZER, Franz, Krisenwende?, Frankfurt/Main 1932.

DEUTSCHE BIOGRAPHISCHE ENZYKLOPÄDIE (DBE), hg. von Walter Killy (u. Rudolf Vierhaus), Bd. 1ff, München u.a. 1995ff.

DIRKS, Walter, Als wir die Ärmel aufkrempelten – zum Beispiel in Frankfurt, in: FH/NG 32 (1985), Heft 4, S. 316–318.

DIRKS, Walter, Die Antwort der Mönche. Geschichtsauftrag der Glaubensstifter, Freiburg/Brsg. 1952 (³1968).

DIRKS, Walter, Die geistige Aufgabe des deutschen Katholizismus, in: FH 1 (1946), Heft 2, S. 33–61.

DIRKS, Walter, Die Bewegung der Laien, in: Frankfurter Domfest 1953. Festschrift zur Wiederherstellung des Frankfurter Domes, hg. von Stadtpfarrer Alois Eckert, Frankfurt/Main 1953, S. 34–38.

DIRKS, Walter, Der restaurative Charakter der Epoche, in: FH 5 (1950), Heft 9, S. 942–954.

DIRKS, Walter u.a. (Hg.), Christen für den Sozialismus. Bd. 2: Dokumente 1945–1959, Stuttgart 1975.

DIRKS, Walter, Die Christliche Demokratie in der deutschen Bundesrepublik, in: FH 8 (1953), Heft 9, S. 671–680.

DIRKS, Walter, Erbe und Aufgabe. Gesammelte kulturpolitische Aufsätze, Frankfurt/Main 1931.

DIRKS, Walter, Zwiespältige Erfahrungen, in: Claus Hinrich Casdorff (Hg.), Weihnachten 1945. Ein Buch der Erinnerungen, München ²1985, 83–91.

DIRKS, Walter, Kampf und Sorge eines Europäers, in: FH 2 (1947), Heft 9, S. 868–870.

DIRKS, Walter, Ein „anderer" Katholizismus? Minderheiten im deutschen Corpus Catholicorum, in: Greinacher, Norbert/Risse, Hans-Theodor (Hg.), Bilanz des deutschen Katholizismus, Mainz 1966, S. 292–311.

DIRKS, Walter, Marxismus in christlicher Sicht, in: Ders., Sozialismus oder Restauration. Politische Publizistik 1945–1950. Gesammelte Schriften Bd. 4, hg. von Fritz Boll u.a., Zürich 1987, S. 140–168.

DIRKS, Walter, Über Ernst Michel, in: Gemper, Bodo B. (Hg.), Religion und Verantwortung als Elemente gesellschaftlicher Ordnung, Siegen ²1983, S. 236–241.

DIRKS, Walter, Politik und Pazifismus, Frankfurt/Main 1927.
DIRKS, Walter, Rechts und Links, in: Ders., Die Zweite Republik, Frankfurt/Main 1947, S. 67–100.
DIRKS, Walter, Die Zweite Republik. Zum Ziel und zum Weg der deutschen Demokratie, in: FH 1 (1946), Heft 1, S. 12–24
DIRKS, Walter, Die Zweite Republik, Frankfurt/Main 1947.
DIRKS, Walter, Sozialismus oder Restauration. Politische Publizistik 1945–1950. Gesammelte Schriften Bd. 4, hg. von Fritz Boll u. a., Zürich 1987.
DIRKS, Walter, „Umwegiger Sozialismus". Bemerkungen zur Gründung der CDU in Frankfurt vor 25 Jahren, in: kK 4 (1971), Heft 6, S. 10–12.
DIRKS, Walter, Das Wort Sozialismus, in: FH 1 (1946), Heft 7, S. 629–642.
DIRKS, Walter, Die Wahrheit und die Welt. Carl Muth zum Gedächtnis, in: FH 1 (1946), Heft 1, S. 9f.
DIRKS, Walter, Joseph Wirth: der Mann zweier Alternativen, in: Hörster-Philipps, Ulrike, u. a. (Hg.), Rapallo – Modell für Europa? Friedliche Koexistenz und internationale Sicherheit heute, Köln 1987, S. 227–237.
DOERING-MANTEUFFEL, Anselm, Die „Frommen" und die „Linken" vor der Wiederherstellung des bürgerlichen Staats. Integrationsprobleme und Interkonfessionalismus in der frühen CDU, in: Kaiser, Jochen-Christoph/Doering-Manteuffel, Anselm (Hg.), Christentum und politische Verantwortung. Kirchen im Nachkriegsdeutschland, Stuttgart, Berlin, Köln 1990, S. 88–108.
DÖRPINGHAUS, Bruno, Die Genfer Sitzungen. Erste Zusammenkünfte führender christlich-demokratischer Politiker im Nachkriegseuropa, in: Blumenwitz, Dieter, u. a. (Hg.), Konrad Adenauer und seine Zeit. Politik und Persönlichkeit des ersten Bundeskanzlers, Bd. 1: Beiträge von Weg- und Zeitgenossen, Stuttgart 1976, S. 538–565.
DÖRPINGHAUS, Bruno, Die Arbeitsgemeinschaft der CDU/CSU Deutschlands, in: Politisches Jahrbuch der CDU/CSU, hg. vom Generalsekretariat der Arbeitsgemeinschaft der CDU/CSU für Deutschland, Frankfurt/Main 1950, S. 194–197.
DOM UND STADT. Katholisches Leben in Frankfurt am Main, hg. vom Bischöflichen Kommissariat und der Katholischen Volksarbeit, Frankfurt/Main 1963.
ECKERT, Alois (Hg.), Frankfurter Domfest 1953. Festschrift zur Wiederherstellung des Frankfurter Domes, Frankfurt/Main 1953.
ECKERT, Alois, 1932–1942. Erinnerungen, in: JBL 1964, S. 32–41.
ECKERT, Alois, Frankfurter Stadtseelsorge, in: Ders. (Hg.), Frankfurter Domfest 1953. Festschrift zur Wiederherstellung des Frankfurter Domes, Frankfurt/Main 1953, S. 28–31.
EGEN, Peter, Die Enstehung des Evangelischen Arbeitskreises in der CDU, Phil. Diss., Bochum 1971.

ESCHENBURG, Theodor, Jahre der Besatzung 1945–1949 (Geschichte der Bundesrepublik Deutschland 1), Stuttgart, Wiesbaden 1983.

ESTERMANN, Alfred, Zeitungsstadt Frankfurt am Main – Zur Geschichte der Frankfurter Presse in fünf Jahrhunderten, Frankfurt/Main 1994.

EWALD, Hans-Gerd, Die gescheiterte Republik. Idee und Programm einer „Zweiten Republik" in den Frankfurter Heften (1946–1950) (Europäische Hochschulschriften XXXI, 115), Frankfurt/Main 1988.

FÄSSLER, Peter, Badisch, Christlich und Sozial. Zur Geschichte der BCSV/CDU im französisch besetzten Land Baden (1945–1952), Frankfurt/Main u. a. 1995

FERBER, Walter, Romano Guardini (1885–1968), in: Zeitgeschichte in Lebensbildern. Aus dem deutschen Katholizismus des 19. und 20. Jahrhunderts, hg. von Jürgen Aretz u. a., 8 Bde., bis Bd. 2 hg. von Rudolf Morsey, Mainz 1973–1997, hier 1, S. 287–295.

FLECHTHEIM, Ossip K., Dokumente zur parteipolitischen Entwicklung in Deutschland seit 1945, Bd. 2, Berlin 1963.

FOCKE, Franz, Sozialismus aus christlicher Verantwortung. Die Idee eines christlichen Sozialismus in der katholisch-sozialen Bewegung und in der CDU, Wuppertal 1978 (^{2}1981).

FORSTMANN, Wilfried, Frankfurt am Main in Wilhelminischer Zeit 1866–1918, in: Frankfurt am Main. Die Geschichte der Stadt in neun Beiträgen, hg. von der Frankfurter Historischen Kommission (Veröffentlichungen der Frankfurter Historischen Kommission 17), Sigmaringen 1991, S. 349–422.

FRANKFURTER NEUE PRESSE, Frankfurt am Main 1946 ff.

FRANKFURTER RUNDSCHAU, Frankfurt am Main 1945 ff.

FROMMELT, Reinhard, Mitregieren-Wollen und Opponieren-Müssen. Die CDU Hessen unter Wilhelm Fay 1952–1967, in: Heidenreich, Bernd/Wolf, Werner (Hg.), Der Weg zur stärksten Partei 1945–1995. 50 Jahre CDU Hessen, Köln 1995, S. 37–57.

50 (FÜNFZIG) JAHRE CDA. Fortschritt durch Kontinuität. Texte zur Geschichte der Christlich-sozialen Bewegung 1830–1945, hg. von der Stiftung Christlich-Soziale Politik e.V., Königswinter 1995.

FURGER, Franz, Christliche Sozialethik. Grundlagen und Zielsetzungen, Stuttgart, Berlin, Köln 1991.

VON DER GABLENTZ, Otto Heinrich, Über Marx hinaus, Berlin 1946.

GABRIEL, Karl, Die Erosion des Milieus. Das Ende von Arbeiterbewegung und politischem Katholizismus?, in: Ludwig, Heiner/Schroeder, Wolfgang (Hg.), Sozial- und Linkskatholizismus. Erinnerung – Orientierung – Befreiung, Frankfurt/Main 1990, S. 241–260.

GALL, Lothar, Bismarck. Der weiße Revolutionär, Frankfurt/Main, Berlin, Wien 1983.

GOES, Martin, Friedrich Dessauer 1881–1963. Zur Person und zu seiner Vertreibung durch die Nationalsozialisten aus Amt und Vaterland. Eine Dokumentation (Veröffentlichungen des Geschichts- und Kunstvereins Aschaffenburg 42), Aschaffenburg 1995.

GÖRRES, Ida Friedericke, Brief über die Kirche, in: FH 1 (1946), Heft 8, S. 715–733.

GOTTO, Klaus, Zum Selbstverständnis der katholischen Kirche im Jahre 1945, in: Dieter Albrecht (Hg.), Politik und Konfession. Festschrift für Konrad Repgen zum 60. Geburtstag, Berlin 1983, S. 465–481.

GRADL, Johann Baptist, Anfang unterm Sowjetstern. Die CDU 1945–1948 in der sowjetischen Besatzungszone Deutschlands, Köln 1981.

GREBING, Helga, Geschichte der deutschen Parteien, Wiesbaden 1962.

GREEF, Klaus (Hg.), Das katholische Frankfurt – einst und jetzt, Frankfurt/Main 1989.

GRESCHAT, Martin, „Rechristianisierung" und „Säkularisierung". Anmerkungen zu einem europäischen interkonfessionellen Interpretationsmodell, in: Kaiser, Jochen-Christoph/Doering-Manteuffel, Anselm (Hg.), Christentum und politische Verantwortung. Kirchen im Nachkriegsdeutschland, Stuttgart, Berlin, Köln 1990, S. 1–24.

GRÖBER, Conrad, Handbuch der religiösen Gegenwartsfragen, Freiburg/Brsg. 1937.

GROSS, Arnulf u. a. (Hg.), Weltverantwortung des Christen. Zum Gedenken an Ernst Michel (1889–1964). Dokumentationen, Frankfurt/Main 1996.

GRUBER, Hubert, Friedrich Muckermann S.J. 1883–1946. Ein katholischer Publizist in Auseinandersetzung mit dem Zeitgeist (VKZG. B 61), Mainz 1993.

GUARDINI, Romano, Neue Jugend und katholischer Geist, Mainz 1924.

GURLAND, Arcadius R.L., Die CDU/CSU. Ursprünge und Entwicklung bis 1953, hrsg. von Dieter Emig, Frankfurt am Main 1980.

HABICHT, Hubert (Hg.), Eugen Kogon – ein politischer Publizist in Hessen. Essays, Aufsätze und Reden zwischen 1946 und 1982, Frankfurt/Main 1982.

HAHN, Gerhard, Bibliographie zur Geschichte der CDU und CSU 1945–1980 (Forschungen und Quellen zur Zeitgeschichte 4), Stuttgart 1982.

HAMMERSTEIN, Notker, Die Johann Wolfgang Goethe-Universität Frankfurt/Main, Bd. 1: Von der Stiftungsuniversität zur Staatlichen Hochschule 1914–1950, Neuwied, Frankfurt/Main 1989.

HAUNHORST, Benno, „Politik aus dem Glauben". Zur politischen Theologie Ernst Michels, in: Ludwig, Heiner/Schroeder, Wolfgang (Hg.), Sozial- und Linkskatholizismus. Erinnerung – Orientierung – Befreiung, Frankfurt/Main 1990, S. 101–129.

HAUNHORST, Benno, „Der Sozialismus als sittliche Idee". Theodor Steinbüchels Beitrag zu einer christlichen Sozialethik, in: Ludwig, Heiner/Schroeder, Wolfgang (Hg.), Sozial- und Linkskatholizismus. Erinnerung – Orientierung – Befreiung, Frankfurt/Main 1990, S. 75–100.

HEER, Friedrich, „Der Linkskatholizismus", in: ZfP 5 (1958), S. 134–161.

VON HEHL, Ulrich, Kirche und Nationalsozialismus. Ein Forschungsbericht, in: RJKG 2 (1983), 11–29.

VON HEHL, Ulrich, Priester unter Hitlers Terror. Eine biographische und statistische Erhebung (VKZG. A 37), Paderborn u. a. ^{3}1996 (^{1}1984)

VON HEHL, Ulrich, Staatsverständnis und Strategie des politischen Katholizismus in der Weimarer Republik, in: Die Weimarer Republik 1918–1933. Politik – Wirtschaft – Gesellschaft, hg. von Karl Dietrich Bracher u. a. (Schriftenreihe der Bundeszentrale für politische Bildung 251), Bonn ^{2}1988, S. 238–253.

VON HEHL, Ulrich, Die Zentrumspartei – Ihr Weg vom „Reichsfeind" zur parlamentarischen Schlüsselstellung in Kaiserreich und Republik, in: von der Dunk, Hermann W./Lademacher, Horst (Hg.), Auf dem Weg zum modernen Parteienstaat, Melsungen 1986, S. 97–120.

HEIDENREICH, Bernd/WOLF, Werner (Hg.), Der Weg zur stärksten Partei 1945–1995. 50 Jahre CDU Hessen, Köln 1995.

HEIL, Heinrich, Zur Entwicklung der katholischen Presse in Frankfurt am Main. Ein Beitrag zur Geschichte der Frankfurter Volkszeitung anläßlich ihres 50jährigen Jubiläums am 1. Oktober 1921, Frankfurt/Main 1921.

HEIN, Dieter, Der Weg nach Heppenheim 1945–1948, in: Verantwortung für die Freiheit. 40 Jahre F.D.P., hg. v. Wolfgang Mischnick, Stuttgart 1989, S. 48–65.

HEIN, Dieter, Zwischen liberaler Milieupartei und nationaler Sammlungsbewegung. Gründung, Entwicklung und Struktur der Freien Demokratischen Partei 1945–1949, Düsseldorf 1985.

HENRICH, Franz, Die Bünde katholischer Jugendbewegung. Ihre Bedeutung für die liturgische und eucharistische Erneuerung, München 1968.

HERR, Jakob (Hg.), Bilder aus dem katholischen Leben der Stadt Frankfurt am Main im Lichte der Domweihe. Festschrift zur 700-Jahr-Feier der Einweihung des Kaiserdomes, Frankfurt/Main 1939.

HERR, Jakob (Hg.), Das katholische Frankfurt. Jahrbuch der Frankfurter Katholiken, Frankfurt/Main 1928.

HESSISCHE UNION, Wochenblatt der Christlich-Demokratischen Union (Groß-Hessen), später „CDU-Mitteilungen", Frankfurt/Main 1946 ff.

HEUSER, August, Ernst Michel, die Akademie der Arbeit und die katholische Erwachsenenbildung in Frankfurt am Main, in: Groß, Arnulf, u. a. (Hg.), Weltverantwortung des Christen. Zum Gedenken an Ernst Michel (1889–1964). Dokumentationen, Frankfurt/Main 1996, S. 80–92.

HILPERT, Werner, Entnazifizierung im Zwielicht, in: Die Freiheit 2 (1947), Heft 3, S. 3–10.
HILPERT, Werner, Der Hunger und die Demokratie, in: Die Freiheit 1 (1946), Heft 4, S. 3–5.
HILPERT, Werner, Am Jahresende zwischen Krieg und Frieden, in: Die Freiheit 1 (1946), Heft 9, S. 3–5.
HILPERT, Werner, Religion und Staatsverfassung, in: Die Freiheit 1 (1946), Heft 1, S. 4–8.
HIRSCHAUER, Gerd, Position und Funktion des Linkskatholizismus in Kirche und Gesellschaft. Ein Vortrag (Endzeitlicher Glaube. Schriften für christliche Verwirklichung 4), Wien 1962.
HIRSCHMANN, Johannes, Christentum und Sozialismus in katholischer Sicht, in: Ders., Ja zu Gott im Dienst an der Welt. Vorträge, Aufsätze und Predigten, hrsg. von Johannes Beutler SJ u. a., Würzburg 1984, S. 407–413.
HÖFLING, Beate, Katholische Friedensbewegung zwischen zwei Kriegen. Der „Friedensbund Deutscher Katholiken" 1917–1933 (Tübinger Beiträge zur Friedensforschung und Friedenserziehung 5), Waldkirch 1979.
HÖMIG, Herbert, Das preußische Zentrum in der Weimarer Republik (VKZG B. 28), Mainz 1979.
HÖRSTER-PHILIPPS, Ulrike, Joseph Wirth 1879–1956. Eine politische Biographie (VKZG B 82), Paderborn u. a. 1998.
HOFFMANN, Hilmar, Der Demokrat Friedrich Dessauer, in: Friedrich Dessauer 1881–1963, hg. von der Stadt- und Universitätsbibliothek/Senckenbergische Bibliothek Frankfurt am Main, Frankfurt/Main 1981, S. 13–25.
HOLL, Karl, Konfessionalität, Konfessionalismus und demokratische Republik. Zu einigen Aspekten der Reichspräsidentenwahl von 1925, in: VZG 17 (1969), 254–275.
HORNÉ, Alfred, Oswald von Nell-Breuning – die Person und die Sache, in: Ludwig, Heiner/Schroeder, Wolfgang (Hg.), Sozial- und Linkskatholizismus. Erinnerung – Orientierung – Befreiung, Frankfurt/Main 1990, S. 175–199.
HUBER, Ernst Rudolf/HUBER, Wolfgang (Hg.), Staat und Kirche im 19. und 20. Jahrhundert. Dokumente zur Geschichte des deutschen Staatskirchenrechts, 5 Bde., Berlin 1973–1995.
HÜRTEN, Heinz, Die Frankfurter Hefte und Konrad Adenauer, in: Blumenwitz, Dieter, u. a. (Hg.), Konrad Adenauer und seine Zeit. Politik und Persönlichkeit des ersten Bundeskanzlers, Bd. 2: Beiträge der Wissenschaft, Stuttgart 1976, S. 453–465.
HÜRTEN, Heinz, Kurze Geschichte des deutschen Katholizismus. 1800–1960, Mainz 1986.

HÜRTEN, Heinz (Hg.), Katholizismus, staatliche Neuordnung und Demokratie 1945–1962 (Beiträge zur Katholizismusforschung, Reihe A, Bd. 7), Paderborn u. a. 1991.

HÜRTEN, Heinz, Politischer Katholizismus – Katholische Politik, in: Kirchliche Zeitgeschichte 6 (1993), Heft 1, S. 70–82.

HÜRTEN, Heinz, Die Kirchen in der Novemberrevolution. Eine Untersuchung zur Geschichte der Deutschen Revolution 1918/19 (Eichstätter Beiträge 11), Regensburg 1984.

HUNOLD, Gerfried W., Theodor Steinbüchel – Leidenschaft für den Menschen. Zum 100. Geburtstag, in: ThQ 168 (1988), S. 230–234.

HUSCH, Jakob, Sechzig Jahre Deutsche Zentrumspartei. Ein Beitrag zur Geschichte der Zentrumspartei in Frankfurt a. M., in: RMV-Jubiläumsgabe vom 3. 10. 1931.

JACKE, Jochen, Kirche zwischen Monarchie und Republik. Der preußische Protestantismus nach dem Zusammenbruch von 1918, Hamburg 1976.

KADEN, Albrecht, Einheit oder Freiheit. Die Wiedergründung der SPD 1945/46, Berlin, Bonn 1980 (1 1964).

KAFF, Brigitte (Bearb.), Die Unionsparteien 1946–1950. Protokolle der Arbeitsgemeinschaft der CDU/CSU Deutschlands und der Konferenz der Landesvorsitzenden (Forschungen und Quellen zur Zeitgeschichte 17), Düsseldorf 1989.

KAISER, Jochen-Christoph / DOERING-MANTEUFFEL, Anselm (Hg.), Christentum und politische Verantwortung. Kirchen im Nachkriegsdeutschland, Stuttgart, Berlin, Köln 1990.

KAISER, Jochen-Christoph/LOTH, Wilfried (Hg.), Soziale Reform im Kaiserreich. Protestantismus, Katholizismus und Sozialpolitik, Stuttgart, Berlin, Köln 1997.

KAS (Konrad-Adenauer-Stiftung e. V.) (Hg.), 50 Jahre CDU. Verantwortung für Deutschland und Europa, Sankt Augustin 1995.

KELLER-KÜHNE, Angela, Frauen im demokratischen Aufbau. Zur Gründungsgeschichte der CDU in Hessen, in: Historisch-Politische Mitteilungen 4 (1997), S. 19–34.

KEMPEN, Otto Ernst, Hessische Sozialstaatspolitik: Soziale Verfassung und politische Verfassungswirklichkeit 1946–1986, in: Greven, Michael Th. / Schumann, Hans-Gerd (Hg.), 40 Jahre Hessische Verfassung – 40 Jahre Hessische Politik, Opladen 1989, S. 149–161.

KIELMANNSEGG, Peter Graf, Eugen Kogon zum 80. Geburtstag, in: Politische Vierteljahresschrift 24 (1983), Heft 1, S. 131–133.

KLEIN, Gotthard, Der Volksverein für das katholische Deutschland 1890–1933. Geschichte, Bedeutung, Untergang (VKZG B 75), Paderborn 1996.

KLESSMANN, Christoph, Die doppelte Staatsgründung. Deutsche Geschichte 1945–1955 (Schriftenreihe der Bundeszentrale für politische Bildung 298), Bonn [5]1991.

KLEINMANN, Hans-Otto, Geschichte der CDU 1945–1982, hg. von Günter Buchstab, Stuttgart 1993.

KLÖTZER, Wolfgang (Hg.), Frankfurter Biographie. Personengeschichtliches Lexikon, 2 Bde. (Veröffentlichungen der Frankfurter Historischen Kommission 19/1–2), Frankfurt/Main 1994–1996.

KLOTZBACH, Kurt, Der Weg zur Staatspartei. Programmatik, praktische Politik und Organisation der deutschen Sozialdemokratie 1945–1965, Berlin, Bonn 1982 (Unv. Nachdruck Bonn 1996).

KLUKE, Paul, Die Stiftungsuniversität Frankfurt am Main 1914–1932, Frankfurt/Main 1972.

KLUG, Dieter, Arbeiterschaft und Kirche – gestern, heute und morgen. 75 Jahre KAB im Bistum Limburg, in: Arbeiterschaft und Kirche – gestern, heute und morgen. 75 Jahre KAB im Bistum Limburg, hg. von der Katholischen Arbeitnehmer-Bewegung Diözesanverband Limburg, Limburg/Lahn 1979, S. 4–16.

KNAPP, Thomas A., Joseph Wirth (1879–1956), in: Zeitgeschichte in Lebensbildern. Aus dem deutschen Katholizismus des 19. und 20. Jahrhunderts, hg. von Jürgen Aretz u. a., 8 Bde., bis Bd. 2 hg. von Rudolf Morsey, Mainz 1973–1997, hier 1, S. 160–173.

KNAPPSTEIN, Karl-Heinrich, Die Stunde der Sozialreform, in: FH 1 (1946), Heft 3, S. 1–3.

KNECHT, Josef, Friedrich Dessauer. Der universale Geist und liebenswerte Mensch, in: JBL 1964, S. 42–47.

KOBER, August, Einst in Berlin. Rhapsodie 14. Nach dem Tode des Verfassers hg. und bearb. von Richard Kirn, Hamburg 1956.

KOCKA, Jürgen, 1945. Neubeginn oder Restauration?, in: Stern, Carola/ Winkler, Heinrich A. (Hg.), Wendepunkte deutscher Geschichte 1848–1945, Frankfurt am Main 1979, S. 141–168.

KODALLE, Klaus-Michael, Politik als Macht und Mythos. Carl Schmitts „Politische Theologie", Berlin u. a. 1973.

KÖHLER, Joachim, Katholische Aktion und politischer Katholizismus in der Endphase der Weimarer Republik, in: RJKG 2 (1983), S. 141–153.

KÖHLER, Joachim / VAN MELIS, Damian (Hg.), Siegerin in Trümmern. Die Rolle der katholischen Kirche in der deutschen Nachkriegsgesellschaft (Konfession und Gesellschaft 15), Stuttgart, Berlin, Köln 1998.

KOGON, Eugen, Die unvollendete Erneuerung Deutschlands im Kräftefeld 1945–1963. Politische und gesellschaftliche Aufsätze aus zwei Jahrzehnten, Frankfurt/Main 1964 ([5]1969).

KOGON, Eugen, Gericht und Gewissen, in: FH 1 (1946), H. 1, S. 25–37.

KOGON, Eugen, Hessen nach dem Zusammenbruch. Marginalien zum Neubeginn, in: Habicht, Hubert (Hg.), Eugen Kogon – ein politischer

Publizist in Hessen. Essays, Aufsätze und Reden zwischen 1946 und 1982, Frankfurt/Main 1982, S. 17–43.

KOGON, Eugen, Der SS-Staat. Das System der deutschen Konzentrationslager, München [10]1979 ([1]1946).

KOGON, Eugen, Der Weg zu einem Sozialismus der Freiheit in Deutschland, in: FH 2 (1947), Heft 9, S. 877–896.

KOSCH, Wilhelm, Biographisches Staatshandbuch. Lexikon der Politik, Presse und Publizistik. Fortgeführt von Eugen Kuri, 2 Bde., Bern, München 1963.

KOSTHORST, Erich, Jakob Kaiser (1888–1961), in: Zeitgeschichte in Lebensbildern. Aus dem deutschen Katholizismus des 19. und 20. Jahrhunderts, hg. von Jürgen Aretz u. a., 8 Bde., bis Bd. 2 hg. von Rudolf Morsey, Mainz 1973–1997, hier 2, S. 143–158.

KOSZYK, Kurt, Das Ende des Rechtsstaates 1933/34 und der deutschen Presse, Düsseldorf 1960.

KRAHE, Brigitte/SEIBEL, Michaela, Bibliographie zur Geschichte der CDU und CSU 1981–1986. Mit Nachträgen 1945–1980 (Forschungen und Quellen zur Zeitgeschichte 15), Düsseldorf 1990.

KRENGEL, Hildegard, Festschriften zum 50jährigen Bestehen der CDU und ihrer Vereinigungen, in: Historisch-Politische Mitteilungen 4 (1997), 301–320.

KRENGEL, Hildegard/SCHAARSCHMIDT, Thomas, Bibliographie zur Geschichte der CDU und CSU 1987–1990 (Forschungen und Quellen zur Zeitgeschichte 25), Düsseldorf 1994.

KROPAT, Wolf-Arno, Hessen in der Stunde Null 1945/1947. Politik, Wirtschaft und Bildungswesen in Dokumenten (Veröffentlichungen der Historischen Kommission für Nassau 26), Wiesbaden 1979.

KÜPPERS, Heinrich, Schulpolitik, in: Rauscher, Anton (Hg.), Der soziale und politische Katholizismus, Entwicklungslinien in Deutschland 1803–1963, Bd. 2, München 1982, S. 352–374.

KÜPPERS, Heinrich, Joseph Wirth. Parlamentarier, Minister und Reichskanzler der Weimarer Republik, Stuttgart 1997.

LANGER, Ingrid (Hg.), Alibi-Frauen? Hessische Politikerinnen, Bd. 1: In den Vorparlamenten 1946–1950, Frankfurt/Main 1994.

LANGGUTH, Gerd (Hg.), In Verantwortung für Deutschland: 50 Jahre CDU, Köln, Weimar, Wien 1996.

LEMHÖFER, Ludwig, Die Katholiken in der Stunde Null. Restauration des Abendlandes oder radikaler Neubeginn?, in: Kringels-Kemen, Monika / Lemhöfer, Ludwig (Hg.), Katholische Kirche und NS-Staat: aus der Vergangenheit lernen, Frankfurt/Main 1981, S. 101–117.

LENGEMANN, Jochen (Hg.), Das Hessen-Parlament 1946–1986. Biographisches Handbuch des Beratenden Landesausschusses, der Verfassungsberatenden Landesversammlung Groß-Hessen und des Hessischen Landtages 1.-11. Wahlperiode, Frankfurt/Main 1986.

LENGEMANN, Jochen, MdL Hessen 1808–1996. Biographischer Index (Veröffentlichungen der Historischen Kommission für Hessen 48,7), Marburg 1996.

LEWEKE, Wendelin, Berühmte Frankfurter. 57 Begegnungen mit der Geschichte, Frankfurt/Main ^{3}1991.

LIENKAMP, Andreas, Ein „vergessener Brückenschlag". Theodor Steinbüchels Auseinandersetzung mit dem Sozialismus, in: Köhler, Joachim / van Melis, Damian (Hg.), Siegerin in Trümmern. Die Rolle der katholischen Kirche in der deutschen Nachkriegsgesellschaft (Konfession und Gesellschaft 15), Stuttgart, Berlin, Köln 1998, S. 85–102.

LÖHR, Wolfgang, Rechristianisierungsvorstellungen im deutschen Katholizismus 1945–1948, in: Kaiser, Jochen-Christoph/Doering-Manteuffel, Anselm (Hg.), Christentum und politische Verantwortung. Kirchen im Nachkriegsdeutschland, Stuttgart, Berlin, Köln 1990, S. 25–41.

LÖHR,Wolfgang (Bearb.), Hirtenbriefe und Ansprachen zu Gesellschaft und Politik 1945–1949, Würzburg 1985.

LÖNNE, Karl-Egon, Politischer Katholizismus im 19. und 20. Jahrhundert, Frankfurt/Main 1986.

LOWITSCH, Bruno, Der Frankfurter Katholizismus und die „Rhein-Mainische-Volkszeitung", in: Ludwig, Heiner/Schroeder, Wolfgang (Hg.), Sozial- und Linkskatholizismus. Erinnerung – Orientierung – Befreiung, Frankfurt/Main 1990, S. 46–74.

LOWITSCH, Bruno, Der Kreis um die Rhein-Mainische Volkszeitung, Wiesbaden, Frankfurt am Main 1980.

LOWITSCH, Bruno, Ernst Michel (1889–1964), in: Zeitgeschichte in Lebensbildern. Aus dem deutschen Katholizismus des 19. und 20. Jahrhunderts, hg. von Jürgen Aretz u. a., 8 Bde., bis Bd. 2 hg. von Rudolf Morsey, Mainz 1973–1997, hier 5, S. 223–238.

LOTH, Wilfried, Soziale Bewegungen im Katholizismus des Kaiserreichs, in: Geschichte und Gesellschaft 17 (1991), S. 279–310.

LUCKEMEYER, Ludwig, Liberale in Hessen 1848–1980. Festschrift anläßlich des 60. Geburtstages von Heinz Herbert Karry, hg. von Ekkehard Gries, Melsungen 1980.

LUDWIG, Heiner/SCHROEDER, Wolfgang (Hg.), Sozial- und Linkskatholizismus. Erinnerung – Orientierung – Befreiung, Frankfurt/Main 1990.

LUTZ, Heinrich, Demokratie im Zwielicht. Der Weg des deutschen Katholizismus aus dem Kaiserreich in die Republik 1914–1925, München 1963.

MAGISTRAT der Stadt Frankfurt (Hg.), Frankfurt am Main 1945–1965. Ein 20-Jahresbericht der Stadtverwaltung, Frankfurt am Main o. J. [1965].

MAIER, Hans, Die überkonfessionelle Volkspartei der Mitte. Zum historischen Ort der Parteigründung, in: Langguth, Gerd (Hg.), In Verantwortung für Deutschland: 50 Jahre CDU, Köln, Weimar, Wien 1996, S. 11–24.

MALY, Karl, Das Regiment der Parteien. Geschichte der Frankfurter Stadtverordneten-Versammlung, Bd. 2: 1901–1933 (Veröffentlichungen der Frankfurter Historischen Kommission 18), Frankfurt/Main 1995.

MARX, Karl/ENGELS, Friedrich, Manifest der Kommunistischen Partei, in: Dies., Ausgewählte Schriften in zwei Bänden, Bd. 1, Berlin (Ost) 1985, S. 25–57.

MAY, Georg, Ludwig Kaas. Der Priester, der Politiker und der Gelehrte aus der Schule von Ulrich Stutz, 3 Bde., Amsterdam 1981/82.

MEINHARDT, Helmut, Theodor Steinbüchel (1888–1949) – Philosoph, in: Gamdel, Hans / Moraw, Georg / Press, Volker (Hg.), Gießener Gelehrte in der ersten Hälfte des 20. Jahrhunderts (Veröffentlichungen der Historischen Kommission für Hessen 35,2), Marburg 1982.

MICHEL; Ernst, Zur Grundlegung einer katholischen Politik, Frankfurt/Main ²1924.

MICHEL, Ernst, Kirche und Wirklichkeit. Ein katholisches Zeitbuch, Jena 1923.

MICHEL, Ernst, Lebensverantwortung aus katholischen Glauben, Berlin 1937.

MICHEL, Ernst, Der Partner Gottes. Weisungen zum christlichen Selbstverständnis, Heidelberg 1946.

MICHEL, Ernst, Politik aus dem Glauben, Jena 1926.

MICHEL, Ernst, Die Position der katholischen Sozialisten, in: Ders. / Hirschauer, Gerd / Zechmeister, August, Zur Position des katholischen Sozialisten (Endzeitlicher Glaube. Schriften für christliche Verwirklichung 16), Wien 1962, S. 1–14 (Fast unveränderter Beitrag aus verschiedenen Zeitschriften des Jahres 1929)

MICHEL, Ernst, Renovatio. Zur Zwiesprache zwischen Kirche und Welt, Stuttgart 1947.

MICHEL, Ernst, Von der kirchlichen Sendung der Laien, Berlin 1934 (Neuausgabe Frankfurt/Main 1962).

MILATZ, Alfred, Das Ende der Parteien im Spiegel der Wahlen 1930 bis 1933, in: Matthias, Erich / Morsey, Rudolf (Hg.), Das Ende der Parteien 1933. Darstellungen und Dokumente, Düsseldorf 1979, S. 743–793.

MINTZEL, Alf, Die Volkspartei. Typus und Wirklichkeit. Ein Lehrbuch, Opladen 1984.

MITTEILUNGEN der Stadtverwaltung Frankfurt am Main, 1945 ff.

MITTMANN, Ursula, Fraktion und Partei. Ein Vergleich von Zentrum und Sozialdemokratie im Kaiserreich (Beiträge zur Geschichte des Parlamentarismus und der politischen Parteien 59), Düsseldorf 1976.

MOMMSEN, Wilhelm/FRANZ, Günther, Deutsche Parteiprogramme, Bd. 5: Die gegenwärtigen Parteiprogramme 1918–1930, Leipzig, Berlin 1931.

MORSEY, Rudolf, Ludwig Kaas (1881–1952), in: Zeitgeschichte in Lebensbildern. Aus dem deutschen Katholizismus des 19. und 20. Jahrhunderts, hg. von Jürgen Aretz u. a., 8 Bde., bis Bd. 2 hg. von Rudolf Morsey, Mainz 1973–1997, hier 1, S. 263–273.

MORSEY, Rudolf (Hg.), Katholizismus, Verfassungsstaat und Demokratie. Vom Vormärz bis 1933 (Beiträge zur Katholizismusforschung A 1), Paderborn u. a. 1988.

MORSEY, Rudolf, Prälaten auf der politischen Bühne. Zur Rolle geistlicher Parlamentarier im 19. Und 20. Jahrhundert, in: Ders., Von Windhorst bis Adenauer. Ausgewählte Aufsätze zu Politik, Verwaltung und politischem Katholizismus im 19. und 20. Jahrhundert, hg. von Ulrich von Hehl u. a. (Rechts- und Staatswissenschaftliche Veröffentlichungen der Görres-Gesellschaft NF 80), Paderborn u. a. 1997, S. 232–242.

MORSEY, Rudolf, Der Untergang des politischen Katholizismus. Die Zentrumspartei zwischen christlichem Selbstverständnis und „Nationaler Erhebung" 1932/33, Stuttgart, Zürich 1977.

MORSEY, Rudolf, Vorstellungen christlicher Demokraten innerhalb und außerhalb des „Dritten Reiches" über den Neuaufbau Deutschlands und Europas, in: Ders., Von Windhorst bis Adenauer. Ausgewählte Aufsätze zu Politik, Verwaltung und politischem Katholizismus im 19. und 20. Jahrhundert, hg. von Ulrich von Hehl u. a. (Rechts- und Staatswissenschaftliche Veröffentlichungen der Görres-Gesellschaft NF 80), Paderborn u. a. 1997, S. 212–231.

MORSEY, Rudolf, Von Windhorst bis Adenauer. Ausgewählte Aufsätze zu Politik, Verwaltung und politischem Katholizismus im 19. und 20. Jahrhundert, hg. von Ulrich von Hehl u. a. (Rechts- und Staatswissenschaftliche Veröffentlichungen der Görres-Gesellschaft NF 80), Paderborn u. a. 1997.

MORSEY, Rudolf, Die Deutsche Zentrumspartei 1917–1923 (Beiträge zur Geschichte des Parlamentarismus und der politischen Parteien 32), Düsseldorf 1966.

MORSEY Rudolf, Die Deutsche Zentrumspartei, in: Ders. / Matthias, Erich (Hg.), Das Ende der Parteien 1933. Darstellung und Dokumente, Düsseldorf 1979, 281–453.

MUCKERMANN, Friedrich, Im Kampf zwischen zwei Epochen. Lebenserinnerungen, bearb. und eingel. v. Nikolaus Junk (VKZG. A 15), Mainz 1973.

MÜHLHAUSEN, Walter, Hessen 1945–1950. Zur politischen Geschichte eines Landes in der Besatzungszeit, Frankfurt/Main 1985.

MÜLLER, Werner, Die KPD und die „Einheit der Arbeiterklasse", Frankfurt/Main, New York 1979.

MUTH, Heinrich, Hans-Schlange-Schöningen, in: Franz, Günther / Haushofer, Heinz, Große Landwirte, Frankfurt/Main 1970, S. 394–417.
NARR, Wolf-Dieter, CDU-SPD. Programm und Praxis seit 1945, Stuttgart 1966.
NIELEN, Josef Maria, Begegnungen, Frankfurt/Main 1966.
VON NELL-BREUNING, Oswald, Die soziale Enzyklika. Erläuterungen zum Weltrundschreiben Papst Pius' XI. über die gesellschaftliche Ordnung, Köln 1932.
VON NELL-BREUNING, Oswald, Kapitalismus und Sozialismus in katholischer Sicht, in: FH 2 (1947), Heft 7, S. 665–681.
NEUNDÖRFER, Ludwig, Frankfurt und seine Katholiken – gestern und heute, in: Eckert, Alois (Hg.), Frankfurter Domfest 1953. Festschrift zur Wiederherstellung des Frankfurter Domes, Frankfurt/Main 1953, S. 39–43.
NOWAK, Kurt, Evangelische Kirche und Weimarer Republik. Zum politischen Weg des deutschen Protestantismus zwischen 1918 und 1932, Göttingen 1981.
NOWAK, Kurt, Protestantismus und Weimarer Republik. Politische Wegmarken in der evangelischen Kirche 1918–1932, in: Die Weimarer Republik 1918–1933. Politik – Wirtschaft – Gesellschaft, hg. von Karl Dietrich Bracher u. a. (Schriftenreihe der Bundeszentrale für politische Bildung 251), Bonn [2]1988, S. 218–237.
OCKENFELS, Wolfgang (Hg.), Katholizismus und Sozialismus in Deutschland im 19. und 20. Jahrhundert (Beiträge zur Katholizismusforschung A. 11), Paderborn 1992.
OCKENFELS, Wolfgang, Laurentius Siemer (1888–1956), in: Zeitgeschichte in Lebensbildern. Aus dem deutschen Katholizismus des 19. und 20. Jahrhunderts, hg. von Jürgen Aretz u. a., 8 Bde., bis Bd. 2 hg. von Rudolf Morsey, Mainz 1973–1997, hier 5, S. 147–160.
OCKENFELS, Wolfgang, Eberhard Welty (1902–1965), in: Zeitgeschichte in Lebensbildern. Aus dem deutschen Katholizismus des 19. und 20. Jahrhunderts, hg. von Jürgen Aretz u. a., 8 Bde., bis Bd. 2 hg. von Rudolf Morsey, Mainz 1973–1997, hier 4, S. 240–249.
OPITZ, Günther, Der Christlich-Soziale Volksdienst. Versuch einer protestantischen Partei in der Weimarer Republik (Beiträge zur Geschichte des Parlamentarismus und der politischen Parteien 37), Düsseldorf 1969.
PARISIUS, Bernhard / SCHOLL-SEIBERT, Jutta, „... der Demokratie entgegengehen". Die Sitzungsprotokolle des Beratenden Landesausschusses von Groß-Hessen im Jahr 1946. Eine Dokumentation (Vorgeschichte und Geschichte des Parlamentarismus in Hessen 11), Wiesbaden 1999.
PIPBERGER, Josef, Statistik über einige religiöse Lebensäußerungen der Katholiken in Frankfurt am Main, in: Herr, Jakob (Hg.), Das katho-

lische Frankfurt. Jahrbuch der Frankfurter Katholiken, Frankfurt/Main 1928, S. 15–28.

von Plato, Alexander/Leh, Almut, „Ein unglaublicher Frühling". Erfahrene Geschichte im Nachkriegsdeutschland 1945–1948, Bonn 1997.

Plum, Günter, Versuche gesellschaftspolitischer Neuordnung. Ihr Scheitern im Kräftefeld deutscher und alliierter Politik, in: Westdeutschlands Weg zur Bundesrepublik: 1945–1949. Beiträge von Mitarbeitern des Instituts für Zeitgeschichte, München 1976, S. 90–117.

Pohlit, Wolfgang, Friedrich Dessauer – Naturwissenschaftler, Politiker, Philosoph, in: Friedrich Dessauer 1881–1963, hg. von der Stadt- und Universitätsbibliothek/Senckenbergische Bibliothek Frankfurt am Main, Frankfurt/Main 1981,S. 27–59.

Pope, Michael, Alfred Delp SJ im Kreisauer Kreis. Die Rechts- und sozialphilosophischen Grundlagen in seinen Konzeptionen für eine Neuordnung Deutschlands (VKZG. B 63), Mainz 1994.

Prümm, Karl, Walter Dirks und Eugen Kogon als katholische Publizisten der Weimarer Republik, Heidelberg 1984.

Pütz, Helmut (Bearb.), Konrad Adenauer und die CDU der britischen Besatzungszone 1946–1949. Dokumente zur Gründungsgeschichte der CDU Deutschlands, hg. von der Konrad-Adenauer-Stiftung, Bonn 1975.

Raabe, Felix, Die Bündische Jugend. Ein Beitrag zur Geschichte der Weimarer Republik, Stuttgart 1961.

Rauscher, Anton (Hg.), Der Soziale und politische Katholizismus. Entwicklungslinien in Deutschland 1803–1963, 2 Bde., München, Wien 1981–1982.

Rauscher, Anton, Oswald von Nell-Breuning (1890–1991), in: Zeitgeschichte in Lebensbildern. Aus dem deutschen Katholizismus des 19. und 20. Jahrhunderts, hg. von Jürgen Aretz u. a., 8 Bde., bis Bd. 2 hg. von Rudolf Morsey, Mainz 1973–1997, hier 7, S. 277–292.

Rauscher, Anton, Heinrich Pesch (1854–1926), in: Zeitgeschichte in Lebensbildern. Aus dem deutschen Katholizismus des 19. und 20. Jahrhunderts, hg. von Jürgen Aretz u. a., 8 Bde., bis Bd. 2 hg. von Rudolf Morsey, Mainz 1973–1997, hier 3, S. 136–148.

Rebentisch, Dieter, Frankfurt am Main in der Weimarer Republik und im Dritten Reich 1918–1945, in: Frankfurt am Main. Die Geschichte der Stadt in neun Beiträgen, hg. von der Frankfurter Historischen Kommission (Veröffentlichungen der Frankfurter Historischen Kommission 17), Sigmaringen 1991, S. 423–519.

Reichardt, Fritz, Andreas Hermes, Neuwied a. Rh. 1953.

Reifenberg, Peter, Situationsethik aus dem Glauben. Leben und Denken Ernst Michels (Moraltheologische Studien, Systematische Abteilung 17), St. Ottilien 1992.

RENKHOFF, Otto, Nassauische Biographie. Kurzbiographien aus 13 Jahrhunderten (Veröffentlichungen der Historischen Kommission für Nassau 39), Wiesbaden [2]1992.

REPGEN, Konrad, Zur vatikanischen Strategie beim Reichskonkordat, in: VZG 31 (1983), S. 506–535.

RODER, Hartmut, Der christlich-nationale Deutsche Gewerkschaftbund (DGB) im politisch-ökonomischen Kräftefeld der Weimarer Republik, Frankfurt/Main 1986.

ROTH, Ralf, Katholisches Bürgertum in Frankfurt am Main 1800–1914. Zwischen Emanzipation und Kulturkampf, in: AmrhKG 46 (1994), S. 207–246.

RÜSCHENSCHMIDT, Heinrich, Gründung und Anfänge der CDU in Hessen (Quellen und Forschungen zur Hessischen Geschichte 42), Darmstadt, Marburg 1981.

RÜSCHENSCHMIDT, Heinrich, Gründung und erste Jahre. Die CDU Hessen unter Werner Hilpert 1945–1952, in: Heidenreich, Bernd/Wolf, Werner (Hg.), Der Weg zur stärksten Partei 1945–1995. 50 Jahre CDU Hessen, Köln [2]1995, S. 13–36 ([1]1986 hg. von Werner Wolf unter dem Titel: CDU Hessen 1945–1985. Politische Mitgestaltung und Kampf um die Mehrheit).

RÜTTEN, Theo, Der deutsche Liberalismus 1945 bis 1955. Deutschland- und Gesellschaftspolitik der ost- und westdeutschen Liberalen in der Entstehungsphase der beiden deutschen Staaten, Baden-Baden 1984.

RUPPERT, Karsten, Der deutsche Katholizismus im Ringen um eine Standortbestimmung des Reiches nach dem Ersten Weltkrieg, in: ZKG 104 (1993), S. 198–229.

SCHARP, Heinrich, Dom und Stadt, in: DOM UND STADT. Katholisches Leben in Frankfurt am Main, hg. vom Bischöflichen Kommissariat und der Katholischen Volksarbeit, Frankfurt/Main 1963, S. 7–21.

SCHATZ, Klaus, Geschichte des Bistums Limburg (Quellen und Abhandlungen zur mittelrheinischen Kirchengeschichte 48), Mainz 1983.

SCHATZ, Klaus, Zwischen Säkularisation und Zweitem Vatikanum. Der Weg des deutschen Katholizismus im 19. und 20. Jahrhundert, Frankfurt/Main 1986.

SCHEUCHENEGGER, Roman, Theodor Steinbüchel (1888.1949), in: Coreth, Emerich / Neidl, Walter / Pfligersdorfler, Georg (Hg.), Christliche Philosophie im katholischen Denken des 19. und 20. Jahrhunderts, Bd. 2: Rückgriff auf scholastisches Erbe, Graz, Wien, Köln 1988, S. 643–649.

SCHMID, Carlo, Erinnerungen, Bern 1980.

SCHMIDT, Ute, Zentrum oder CDU. Politischer Katholizismus zwischen Tradition und Anpassung (Schriften des Zentralinstituts für sozialwissenschaftliche Forschung der Freien Universität Berlin 51), Opladen 1987.

SCHMIDT, Ute, Linkskatholische Positionen nach 1945 zu Katholizismus und Kirche im NS-Staat, in: Ludwig, Heiner / Schroeder, Wolfgang (Hg.), Sozial- und Linkskatholizismus. Erinnerung – Orientierung – Befreiung, Frankfurt/Main 1990, S. 130–147.

SCHMIDT-VOLKMAR, Erich, Der Kulturkampf in Deutschland 1871–1890, Göttingen, Berlin, Frankfurt/Main 1962.

SCHMITT, Carl, Legalität und Legitimität, Berlin 1932.

SCHÖNHOVEN, Klaus, Die Bayerische Volkspartei 1924–1932, Stuttgart 1972.

SCHOLDER, Klaus, Die Kirchen und das Dritte Reich, Bd. 1: Vorgeschichte und Zeit der Illusionen: 1918–1934, Berlin, Wien 1977 (^{3}1979).

SCHOLDER, Klaus, Die Kirchen zwischen Republik und Gewaltherrschaft. Gesammelte Aufsätze, hg. von Karl Otmar von Aretin und Gerhard Besier, Berlin 1988.

SCHOLDER, Klaus, Kirchenkampf, in: Ders., Die Kirchen zwischen Republik und Gewaltherrschaft. Gesammelte Aufsätze, hg. von Karl Otmar von Aretin und Gerhard Besier, Berlin 1988, S. 131–170.

SCHORR, Helmut J., Adam Stegerwald. Gewerkschafter und Politiker der ersten deutschen Republik. Ein Beitrag zur Geschichte der christlich sozialen Bewegung in Deutschland, Recklinghausen 1966.

SCHROEDER, Wolfgang, Genutzte Chance der Trümmergesellschaft? Die Bedeutung der unmittelbaren Nachkriegszeit für die katholische Kirche, in: Orientierung 59 (1995), S. 187–190.

SCHROEDER, Wolfgang (Hg.), Gewerkschaftspolitik zwischen DGB, Katholizismus und CDU 1945 bis 1960. Katholische Arbeiterführer als Zeitzeugen in Interviews, Köln 1990.

SCHÜLLER, Elke, „Neue, andere Menschen, andere Frauen?" Kommunalpolitikerinnen in Hessen 1945–1956. Ein biographisches Handbuch, Bd. I: Kreisfreie Städte, Frankfurt/Main 1995.

SCHUMACHER, Martin (Hg.), M.d.R. Die Reichstagsabgeordneten der Weimarer Republik in der Zeit des Nationalsozialismus. Politische Verfolgung, Emigration und Ausbürgerung 1933–1945, ^{3}1994 (^{1}1991).

SCHUSTER, Armin, Die Entnazifizierung in Hessen 1945–1954. Vergangenheitspolitik in der Nachkriesgzeit (Veröffentlichungen der Historischen Kommission für Nassau 66), Wiesbaden 1999.

SCHWARZ, Hans-Peter, Adenauer, Bd. 1. Der Aufstieg: 1876–1952; Bd. 2. Der Staatsmann: 1952–1967, Stuttgart ^{2}1986 u. 1991.

SCHWARZ, Heinz, Zehn Jahre Junge Union, in: Ders. (Hg.), Festschrift zur Jubiläumstagung Zehn Jahre Junge Union Deutschlands. Königstein/Ts. 19.-20. 1. 1957, Hamburg o. J. [1957], S. 9–13.

SCHWARZ, Walter, Die Wiedergutmachung nationalsozialistischen Unrechts durch die Bundesrepublik Deutschland. Ein Überblick, in: Herbst, Ludolf / Goschler, Constantin, Wiedergutmachung in der Bundesrepublik Deutschland (Sondernummer der Vierteljahreshefte für Zeitgeschichte), München 1989, S. 33–54

SCHWERING, Leo, Frühgeschichte der Christlich-Demokratischen Union, Recklinghausen 1963.

SEITERICH-KREUZKAMP, Thomas, Links, frei und katholisch – Walter Dirks. Ein Beitrag zur Geschichte des Katholizismus der Weimarer Republik. Mit einem Nachwort von Walter Dirks (Europäische Hochschulschriften XXIII, 292), Frankfurt/Main 1986.

SEVERING, Carl, Mein Lebensweg im Auf und Ab der Republik, Bd. 2, Köln 1950.

SONTHEIMER, Kurt, Die Adenauer-Ära. Grundlegung der Bundesrepublik, München 1991.

S(ozialdemokratische) P(artei) D(eutschlands)-UNTERBEZIRK Frankfurt am Main (Hg.), Zwischen Römer und Revolution. 1869–1969. Hundert Jahre Sozialdemokraten in Frankfurt am Main, Frankfurt/Main 1969.

STADLER, Peter, Kulturkampf und Kulturkämpfe im mittleren Europa des 19. Jahrhunderts. Versuch einer vergleichenden Orientierung, in: RJKG 15 (1996), S. 13–25.

STANKOWSKI, Martin, Linkskatholizismus nach 1945. Die Presse oppositioneller Katholiken in der Auseinandersetzung für eine demokratische und sozialistische Gesellschaft, Köln o. J. [1976].

STASIEWSKI, Bernhard (Bearb.), Akten deutscher Bischöfe über die Lage der Kirche 1933–1945, Bd. 1: 1933–1934 (VKZG. A 5), Mainz 1968.

STEHKÄMPER, Hugo, Wilhelm Marx (1863–1946), in: Zeitgeschichte in Lebensbildern. Aus dem deutschen Katholizismus des 19. und 20. Jahrhunderts, hg. von Jürgen Aretz u. a., 8 Bde., bis Bd. 2 hg. von Rudolf Morsey, Mainz 1973–1997, hier 1, S. 174–205.

STEINBÜCHEL, Theodor, Karl Marx. Gestalt – Werk – Ethos, in: Ders., Sozialismus. Gesammelte Aufsätze zur Geistesgeschichte I, Tübingen 1950, S. 1–35.

STÜBLING, Rainer, Die Sozialdemokratie in Frankfurt am Main von 1891 bis 1910 (Schriften des Historischen Museums Frankfurt am Main 15), Frankfurt/Main 1981.

TRIPPE, Christian F., Konservative Verfassungspolitik 1918–1923: die DNVP als Opposition in Reich und Ländern, Düsseldorf 1995.

UERTZ, Rudolf, Christentum und Sozialismus in der frühen CDU. Grundlagen und Wirkungen der christlich-sozialen Ideen in der Union 1945–1949 (Schriftenreihe der Vierteljahreshefte für Zeitgeschichte 43), Stuttgart 1981.

UHL, Bernd, Die Idee des christlichen Sozialismus in Deutschland 1945–1947 (Beiträge zu Wissenschaft und Politik 11), Mainz 1975.

UNSER GEMEINSAMER WEG. 150 Jahre Bistum Limburg, hg. vom Verlag Josef Knecht, Frankfurt/Main 1977.

VERÁSTEGUI, Nicolás R. (Hg.), Catalogus Defunctorum in renata Societate Iesu, Bd. 2: 1970–1985, Rom 1986.

VOLK, Ludwig, Das Reichskonkordat vom 20. Juli 1933. Von den Ansätzen in der Weimarer Republik bis zur Ratifizierung am 10. September 1933 (VKZG. B 5), Mainz 1972.

VOLK, Ludwig (Bearb.), Akten Kardinal Michael von Faulhabers 1917–1945, Bd. 1: 1917–1934 (VKZG. A 17), Mainz 1975.

VOLK, Ludwig (Bearb.), Akten deutscher Bischöfe über die Lage der Kirche 1933–1945, Bd. 6: 1943–1945 (VKZG. A 38), Mainz 1985.

WACHTLING, Oswald, Joseph Joos. Journalist, Arbeiterführer, Zentrumspolitiker. Politische Biographie 1878–1933 (VKZG. B 16), Mainz 1974.

WEHLER, Hans-Ulrich, Das Deutsche Kaiserreich 1871–1918, Göttingen [6]1988.

WEISS, Otto, Der Modernismus in Deutschland. Ein Beitrag zur Theologiegeschichte, Regensburg 1995.

WIECK, Hans-Georg, Christliche und Freie Demokraten in Hessen, Rheinland-Pfalz, Baden und Württemberg 1945/46 (Beiträge zur Geschichte des Parlamentarismus und der politischen Parteien 10), Düsseldorf 1958.

WIECK, Hans-Georg, Die Entstehung der CDU und die Wiedergründung des Zentrums im Jahre 1945 (Beiträge zur Geschichte des Parlamentarismus und der politischen Parteien 2), Düsseldorf 1953.

WILHELMI, Hans, Das Christliche in der deutschen Politik seit 1945, in: Evangelische Verantwortung 9 (1961), H. 7/8, S. 6f.

WIPPERMANN, Wolfgang, Das Leben in Frankfurt zur NS-Zeit, Bd. 4: Der Widerstand, Frankfurt am Main 1986.

WOLF, Hubert (Hg.), Antimodernismus und Modernismus in der katholischen Kirche. Beiträge zum theologiegeschichtlichen Vorfeld des II. Vatikanums (Programm und Wirkungsgeschichte des II. Vatikanums 2), Paderborn u. a. 1998.

WOLF, Hubert, Zwischen Fabriksirene und Glockengeläut. Zur Alltags-, Sozial- und Mentalitätsgeschichte der Pfarrei St. Johannes Frankfurt-Unterliederbach, in: AmrhKG 49 (1997), 179–209.

WOLF, Hubert, Der „Syllabus errorum", in: zur debatte 28 (1998), S. 16–17.

WOLF, Konstanze, CSU und Bayernpartei. Ein besonderes Konkurrenzverhältnis 1948–1960, Köln [2]1984.

WOLF, Werner, Neubeginn und Kampf um die Mehrheit. Die CDU Hessen unter Alfred Dregger 1967–1982, in: Ders./Heidenreich, Bernd

(Hg.), Der Weg zur stärksten Partei 1945–1995. 50 Jahre CDU Hessen, Köln 1995, S. 59–97.

ZEIGER, Ivo, Kirchliche Zwischenbilanz 1945. Bericht über die Informationsreise durch Deutschland und Österreich im Herbst 1945, eingeleitet und kommentiert von Ludwig Volk, in: StdZ 193 (1975), S. 293–312.

Abkürzungen

a) allgemeine

ACDP	Archiv für christlich-demokratische Politik
AdsD	Archiv der sozialen Demokratie
BVP	Bayerische Volkspartei
CDP	Christlich-Demokratische Partei
CDU	Christlich-Demokratische Union
CSU	Christlich-Soziale Union
CSVD	Christlich-Sozialer Volksdienst
DAL	Diözesanarchiv Limburg/Lahn
DDP	Deutsche Demokratische Partei
DDR	Deutsche Demokratische Republik
DGB	Deutscher Gewerkschaftsbund
DNVP	Deutsch-Nationale Volkspartei
DStP	Deutsche Staatspartei
DVP	Deutsche Volkspartei
EKD	Evangelische Kirche in Deutschland
ERP	European Recovery Programm
EVG	Europäische Verteidigungsgemeinschaft
FDK	Friedensbund Deutscher Katholiken
HLT	Archiv des Hessischen Landtages
HStAM	Hessisches Staatsarchiv Marburg
HV	Hessische Verfassung
IHK	Industrie- und Handelskammer
JU	Junge Union
KAS	Konrad-Adenauer-Stiftung
KPD	Kommunistische Partei Deutschlands
KPdSU	Kommunistische Partei der Sowjetunion
KV	Kreisverband
KVA	Katholische Volksarbeit
KZ	Konzentrationslager
LDP	Liberaldemokratische Partei
LSO	Liasion and Security Office
MdB	Mitglied des Bundestages
MdL	Mitglied des Landtages

MdR	Mitglied des Reichstages
NATO	North-Atlantic Treaty Organization
NDP	Nationaldemokratische Partei
NL	Nachlaß
NS	Nationalsozialismus
NSDAP	Nationalsozialistische Deutsche Arbeiterpartei
NSKK	Nationalsozialistisches Kraftfahrkorps
NSLB	Nationalsozialistischer Lehrerbund
OB	Oberbürgermeister
OMG	Office of Military Government
OSB	Ordo Sancti Benedicti
RMV	Rhein-Mainische Volkszeitung
SBZ	Sowjetische Besatzungszone
SMAD	Sowjetische Militäradministration
SPD	Sozialdemokratische Partei Deutschlands
StAF	Stadtarchiv Frankfurt am Main
UDSD	Universal-Demokratische Sammlung Deutschlands
UdSSR	Union der Sozialistischen Sowjetrepubliken
VEIFA	Vereinigte Elektroinstitute Frankfurt-Aschaffenburg
WRV	Weimarer Reichsverfassung

b) literarische

AFGK	Archiv für Frankfurts Geschichte und Kunst
AmrhKG	Archiv für mittelrheinische Kirchengeschichte
DBE	Deutsche Biographische Enzyklopädie
FH	Frankfurter Hefte
FH/NG	Frankfurter Hefte/Neue Gesellschaft
JBL	Jahrbuch des Bistums Limburg
kK	kritischer Katholizismus
LThK	Lexikon für Theologie und Kirche
RGBl.	Reichsgesetzblatt
RJKG	Rottenburger Jahrbuch für Kirchengeschichte
StdZ	Stimmen der Zeit
ThQ	Theologische Quartalschrift
VKZG	Veröffentlichungen der Kommission für Zeitgeschichte
VZG	Vierteljahreshefte für Zeitgeschichte
ZfP	Zeitschrift für Politik

Quellenangaben zu den Fotos

S. 41: Friedrich Dessauer; Institut für Stadtgeschichte Frankfurt a.M.

S. 59: Walter Dirks; Institut für Stadtgeschichte Frankfurt a.M.

S. 91 Bruno Dörpinghaus; Privatbesitz Gertrud Kronz.

S. 145: Flugblatt; Archiv für Christlich-Demokratische Politik, St. Augustin.

S. 185: Ehemalige Geschäftsstelle, Blumenstraße 3; Archiv der CDU, Frankfurt a.M.

S. 195: Litfaßsäule zur Stadtverordnetenwahl in Frankfurt am 26.5.1946; Institut für Stadtgeschichte Frankfurt a.M.

S. 215: Werner Hilpert: Hessisches Hauptstaatsarchiv, Wiesbaden.

Personenregister

Kursiv gesetzte Seitenzahlen markieren den Standort eines Kurzbiogramms der betreffenden Person